idea

초등
중등용

수학 영재교육 신서

1

수학영재교육의 시조를 플라톤이라고 한다. 그의 저서 군주론에서 철학자군주양성을 목적으로 만든 엘리트 교육과정은 20세에서 30세까지 수학을 공부하고, 그것을 바탕으로 군주가 된 후에 필요한 전문학, 항해술, 물리학, 진술학, 화성학 등을 배우도록 구성되어 있기 때문일 것이다. 플라톤의 철학은 이원론이며, 따라서 그는 수학 역시 이원론적인 학문으로 보았다. 즉, 인간의 세상경험(a posteriori)에서 얻는 지식과 인간의 마음에 내재하는 타고난(a priori) 지식을 모은 학문이라는 것이다.

19세기 말의 독일의 수학자 크로네커는 자연수는 신이 인간에게 준 선물이며, 나머지 수학의 지식은 인간이 필요에 의해서 만든 것이라고 하였다. 또한 20세기의 교육학자인 브루너는 학교에서 학생들이 꼭 배워야 하며 교사가 반드시 가르쳐야할 교과는 지식의 구조이며 그것은 곧 수학 개념의 발명 당시에 수학자가 사용했던 아이디어라고 하였다. 그리고 현재의 수학을 이끌고 있다고 인정받고 있는 부르바키학파는 현재의 수학은 세 가지 모구조(대수구조, 순서구조, 위상구조)로 이루어져있으며, 앞으로의 수학은 그 세 가지 모구조의 융합으로 진화하는 것이라고 하였다.

이러한 주장들을 받아들인다면, 수학영재교육에서 다루어야 할 내용은 경험의 산물이든 타고난 지식이든 막론하고 그것은 인류의 불편함을 해소하기 위한 모종의 방편이며 그것을 해소하는 과정에서 사용한 수학자의 아이디어를 학교에서 학생들이 재발명 또는 재발견할 수 있도록 도와주는 것이어야 한다는 것이다. 그러한 의도에서 이 책은 수학영재아가 스스로 읽어가면서 수학자의 아이디어를 재발견하거나 또는 지도자의 안내를 받아 수학자들의 아이디어를 경험하고 자신의 것으로 만들어 장래의 수학을 진화시키도록 구성하려고 노력하였다. 이를 위하여 1부에서는 초등학교와 중등학교의 수학영재교육과 관련된 교수학적 이론과 배워야 할 아이디어를 제공한 수학자들을 간략하게 소개하였다.

2부에서는 수학자의 아이디어의 배경이 되며, 그 아이디어를 접하고 분석할 수 있는 안내 방법과 그를 위한 문제를 수와 연산 영역, 도형과 측정영역, 확률영역 그리고 이들의 융합 또는 응용 영역으로 나누어 제시하였다. 2부에서는 수학자의 아이디어에 접근하는 방법에 중점을 두었다면, 3부에서는 실제로 그러한 아이디어는 무엇이며 어떻게 적용되며 수학영재아들은 무엇을 배워야 할 것인가를 가급적 자세하게 기술하였다. 학생 스스로 읽어갈 때에는 자신이 수학자가 되어 수학자의 고통을 공감하도록 노력한다면 그 아이디어를 좀 더 깊이 이해할 수 있고, 지도자는 학생들이 그 아이디어에 접근하도록 도와주는 안내자 역할에서 멈추면 좋을 것이며, 3부의 제목과 같이 아이디어를 소개하는 잘 알려진 예만을 수록하였기 때문에 더 많은 예 또는 답안을 학생들과 함께 만든다면 금상첨화일 것이다.

2부와 3부의 내용은 중등내용과 초등내용을 넘나들면서 수학영재아들이 자신의 능력껏 읽도록 구성하였으나, 종종 그 구분을 지도자가 명확하게 해야 할 부분에서는 부탁의 말씀을 적어놓았다. 여러 가지 수학사 관련서적과 수학영재아 지도방법을 참조하였으나 저자의 무지로 인하여 예기치 않은 오류와 오탈자가 있을 수 있다. 수학영재교육에 관심이 있는 분들의 채찍을 기다린다. 끝으로 색인 작업, 삽화 조정, 검토 등을 해준 광주교대 초등수학교육연구소 회원인 서민, 한지민, 남인혜, 조성민, 박정웅 님들께 감사드린다.

2015년 6월

풍향골에서 저자

차례

제1부 초등수학영재교육과 영재수학자

제2부 영역별 초등수학영재교육의 아이디어

제 1 부

초등수학영재교육과 영재수학자

1부에서는 초등수학영재교육에 필요하며 저자의 수학교육관을 관통하는 수학 학습심리학을 설명하고, 초등수학 영재아들이 꼭 알아야 하는 아이디어를 만든 수학의 역사에서 천재 또는 영재라 일컫는 수학자들의 이력을 간단하게 소개하기로 한다.

제 I 장 바람직한 초등수학 영재교육의 방향

문헌에 나타나는 최초의 영재교육은 고대 그리스 철학자 플라톤의 '철학자 군주 양성 교육과정'에서 찾을 수 있으며, 그 교육과정의 핵심에는 약 10년 동안에 걸쳐있는 수학교육이 있었다. 즉, 그에 의하면 모든 과학, 전술, 항해, 천문학과 음악교육은 수학을 배운 후에야 비로소 제대로 이루어 질 수 있다고 본 것이다. 따라서 그가 언급한 학문의 발전은 수학의 발전이 전제가 되어야 한다. 수학을 발전시키고 이끌어 갈 수학영재를 발굴하고 교육하는 방안에 관한 논의는 많은 사람들에 의해서 이어져 오고 있지만, 이 장에서는 NCTM(2000)에서 제시한 수학영재 교육에 관한 내용을 중심으로 바람직한 초등수학영재교육의 방향을 알아보기로 한다.

1. 수학영재의 특성

수학영재는 독특한 신경조직을 가지기 때문에 7~8세가 되면 그들만의 고유한 수학적 성향에 대한 기초적 형태를 나타내며 그 후에는 매우 광범위한 특성을 획득하게 되며, 그러한 특성은 아동이 자신의 환경을 수학적으로 만들려고 애쓰거나 주변 현상의 수학적 측면에 주의를 기울이거나 공간적 또는 양적인 관계에 대한 함수적 관계를 의식하게 될 때 즉, '수학적인 안목'을 통해서 세상을 보려고 할 때에 나타나게 된다(Krutetskii, 1976)고 한다. Krutetskii가 제안하는 수학영재의 중요한 특성은 다음과 같다.

- 수학적 소재에 대한 형식화된 인지와 형식적인 구조의 이해 능력
- 양적 또는 공간적 관계에 대한 논리적 사고 능력과 수학적 기호를 이용하는 사고 능력
- 수학적 대상, 관계와 연산에 대한 신속하고 광범위한 일반화 능력
- 수학적 추론에 대하여 간략하고 단축된 구조를 사용하는 사고 능력

• 사고과정의 유연성
• 주어진 문제에 대한 해결책의 명확성, 단순성, 경제성, 합리성의 추구
• 가역적인 수학적 추론 능력과 사고과정의 자유롭고 신속한 재구성 능력
• 수학적 관계, 특성, 주장, 증명, 해법 및 문제해결의 원리 등에 대한 폭넓은 기억능력
• 수학에의 관심
• 문제해결에의 끈기 있고 왕성한 집착력

Krutetskii가 제안하는 수학영재의 가장 중요한 특성은 수학에 관심이 많으며, 일상생활의 수학적 소재를 '수학적인 안목'으로 수학적으로 형식화하고 일반화하는 능력이라고 볼 수 있다. 즉, 모든 수학자들이 그러했듯이 일상생활 또는 사고과정에서 느낀 불편을 해결하는 데에 관심이 많은 학생을 수학영재라고 보고 있다.

2. 영재학생들을 위한 수학내용

선발된 수학영재의 교육 프로그램에는 다음과 같은 내용이 꼭 포함되어야 한다고 NCTM은 제안하였다.

• 주어진 과제에 대하여 영재학생들이 같은 연령군에 속한 학생들보다 더 빠르게 해결할 수 있도록 도울 수 있는 초등・중등・대학으로 연계되는 교육과정
• 일반 교육과정에 특정한 주제를 첨가한 확장된 프로그램
• 사고를 구조화하도록 도와주는 아이디어와 아동으로 하여금 분류[1]하는 능력을 신장시킬 수 있는 방안 또는 브레인스토밍과 같은 창의성을 고무하도록 도와줄 수 있는 체계적인 교수전략
• 영재아를 지도하는 교사와 교육환경을 감안한 영재교육용 자료

2.1 수학영재프로그램의 강화 방안

또한 영재학생들을 위한 프로그램의 수학내용은 다음과 같은 세 가지 방식으로 강화되어야 한다고 한다.

• 일반교육과정의 내용을 더욱 심도있게 다룬다.
- 소수를 배울 때는 오차, 상대오차, 오차의 한계 등을 다루도록 한다.

1) 스켐프는 개념의 이해에서 중요한 점은 분류하는 능력이라고 한다.

• 일반교육과정에 나타나지 않는 내용을 다룬다.
  - 도형을 배울 때는 비유크리트 기하(뫼비우스 띠 등) 또는 그래프 이론(한붓그리기 등)을 다루도록 한다.
• 수학의 핵심적인 원리를 다룬다.
  - 수 또는 도형의 성질을 배울 때는 교육과정 이외의 방법을 다루도록 한다.

예를 들면, 최대공약수를 유크리트 호제법을 이용하여 구하거나 또는 이등변삼각형의 성질은 대칭의 성질을 이용하여 해결하도록 유도한다.

그러나 이러한 방식을 적용할 때에는 아동이 속해있는 교육과정을 벗어나지 않도록 해야 하며 문제를 해결하는 과정 또는 사고과정이 강조되어야 한다.

2.2 수학영재프로그램 운영상의 유의점

수학영재프로그램을 운영할 때에는 수학영재아의 특성을 고려하여 아래와 같은 사항을 유념하여 지도해야 한다.

• 일반학생들이 파악하지 못하는 미묘하고 풍부한 수학 내용을 경험하도록 한다.
• 단순한 기호조작을 넘어 수학적 개념의 본질, 원리, 증명과정을 경험하도록 하여 수학자들의 사고방식과 표현방식을 답습하도록 한다.
• 양적으로 확대된 지식(속진)을 배우는 어린 수학자를 만드는 것이 아니라, 그들이 원하는 길고 복잡한 토론에 귀를 기울여 주어야 하며 수학 지식에 관한 충분한 대화를 할 수 있는 기회를 주어야 한다.
• 영재아동이 가지고 있는 추상적 능력을 충분히 발휘하여 일상적인 문제를 추상적인 아이디어와 연결할 수 있는 기회를 제공한다.
• 영재 프로그램 수업과정에서 자신들의 사고기능을 발달시키고 개인의 성장을 위하여 생산적이고 능력을 고양할 수 있도록 효과적이며 흥미 있는 수업이 진행되어야 한다.
• 프로그램의 내용은 게임, 퀴즈, 퍼즐 또는 분리된 주제의 집합체가 아니라 일관성, 발전성, 연계성이 있는 주제로 구성되어야 한다.

3. 바람직한 수학영재 교재

NCTM에서도 언급한 바와 같이 교실에서의 성공적인 수학영재교육의 관건은 바람직한 교과서의 제작이며 이를 위하여 우선 수학심화과정과 수학영재과정을 구별할 필요가 있다.

수학심화과정과 수학영재과정을 구별하기 위해서는 영재아동들이 꼭 배워야 하며, 담당교사들이 반드시 가르쳐야하는 내용을 알아 볼 필요가 있다.

수학의 모든 개념은 그 시대를 살던 인류의 생활이나 지적인 활동에서 부족함을 메꿀 필요성에 의해서 만들어진 것이다. 그러나 이 모든 것이 성인들의 문제였기 때문에 결과적으로 수학의 모든 개념은 성인의 사고과정에 따른 성인의 언어로 만들어지게 되었다. 그런데 이러한 수학적 개념을 아동들이 배울 때에는 예기치 않았던 문제가 야기된다. 즉, 어른의 사고과정의 산물이고 어른의 언어로 만들어진 수학의 개념을 아동들이 배워야한다는 점이다. 심리적으로 어른의 사고과정과 언어는 아동들의 그것과 매우 다를 수 있다. 따라서 이러한 괴리를 메꾸기 위해서는 교수학적으로 매우 신중한 노력이 필요하게 된 것이다.

3.1 교과란?

교사가 가르쳐야 하며 학생이 배워야 할 내용을 교과, 그 교과를 담은 책을 교과서라고 부른다.

1959년에 미국의 호울이라는 곳에서 개최되었던 회의(우즈 호울 회의)에서의 토의 결과, 교과를 잘 가르치는 것이 무엇인가에 관한 공통된 가정을 확인하였다. 그 공통된 가정을 지식의 구조라고 하였고 브루너가 쓴 교육의 과정은 그 회의 보고서이다. 교육의 과정에서는 교과답게 가르친다는 말의 의미를 학생들로 하여금 해당분야의 학자와 비록 수준은 다르다 하더라도 종류에 있어서는 동일한 일을 하도록 규정하고 있다.

3.2 지식의 구조

지식의 구조를 가르친다고 할 때 그 가르쳐지는 내용 즉, 지식의 구조란 기본개념과 원리, 핵심적 아이디어 등과 동의어로 쓰고 있으며, 교사는 교과를 가르치되 학생의 일상생활의 경험이 아니라, 교과를 이해하는 경험, 교과로서 현상을 이해하는 경험과 의미 있게 관련되도록 가르쳐야한다. 또한 교과를 가르칠 때 지식의 덩어리뿐만 아니라 그것을 낳게 한 탐구과정도 동시에 가르쳐야 한다. 이것은 프로이덴탈이 정의한 심상(mental object)과 거의 유사하다. 이러한 의미에서 교육내용이 각 학문의 특이한 탐구과정이라면 교육 내용은 유치원에서 대학에 이르기까지 동일한 것이어야 한다.

3.3 학문의 안목

학자들이 어떤 현상을 이해하려고 하면 반드시 그 현상을 보는 눈(안목)을 가져야 하고, 모든 학문에는 각각 이러한 눈이 있다. 학문을 한다는 것은 곧 이 눈을 가지고 현상을 본다는 뜻이다.

안목은 곧 학문의 이면에 숨어있는 기본 아이디어와 동의어이고, 학문을 탐구하는 과정은 관련된 현상을 이해하는 데에 이 기본적 아이디어를 활용하는 과정을 의미한다. 따라서 유치원에서 대학에 이르기까지 가르쳐지는 동일한 교육내용은 각 학문이 나타내는 현상을 보는 눈 또는 기본 아이디어이다. 그리고 각각의 학문에서 그러한 기본적 아이디어를 찾는 작업은 학문이 가장 분화된 대학에서 시작해서 그 아래의 수준인 고등학교 교과조직에 따라 서로 묶이고 다음으로 중학교, 초등학교, 유치원에 이르기까지 점점 쉬운 형태로 묶여야 한다.

교과 ⇒ 지식의 구조 ⇒ 기본개념, 원리 ⇒ 안목 ⇒ 수학자의 발명 당시의 아이디어

3.4 수학교육에서의 수학가의 아이디어의 활용 의의

- 알고리즘적인 계산 수학을 반성하여 개념적 사고를 고취하는 데 이용할 수 있다.
- 교육과정 구성에서 자연스러운 내용 배열의 준거가 되면, 학습·지도에서 수학적 아이디어의 발달과정을 따름으로써 자연스럽게 그 이해를 도울 수 있다.
- 수학의 역사적 발달 과정에 소급해 봄으로써 수학적 사고의 인간적인 모습을 접해 보게 하여, 학습 동기를 유발하고 수학 학습에 생기를 불어 넣을 방안을 찾을 수 있다.
- 현대 기술 문명의 발달에서의 수학의 중심적인 역할과 수학의 문화적인 역할, 특히 인간관과 세계관 형성에 미친 수학의 역할을 이해함으로써 수학에 대한 학생들의 인식을 바꿀 수 있다.

3.5 인간의 지능

현대의 수학자로부터 고대의 수학자들의 아이디어를 배울 때 야기되는 질문이 있을 수 있다. 즉, 과거의 수학자들의 아이디어를 과학 기술 문명이 고도로 발전한 현대를 살고 있는 아동들이 배울 필요가 있겠는가 하는 것이다. 이 의문점을 해결하기 위해서 과거의 수학의 발명가들의 아이디어를 살펴보기로 하자.

기원전 2천년 경에 제작된 린드 파피루스에 담겨있는 고대 이집트의 파라오시대의 자연수 곱셈법은 다음과 같다.

$8 \times 7 = ?$

/1	/8
/2	/16
/4	/32
7	56

그런데 수학자들이 1980년대의 브라질의 거리수학(Street Math)에서의 자연수의 곱셈방법이 위와 동일하다는 사실을 알아냈다. 즉, 학교에 취하한 적이 없는 아동들이 거리에서 물건을 팔 때, 사용하는 곱셈방법이 다음과 같은 사실을 목격하였다.

- 한 개에 125원인 바나나 5개의 값은

$$\begin{array}{r} 125 \\ +\,125 \\ \hline 250 \end{array} \qquad \begin{array}{r} 250 \\ +\,250 \\ \hline 500 \end{array}$$ 이므로

$125 \times 5 = 125 + 500 = 625$ 원이다.

또한, 지금도 원시생활을 하고 있는 파푸아뉴기니아 섬의 옥삽민(Oksapmin)부족의 신체부분 셈법은 다음과 같음을 발견하였다. 그들은 27진법을 사용하며, 표현 방식은 다음과 같다.

신체	(왼) 엄지	(왼) 검지	(왼) 중지	(왼) 약지	(왼) 소지	(왼) 손목	(왼) 하박	(왼) 팔꿈치	(왼) 상박
숫자	1	2	3	4	5	6	7	8	9
신체	(왼) 어깨	(왼) 목	(왼) 귀	(왼) 눈	이마	(오른) 눈	(오른) 귀	(오른) 목	(오른) 어깨
숫자	10	11	12	13	14	15	16	17	18
신체	(오른) 상박	(오른) 팔꿈치	(오른) 하박	(오른) 손목	(오른) 소지	(오른) 약지	(오른) 중지	(오른) 검지	(오른) 엄지
숫자	19	20	21	22	23	24	25	26	27

예) 옥삽민 부족과 같은 방법으로 덧셈을 하면 다음과 같다.

(왼쪽 소지) + (왼쪽 손목) = (왼쪽 목)

방법) 먼저 왼쪽 소지(새끼손가락)을 펴면서 왼쪽 하박을 짚는다.
그 다음 왼쪽 약지를 펴면서 왼쪽 팔꿈치를 짚는다.
그 다음 왼쪽 중지를 펴면서 왼쪽 상박을 짚는다.
그 다음 왼쪽 검지를 펴면서 왼쪽 어깨를 짚는다.
그 다음 왼쪽 엄지를 펴면서 왼쪽 목을 짚는다.

이 내용을 현대적으로 해석하면

$$5+6=4+7=3+8=2+9=1+10=0+11=11$$

이다. 그런데 현재의 초등학교 1학년 아동 역시 손가락셈 등을 통하여 같은 방법으로 덧셈을 하고 있다. 물론 학교에서 십진법 계산을 배우게 되면

$$4+7=3+8=2+9$$

의 과정을 생략하고

$$5+6=(5+5)+1=10+1$$

과 같이 계산하게 된다. 즉, 교육받지 않은 현대의 인간 역시 그들의 덧셈방법을 그대로 답습하고 있다. 이러한 사실과 심리학자들의 의견을 종합해 보면, 적어도 4000년 동안은 인류의 지능은 동일한 것으로 알려지고 있다. 따라서 학교수학에서 4000년 전의 발명가들의 아이디어를 현대의 아동이 재발견 또는 재발명하도록 도와주는 일이 대단히 중요하다.

3.6 역사 발생적 원리

과학적 탐구 방법과 자연스런 교수 방법을 결합시킨 것으로 이해되는 발생적 방법을 크게 진작시킨 이는 16세기 영국의 철학자 베이컨(Bacon)이며, 수학 특히 기하학의 발생적인 교재 구성에서 개척자적인 역할을 한 사람은 17~18세기 불란서의 수학교사 아놀드(Arnauld)와 끌레로(Clairaut)이었다. 아놀드의 ≪새 기하학 원론≫은 시각적인 사물을 참조하는 접근방법을 통하여 개념과 정리의 재배열을 시도한 발생적 방법에 의해, 끌레로의 ≪기하학의 원론≫은 수학의 역사적 발달을 내용과 학습 활동의 조직에 이용한 역사 발생적 방법에 의해 구성이 시도된 첫 번째의 수학 교과서이다.

가. 끌레로

기하학의 학습에서 유크리트 원론의 무미건조함을 해결하기 위하여 끌레로는 기하학 원론의 서론에서 언급했듯이, 첫 발명가들의 불가피했던 시행착오적인 모든 오류를 피해가면

서 발명가들(유크리트, 아르키메데스 등)의 방법과 동일한 정도의 자연스러운 방법으로 기하학의 원리를 개발하려고 노력하였다.

나. 해켈(Haekel)

역사 발생적 원리의 인식론적 바탕은 개체발생이 계통발생을 단축된 형태로 반복한다는 생물학적 원리 곧, 다원주의자인 해켈이 제기한 '재현의 원리'이다. 곧, 개인의 수학적 사고의 발달은 수학이 역사 자체를 따른다는 것으로 오늘날 역사 발생적 원리는 여러 학자들에 의하여 여러 가지로 형식화되어 옹호되고 있다. 학교수학에서는 재현의 원리에 따라서 개념의 발달과정을 단위수업시간에 재현시켜 보는 것이 역사발생에 따른 수업일 것이다.

다. 프로이덴탈(Freudenthal)

교수학적 현상학에서 그가 제안한 '안내된 재발명' 방법은 수학이란 역사적 발달 과정의 통찰에 의해서 획득된 지식이 점진적으로 형식화되면서 보다 고도의 기능과 통찰이 획득되어 간 과정이며, 수학 교육학의 주요 문제의 하나는 그러한 점진적인 형식화 과정을 수학 교육에 이용하는 방법에 관한 연구라고 말하고 있다.

3.7 교과로서의 수학

위에서 논한 바와 같이 교과란 학자들이 가지는 안목을 경험하게 하는 것이다.

그러면 수학의 '안목'은 무엇인가? 그것은 수학의 발명가들이 발명 당시에 가졌던 발명의 배경이 되는 아이디어이고, 수학교육은 그 아이디어는 경험할 수 있도록 도와주는 과정으로 전개되어야 할 것이다. 이를 위하여 현행 교육과정에 포함되어 있는 수학사를 재조직하여 수업시간에 아동들의 발명 당시의 아이디어를 경험하도록 도와주도록 교과서와 지도서가 만들어 져야 하겠다.

수학 교과 ⇒ 개념의 구조 ⇒ 개념의 본질, 원리 ⇒ 안목
⇒ 수학적 개념의 발명가의 발명 당시의 아이디어

3.8 수학심화과정과 수학영재과정의 구별

위에서 언급된 바와 같이 지식의 최전선에서 새로운 지식을 만들어 내는 학자들이 하는 것이거나 초등학교 3학년 학생이 하는 것이거나를 막론하고 모든 지적인 활동은 근본적으

로 동일하다는 것이다. 과학자가 그의 책상이나 실험실에서 하는 일, 문학평론가가 시를 읽으면서 하는 일은 누구든지 이와 비슷한 활동, 다시 말하면 모종의 이해를 도달하려는 활동을 할 때, 그 사람이 하는 일과 본질상 다름이 없다. 이런 활동들의 차이는 하는 일의 종류에 있는 것이 아니라, 지적 활동의 수준에 있는 것이다. 물리학을 배우는 학생은 다름 아니라 바로 물리학자이며, 물리학을 배우는 데는 다른 무엇보다도 물리학자들이 하는 일과 똑같은 일을 하는 것이 훨씬 쉬운 방법일 것이다. 물리학자들이 하는 일을 똑같이 한다는 것은 물리학자들이 하듯이 물리현상을 탐구하는 것이다. 즉 학생이 배워야 할 내용은 그 개념의 발명가의 발명 당시의 배경이 되는 아이디어를 배워야 한다는 것이다. 따라서 수학심화과정에서는 그 아이디어를 학생으로 하여금 경험하게 하는 과정이 되어야 하고, 영재과정에서는 그 아이디어를 재발견하도록 도와주는 것이다.

3.9 교재 제작과 모델링

초등수학영재용 교재가 다양한 영재교육원에서 제작되고 있다. 그러나 정작 중요한 아이디어의 재발견을 위한 교재는 많지 않다.

따라서 수학자의 아이디어를 경험하고 재발견할 수 있는 교과서의 개발이 필요하다. 그러나 발명 당시의 아이디어를 그대로 재현한다는 것은 현실에 맞지 않는 경우가 대부분이기 때문에 현실에 맞도록 내용과 교수·학습방법을 재조직하는 것 또한 대단히 중요하다.

4. 수학자의 직관과 분석적 사고

수학자의 발명 또는 발견의 순간에는 분석적인 사고와 직관적인 영감이 작용하는 경우가 매우 많았다는 점이 수학의 역사에서 증명이 되고 있다. 따라서 수학영재교육에서 관심을 가져야 될 중요한 점은 수학 영재 아동의 분석적 사고를 함양하고 직관적 사고력 신장시키는 데에 있게 된다.

4.1 분석법

분석법이란 증명하려는 결론을 증명의 출발점으로 삼아 증명하는 방법이다. 즉, 증명하려는 결론을 다른 명제로 변형시켜서 주어진 조건으로부터 쉽게 얻을 수 있게 하는 과정이 증명의 중심이 되는 방법이다.

■ 분석법의 예

증명하려는 결론을 C라고 하면 C의 직전 하위 개념 A를 찾아, A를 알면 C를 알게 되는 것이다. 또 A의 직전 하위 개념 B를 찾아, B를 알면 A를 알게 되고, 같은 과정을 계속 행하여 우리가 찾아낼 수 있는 내용 X에 이르게 되면, 삼단 논법에 의하여, $C \Leftarrow A \Leftarrow B \Leftarrow \cdots \Leftarrow X$가 참이므로 결론 C를 알아내게 된다.

4.2 직관적 사고

수학과 자연과학에서의 직관을 잘 설명한 Fischbein(1987)은 직관의 요소 또는 특징을 ① 자명성 ② 내재적 확실성 ③ 고착성 ④ 강제성 ⑤ 작은 이론 ⑥ 외삽성 ⑦ 전체성 ⑧ 암묵성 ⑨ 과신 등으로 분류하였다.

■ 직관

Fischbein은 직관의 가장 중요한 요소를 즉각성과 내재적 확실성이라고 하였다. 즉,

$$\text{직관} = \sqrt{\text{즉각성} \times \text{내재적 확실성}}$$

으로 정의하였으며 직관은 논리적 사고과정에서 일어날 수 있는 오류를 일깨워 주는 경보장치의 역할을 한다고 보았다.

■ 수학영재교육에서 직관의 중요성

직관은 단순히 기술적이거나 단순히 사실에 근거한 인식이 결코 아닌 모종의 이론이다. 예를 들면, '한 직선 밖의 한 점을 지나 그 직선에 수선을 단 하나 그을 수 있다'라는 사실을 직관적으로 받아들인다는 것은, 실제로 그은 두 직선이 평행하게 보인다는 사실보다는 그 명제의 필연성과 일반성을 받아들이는 것이다. 또한 우리는 '두 직선이 만나면 두 쌍의 맞꼭지각의 크기가 같다'라는 사실을 확신하며 자명하게 받아들인다. 그런데 우리는 단지 두 맞꼭지각이 같다는 것을 눈으로 보고 그렇게 인지하는 것일 뿐이다. 이러한 인식은 직관이 아니며 직관적으로 안다는 것은 그 성질을 보편적으로 안다는 것을 뜻한다.

■ 직관은 작은 이론이다.

직관이란 단지 성질의 보편성을 서술하거나 명확한 사실을 인지하는데 그치지 않으며 실재하는 대상을 통하여 원리, 관계, 불변의 법칙에 관한 보편성을 파악하도록 한다. 예를 들면, 유클리드의 평행선 공준을 직관적으로 받아들인다는 것은 실제로 평행인 두 직선을 작도할 수 있다거나 또는 어떠한 실질적으로 가능한 증거가 필요하다는 사실을 의식하지 않으

면서 다만, 두 직선을 두 방향으로 무한히 확장하여도 절대로 만나지 않는다는 절대적인 확신감을 갖게 된다는 것이다. 다시 말하면, 두 평행한 선분을 잠재적으로 무한하게 확장한 두 평행한 직선을 상상하며 이들이 서로 교차하지 않고 무한히 확장될 수 있음을 역동적으로 본다는 것이다. 따라서 직관은 순수한 이론이라기보다는 범례, 유추, 도해, 행동적인 구성 등의 특별한 표상으로 표현되는 작은 이론이라고 볼 수 있다.

■ 수학적 발견과 직관

프랑스의 수학자 푸앙카레(II장 3절 참조)는 수학적 발견과 창조의 심리상태를 탐구하는 한편 잠재의식을 중요시했다. 그는 어떤 수학적 결론은 선험적이며, 논리학과 무관하다고 주장했다는 점에서 수학의 근대 직관주의학파의 선구자이다. 그에 의하면 수학적 사실의 발견은 오랜 잠재적 연구 뒤에 따르는 갑작스런 직관의 순간(영감이 떠오르는 순간)에 이루어진다고 하였다. 즉, 모종의 수학적 사실을 발견하려는 수학자의 분석적 사고과정 중, 어떤 순간 갑자기 직관이라는 영감이 떠오르게 되어 그 사실을 이해하게 된다는 것이다. 당시 최고의 수학자의 주장에 따르면, 수학영재교육에서는 분석적 사고능력과 직관적 사고능력을 함께 길러주는 것이 중요하다.

제 Ⅱ 장 초등수학과 관련된 수학자들

인간이 이루어 놓은 모든 지식은 우연히 발견한 것도 있을 수 있겠으나 대부분은 일상생활 또는 지적인 생활의 불편함을 채우기 위한 필요의 산물이며, 수학적 지식도 마찬가지이다. 즉, 모든 수학적 지식은 인간의 필요를 충족시키기 위해서 고안된 것이며, 비교적 짧은 시간에 소수의 천재 또는 영재들에 의해서 만들어졌거나 오랜 시간 동안 많은 사람들의 노력으로 만들어진 것도 많다. 어쨌든, 우리는 그들을 수학의 발명가 또는 발견자라고 부르며, 우리의 관심은 그들이 필요를 충족시키기 위해서 또는 불편함을 해소하기 위해서 발명 또는 발견했던 당시에 그들이 사용했던 아이디어에 있다. 이 장에서는 2부에서 소개할 초등수학 영재교육용 소재를 이해하고 그 소재의 배경이 되는 아이디어를 더욱 친밀하게 이해하기 위하여, 초등학교 교육과정의 수학내용과 관련이 있는 수학내용과 그 내용을 발명한 수학자들을 시대별로 간략하게 소개하기로 한다.

1. 고대의 수학과 수학자들(~6세기 경)

고대의 수학은 생활에 필요한 내용을 해결하는 실용수학과 그 실용수학을 논리적이고 엄밀하게 체계화한 약속(공리)의 수학으로 나눌 수 있다. 고대 수학은 문명의 발상지인 세계 4대강 유역에서 꽃을 피웠지만, 고대중국과 인도에서는 나뭇잎 또는 나무에 수학내용을 기록했기 때문에 전해 내려오는 내용이 거의 없으며 점토에 글을 새긴 고대 바빌론과 파피루스 종이에 글을 적었던 고대 이집트의 실용수학과 그 실용수학을 학문으로 체계화한 고대 그리스의 약속(공리)의 수학을 중심으로 알아보기로 한다.

1.1 생활수학 시대(인류의 출현~B.C. 600년경)

모든 과학의 기원은 측정이다. 수학도 모든 문명과 같이 세계 4대강 유역에서 농업, 토목, 건축에 필요한 측량술과 계산술로부터 시작되었으며, 헬레니즘 시대 이전까지 인간의 생활에 필요한 내용위주로 지식이 축적되어 갔다.

1.1.1 이집트의 나일(Nile)강 유역

중앙아프리카의 빅토리아 호수에서 시작된 나일강의 큰 물줄기와 해마다 일어나는 큰 홍수는 상류지방의 기름진 흙을 하류지역으로 운반되어 하류지역에서 농사를 짓는 사람들에게 많은 도움을 주었다. 이때 절실히 필요했던 지식이 수학과 천문학이었다.

■ 기하학의 발생

그들은 정기적으로 일어나는 홍수시기를 알아야 했기에 지금부터 수천년 전에 1년이 365.25일이라는 사실을 알게 되었고, 홍수 뒤의 농토 정리와 나일강을 다스리는 토목사업 등에 수학을 활용하면서 기하학이 최초로 발생한 지역이 되었다.

■ 단위분수

그들은 화폐가 없던 시절인 B.C. 3000년경에 물물교환을 하던 중 비의 관념으로 단위분수 개념을 도입하였으며, 단위분수를 이용하여 분수의 사칙연산, 도형의 넓이와 부피를 계산하였으며, 또한 분수관념을 이용하여 동서남북으로 향하고 있는 피라미드의 네 개의 모서리의 기울기가 같도록 축성하는 등 고대 이집트 과학발전의 견인차 역할을 하였다.

■ 파피루스 두루마리(Papyrus Roll)

2진법을 이용한 자연수의 사칙연산, 단위분수를 이용한 분수의 사칙연산과 도형의 측정 과정 등의 수학 내용을 대부분 파피루스 종이에 신성문자(hieratic letter) 또는 상형문자(hieroglyphic letter)로 적었으며, B.C. 1650년경 힉소스 왕조와 쉐퍼드 왕조시대에 이집트의 유능한 계산가인 아메스(Ah-mos 또는 Ahmes, B.C. 1680~B.C. 1620 경)가 옮겨 적은 파피루스 종이로 만든 두루마리가 긴 세월동안 외국의 침략으로 세계 여러 나라로 흩어져 부관되고 있다. 대표적인 것으로는 스코틀랜드 사람인 린드(Rhind A.H., 1833~1863) 구입하여 대영박물관에 보관되어 있는 린드 파피루스(RMP)[2], EMLR[3], 카훈 파피루스(Kahun Papyrus)와 모스크바 예술박물관에 소장되어 있는 모스크바 파피루스(MMP)[4] 등이 있다.

■ 원주율

아메스는 지름이 9인 원의 넓이는 한 변이 8인 정사각형의 넓이와 같다고 하였다. 이것은 현대의 원의 넓이 공식 πr^2과 비교하면 아메스는 원주율을 $3\frac{1}{6}$쯤으로 계산하였던 것이다. 또한 다른 문제에서 아메스는 한 변이 9인 정사각형의 각 변을 3등분하고, 네 귀퉁이에서 한 변이 3이고 넓이가 $4\frac{1}{2}$인 직각 이등변 삼각형을 잘라내어 만든 8각형의 넓이를 원의 넓이로 계산하였다.

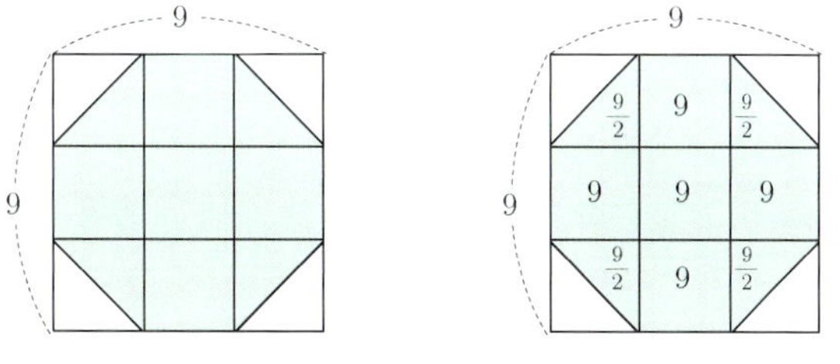

〈이집트인들의 원의 넓이 계산〉

2) Rhind Mathematical Papyrus
3) Egyptian Mathematical Leather Roll
4) Moscow Mathematical Papyrus

그러나 그들은 도형 사이의 관계를 간과하여 원과 넓이가 같은 정사각형을 쉽게 만들 수 있다고 생각하였기 때문에 정확한 원주율을 계산할 수 없는 요인이 되었으며 모든 도형 문제에서 논리적 추론이나 엄밀한 계산을 하지 않았다.

1.1.2 인도의 인더스 강 유역

초기의 인도인들은 나무껍질이나 대나무와 같이 썩기 쉬운 재료를 사용했기 때문에 오늘날까지 전해 내려오는 것이 없다.

1.1.3 중국의 황하 강 유역

동양문화의 기초는 중국을 중심으로 발전하였는데 고대 중국을 대표하는 문헌은 당나라 때 만들어진 '산경십경'이라는 책으로 주폐산경, 구장산술, 해도산경, 손자산경, 장구건산경, 오조산경, 오경산술 등 10권을 이순풍이 한 권으로 묶어서 만든 것이다.

■ 구장산술(유휘, 263년 경)

중국의 수학자 유휘는 263년에 당시 중국의 수학책인 <구장산술>에 주석을 달았다. 그의 저서 <해도산경>은 지금까지 전해지고 있다. 구장산술에는 농업, 상업, 공업, 방정식의 해법, 직각삼각형의 성질(피타고라스의 정리) 등에 관한 246개의 문제와 풀이과정을 싣고 있으며, 기하도형을 분할한 후 다시 결합하는 방법 등을 사용하여 각종 계산의 정확성을 증명했으며, 중국 고대 수학사상 최초로 수학명제에 대해 논리적 논증의 범례를 수록하였고 우리나라 말로 번역되어 있다. '할원술'(원주율 계산에 관한 것)과 각뿔의 부피 계산 등은 모두 <구장산술>의 주석 가운데서 이루어진 뛰어난 성과로서, '할원술'은 정6각형에서 시작하여 원에 내접하는 정다각형의 수를 점차 증가시켜서 정다각형이 마침내 원에 가깝게 되는 방법을 말하는데, 이를 통해 원주율을 계산했다. 정192각형을 사용하여 원주율 근사치 $\pi \fallingdotseq 157/50(=3.14)$임을 알아냈고, 정3,072각형을 사용하여 $\pi \fallingdotseq 3{,}927/1{,}250(=3.1416)$임을 밝혔다. 이것은 중국 고대 수학사상 최초로 극한 개념을 응용한 것이다.

1.1.4 메소포타미아(Mesopotamia,현재 Iraq)[5] 남부 바빌로니아

메소포타미아란 유프라데스(Euphrates)강과 티그리스(Tigris) 강 사이의 지역이라는 뜻으로, 현재의 이라크와 터키의 일부지역에 해당한다. 그의 남부지역인 바빌로니아(Babylonia, B.C. 2700년경)에서는 메소포타미아 평원을 흐르는 유프라테스강과 티그리스강 유역에서

5) 메소포타미아란 강과 강사이의 지역이란 뜻이며, 현재의 이라크와 터키 일부지역에 해당한다.

일어나는 홍수 같은 생활상의 수리적 문제해결을 위한 수학이 발달하였다. 또한 바빌로니아 지역은 실크로드가 지나는 등 지정학적으로 많은 상인들이 다니는 길목에 위치하고 있었기 때문에 이집트 수학보다 더욱 발달하게 되었다.

■ **60진법 사용**

초기 바빌로니아인들은 젖은 점토판에 바늘로 기록하여 판을 화덕 속에서 구웠다. 이것들은 19세기에 B.C 1600년경의 함무라비 왕조의 점토판과 함께 발굴되었으며, 적혀진 쐐기문자 원문을 해독하면서 상업과 농업에 있어서 상당히 높은 수준의 계산술과 60진법의 수 체계를 사용했음을 알 수 있게 되었다.

■ **대수학의 발생**

바빌로니아의 기하학은 대부분 실제 측량과 관련된 것으로, 특징은 기하학의 내용을 대수적으로 해석하였으며, 2차방정식과 연립 2원 2차방정식의 해법도 알고 있었고 단순한 3, 4차 방정식도 다룰 정도로 대수학이 싹트고 있었다.

■ **바빌론의 삼중수**

그들이 점토판에 쐐기문자로 기록된 삼중수(3,4,5; 5,12,13; 등)는 후에 피타고라스학파가 증명한 피타고라스 정리의 기원이 된다.

■ 원주각 360°

그들은 일년을 360일로 간주하여 원위에 날짜를 적은 것이 한 바퀴를 360^o로 사용하게 된 기원이 되었다.

1.2 고대 그리스 수학(B.C. 600년경~6세기경)

수학은 천문학 다음으로 오래된 역사를 갖고 있는 학문이다. 문명이 발달하고 국가가 형성되면서 세금, 국제무역 등에 필요한 계산과 건축, 농경, 토지측량 등에 사용된 것이 실용수학이었다. 이와는 다르게 실용수학이 아닌, 학문으로서의 수학의 형태를 이룬 것은 고대 그리스 수학이었다. 따라서 고대 그리스의 수학을 개관한다. 학문으로서의 수학이 정립되기 시작 한 것은 고대 그리스 시대로 대략 B.C. 6세기경이다. 그리스인들은 외국 여행을 즐겨하였는데, 여행 중에 배워 온 이집트의 기하학과 바빌로니아의 대수학을 그 당시 헬레니즘 문화의 독특한 방법인 분석적, 연역적 사고과정과 삼단논법 등을 적용하여 논리적으로 기하학과 대수학을 체계화하였으며, 또한 궤변론자(sophist)들의 궤변을 원천봉쇄하기 위하여 엄밀하게 지식을 조직하고 증명하였다. 특히, 그리스의 탈레스, 피타고라스, 플라톤 등은 이집트에 유학하였고, 피타고라스와 소크라테스 등은 바빌로니아를 거쳐 인도에까지 여행하면서 그들의 수학을 접하고 받아들였다. 이 절에서는 그들 중 영향력이 많은 사람을 중심으로 그들이 남겨 놓은 수학의 내용을 연대순으로 소개하기로 한다.

1.2.1 탈레스(Thales, B.C. 640~546)

탈레스는 그리스의 밀레투스(Miletus)에서 태어나 젊은 시절에 상업을 하여 많은 돈을 벌어 연구와 여행으로 여생을 보냈으며, 정치가, 공학자, 상업가, 철학자, 수학자, 천문학자로 유명하다. 그는 그리스의 철학의 아버지이자 기하학의 창시자로 명확한 증명을 시작하였고, 우주의 근원적인 물질을 물이라 주장하였으며, 이집트인들이 이루어 놓은 경험지식을 이론적으로 정리하여 수학의 창시자로 일컬어지고 수학을 처음으로 이론적 단계(논증적 학문)로 끌어올린 사람으로서, 그가 발견하여 증명했던 정리는 다음과 같다.

■ 도형의 성질

① 두 직선이 만날 때 그 맞꼭지각의 크기는 서로 같다.

② 이등변삼각형의 두 밑각은 서로 같다.

③ 두 삼각형에서 두변의 길이와 그 끼인각이 같으면 두 삼각형은 서로 합동이다.
④ 두 삼각형에서 그 두 내각과 끼인 한 변의 길이가 같으면 두 삼각형은 서로 합동이다.
⑤ 삼각형의 내각의 합은 180도이다.
⑥ 한 원에서 지름에 대한 원주각의 크기는 직각이다.
⑦ 두 개의 삼각형에서 대응하는 변이 모두 평행이면, 두 삼각형은 서로 닮음이다.

또한 그는 위와 같은 도형의 성질을 이용하여 그 당시 사람들이 가지고 있었던 다음과 같은 호기심을 해결하였다.

■ 피라미드의 높이

당시에 이집트를 여행했던 사람들이 이집트의 피라미드의 높이를 알 수 있는 방법을 탈레스에게 질문하였다. 어느 날 탈레스가 지팡이를 짚고 걷다가 자지자신과 지팡이의 그림자를 보면서 다음과 같은 아이디어가 떠올랐다고 한다. 즉, 땅에 꽂은 막대의 그림자가 막대의 길이가 될 때에 피라미드의 그림자의 길이가 곧 피라미드의 높이와 같게 된다는 것이었다.

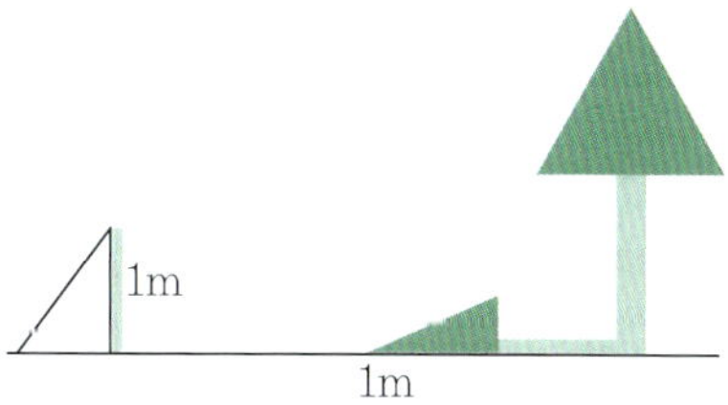

■ 접근하기 어려운 지역의 측정

직각삼각형의 합동의 성질을 이용하여, 해변에서 바다에 떠있는 배까지의 거리를 계산하기도 하였다.

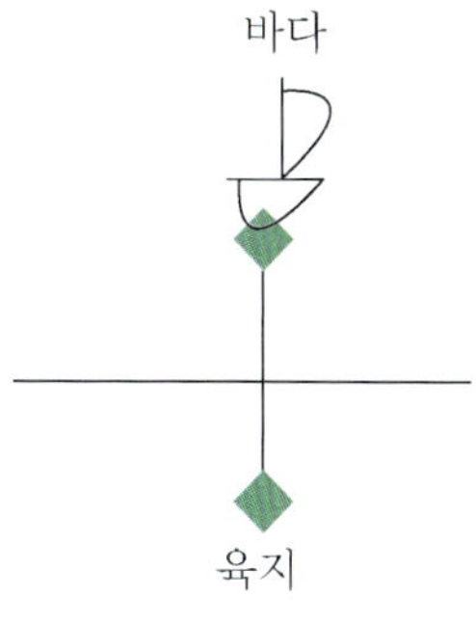

■ 천문학

그는 당시에 지구가 둥글다는 사실을 알고 있었다고 전해지며, 1년이 365.25일이라는 것을 그리스에 소개하였고, 기원전 585년 5월 28일에 일식이 일어날 것을 예언하기도 하였다고 한다.

1.2.2 피타고라스(Pythagoras, B.C. 582~497?) 학파

피타고라스는 에게해의 사모스(Samos)섬에서 태어났다. 피타고라스학파는 금욕주의와 채식만을 하는 등, 수도사 생활과 비밀스러운 집단생활을 영위했으며, 피타고라스학파의 교육은 완전히 구두(口頭)로 행해지고 수비주의(mysticism)[6]에 많은 영향을 미쳤으며, 그들의 철학은 자연수가 만물의 근원이라는 가정위에서 세워졌다.

■ 피타고라스 정리

피타고라스는 바빌로니아 여행 중에 삼중수를 접하고 돌아와, 이를 일반화하여 현재 피타고라스정리로 알려진 내용의 증명을 완성한 다음, 100마리의 소를 잡아 잔치를 열었다고 한다. 그 정리는 유크리트의 기하학원본의 제 1권에 증명과 함께 실려 있으며, 후세의 수학자들에 의해서 360개가 넘는 증명방법이 만들어 졌다.

■ 8음계

그들은 분수를 활용하여, 두 현의 장력이 같을 때, 현의 길이가 2대1이면 8도 음정, 3대 2이면 5도 음정, 4대 3이면 4도 음정 등의 방법으로 8음계와 장조, 단조를 만들었다.

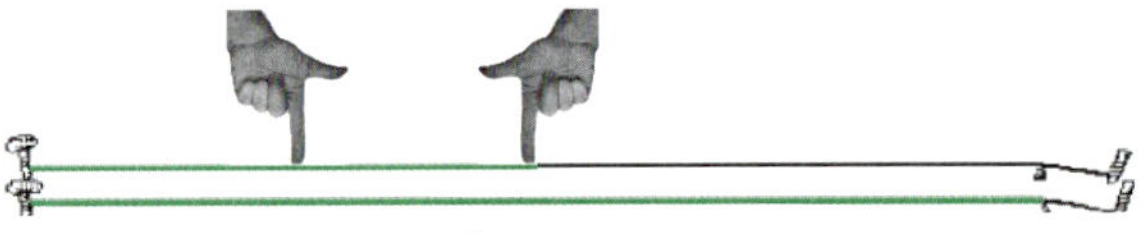

$\frac{1}{2}$(높은 도)

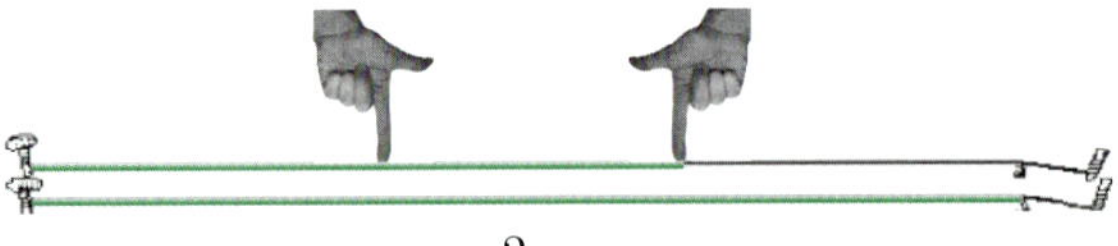

$\frac{2}{3}$(솔)

6) 그레꼬-로망(Greeco-Roman)시대에 문자에 자연수를 1:1 대응시켜서 이름이나 특정 단어 대신에 대응하는 수를 합한 숫자를 사용하던 시대이다. 그 시대의 로마시민들은 각자의 이름에 대응하는 수를 합한 고유번호를 가지고 있었다.

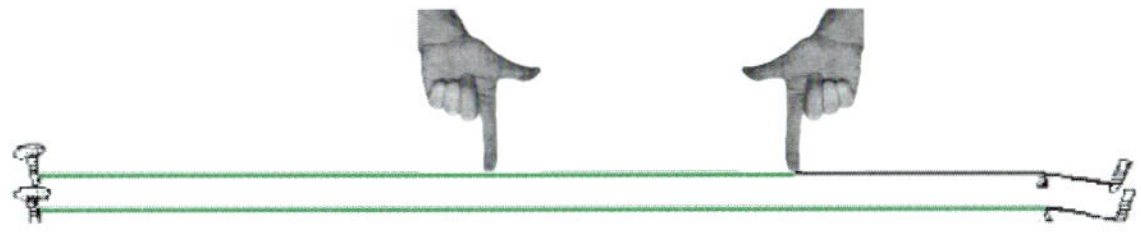

$\frac{3}{4}$(파)

〈8음계〉

음	C	D	E	F	G	A	B	C
길이의 비	1:1	9 : 8	81:64	4:3	3:2	27 : 16	243 : 128	2:1

■ 화음(Harmony)

화음이란 둘 이상의 음이 합쳐져서 내는 아름다운 소리를 말한다. 피타고라스학파는 화음을 이루는 두 음은 각 음의 진동수를 분모와 분자로 하는 분수로 나타내어 기약분수로 고쳤을 때 간단한 분수(분모가 6이하)가 되며, 분모가 7이상으로 되는 경우에는 화음이 아니라고 하였다. 다시 말해서 두 음정의 진동수의 비를 작은 정수의 비로 나타낼 수 있을 때, 즉 최소공배수가 작을 때 잘 어울린다는 것이다. 예를 들면, 5도 화음 도와 솔, 4도 화음 도와 파가 잘 어울리는 것은 그 음정의 진동수 비가 각각 2:3, 3:4이기 때문이다. 그러나 2도 화음 도와 레는 그 진동수의 비가 8:9로 최소공배수가 72나 되기 때문에 잘 어울리지 못한다.

〈각 음의 진동수〉

음	도	레	미	파	솔	라	시
진동수	264	297	330	352	396	440	494

피타고라스가 화음에 관심을 가지게 된 이유는 그의 집 근처의 대장간에서 들리는 여러 사람의 쇠 벼르는 소리가 어떤 때는 화음을 이루어 아름답다가 어떤 때는 불협화음으로 들리는 이유가 궁금해서였다는 설이 있으며 8음계를 '피타고라스 음계' 라고 부른다.

- 화음의 예

  (레, 솔) (도, 파) (미, 솔) (도, 미)

- 화음이 아닌 예

  (도, 레) (레, 미) (솔, 라)

■ **정다면체의 발견**

정다면체 중에서 정사면체, 정육면체, 정십이면체를 발견하였다.

■ **특수한 성질을 갖는 자연수의 쌍**

어떤 자연수가 진약수의 합과 같은 경우, 작은 경우, 큰 경우가 있음을 발견하여 각각 완전수, 부족수, 과잉수, 서로의 진약수의 합이 같은 두 수는 친화수(220과 284 등)라고 불렀으며, 인도 불교의 영향을 받아, 이러한 수를 이용하여 점을 보거나 부적으로 사용하기도 하였다.

■ **형상수**

어떤 기하학적 배열에 있는 점의 개수를 나타내는 형상수를 발견하여 기하학과 산술이 밀접한 관계가 있음을 보여주었다.

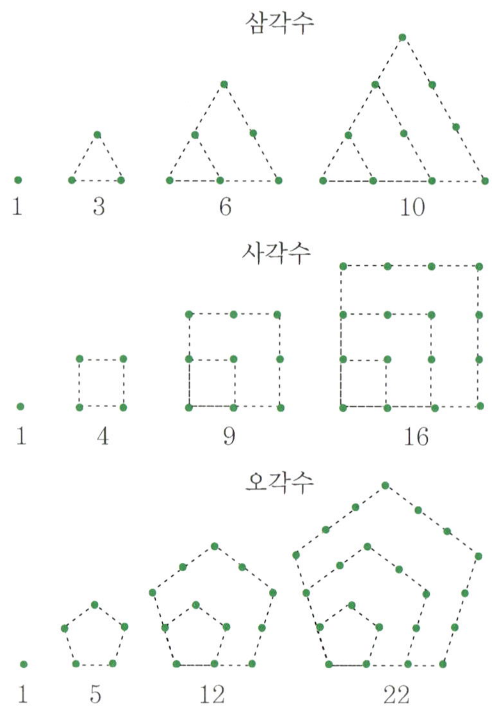

피타고라스의 형상수

■ $\sqrt{2}$ **의 발견**

그들은 피타고라스정리에 의하여 직각이등변삼각형의 밑변과 빗변과 같이, 같은 단위로 잴 수 없는(incommensurable) 선분이 존재하게 되는 사실, 즉 무리수($\sqrt{2}$)를 발견하여 수학사에서 아주 중요한 이정표를 세우게 되었지만, 모든 사고의 범위를 자연수에 한정했던 피타고라스학파의 철학에 위배되어 무리수 관념은 비밀에 부치고 말았다.

[참고] 같은 단위(공통 단위)로 잴 수 없는(incommensurable) 선분

$\frac{2}{3}$cm와 $\frac{5}{7}$cm인 두 선분은 각각 $\frac{1}{21}$cm의 14배, 15배가 되며, $\frac{1}{21}$cm는 $\frac{2}{3}$cm와 $\frac{5}{7}$cm의 공통단위라고 한다. 이와 같이 두 선분의 길이가 분수로 나타낼 수 있다면, 항상 공통 단위를 찾아낼 수 있지만, $\frac{2}{3}$와 $\sqrt{2}$는 공통단위를 찾을 수 없다. 이때 피타고라스학파는 길이가 각각 $\frac{2}{3}$cm, $\sqrt{2}$cm인 두 막대는 같은 단위(공통 단위)로 잴 수 없다고 하였다.

1.2.3 제논(Zeno of Elea, B.C. 490–430년 경)

BC 5세기에 그리스 철학자 파르메니데스(Parmenides)의 제자이자 엘레아(Elea)학파의 일원이었던 그리스의 철학자 제논은 변증술[7]의 창시자로 알려져 있으며, 그의 스승 파르메니데스의 신념인 '모든 것은 하나이다.' 따라서 복수(plurality)나 변화란 있을 수 없다는 일원론적 철학에 반대하는 어떠한 주장도 모순과 불합리에 이를 수밖에 없음을 보여주기 위하여 40여개의 문제를 제시하여 최초로 귀류법[8]을 사용하여 역설적으로 정당화하였다.

■ 제논의 역설(Paradox)

그 40여개의 문제를 제논의 역설이라고 하며, 그중에서 대부분이 분실되고 현재까지 알려진 다음의 4개의 역설은 아리스토텔레스의 설명에서 따온 이름으로, 소크라테스의 변증술의 모태가 되었다. 그런데 제논이 살던 당시에는 그의 논리가 지닌 수학적 함축이 전혀 주목받지 못했던 것 같다. 그러나 사실 그의 역설이 수학적 연속체에 대해 제기한 논리적 문제들은 매우 심각하고도 근본적인 것이었으며, 아리스토텔레스조차도 충분하게 해결하지 못했다. 이 역설은 논리학과 수학의 엄밀성을 발전시키는 데 이바지했으며 연속과 무한이라는 개념이 정확하게 발전하고서야 비로소 해결될 수 있었다.

7) 주어진 주제에 대하여 상반되는 관점을 가진 두 사람이상이 모여, 합리적이고 이성적인 토론을 통하여 그 주제에 대한 진리 또는 본질을 설정하는 과정

8) 귀류법(reduction ad absurdum)이란 주어진 명제의 결론을 부정해서, 그 결과로 얻어진 내용이 가정 또는 상식에 모순이 될 때 그 명제가 참이라고 인정하는 증명 방법으로, 수학에서는 가장 강력한 증명방법이다.

(1) 이분법(Dichotomy)

방안에서 벽을 향하여 걸어갈 때, 처음에는 반을 가고, 그 다음에는 남은 거리의 반을 가고, 또 남은 거리의 반을 가고 … 를 무한히 계속해도 벽에 도달할 수 없다.

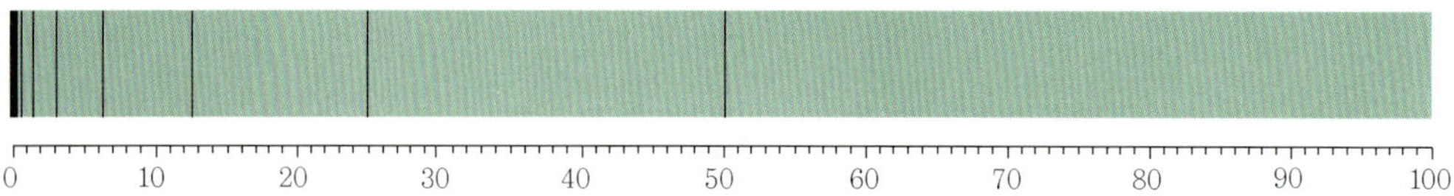

[이유] 이분법의 역설은 어떤 물체가 결코 종착점에 도달하지 못한다는 것을 증명하기 위해 고안된 것이다. 이분법의 역설에 따르면 어떤 움직이는 물체는 종착점에 도달하기 전에 반드시 경주로의 중간 지점을 통과해야 한다. 그런데 무한한 수의 중간지점이 있기 때문에 움직이는 물체는 유한한 시간 안에는 종착점에 결코 도달할 수 없다.

(2) 아킬레스(Achiles)

아킬레스와 거북이가 경주를 한다. 거북이가 아킬레스 보다 100m 앞에서 출발한다. 동시에 출발하여 아킬레스가 거북이가 출발한 곳에 도착하면 그 시간 동안에 거북이는 조금 앞으로 간다. 또 아킬레스가 거북이가 있었던 곳에 가면 그 시간 동안에 거북이는 조금 더 앞으로 간다. 따라서 아킬레스는 거북이를 앞지를 수 없다.

[이유] 달리기 경주에서 보다 빨리 달리는 사람이 보다 느리게 달리는 사람을 결코 앞지를 수 없다.

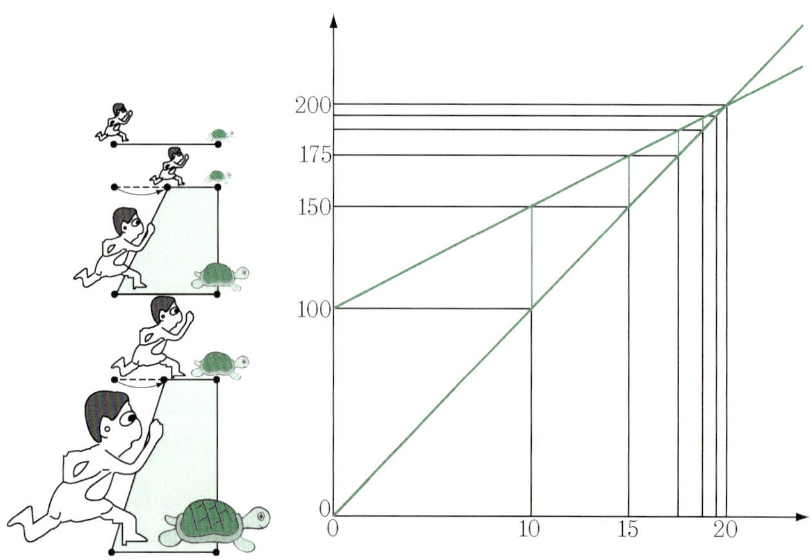

(3) 화살(Arrow)

활시위를 떠난 화살은 과녁에 도달하지 못한다.

[이유] 과녁을 향하는 화살은 과녁까지의 거리의 절반을 지나야 하고 또 그 위치의 반이 되는 지점에 도달해야 한다. 그러기 위해서는 또 그것의 반에 도달해야 하고 이런 식으로 무한히 반복될 수 있다. 이러한 과정이 무한히 반복되는 결과 화살은 결코 목표물에 도달하지 못하게 된다. 즉, 어떤 움직이는 물체가 실제로는 정지하고 있다는 점을 증명하려는 시도이다.

(4) 주로(Stadium)

경기장의 역설은 똑같은 속도로 달리는 물체들의 집합 2개 가운데 하나가 다른 하나보다 똑같은 시간에 2배 멀리 간다.

[이유] 사람들이 두 줄로 서있다. 각 줄은 같은 크기의 사람들이 같은 수로 구성되어 있다. 그들은 경기장 주로에서 서로 반대방향으로 같은 속도로 지나갈 때, 서로 한 사람씩 지나간다. 한 줄은 주로의 종점에서 중점까지 나열해 있고, 다른 줄은 주로의 중점에서 출발점까지 나열해 있다. 그러면 주어진 시간의 반절은 그 반절의 두 배와 같다(주어진 시간과 같다). 제논의 이 역설을 대신하여 아리스토텔레스는 다음 그림과 같이 빈지름이 다른 두 원의 원주는 같다고 하였다.

즉, 반지름이 다른 두 동심원은 한 바퀴 돌리면 같은 거리를 간다.

1.2.4 소크라테스(Socrates, B.C. 471~399)

소크라테스는 인간이 죽으면 육체는 흙으로 돌아가지만 영혼은 사라지지 않는다는 '영혼불멸설'을 주장하면서 육체를 떠난 영혼은 이데아(Idea)로 가고, 이데아에 있는 모든 영혼은 선하며 모든 지식을 알고 있다고 믿었다. 그 영혼이 다시 인간의 육체의 껍질을 쓰고 환생할 때에는 모든 지식을 지니고 태어나므로, 교사가 할 일은 아동에게 지식을 가르치는 것이 아니라 아동이 이미 알고 있는 지식을

자각하게 한다고 믿었다. 따라서 소크라테스의 교육방법을 산파술 또는 발견술(heuristics)이라고 한다. 즉, 플라톤의 메논(Menon) 편에 나타난 바와 같이 철학자 메논의 흑인 노예소년에게 어떤 정사각형의 면적을 두 배로 만드는 과정, 즉 $\sqrt{2}$를 알아가는 과정을 지도하는 과정이 최초의 발견술 교육방법이다.

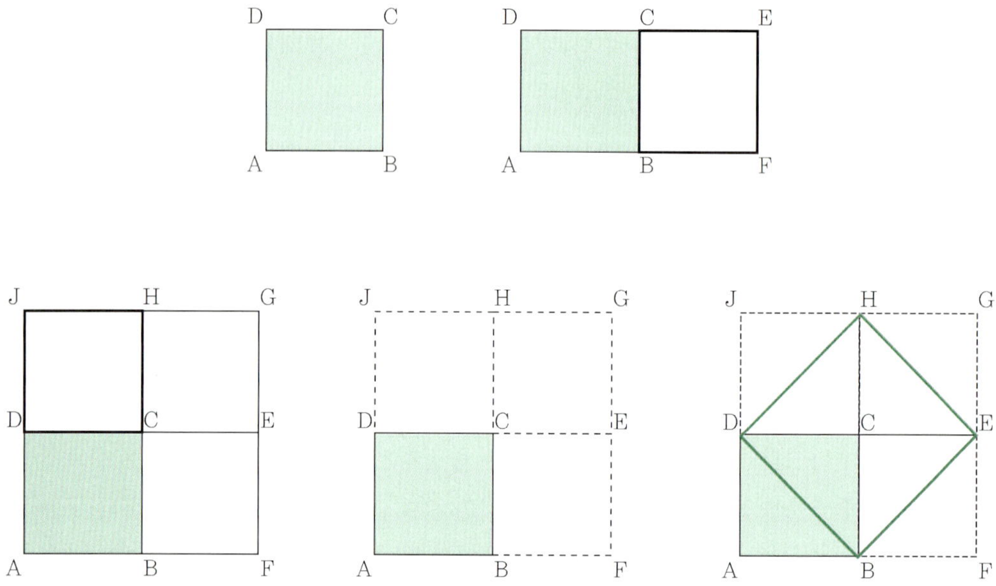

〈정사각형 넓이 두 배하기〉

1.2.5 플라톤(Plato, B.C. 427~347)

소크라테스의 제자로서 아테네의 서쪽 교외의 아카데모스의 숲에 학교를 세워 제자를 양성하였다. 그 학교의 주요 과목은 기하학과 산술이었고 교문 현관에 "기하학을 모르는 자는 이 문안에 들어오지 말라."라고 써 붙였다.

■ **정육면체의 배적**

그는 주어진 정육면체의 부피를 두 배로 만들 수 있는 기계를 만들었으나 스스로 '수학이란 기계의 힘을 사용하지 않고 순수한 사유(즉 자와 컴퍼스만을 사용) 에 의해서 문제를 해결할 때 의의가 있다.'며 자신의 해결 방법에 만족하지 않았다. 이 문제는 2000년이 지난 후에서 자와 컴퍼스만으로 작도할 수 없음이 증명되었다.

■ 이원론, 수학의 추상성

	실제적 유용성(글라우콘)	철학적 유용성(소크라테스)
산술(수론)	장사	영혼을 생성에서 존재로 호 자체를 향하게 함
기하학(평면, 입체)	군대의 주둔, 지역의 점령, 군대의 집결과 분산, 대형등	선의 이데아를 더 쉽게 보도록 만드는 데 어떤 점에서 기여하는가. 있는 것에 대한 앎을 위해서 추구 영혼을 진리로 이끄는 것
천문학	농사, 항해	움직이는 대상을 연구하는 기하학 시각에 의해서가 아니라 이성과 추론적 사고에 의해서 파악되는 것들
화성학	협화음, 소리	화성이나 영혼의 본질을 탐구하기 위함

↓

수학

↓

변증술	가정에 대한 설명의 문제 취급. 가정들을 하나하나 폐기하고 확실성을 확보하기 위해 원리 자체로 나아감.

그의 철학은 소크라테스의 이데아설을 바탕으로 하는 이원론이며, 이 세상에 나타나는 모든 현상은 신의 정신에서 임시방편에 지나지 않는다고 하였다. 수학에서 정확한 자로 직선을 그리거나, 컴퍼스로 원을 그리더라도 그것은 단지 그렇게 보일 뿐 실제로 직선이나 원이란 없고 단지 인간의 이성(즉 이데아의 세계)에서만 존재한다고 보았다. 완전한 삼각형이나 원은 관념의 세계에서만 이루어진 관념론을 주장하였다.

■ 수학의 불변성

플라톤은 수학의 대상과 구조는 인간과 무관하게 객관적으로 존재하며 수학을 연구한다는 것은 이미 존재하는 그 관계를 발견하는 과정이라고 생각하였다. 수학의 대상인 수나 도형은 불변인 이데아로 보고 기하학이 알려고 하는 것은 영원한 존재이며 어느 시기에 생성했다가 소멸하는 것이 아니라고 주장하였다.

■ 수학은 최고의 지성의 단계

그는 수학은 인간이 살아있는 동안 도달할 수 있는 최고의 지성의 단계로 보았으며 국가론에서 철학자 왕 교육과정에서는 수학을 배운 후에 전술학, 천문학, 해양술, 화성악 등을 가르치게 하였다.

〈플라톤의 이원론〉

가시계(可視界)		가지계(可知界)	
허상	실물	수학의 대상	선의 이데아
추측	신념	추론적사고	변증술적 인식
의견	지식		

〈플라톤의 철학자 군주교육과정〉

~ 20세	~ 30세	~ 35세	~ 50세	50세~
시가, 체육 등 기초교육	수학교육	변증술 교육	실무교육	선의 이데아연구

■ 산술과 기하학의 구별

플라톤은 산술과 기하학 간에 간극이 있음을 인식했고, 그의 수 개념과 공리적 토대위에 세워진 산술을 이용하여 산술과 기하학을 연결하려고 노력한 마지막 그리스 인이다. 플라톤은 연속체를 불가분양의 집합체로 인식한 것이 아니라 아페이론(apeiron)[9] 의 흐름에 의해서 생성되는 것으로 간주하였다. 플라톤의 실재에 대한 기준은 경험의 일관성이 아니라 사고의 합리성이었고 피타고라스학파와 마찬가지로 수학과 과학은 명쾌하게 인지된 첫 번째의 원리로부터의 추론의 결과로 보았기 때문에 수학과 과학을 구별할 필요를 느끼지 못하였다.

■ 산술과 물리학의 구별

플라톤은 어렴풋하게나마 연속과 무한소의 개념은 물리적이거나 감각의 대상이 아니라, 유연성과 논리적 사고가 필요한 추상적인 대상으로 보았다.

9) Anaximander의 철학에서 말하는 '만물이 생성되는 무한 불확정한 것'

■ **두 수의 곱 = 직사각형의 넓이**

플라톤은 그의 저서 'Theitetos'에서 다음과 같이, 수를 'square(정사각형)' 또는 'equilateral(등변사각형)'과 'rectangular(직사각형)'라는 두 종류로 나누고 있다.

- THEITETOS : 우리는 모든 수를 두 종류로 나눕니다. 이들 중 하나는 같은 종류의 양들의 곱셈으로 구성할 수 있는 수인데, 우리는 그 수를 정사각형이라는 도형으로 표현해 왔고 그들를 "square" 또는 "equilateral"이라고 한다.
- SOCRATES : 잘 했다.
- THEITETOS :다른 한 종류는 제곱수 사이에 있는 3과 5와 같이, 작은 수와 큰 수를 곱하거나 또는 큰 수와 작은 수를 곱하는 것은 동일하지 않은 변으로 이루어진 도형에 의해 표현되는 경우인데, 우리는 직사각형이라는 도형으로 그들을 표현하고 'rectangular'이라고 한다.

1.2.6 에우독수스(Eudoxus of Cnidus,[10] B.C. 408~B.C.355)

에우독수스는 소아시아 남서안의 크니도스에서 출생하여, 후에 아카데미에서 수련한 플라톤의 친구이자 제자이었다. 그는 비례론을 확장하여 통약불가능한 수에까지 적용할 수 있도록 재조직하였는데 그 내용은 유클리드 원론의 V장에 정리되어 있다.

■ **착출법(method of exhaustion)[11]**

그는 현대의 구분구적법에 해당하는 착출법을 발견하였다. 예를 들면, 원의 넓이를 구하기 위해서, 원에 내접하는 정 다각형의 변의 개수를 점점 크게 하여 원의 넓이와 정다각형의 넓이의 차이가 점점 줄어, 언젠가는 정다각형의 넓이가 원의 넓이가 된다는 방법이다. 이 방법을 이용하여 각뿔이나 원뿔의 부피는 그것과 밑면과 높이가 같은 각기둥이나 원뿔 부피의 $\frac{1}{3}$ 임을 최초로 증명했으며, 원의 넓이는 지름의 제곱에 비례하며 구의 부피는 지름의 세제곱에 비례한다는 사실을 증명하였다. 그 후에는 작도불능문제인 정육면체의 배적문제를 풀었다고 한다.

10) 현재의 터키의 Knidos 지방.
11) 착출법이란 도형의 넓이나 부피를 구하는 방법으로, 남은 양을 점차 없애간다는 의미이다.

■ 직관 · 논리적 사고

그의 업적은 유한하면서 직관적으로 명쾌하고 논리적으로 정교한 사고에 바탕을 두었고, 유클리드의 후기 연구는 방법과 정신적인 면에서 플라톤보다는 에우독수스를 따르게 되었다. 에우독수스는 당시의 비율의 이론과 무한소 관념의 모순을 해결하기 위하여 비율론과 착출법을 이용하여 대안을 제시하였는데, 그가 보여준 과정은 수와 극한에 관한 현대의 개념과는 거리가 멀었고 오히려 극한을 회피하여 우회하는 방법이었다.

■ 기하학과 산술의 혼동

피타고라스학파는 두 직선은 각각에 주어진 단위의 자연수배의 비로 간주한 사실에서 알 수 있는 바와 같이, 그들의 비율의 관념은 기하학적인 크기와 자연수를 동일시하였다. 에우독수스는 그것을 비율의 두 항이 자연수가 아닌 경우도 인정하여 피타고라스학파의 관념을 일반화하였으나, 그 역시 기하학적인 크기와 자연수를 동일시한 것은 마찬가지이었다. 에우독수스의 착출법은 그의 비례이론과 마찬가지로 수 개념을 포기하였음을 알 수 있다.

1.2.7 아리스토텔레스(Aristotle, B.C. 384~322)

20년 동안 플라톤의 제자이었고 '플라톤 학파의 정신'이라고 불리우는 아리스토텔레스의 철학은 전체(우주)를 대상으로 하여, 전체의 궁극적인 원리 또는 원인을 형상, 질료, 운동, 목적으로 보았다. 그는 각각의 개체가 바로 실체 또는 실재이고, 형상 즉 이데아는 플라톤과는 다르게 개체의 다(many)를 초월하는 1이 아니고 개체 속에 내재하는 1로 보았다.

■ 귀납적[12], 연역적[13] 사고

플라톤의 사유방법은 선험적 원리에서 연역한 것에 반하여 아리스토텔레스의 방법은 특정한 현상에서 출발하여 본질의 지식에 이르는 귀납적이고 연역적인 것이었다. 아리스토텔레스는 원래 수학자는 아니었으나 착출법, 제논의 역설, 에우독수스의 업적 등을 포함한 그리스 수학의 내용과 난제들을 잘 알고 있었다.

12) 각각의 특수한 경험적 사실에서 공통된 일반성을 찾아내어 보편적이고 일반적인 원리를 추리하는 방법으로, 후에 베이컨에 의해 학문으로 인정받았으며 영국의 밀(J.S Mill)에 의해서 집대성 되었다.
13) 실증적 연구방법으로, 어떤 일반적인 사실이나 원리를 전제로 하여 개별적인 사실이나 특수한 다른 원리를 이끌어내는 방법이다. 즉, 개념규정 → 가설설정 → 자료수집 → 검증 → 법칙 · 이론정립의 순서로 이루어진다.

■ 분석법14), 삼단논법15)

그는 실재가 인간의 의식 속에 반영되는 형식의 하나인 인식을 체계화시키는데 필요한 논리적 추리형식으로서 3단 논법을 확립하여 그 자신이 명명한 분석법인 형식논리학의 기초를 쌓았다. 그런 이유로 그는 수학적 능력이 탁월하고 기하학에도 정통하였지만 수학문제를 해결할 때에 과학적 방법인 귀납적 논증을 사용하였다.

■ 기하학과 물리학의 혼동

기하학의 개념이란 공간에 대한 물리적 경험을 이상화한 한 것으로 간주하여 기하학적 직선이란 경험과 무관한 선험적이고 추상적인 것이 아니라 자연세계에 존재하는 직선에 해당하는 구체적인 자연물의 특성으로 보았다. 그는 불가분량, 무한, 연속에 관한 관념은 상식에 의해서 구술하였다. 그의 저서 '불가분(不可分)한 직선에 관하여'에서 불가분의 직선을 가정하면 발생되는 모순을 논증하면서, 불가분량은 수학의 모든 내용과 모순이 된다고 결론을 내렸으며, 이것이 유일하게 현대수학과 일맥상통하는 것이다.

■ 물리적인 경험과 수학적 사고의 혼동(일원론)

실무한(real infinite)의 존재를 전부 무시하고 잠재적(역동적, dynamic)무한만을 인정하였다. 예를 들면, 0.999… 는 한없이 1에 가까이 가는 과정일 뿐, 절대로 1이 되지는 않는다는 것이다.

〈아테네 학당에서 걸어 나오는 플라톤(왼쪽)과 아리스토텔레스, 라파엘로 작〉

14) 분석법이란 주어진 개념을 이해하거나 또는 문제를 해결하기 위한, 그 개념의 하위개념 또는 그 문제를 해결할 수 있는 단서를 계속해서 찾아내는 논리적 방법이다.

15) 'A이면 B이다'가 참이고 'B이면 C이다'가 참이 된다면, 'A이면 C도 참이 된다.'는 논리적 증명방법이다.

모든 그리스인과 마찬가지로 아리스토텔레스는 운동은 연속인 것으로, 수는 불연속인 곳으로 간주하였고 동시에 순간변화율이란 개념도 인정하지 않았다. 이와 같이 아리스토텔레스는 물리적 세계에서의 경험과 수학적 사고를 명쾌하게 구별 짓지 못하였기 때문에, 제논의 역설을 명확하게 반박하지 못하고 단지 순간속도의 부정과 감각적인 인지만으로 '주로'와 '화살'의 논법을 부정하였고, 유한한 시간에 무한한 공간을 지나갈 수 없지만 유한한 시간에 무한히 분할된 공간을 지나가는 것은 가능하다는 경험에 의존한 짤막한 주장으로 '이분법'과 '아킬레스'의 역설을 해결하였다.

1.2.8. 유클리드(Euclid, B.C. 330~257?)[16]

플라톤의 사상을 가장 잘 나타낸 수학자로 그 당시까지의 기하학과 수론을 체계적으로 정리하여 <원론>을 완성하였다.

■ **유클리드 원론(Euclid Element)**

그의 <원론>은 역사상 처음으로 수학을 엄밀하고 논리적으로 정리하여 체계화한 수학책으로서 유럽에서는 19세기말까지 교과서 사용하였다. 이 책에는 5개의 공리와 5개의 공준만을 이용하여, 13장으로 이루어진 465개의 명제가 수록되어 있다. 주요 내용은 다음과 같다.

<제 1권>에는, 1쪽에 용어에 대한 뜻을 명확하게 하고자 23개의 정의(무정의용어)로 이 책을 시작하였으며, 그 중 몇 개를 소개하면 다음과 같다.

- 점은 부분을 가지지 않는 것이다.
- 선은 폭이 없는 길이다.
- 선의 양끝은 점이다고 보충하고 선은 점으로 구성된다.
- 직선은 점으로 구성된다.
- 면은 폭과 길이만을 갖는 것이다.
- 한 직선위에 다른 직선을 세울 때, 만일 좌우의 인접한 두 각의 크기가 같으면 그 직선을 수직선이라고 한다.
- 원은 한 점에서 같은 거리에 있는 점으로 이루어진 평면도형이다.
- 동일 평면상에 있는 두 직선을 양쪽으로 끝없이 연장해도 만나지 않을 때, 이것을 평행선이라 한다.

---

16) 유클리드 원론은 작자미상이다. 유클리드는 ucli dis(기하의 열쇠)의 합성어이다.

이어서 다음의 기본 명제 5개를 공준[17]이라 하였다.

(ⅰ) 공준(公準)

① 임의의 한 점에서 다른 한 점으로 직선을 그을 수 있다.

② 유한직선은 얼마든지 연장할 수 있다.

③ 임의의 점을 중심으로 주어진 반지름을 갖는 원을 그릴 수 있다.

④ 직각은 서로 같다.

⑤ 한 직선이 다른 두 개의 직선과 만나서 같은 쪽의 두 내각의 합이 2직각(180°)보다 작은 쪽에서 만난다.

그리고 계속해서 5개의 공리가 있다.

(ⅱ) 공리(公理)

① 동일한 것과 같은 것들은 서로 같다.

② 같은 것에서 같은 것을 각각 더하여도 같다.

③ 같은 것에서 같은 것을 각각 빼도 나머지는 같다.

④ 서로 포개어지는 것은 같다.

⑤ 전체는 부분보다 크다.

공준은 기하학과 관련이 있는 기본명제이며, 공리는 직관적이고 일반적으로 누구든지 진리로서 인정하는 개념으로서 수학의 기본명제를 가리킨다. 그리스 시대에는 공준과 공리를 구별하였으나, 그 후에는 둘 다 '공리'로 부르고 있다. 또한 무한소, 극한, 합의 과정 등과 관련된 개념의 발전과 고등기하학(원이나 직선, 평면보다 곡선이나 곡면에 대한 기하학)의 발전이 있었다. 이 고등기하학은 오늘날까지 유명한 다음의 3대 작도 문제를 해결하기 위한 도전으로부터 연유되었다.

■ 수 = 막대의 길이

유클리드는 '원론'의 VII~IX장에서 모든 수를 적당한 막대로 표현하여 여러 가지 자연수의 성질을 증명하였다.

---

17) • 정의(Definition) : 용어에 대한 약속, 용어의 뜻을 명확하게 한 것.
• 공준(Postulate) : 기하학에서 누구나 의심하지 않고 받아들일 수 있는 고유한 약속, 기하학과 관련 있는 기본 명제.
• 공리(Common notion) : 모든 학문에서 당연히 성립하는 공통적인 진리, 일반적인 성격의 기본 명제.
• 명제(Proposition) : 참과 거짓을 구별할 수 있는 말이나 식을 말하고 정리는 그 명제 자체가 반드시 증명되어야 한다.
• 증명 : 어떤 명제가 참임을 밝혀내기 위해서 기본이 되는 성질이나 이미 옳다고 밝혀진 성질을 이용하여 가정에서 결론을 이끌어 내는 설명과정.

■ 3대 작도 문제

① 주어진 정육면체 부피의 두 배의 부피를 갖는 정육면체의 모서리 작도

② 임의의 각의 3등분 작도

③ 주어진 원과 동일한 면적을 갖는 정사각형 작도

이러한 도전 덕분에 새로운 수학의 발전과 창조가 이루어졌다.

그 다음에는 무정의 용어, 공리, 공준만을 이용하여 48개의 명제 중 26개는 주로 삼각형의 성질과 3개의 합동정리, 27에서 32까지는 평행에 관한 이론, 삼각형의 내각의 합이 두 직각과 같다. 나머지는 평행사변형, 삼각형, 정사각형 등의 면적에 관한 것이다. 제 2권에서 제 13권까지, 역시 무정의 용어, 공리, 공준만을 이용하여 명제를 만들고 그를 증명하였다.

<제 2권>에는 14개의 명제만을 수록한 책으로 면적의 변환(컴퍼스와 자만을 이용한 작도법을 이용)과 피타고라스학파의 기하학적 대수의 내용에 관한 것이다.

<제 3권>에는 39개의 명제를 수록한 책으로 흔히 고등학교에서 나오는 원, 현, 호의 측정에 관한 정리의 내용에 관한 것이다.

<제 4권>에는 3, 4, 5, 6, 15변을 갖는 정다각형을 주어진 원에 자와 컴퍼스를 가지고 내접 또는 외접시키는 작도 문제를 다루었다.

<제 5권>에는 에우독소스의 비례이론에 관하여 해설한 내용이 있다.

<제 6권>에는 에우독소스의 비례론을 평면기하에 응용한 내용이 있다.

<제 7권>에는 유클리드 호제법인 두 개 이상의 정수의 최대공약수를 찾는 방법을 시작으로 해서 그 방법을 두 정수가 서로소인지, 아닌지를 알아내는데 이용하는 내용 등이 있다.

<제 8권>에는 연속비례와 그와 관련된 등비수열에 관한 내용이 있다.

<제 9권>의 대표적인 내용은, 명제 14-정수론의 기본정리 '1보다 큰 정수는 꼭 한 가지 방법으로 소인수들의 곱으로 표현될 수 있다.' 명제 35-등비수열의 n항까지의 합에 대한 공식, 명제-36완전수에 대한 공식이 있다.

<제 10권>에는, 어떤 주어진 선분에 관하여 같은 단위로 잴 수 없는(incommensurable, 통약 불가능한) 선분, 즉 무리수에 관한 내용이 있다.

<제 11권>에는, 공간에서 직선과 평면에 대한 정의와 공리가 있다.

<제 12권>에는 십진법을 이용한 부피에 관한 문제를 다루었다.

<제 13권>에는 하나의 구에 다섯 개의 정다면체를 내접시키는 작도문제가 있다.

■ 유클리드 원론에 나타나지 않은 관념

• 변환, 집합의 구조

유클리드 원론에는 현대 수학에서 핵심 관념인 함수(function)나 사상(mapping)과 이항 연산과 같은 변환(transformation)개념이 없었으며, 군, 환, 체 등의 집합의 구조의 관념이 나타나있지 않았다.

• 음수, 허수, 무리수

수를 막대의 길이, 두수의 곱은 직사각형의 넓이로, 같은 수끼리의 곱(제곱)은 정사각형의 넓이로 간주하였기 때문에, 음수와 허수 또한 무리수를 인정하지 않았다.

[참고] 이로 인하여 수학이 완성되기까지 2500년이 걸렸으며 방정식의 근 공식, 무한을 설명하는 집합론의 완성이 지연되어 근대와 현대수학의 발전에 결정적인 걸림돌이 되기도 하였다.

1.2.9. 아르키메데스(Archimedes, B.C. 287~212)

고대의 가장 위대한 수학자인 시라쿠스의 아르키메데스(287~212 B.C. 경)는 시칠리섬의 시라쿠스 지방에서 태어났다. 그는 시라쿠스의 왕인 히에로(Hiero)와 그의 아들 게로(Gero)와 친분이 두터웠다. 그는 젊은 시절에는 가끔 이집트에서 시간을 보냈는데 그 곳에서 수차를 발명하여 나일강물을 끌어 올려 경작을 가능하게 하였으며, 알렉산드리아에 있는 유클리드의 제자들과 함께 연구를 하였다. 또한 사모스의 코논(Conon)과 에라토스테네스(Eratosthenes)와도 친분이 있었다. 아르키메데스는 자신이 발견한 내용을 발표하기 전에 코논과 편지로 논의하였고, 유명한 가축문제(Cattle Problem)를 에라토스테네스를 통하여 알렉산드리아의 수학자들에게 전했다.

아르키메데스(287~212 B.C. 경)는 시칠리섬의 시라쿠스 지방에서 태어났다. 그는 시라쿠스의 왕인 Hiero 와 그의 아들 Gero와 친분이 두터웠다. 그는 젊은 시절에는 가끔 이집트에서 시간을 보냈는데 그 곳에서 수차를 발명하여 나일강물을 끌어 올려 경작을 가능하게 하였으며, 알렉산드리아에 있는 유클리드의 제자들과 함께 연구를 하였다. 또한 사모스의 Conon과 Eratosthenes 와도 친분이 있었다. 아르키메데스는 자신이 발견한 내용을 발표하기 전에 Conon과 교신을 하였고, 유명한 가축문제(Cattle Problem)를 Eratosthenes를 통하여 알렉산드리아의 수학자들에게 전하였다. Conon이 죽은 후에는 Conon의 친구이자 제자인

Pelusium의 Dositheus에게 남아있는 논문 중 네 편을 보내어 Conon을 추모하였다. 주어진 물체(무게)를 주어진 힘으로 옮기는 방법의 해법을 발견한 후에 Hiero 왕에게 다음과 같이 자랑하였다. "나에게 서 있을 수 있는 장소만 마련해 주면 지구를 움직여 보겠다"

그는 산술, 기하, 천문학, 역학, 유체정역학 등을 연구하였으나 유클리드나 Apolonius처럼 책을 발간하지는 않았다. 그는 수학문제를 연구할 때에는 식사시간이나 인기척을 잊곤 해서 히에로왕이 왕관의 합금 유무를 알아보라는 명령을 받고 목욕 중에 그 원리를 알아내고는 발가벗고 뛰어가면서 Eureka (I have found it.)을 외치기도 하였고, 212 B. C. 년에Marcellus 장군이 Syracus를 점령하여 대학살을 하던 중에 그의 명령을 무시한 병사가 왔을 때 그는 마당에 쭈그리고 앉아 어떤 수학 도식을 풀고 있었다. '그 그림에 손대지 말라'가 그의 마지막 말이었고 로마 병사의 칼에 그는 죽었다. Marcellus 장군은 그의 죽음에 경의를 표하고 유족을 위로하였다.그의 가족은 무덤 앞에 '원통의 내면적과 구의 면적 비율은 3:2 다.' 라는 문장과 원통에 내접하는 구를 넣은 석조 건물을 세웠다. 그 후 75 B. C. 년에 시실리 섬에서 로마의 재무관인 Ciciro에 의해서 잊혀져서 폐허가 된 아리키메데스의 무덤을 발견하여 복원하였다.

■ **가축문제**

1) 첫 번째 문제

W = 흰 숫소의 마리 수

B = 검정 숫소의 마리 수

Y = 노랑 숫소의 마리 수

D = 얼룩 숫소의 마리 수

w = 흰 암소의 마리 수

b = 검정 암소의 마리 수

y = 노랑 암소의 마리 수

d = 얼룩 암소의 마리 수

이라 할 때

$$W = \left(\frac{1}{2} + \frac{1}{3}\right)B + Y$$

$$B = \left(\frac{1}{4} + \frac{1}{5}\right)D + Y$$

$$D = \left(\frac{1}{6} + \frac{1}{7}\right)W + Y$$

$$w=\left(\frac{1}{3}+\frac{1}{4}\right)(B+b)$$

$$b=\left(\frac{1}{4}+\frac{1}{5}\right)(D+d)$$

$$d=\left(\frac{1}{5}+\frac{1}{6}\right)(Y+y)$$

$y=\left(\frac{1}{6}+\frac{1}{7}\right)(W+w)$의 해를 구하는 문제이다. 이 문제는 계수(rank)가 7인 8원 일차 연립방정식이다.

2) 둘째문제

첫째문제에 다음과 같은 조건을 덧 붙였다.

흰 숫소와 검정 숫소를 모아 놓으면 정사각형이 되고

얼룩 숫소와 노랑 숫소를 모아 놓으면 정삼각형이 된다.

즉, $W+B=$완전 제곱수이고 $Y+D=\frac{n(n+1)}{2}$이다.

전체 소는 몇 마리인가?

문제를 만족하는 최소의 수를 정확하게 구하는 방법은 컴퓨터가 등장해서 가능해졌다. 1981년에 미국에서 넬슨(Harry L. Nelson)이 CRAY-1 슈퍼컴퓨터를 이용하여 47페이지짜리 출력 본에 찍힌 206,545 지리수를 계산하였다.

■ 지렛대 원리

주어진 물체(무게)를 주어진 힘으로 옮기는 방법의 해법을 발견한 후에 히에로 왕에게 '나에게 서있을 수 있는 장소만 마련해 주면 지구를 움직여 보겠다.'고 자랑하였다. 또한 그는 산술, 기하, 천문학, 역학, 유체정역학 등을 연구하였으나 책을 발간하지는 않았다.

■ 유레카(Eureka)

그는 수학문제를 연구할 때에는 식사시간이나 인기척을 잊곤 해서 히에로왕이 왕관의 합금 유무를 알아보라는 명령을 받고 목욕 중에 그 원리를 알아내고는 발가벗고 뛰어가면서 유레카(I have found it.)를 외쳤다고 한다.

■ 묘비

212 B. C년에 로마의 마르셀루스(Marcellus) 장군이 당시 아르키메데스가 살고 있던 시라쿠스(Syracus)를 점령하여 대학살을 하던 중, 그의 명령을 무시한 병사가 왔을 때 그는 마당

에 쭈그리고 앉아 어떤 수학 도식을 풀고 있었다. '그 그림에 손대지 말라'가 그의 마지막 말이었고 로마 병사의 칼에 그는 죽었다. 마르셀루스 장군은 그의 죽음에 경의를 표하고 유족을 위로하였다. 그의 가족은 무덤 앞에 아래와 같은 '원통의 내면적과 구의 면적 비율은 3:2다.' 라는 문장과 원통에 내접하는 구를 넣은 석조 건물을 세웠다.

■ **원의 넓이, 원주율 π**

아르키메데스의 방법으로 원의 넓이를 구하려면 원주율 π의 값을 알아야 한다. 아르키메데스는 원주율의 값을 정확히 구할 수가 없자 그에 가까운 근사치를 구하였다. 아르키메데스는 안티폰[18]이 먼저 제시하였던 아이디어를 가지고 시작하였다. 그는 단위원에 내접한 또는 단위원을 둘러싼 6각형, 12각형, 24각형 등과 원과의 관계를 연구하고자, 단위원에 내접한 다각형들은 둘레의 길이가 2π보다 작고 원을 둘러싼 다각형들은 둘레의 길이가 2π보다 크다는 사실에서 출발하였다.

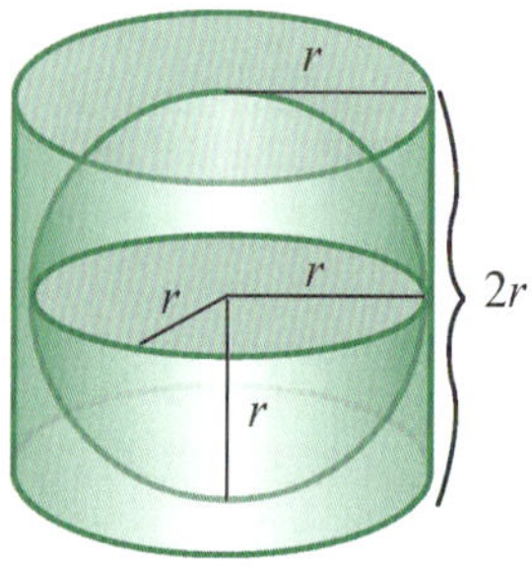

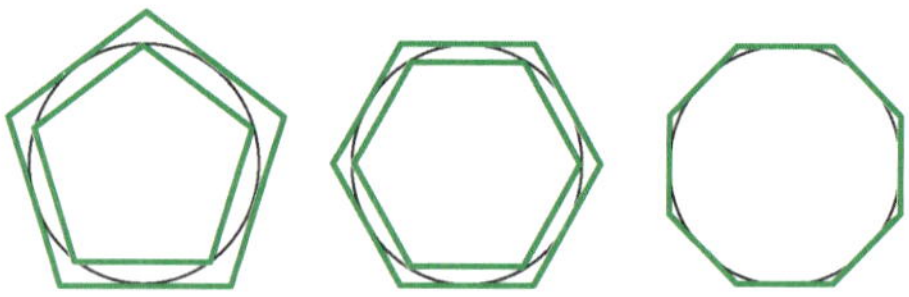

〈원에 내접·외접하는 정다각형〉

그는 자와 컴퍼스를 이용해서 원에 내접되어 있거나 원을 포함하는 n각형의 둘레에서 $2n$각형의 둘레를 계산하는 규칙을 발견하였다. 즉,

$$(\text{내접96각형의 둘레}) < \pi r < (\text{외접96각형의 둘레})$$

$$3\frac{10}{71} < \pi < 3\frac{1}{7}$$

이것은 약 $3.14084 < \pi < 3.142858$이므로, 아르키메데스는 원주율의 근사치로 3.14를 이용하였다.

■ **삼각함수**

그는 삼각함수(sin, cos, tan 등)의 개념과 그들의 반각공식, 배각공식 등의 삼각함수의 성

18) 고대 그리스의 수학자로서 '충분히 많은 변을 가진 정다각형은 원과 같다.'고 생각하였다.

질에 관한 내용을 발전시켰다.

■ **구적법**

포물선, 구, 원기둥과 같은 곡선으로 둘러싸인 도형의 면적 또는 부피를 착출법을 이용하여 근사치를 구하였으며, 나선형의 길이 등을 구하였다.

■ **고전물리학의 시조**

지렛대의 원리, 부력, 열선 이론, 수차, 배의 스크류, 배 공격무기(claw) 등을 발견 또는 발명하여 고전물리학의 기초를 세웠다.

1.2.10 디오판투스(Diophantus of Alexandria, A.D. 214~298년경)

대수학의 발전에서 대단히 중요하고 또 그 이후의 유럽 수론학자들에게 깊은 영향을 준 사람이 바로 이집트 알렉산드리아의 디오판투스이다. 그런데 디오판투스의 출생시기와 출생지는 분명하지 않으며 84세까지 살았다고 한다.

■ **저서**

디오판투스에게는 세 개의 저작이 있는데 그것은 다음과 같다.

- 산학(Arithmetica)

  산학은 디오판투스의 가장 중요한 저술로서 모두 13권의 책으로 되어 있으나 그 중 여섯 권만이 현존하고, 다각수에 관하여는 단지 일부만이 현존해 있으며 계론은 분실되고 말았다. 산학은 대수적 수론을 해석적 논법으로 쓴 책으로서 디오판투스를 이 분야에서 천재로 만들어준 책이다. 이 저작의 현존하는 부분은 약 130여 개의 다양한 문제의 해를 다루고 있으나 대체로 1차 또는 2차방정식과 관계된 것이다. 매우 특별한 3차방정식 문제도 하나 풀려 있다. 또한 수학의 아마추어의 왕자라고 불리는 프랑스의 공무원이었던 페르마(Fermat)가 이 책을 읽고, 페르마의 마지막 정리[19]라고 불리는 문제를 이 책의 모퉁이에 적은 다음 '나는 이 정리에 관한 간단하고 멋진 증명을 알고 있지만 책의 여백이 부족하여 적지 않는다.'라고 적어 놓았다는 유명한 일화가 있다.
- 다각수에 관하여(On Polygonal Numbers)
- 계론(Porisms)

19) n이 3이상일 때, 부정방정식 $x^n + y^n = z^n$의 해는 $(0,0,0)$, $(0,1,1)$ 등과 같은 자명한 것뿐이다.

■ 방정식, 부정방정식[20]

제 I 권은 미지수가 하나인 일차방정식에 관한 문제를 다루고 있고 나머지 책에서는 두 개 또는 세 개의 미지수를 갖는 2차 또는 고차의 부정 방정식에 관한 문제를 다루고 있다. 그러나 놀라운 것은 이들이 일반적인 해법으로 풀리는 것이 아니라 각 문제마다 고유한 방법으로 해가 구해지고 있다는 사실이다. 디오판투스도 단지 양의 유리수해만을 인정하고 있고 대부분의 경우에 하나의 답만으로 만족했다. 단지 유리수해만을 구하는 부정 방정식문제는 흔히 디오판투스 문제로 일컬어져 왔다. 현대에 와서는 해의 조건을 정수로 제한하는 경우도 있다.

■ 기호의 도입

그가 생략속기법을 이용하여 방정식을 대수적 기호로 표현한 최초의 수학자[21]이었음은 틀림없다. 디오판투스는 미지수, 미지수의 6승까지의 멱, 뺄셈, 등식, 역수 등에 대하여 생략속기법을 사용했다. 그가 살았던 그리스 시대에는 주로 기하학만이 연구되었고 산술과 대수가 분리되지 않은 상태였다. 디오판투스가 약자(또는 문자)를 도입함으로써 대수는 산술에서 확실하게 구분되어 갈라지게 된다. 두 분야의 가장 큰 차이점은 바로 문자의 사용 여부와 음수를 수로 인정하느냐 하는 점이다.

■ 메트로도루스(Metrodorus)의 문제

5세기경, 디오판투스의 저서를 읽고, 그의 이론을 이해한 그리스 철학자 메트로도루스는 다음과 같은 문제를 제시했다.

> 디오판투스 생애의 $\frac{1}{6}$은 소년기, $\frac{1}{12}$은 청년기이었으며, 그 후 생애의 $\frac{1}{7}$이 지나결혼하여 5년 후에 아들을 낳았다. 그의 아들은 디오판투스 생애의 반을 살고 죽었으며 4년 후에 그도 죽었다. 디오판투스는 몇 년을 살았을까?

가 문제를 식으로 표현하면 $x=\frac{x}{6}+\frac{x}{12}+\frac{x}{7}+5+\frac{x}{2}+4$ 이므로 84세에 죽은 것을 알 수 있다.

---

20) 방정식 $2x+3y=5$는 해가 $x=1,\ y=1$뿐만 아니라 $(x=4, y=-1), (x=7, y=-3), \cdots$와 같이 무수히 많은 정수 쌍의 해를 갖는다. 이러한 방정식을 부정방정식이라고 한다.
21) 당시에는 수학의 식을 언어로 표현하였다.

[그 후] 고대그리스 수학은 기하학에는 뛰어났지만 산술(정수론)과 대수학의 내용은 아직 초보적이었던 이유는 그들이 기호를 사용하지 않았기 때문이다. 그 후 인도인은 수학에 기호를 적극 활용하였고 지금 사용하고 있는 숫자인 인도·아라비아 숫자를 만들고 10진기수법을 사용했으며, 수를 막대의 길이와 같은 물리학적인 대상이 아니라, 추상적인 개념 그 자체로 인식하려는 경향이 있었기 때문에 음수나 허수를 받아들이기 시작하게 된다.

2. 수학의 발전과 혼돈기(6세기경~19세기 중엽)

유클리드 원론의 완성을 계기로 수학이 약속에서 출발하는 학문으로 발전하면서 고대 그리스시대에 만연했던 사고과정에서 야기된 물리학과 수학과의 혼동과 기하학과 산술의 혼동 등으로 인하여 수학이 발전하는 과정에서 수많은 혼돈이 발생하였다.

2.1 인도와 아랍의 수학

인도인들은 형이상학적인 사고보다는 수를 계산하는 기교를 더 좋아하였기 때문에 유클리드 기하학이나 아리스토텔레스의 논리가 그들에게는 강한 인상을 주지 못하였다.

■ 무리수와 음수의 도입

인도인들은 수학의 이성적인 면이나 기하학적인 면보다는 산술적이고 계산적인 면을 선호[22]하였기 때문에 이차방정식의 무리근을 인정하였고, 절대음수의 개념을 도입하였으나 중요성을 인식하지 못하였다.

■ 직선과 곡선의 혼돈

직선으로 된 도형과 곡선으로 된 도형 모두 수로 측정할 수가 없었기 때문에 그들 사이의 본질적인 상이점을 인식하지 못하였고, 산술과 측정에만 관심이 있었다.

■ 0의 발견

0은 인도의 수학자 브라마굽타(Brahmagupta)에 의해서 수로 인정되었으며 876년부터 공식적으로 쓰이게 되었다. 그러나 0을 포함하는 연산의 어려움 때문에 브라마굽타는 0을 궁극적으로 무(無)가 되는 무한소적 양으로 생각하였고, 인도의 수학자 바스카라(Bhaskara)

22) 인도에서는 수학을 ganita 즉 '계산학문'이라고 하였다.

는 한 수와 0의 곱은 0이지만 더 이상의 연산이 관련되면 그 수는 0의 배수로 인정해야 한다고 말하였다. 0의 발견으로 인도·아라비아숫자와 자릿값 표기의 원리를 사용하게 되어 대수학의 발전에 기여하였다.

■ 아랍인의 공헌

인도·아라비아 숫자는 아랍 문명을 통하여 유럽에 전파되었다. 아랍의 수학은 그리스적 요소와 인도적 요소를 절충한 것이었다. 아랍 셈법은 인도셈법에 기초를 두었으며, 아랍의 삼각함수 역시 인도의 수학과 마찬가지로 현과 기하학적인 표현을 사용하는 대신 정현(sine)과 산술형태를 사용하였으나 아랍의 기하학은 유클리드와 아르키메데스의 영향을 받았으며 대수학에서는 수의 추상적 성질보다는 주로 실생활과 관련된 문제를 다루었다. 따라서 아랍의 수학은 그리스기하학의 통약불가능한 수, 연속, 불가분의 것, 무한 등은 도외시하였지만 어쨌든 그리스의 수학을 잘 보존하여 유럽에 전파한 중요한 일을 수행하였다.

■ 알콰리즈미(al-Khowarizmi, 780~850)

이란의 수학자 알콰리즈미의 저서 <인도 수학에 의한 계산법>이라는 책명에서도 알 수 있듯이, 그는 인도식의 기수법을 아라비아인과 유럽인에게 전하는 매개체 구실을 하였다. 그의 이름 알콰리즈미가 라틴어로 변화하여 알고리즘이 되고, 그것이 아라비아 수학에 의한 계산법을 의미하는 보통 명사 알고리즘이 되었다. 또한 6가지 유형의 이차방정식의 해를 도형을 이용하여 계산을 해내는 등 중세 수학사에 커다란 영향을 주었다.

2.2 중세 유럽의 관념

유럽의 중세시대란 서로마제국이 멸망한 5세기에서부터 16세기 초의 초기 근대유럽까지의 약 천년동안을 말한다. 이 시대의 유럽은 이슬람 문화의 영향을 받았던 시대이고, 로마숫자 대신에 십진법으로 만들어진 인도·아라비아 숫자를 사용하기 시작하였다. 또한 대수학의 발명으로 인하여 수학에의 큰 발전을 가져온 시대이다.

■ 그래프 사용

기하학적 그림과 직관을 효율적으로 이용하였으며 함수를 좌표계를 사용하여 그래프로 나타냈다. (오레스미(Nicole Oresme, 1323(?)~1382))

■ 원을 다각형으로

15세기에는 만일 원이 동일한 변심거리를 가지는 무한개의 변으로 이루어진 다각형으로 간주한다면 다각형에 적용한 방법으로 원의 넓이를 구할 수 있다고 생각하였다.(쿠사의 니콜라스(Nicholas of Cusa, 1401~1464))

■ 수 개념의 확장

이태리의 수학자 타르탈랴와 카르단(Jerome Cardan, 1501~1576)의 3차방정식의 근의 공식과 페라리(Ludovico Ferrari, 1522~1565)의 4차방정식의 근의 공식이 완성되면서 무리수, 음수, 복소수가 좀 너 사유스럽게 사용되었다.

■ 도형과 식의 만남

프랑스의 철학자, 수학자, 자연과학자인 데카르트(R. Descartes, 1596~1650)는 철학적으로 스콜라의 학풍을 극복하여 새로운 사상 체계를 확립하여 근세철학의 아버지라고 불리게 되었다. '나는 생각하므로 존재한다(cogito ergo sum)'라는 명제를 내세워서 일단 모든 존재를 의심할 수 있지만 의심하는 자아의 존재만은 의심할 수 없으므로 명석한 판단만이 진정한 지식이라고 주장했으며, 정신계와 물질세는 각각 정신과 물실의 양태로서 독립적으로 이해했다.

• 직교좌표

데카르트는 곡선이란 작은 직선이 모아진 것이라 생각하고 곡선을 직선과 그 직선의 기울기로 분해하여, 곡선이란 기울기가 다른 직선들이 모여서 만들어진 것이라고 해석하였기 때문에 직선의 성질을 곡선에 적용하기 위하여, 점을 좌표로 인식하게 되었다. 그는 당시 벌어졌던 전쟁에 장교로 참전하여 군대 막사에서 그러한 생각에 몰두하던 중에 파리가 막사 안에서 날아다니는 모습을 바라보면서 날아다니는 파리의 위치를 막사의 가로막대와 세로막대를 이용하여 좌표 (x, y)로 표현하기로 하였다. 이 좌표가 직교좌표가 되었으며 파리의 이동경로인 곡선을 x와 y의 관계식으로 표현하게 되었다. 즉, 곡선을 식으로 표현하게 된 것이다. 그 후 서양인들은 이 직교좌표를 '데카르트 좌표(Cartesian Coordinate)'라고 부르게 되었다.

■ 최대, 최소 문제의 연구

• 구에 내접하고 정사각형을 밑면으로 갖는 모든 직육면체 중에서 정육면체가 가장 크다.

• 반지름이 같은 모든 직원기둥 중에서는 지름과 높이의 비가 $\sqrt{2}:1$인 것이 가장크다. (케플러의 저서 Doliometria)

■ 페르마(Pierre de Fermat, 1601~1665)

'수학의 아마추어의 왕자'라고 불리는 프랑스의 수학자 페르마는 데카르트와 함께 17세기 중반에 세계의 수학을 이끈 사람으로, 1631년 오를랑대학교에서 법률학사학위를 받은 다음 툴루즈 지방 국회에서 근무하다가 1634년 의원이 되었으며, 1638년에는 형사법원에 임명되었으며 수학에 흥미를 가지면서 파스칼과 확률 이론을 공동으로 정립하였다. 또한 그는 디오판토스의 〈산학 Arithmetica〉 복사본을 읽던 중에, 모든 자연수 $n \geq 3$에 대해서 부정방정식 $x^n + y^n = z^n$의 해는 $(0,0,0)$, $(1,0,1)$, $(0,1,1)$, $(-1,0,-1)$, $(0,-1,-1)$ 뿐이라고 생각했으며, 그 책의 여백에 다음과 같은 내용을 적어놓고 죽어버렸다.

"나는 위의 사실에 대한 훌륭한 증명 방법을 알고 있지만 책의 여백이 부족하여 그 증명을 적지 못하였다."

그 후에 그의 아들이 이 내용을 발견하여 학계에 발표한 후로 수학자들이 그 문제를 '페르마의 마지막 정리'라는 이름을 붙이게 되었고 이 정리를 증명하는 사람에게 상금을 주기로 하였다. 그 후 이 증명은 수학자들의 자존심이 걸린 문제로 승화되어 수많은 수학자들이 그 정리를 증명하려고 노력하였는데 350년이 흐른 후인 1993년에 프린스턴대학의 수학과 교수였던 영국의 수학자 와일스(Andrew Wiles, 1953~)가 완벽하게 증명하였는데 그 과정에서 현대 수학이 커다란 발전을 가져오게 되었다.

• 페르마의 최대값 문제

아래의 선분 AC 위에 AE×EC의 값이 최대가 되도록 점 E의 위치를 정하는

문제를 해결하였는데, 답은 점 E의 위치가 중점일 때이다. 이것은 둘레가 일정할 때 넓이가 최대인 직사각형을 구하는 문제와 같으므로 답은 정사각형이 된다.

■ **확률**

프랑스의 수학자 파스칼(B. Pascal, 1623~1662)은 '내기를 할 때, 어느 한쪽이 일정한 점수를 따야 하는데, 도중에서 중단하면, 그 돈을 어떻게 나누어야겠는가?' 하는 어느 도박사의 물음에, 조합의 이론을 이용하여 '파스칼의 삼각형'을 그려 보내게 되었으며, 이로 인하여 근대 확률이론을 페르마와 함께 창시했다. 또한 압력에 관한 원리(파스칼의 원리)를 체계화했으며, 신의 존재는 이성이 아니라 심성을 통해 체험할 수 있다고 가르치는 종교적 독단론을 설파했다. 직관론에 바탕을 둔 그의 사상은 장 자크 루소와 앙리 베르그송 및 실존주의자 등 후세의 철학자들에게 상당한 영향을 끼쳤다.

• 파스칼 삼각형

파스칼의 산술삼각형을 최초로 발견한 사람은 수학책 구장산술의 저자인 중국의 수학자 양휘이다. 그러나 이 삼각형의 흥미로운 성질을 많이 발견한 사람은 프랑스의 문인이자 수학자인 파스칼이므로 그의 이름을 따서 파스칼의 삼각형이라고 부른다. 파스칼의 삼각형에 관한 "수 삼각형론"은 1653년에 쓰여져, 1665년에 세상에 공표되었다.

■ **한붓그리기**

1735년경에 프러시아의 쾨니히스베리그(현재 러시아의 칼리닌그라드)에 프레벨 강에는 아래 그림과 같은 7개의 다리가 놓여 있었다.

당시 그 주변에 살던 사람들이 '7개의 다리를 한 번씩 그리고 모두 건너는 방법이 있을까?' 라는 질문에 대하여 스위스의 수학자, 물리학자인 오일러(1707~1783)는 위의 지도를 다음과 같이 변형하여 관찰한 결과 불가능하다는 결론을 얻게 되었다. 이 문제를 한붓그리기라고 불렀으며 수학의 한 분야인 '위상수학'의 시초가 되었다.

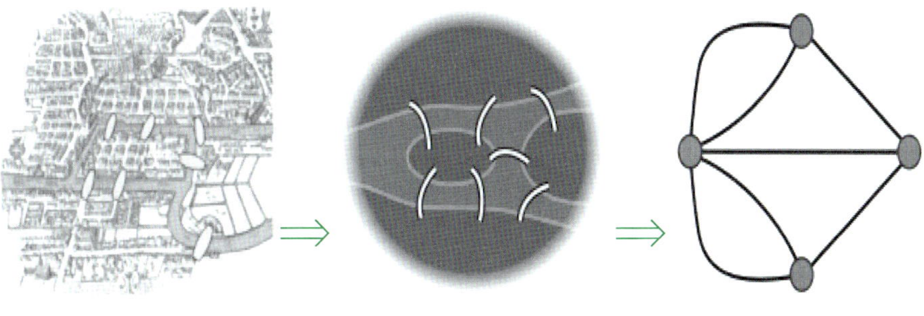

■ 오일러(1707~1783)

오일러는 상트페테르부르크의 교수로 재직하면서 많은 수학의 업적을 쌓았으며, 자신을 너무 혹사하여 1735년 한쪽 눈의 시력을 잃었으며 결국 두 눈의 시력을 완전히 잃은 후에 이룩한 가장 위대한 업적 중 하나로 1772년 달 운동에 관한 그의 제 2이론의 모든 정밀한 계산을 암산으로 했다. 오일러는 일생동안 정수의 성질·관계를 다루는 수론의 문제에 몰두했다. 그는 현재 사용하는 기호를 만들었는데 예를 들어 합 $\sum$, 자연로그의 밑 e, 3각형의 변 a, b, c와 이 변들의 대각 A, B, C 함수를 나타내는 문자 'f'와 괄호, 원주율 π, 그리고 $\sqrt{-1}$ 을 i로 나타냈다. 또한 그는 교실에서 가르치지는 않았지만 근대 어떤 수학자보다 교육에 많은 영향을 주었으며, 제자는 거의 없었지만 러시아 수학교육을 확립하는 데 도움을 주었다.

■ 불가분량[23)]

이탈리아의 수학자 카발리에리는 '곡면의 불가분량은 천을 이루고 있는 실로, 입체의 불가분량은 책을 이루고 있는 종이'로 비유하였다. 즉, 선은 점의 집합, 면은 선의 집합, 기둥은 면의 집합으로 간주하였다.

• 불가분량의 오류

수학에 불가분량을 적용할 때에는 모순 또는 오류가 발생할 수 있으므로 주의가 필요하다.

(예) 불가분량의 이론에 의하면, '높이가 같고 밑변이 다른 두 삼각형의 넓이는 같아진다.' 왜냐하면, $\triangle ADH$의 임의의 선분을 BK라 하자. 그러면 $\triangle GDH$에 BK와 길이가 같은 선분 $B'K'$이 단 하나 있게 되고, 거꾸로도 마찬가지이다. 그러므로 $\triangle ADH$와 $\triangle GDH$는 넓이가 같게 된다.

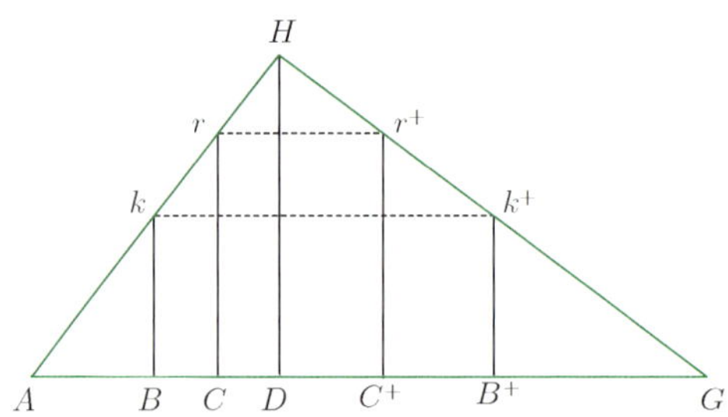

〈오류의 예〉

23) 不可分量(indivisible) : 더 이상 나눌 수 없는 양.

따라서 넓이는 선분의 불가분양의 집합이 아니라 수의 합이라는 관념을 가져야 된다.

■ 카발리에리(B. Cavalieri, 1598~1647)

카발리에리는 이태리 밀란에서 태어났으며, 신학을 공부하여 수도사가 되어 피사 대학에서 기하학을 공부하였다. 그 후 갈릴레오와 천문학을 공동연구를 하면서 포물선 모양, 타원 모양, 쌍곡선 모양 등의 거울을 개발하였으며, 불가분양의 이론을 개발하였다. 즉, 면은 무한개의 평행선으로 이루어지며 입체는 무한개의 평행한 평면으로 이루어지는 것이고, 평행선 또는 평행한 면을 각각 면과 입체의 불가분량이라고 하였다.

■ 기하학의 산술화의 시도

삼각형은 무한히 많은 직선 또는 밑변과 평행한 무한소 평행사변형으로 나뉜다고 가정하고 이것들이 0부터 시작하는 등차수열을 이룬다고 하였으며, ∞ 기호를 처음 도입하여 마치 유한수처럼 사용하였다. 따라서 삼각형의 높이와 밑변의 길이를 각각 A, B라 하면, 수열에 나타나는 마지막 평행선의 넓이는 $\frac{1}{\infty}\times A\times B$이다. 따라서 전체 삼각형의 넓이는 $\frac{1}{\infty}\times A\times B\times\frac{\infty}{2}=\frac{1}{2}\times A\times B$가 된다고 하였다.(월리스(John Wallis, 1616~1703))

2.3 뉴턴과 라이프니츠 시대

같은 시대에 살았던 영국의 뉴턴(Isaac Newton, 1642~1727)과 독일의 라이프니츠(Gottfried Wilhelm Leibniz, 1646~1716)는 미적분학의 발명가로 알려져 있다. 그들은 수학에 많은 업적을 남겼으나, 그들 역시 당시의 수학자들과 마찬가지로 여러 가지 수학적 오류를 범하였다.

■ 뉴턴

뉴턴은 어린 시절에 오랫동안 어머니와 떨어져 살았기 때문에 모성결핍으로 인하여 후에 논문을 발표할 때마다 심리적 불안감이나 비판에 대한 지나친 반응을 보였다고 한다. 그는 17세기 과학혁명의 상징적인 인물이다. 광학·역학·수학 분야에서 뛰어난 업적을 남겼으며 특히 적분과 미분의 기초를 세웠다. 1687년에 출판된 <자연철학의 수학적 원리 Philosophiae Naturalis Principia Mathematica 또는 프

린키피아>는 근대과학에 있어서 가장 중요한 책으로 꼽힌다. 런던으로 거처를 옮긴 뉴턴은 영국 과학의 대부 역할을 하였으며, 태양계의 모든 천체운동을 지배하는 단일한 힘을 중력이라고 불렀다. 이 중력(또는 만유인력)의 이론으로 혜성의 운동이나 조석현상의 성공적으로 설명하였으며, 우주의 모든 물질입자들 사이에 보편적으로 존재한다고 믿게 되었다. 1703년 왕립학회 회장으로 선출되었고, 1705년 과학자로서는 최초로 기사작위를 받았으며 말년을 <프린키피아>와 <광학>을 수정 · 보완 · 번역하는 데 바쳤다.

- 귀납법과 보간법을 이용하여 뉴턴은 이항정리를 발견하였고 또한 이항급수와 관련되는 무한급수를 사용하게 됨으로서 기하학적인 편견을 버리게 되었다.
- 기하학적 양의 길이의 비를 산술적인 하나의 분수로 생각하지 못하였다.

■ 라이프니츠

독일의 독실한 루터교도 집안에서 태어난 라이프니츠는 법학, 철학, 과학, 수학을 공부하면서 갈릴레오, 프랜시스 베이컨, 토머스 홉스, 르네 데카르트 등 과학과 철학을 혁명적으로 발전시킨 사람들의 사상에 접하게 되었으며, 1675년 말 라이프니츠는 적분과 미분의 기초를 세웠다. 또 수학을 계속 발전시켜 1681년에는 원과 외접 4각형 사이의 비례관계를, 1684년에는 고체의 저항을 연구했으며 1700년에는 파리 과학 아카데미의 외국인 회원이 되었고 철학자이자 과학자로서의 그의 명성은 전 유럽에 퍼지게 되었다. 또한 그는 다음과 같은 사실을 증명하였다.

- 단위원(반지름이 1인 원)의 넓이는 $1-\frac{1}{3}+\frac{1}{5}-\frac{1}{7}+\cdots$ 의4배 즉, $\frac{\pi}{4}=1-\frac{1}{3}+\frac{1}{5}-\frac{1}{7}+\cdots$ 으로 계산하였다. 따라서 원주율 $\pi=4\left(1-\frac{1}{3}+\frac{1}{5}-\frac{1}{7}+\cdots\right)$
- 무한급수 $1+\frac{1}{3}+\frac{1}{6}+\frac{1}{10}+\frac{1}{15}+\frac{1}{21}+\cdots$ 는 $\frac{2}{n(n+1)}=2\left(\frac{1}{n}-\frac{1}{n+1}\right)$임을 이용하여 n항까지의 합이 $2\left(\frac{1}{1}-\frac{1}{n+1}\right)$이므로 합은 2라고 결론지었다.

■ 순간속도

움직이는 물체가 특정한 지점을 지날 때의 순간속도를 기하학의 직관적 개념대신에 체계적인 함수개념과 연결시키려는 움직임이 일어나고 있었다.

■ 접선

두 점이 하나가 될 때 할선은 접선이 되고 그것이 할선의 극한이 된다고 하였는데, 두 점이 하나가 되는 과정을 구체화하지 못하고 제논의 역설에 빠지게 되었다.

■ **무한관념의 혼돈**

$\infty + n = \infty - n$을 인정하지 못하였다.

2.4 수 관념의 발전

■ **60진법의 사용**

$x = 1^{p}22'7''42'''33\ 4\ 40$는 60을 기준으로 한(60진법의)소수로 다음을 의미한다.

$$x = 1 + \frac{22}{60} + \frac{7}{60^2} + \frac{42}{60^3} + \frac{33}{60^4} + \frac{4}{60^5} + \frac{40}{50^6}$$

이것은 $x = 1.47$이 $x = 1 + \frac{4}{10} + \frac{7}{100}$을 의미하는 것과 같은 방식이다.

■ **소수의 발명**

소수는 고대 중국에서 길이 측정의 산물로서, 할, 푼, 리, 모 등으로 표기하였으나 곱셈과 나눗셈이 매우 불편하였다. 서양에서는 1585년 네덜란드 수학자 스테빈(S. Stevin, 1548~1620)에 의해 처음으로 사용되었다.

그가 소수를 발표할 당시에는 자연수보다 작은 단위를 10진법으로 만들기 위해서 십진 분수를 사용하여 4.321을 $4 \times (\frac{1}{10})^0 + 3 \times (\frac{1}{10})^1 + 2 \times (\frac{1}{10})^2 + 1 \times (\frac{1}{10})^3$로 표현하고, $\frac{1}{10}$의 지수를 원 숫자로 치환하여 4⓪3①2②1③과 같이 현재와는 다른 모습으로 표현하였다. 그러나 이 방법은 고대 중국의 방법과 별반 차이가 없었으며 이 불편을 해소하기 위해서 자연수 부분과 소수부분을 나누는 점을 이용한 사람은 스위스의 시계제작자인 뷔르기(Bűrgi, 1522~1632)가 처음이었고, 지금과 같은 소수점 방식을 이용한 사람은 로그(logarithm)을 만든 스코틀랜드의 수학자 존 네이피어(John Napier, 1550~1612)였다. 그 후 미터법이 완성되고 프랑스 문화가 독일에 전달되어 독일에서도 1809년 법령이 공포되면서 소수가 공식적으로 채용되게 된다.

소수는 십진분수이고, 모든 실수를 표현하는 가장 실제적인 기호이다. 또한 분수도 소수로 표현할 수 있기 때문에, 소수는 이중표기($1 = 0.999\cdots = 1.000\cdots$)를 동일시한다면 실수를 표현하는 가장 실제적인 기호이다.

2.5 수의 합동

삼각형의 합동, 사각형의 합동 등과 같이 두 도형의 모양과 크기가 같아서 완전히 포개어질 때, 두 도형은 합동이라고 한다는 것은 모두 알고 있다. 그런데 수끼리도 합동이라는 개념이 있다.

■ 가우스(C. F. Gauss, 1777~1855)

가우스는 독일 브라운슈바이크에서 가난한 집안의 외아들로 태어났다. 그는 어려서부터 어학과 수학에서 뛰어난 재능을 보였고, 브라운슈바이크 공작의 재정적 후원 하에 중등교육과 대학교육을 마쳤다. 1795~1798년까지 괴팅겐대학교에서 수학을 공부했고 1799년 헬름슈테트대학교에서 박사학위를 받았다. 학위논문의 주제는 대수학의 기본정리인 '계수가 복소수인 모든 대수방정식은 복소수 해를 갖는다'는 것이었다. 그가 24세 되던 해에 출판한 〈산술에 관한 논고, Disquisitiones Arithmeticae 또는 정수론〉 는 수학사에 가장 뛰어난 업적의 하나로 평가된다. 이 논문에서 그는 정수론에 관한 체계적이고도 영향력 있는 개념과 방법들을 제시했고, '합동수(合同數 congruent number)이론'과 n면을 갖는 정다면체의 문제 등도 해결했다. 특히 복소수를 도입함으로써 근대 대수학 발전에 획기적인 전기를 마련했고, 1832년에 발표된 논문에서는 x, y 평면을 도입하여 더욱 정교하게 발전되었다. 또한 1801년에 세레스(Ceres)라는 소행성의 궤도를 정확하게 계산해냄으로써 그의 뛰어난 계산능력을 전 유럽에 알려졌으며, 오직 3개의 관측기록만을 가지고 새로 개발한 최소제곱법(method of least square)을 이용해 유럽의 많은 천문학자들이 실패한 계산을 성공적으로 수행했던 것이다. 최소제곱법은 1809년에 출판된 책에 실려서 널리 보급되었고 오늘날에도 여전히 사용되고 있다. 그는 수학의 황제라고 불리며 아르키메데스와 뉴턴에 버금가는 가장 뛰어난 수학자의 한사람으로 꼽힌다. 18세기 수학이론과 방법론에 일대 변혁을 가져왔을 뿐 아니라, 혁명적인 정수이론으로 19세기 중엽에 일어났던 해석학(解析學)의 급진전에도 공헌했다. 그가 말한 유명한 격언인 '수학은 과학의 여왕이고, 산술은 수학의 여왕이다'는 과학에서 차지하는 수학의 중요성을 잘 대변하고 있다.

• 수의 합동

가우스는 위에서 언급한 정수론에서 수의 합동을 정의하였다. 즉, 23과 38은 모두 5로 나누면 몫은 다르지만 나머지는 3으로 같다. 이때 23과 38은 5를 법(法)으로 합동이라 하고 기호로는 $23 \equiv 38 \bmod 5$라고 약속하였다. 이 사실을 시계로 설명하면 다음과 같다. 아래와 같이 0, 1, 2, 3, 4의 눈금만 있는 시계를 생각해보자. 23을 0에서부터 시계 방향으로 세어나가면 4바퀴 돈 다음 3이 된다. 마찬가지로 38을 0에서부터 시계방향으로 세어나가면 7바퀴 돈 다음 3이 된다. 이와 같은 수 23과 38을 5를 법으로 합동이라고 약속한 것이다.

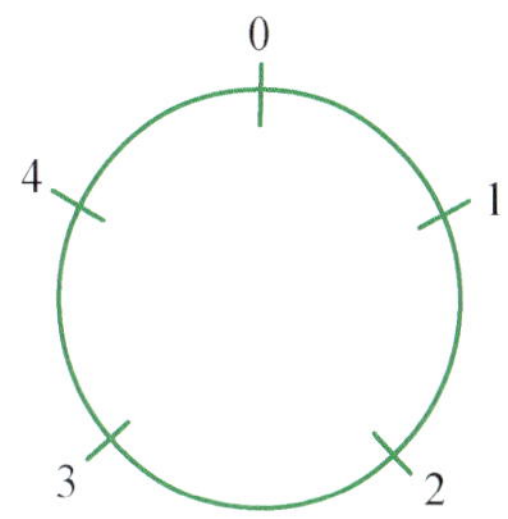

3. 수학의 완성기(19세기 중엽 이후)

수학은 2000년 이상의 시행착오를 거쳐 결국 물리학적인 경험과 기하학적인 직관을 배제하고 난 후에, 실수의 성질을 바탕으로 순수한 함수(변환)관념과 산술화에 의하여 완성되었다.

3.1 무한 개념의 정립

■ 칸토르

칸토르는 1845년 3월 3일에 러시아의 페테르부르크에서 태어났으며, 열한 살 때 프랑크푸르트로 이사하여 삶의 대부분을 독일에서 보내게 된다. 그는 청소년기 때부터 수학에 대한 굉장한 재능과 열성을 인정받고, 자신도 수학자가 될 결심을 하고 취리히, 괴팅겐, 베를린 대학에서 철학, 물리학, 수학을 배우고 1867년 베를린 대학에서 수론에 관한 논문으로 박사학위를 받았다.

■ 집합론

칸토르가 1872년에 집합론을 발표하였으며, 집합론 발표 이전의 칸토르의 연구는 주로 수론에 집중되어 있는데, 특히 삼각함수(푸리에 급수) 이론에 관심을 가졌던 것 같다. 이 삼각함수 이론을 연구하기 위해서는 필연적으로 무한급수의 수렴에 관한 문제와 만나게 되는데, 여기에서 칸토르는 연속, 극한, 수렴 등의 밑바닥에 놓여 있는 '무한 그 자체'에 관심을 가지게 된다. 무한에 깊이 매료된 결과로 집합론을 발표하게 된다. 그러나 집합론의 발표 이후 여기 저기서 비판의 목소리가 들려왔었고 대표적인 비판자 중에는 그의 스승이었던 크로네커도 있었다. 칸토르의 정신 상태는 40세를 맞이하는 1884년부터 이상하게 되어 대학과 정신병원을 왕복하는 생활이 시작되었다. 그가 정신병과 싸우면서도 그나마 집합론을 완성해 나갈 수 있었던 것은 그의 일생의 동지인 데데킨트의 덕분이라고 할 수 있다. 데데킨트 자신도 19세기 후반기의 독일 수학계의 '지도적인 사람들'로부터 그다지 좋은 평판을 얻지 못했기에 학문적인 평판이 나쁜 칸토르를 동정하는 입장이었다. 게다가 나이도 연상이며 온화한 성격에 수학에 대한 감각과 지적 능력도 칸토르보다 나은 면이 있었던 데데킨트는 칸토르의 마음을 달래는 역할 뿐 아니라 학문적으로도 '칸토르의 집합론'에 많은 기여를 했다.

■ 무한집합

독일의 수학자 데데킨트가 집합론을 이용하여 '자기 자신의 진부분집합과 1:1 대응을 만들 수 있는 집합'을 무한집합이라고 정의하였다

• 자연수의 집합은 무한집합이다.

왜냐하면 자연수의 집합을 $\mathbb{N}=\{1, 2, 3, \cdots\}$, 짝수의 집합을 $\mathbb{P}=\{2, 4, 6, \cdots\}$, 1을 빼낸 집합을 $\mathbb{H}=\{2, 3, 4, \cdots\}$이라고 하자. 그러면 두 집합 $\mathbb{P}$와 $\mathbb{H}$는 $\mathbb{N}$의 진부분 집합이다. 그런데 $\mathbb{P}=\{1\times2, 2\times2, 3\times2, \cdots\}$, $\mathbb{H}=\{1+1, 2+1, 3+1, \cdots\}$이므로 $\mathbb{N}$과 일대일 대응이 된다. 따라서 $\mathbb{N}$은 무한집합이다.

■ 실무한을 인정

무한집합의 성질을 이용하여 무한소수 0.999⋯=1임을 증명한다.

[증명] x=0.999⋯ 라고 하자. 그러면 $10x$=9.999⋯ 이다. 그런데 x와 $10x$의 소수점 아래의 9들은 일대일 대응되기 때문에 $9x$=9, 즉 x=1이 된다. 이때 0.999⋯는 수열 0.9, 0.99, 0.999, ⋯ 의 극한으로서 역동무한이라 하고, 1을 실무한이라고 한다.

■ 데데킨트(R. Dedekind, 1831~1916)

데데킨트는 독일의 법률가의 아들로 태어났으며, 카롤린대학에서 미적분학·대수학·해석기하학을 공부했으며, 이 때 괴팅겐대학교의 수학자 가우스에게서 고등수학을 배울 자격을 얻었다. 그는 대수학·기하학·타원함수를 2년 동안 혼자서 연구한 뒤 1854~1858년까지 괴팅겐대학교에서 강의를 하였다. 1862년에는 브라운슈바이크 고등기술학교 교수로 재직할 때, 그는 선분(또는 연속체) 위에 점이 얼마나 많이 있느냐가 아니라 직선이 어떻게 분할되느냐에 따라 그 연속체의 성격이 결정된다는 것을 알았다. 오늘날 데데킨트 절단이라고 하는 방법에 따르면, 하나의 수열에 있는 모든 실수를 두 부분으로 나누었을 때 한 부분의 각 실수는 다른 부분의 모든 실수보다 작게 된다. 각 부분에 가장 크거나 가장 작은 수가 존재하지 않는다면,

주어진 값에 대응하는 이러한 절단은 무리수를 정의한다. 반면에 유리수는 한 부분에 가장 크거나 가장 작은 수가 존재하는 절단으로 정의된다. 따라서 그는 $\sqrt{2}$ 는 실수 연속체를, 한 집합은 제곱한 값이 2보다 큰 모든 수를 포함하고 다른 한 집합은 제곱한 값이 2보다 작은 모든 수를 포함하도록 나누는 절단이나 분할이라고 했다.

■ 극한 개념의 산술화

현대 함수이론의 창시자 중 한 사람인 독일의 수학자 바이에르슈트라스(Karl Weierstrass, 1815~1897)는 해석학의 수론화로 알려진 프로그램을 구상하여 실수체계가 정밀하게 발달하도록 기초를 제공했다. 그는 '한없이 접근한다.', '원하는 만큼 작게'와 같은 표현을 가 소위 '$\epsilon-\delta$방법'24)을 이용하여 산술적으로 정의하였다.

3.2 실수 개념의 규명

데데킨트는 이것을 '절단(cut)'이라 부르는 방법을 이용하여 유리수체계안에서 실수를 정의하여 실수의 집합이 연속이 된다는 사실을 밝혀냈다. 그래서 실수는 직선과 같은 것으로 취급하여 연속체라고 부른다.

3.3 변환, 구조의 도입

앞에서 유클리드 원론에는 '변환'과 '구조'의 관념이 없다고 하였다. 따라서 유클리드는 선분, 도형이나 원을 옮길 때에는 어려운 작도를 이용하였다. 변환의 가장 좋은 예는 함수이다. 라이프니츠는 함수라는 용어를 처음으로 사용하였으며 오일러는 함수를 기호로 f로 사용하였다.

■ 함수(function)

고대 그리스시대에는 모든 계산이 선분끼리의 비례 관계, 선분이나 호로 이루어진 평면도형과 입체도형의 비례관계에 한정되었다. 따라서 두 수의 곱으로서의 면적이나 세 수의 곱으로서의 체적 등과 같은 종속관계가 나타나지 않았다. 하지만 그 옛날부터, 심리적으로는 "나의 어머니"와 같은 소유관계와 비례관계를 인간이 의식한 것이 함수개념의 출발이 된다. 함수는 변화 가능성과 임의성을 가지고, 비례관계에 존재하는 원인(독립변수)과 결과(종속변수) 사이의 종속관계가 함수의 본질이다. 또한 천체운동에서 파동방정식이 유래되

24) 이 방법은 대학수학 등에서 찾아볼 수 있다.

었고 전체운동을 함수로 간주한 것이 자연스럽게 함수와 연속개념을 심리적으로 구성하게 되었다.

■ 이항연산

$3+5=8$과 같이 두 개의 항(수)이 주어질 때, 답을 구할 수 있는 연산을 이항연산이라고 한다. 특히, 가장 기본적인 이항연산인 덧셈, 뺄셈, 곱셈, 나눗셈을 사칙연산이라고 한다. 이항연산은 독립변수가 2개인 함수이다.

■ 평면도형의 이동

초등학교에서 3학년과 5학년에는 '도형의 이동'에 대하여 학생들이 공부하는 기회를 갖는다. '도형의 이동'이 교육과정에 들어가게 된 이유를 살펴보면 크게 두 가지로 나눌 수 있다. 하나는 '공간감각 기르기'이고 다른 하나는 '강체 운동의 기초 및 논리'이다.

• 강체운동

강체란 힘을 주었을 때, 위치는 변하지만 모양이 변하지 않는 물체를 말한다.

이러한 강체운동은 역사 발생적으로 수학교육 개혁운동으로 알려진 독일의 수학자 클라인이 정다각형을 한 가지 기준(변수)으로 분류하기 위하여 강체운동의 개념을 고안하였다.

	기존의 정의	강체운동에 근거한 정의
정삼각형	길이가 같은 세 변과 크기가 같은 세 각으로 이루어진 도형	도형의 중심점을 회전점으로 잡고, 120°회전 시켰을 때, 완전히 겹쳐지는 도형
정사각형	길이가 같은 네 변과 크기가 같은 네 각으로 이루어진 도형	도형의 중심점을 회전점으로 잡고, 90°회전 시켰을 때, 완전히 겹쳐지는 도형
⋮	⋮	⋮

• 네 가지 기본적인 강체운동

강체운동[25]은 크게 평행이동, 회전, 반사 등을 일컫는다.

25) 강체운동은 평행이동, 회전이동, 반사, 미끄럼반사로 크게 4가지로 분류하지만 이 중 미끄럼반사는 초등학교에서는 다루기 어려우나 영재교육에서는 다룰 수도 있다.

■ 클라인(F. Klein, 1849~1925)

클라인은 독일의 뒤셀도르프 출신으로, 뒤셀도르프에서 김나지움을 다녔으며, 본 대학교에서 수학과 물리학을 공부하였다. 그는 에를랑겐대학교의 수학교수가 되었는데(1872~1875), 취임 강의에서 군 이론의 통합 가능성에서 영감을 받아 도형을 강체운동(도형의 이동)으로 분류하는 내용을 포함한 〈에를랑겐 프로그램, Erlanger Programm〉 을 발표하였다. 또한 그는 1882년에 클라인 병을 발견했다. 본래 클라인은 이 곡면을 '클라인 곡면'이라고 불렀으나, 이것이 와전되어 지금의 이름인 '클라인 병'이 되었다. 2차원의 방향을 정할 수 없는 평면으로는 이외에도 뫼비우스의 띠와 사영평면이 있다. 1886년부터 1913년까지 괴팅겐 대학교의 교수를 역임하였다.

• 클라인 병의 제작 순서

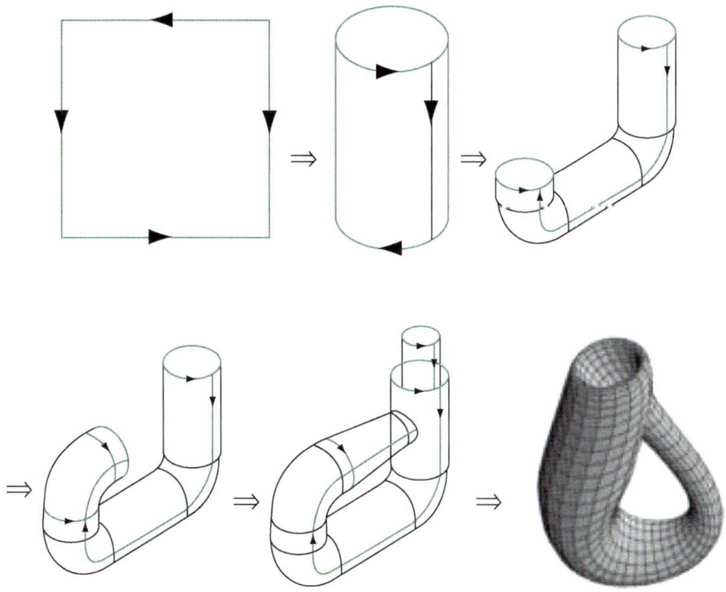

■ 푸앙카레(Henri Poincaré 1854~1912)

푸앙카레는 양손잡이이며 근시였다. 어릴 때 근육운동의 조정이 약했고 디프테리아를 심하게 앓은 적도 있었다. 재주가 많은 어머니로부터 특별한 지도를 받아 초등학교 시절에는 작문에 뛰어났다. 사춘기 때 수학에 깊이 흥미를 느껴 1872~1875년 파리의 에콜 폴리테크니

크 재학중에 수학에서 항상 수석을 차지하였다. 그는 기억력이 출중했으며, 칠판의 수학기호를 똑똑히 볼 수 없었던 그로서는 들은 것을 머리에 떠올릴 수 있는 유용한 능력을 가졌기 때문에, 일생동안 복잡한 수학계산을 머리로 할 수 있었고 커다란 수정 없이 논문을 신속히 쓸 수 있었다. 1879년 미분방정식에 관한 논문으로 국립고등광산학교에서 박사학위를 받았다. 그는 역학, 실험물리, 순수 및 응용수학 분야와 이론천문학에 관한 500여 편의 논문을 작성하였으며, 해박한 해석학의 지식을 대수방정식 해의 존재 가능성에 적용해 30세 전에 자기동형(自己同型)함수(대수적으로 1차항들의 비율로 특성화되는 변환군에 대해 불변하는 함수) 개념을 발전시키는 등의 뛰어난 업적을 인정받아 1887년 파리 과학 아카데미 회원이 되었다. 또한 그는 다음과 같은 추측을 발표한 것으로도 유명하다.

- 푸앙카레의 추측

  1904년에 푸앙카레가 '하나의 밀폐된 3차원 공간에서 모든 폐곡선(하나의 점에서 시작해 다시 그 점으로 돌아오도록 이어진 선)이 수축돼 하나의 점이 될 수 있다면 이 공간은 반드시 구로 변형될 수 있다'라고 추측한 내용이다.

  [참고] 푸앙카레의 추측은 2006년에 러시아의 수학자 페렐만(Grigori Yakovlevich Perelman, 1966~)에 의해서 증명되었다. 페렐만은 '나는 동물원의 동물처럼 구경꺼리가 되기 싫다'라는 이유로 수학의 노벨상인 필즈상 등의 여러 가지 유명한 상의 수상을 거부한 일로 더욱 유명하다.

■ 집합의 구조

수의 집합은 어떤 이항연산에 대하여 분배법칙, 교환법칙 등에 닫혀있는지 또한 항등원은 포함하고 있는 지에 따라 구조를 분류하고 있다. 예를 들면, 자연수끼리 이항연산인 덧셈과 곱셈을 하면 자연수가 되지만, 이항연산 뺄셈과 나눗셈을 하면 자연수가 되지 않는 경우도 있다. 그런데 분수끼리는 4가지 이항연산 덧셈, 뺄셈, 곱셈, 나눗셈(0으로 나누는 경우를 제외하고)을 하면 언제나 분수가 된다. 이와 같이 수의 집합의 서로 다른 특징을 그 집합의 '구조'라고 한다. 이러한 분야에 천재적인 역할을 한 사람이 프랑스의 수학자 갈루아이다.

■ 갈루아(E. Galois, 1811~1832)

갈루아는 프랑스의 부르라렌 시장의 아들로 태어났다. 그는 12세가 될 때까지 어머니로부터 교육을 받았으며, 1823년에 리세 루이르그랑에 입학하였다. 갈루아가 입학한 해에 정치적인 문제로 백여 명의 학생이 퇴학당하는 일이 있었지만, 처음 두 해 동안 갈루아는 별다

른 문제없이 학교생활을 하였고 2학년 때에는 라틴어 과목에서 우수상을 수상하기도 하였다. 그러나 14세가 될 무렵, 갈루아는 학업에 흥미를 잃었고 오직 수학에만 몰두하였다. 그러나 평범한 수업만을 계속하는 학교생활에 불만을 가졌으며, 1828년에는 에콜 노르말 쉬페리외르(예비 학교)에 입학하였으나 갈루아의 수학에 대한 열정을 알아주는 교사를 만날 수는 없었다. 그 다음해에 갈루아는 연분수를 주제로 첫 번째 논문을 발표하였으며 다항 방정식에 대해 연구하고 있었다. 갈루아는 프랑스 과학 아카데미 앞으로 두 편의 논문을 보냈다. 오귀스탱 루이 코시가 갈루아의 이 논문을 심사했지만, 불명확한 부분이 아직 남아있다는 이유로 출판은 거절하였다. 하지만, 코시는 논문에 많은 문제가 있음에도 갈루아의 연구가 중요한 내용을 담고 있다는 것을 알게 되었고, 아카데미 수학상을 수여할 수 있도록 두 논문을 하나로 합쳐서 만들 것을 요청하였으며 당대에 가장 유명한 수학자 가운데 한 명이었던 코시는 갈루아의 능력을 인정하여 아카데미 수학상을 수상할 것이라고 생각할 정도였다. 갈루아는 십대 시절에 수학의 오랜 난제였던 5차 이상 고등 다항식을 거듭제곱근의 해로 나타낼 수 있는지 판별하기 위한 필요충분조건을 밝혔다. 이 과정을 통하여 갈루아는 수열을 특정한 수학적 조건에 따라 묶는 방법을 가리키는 '군(프랑스어: groupe)'이란 용어를 최초로 사용하였다. 갈루아의 연구는 추상대수학의 주요 분야인 갈루아 이론과 군론의 기반이 되었으며, 하위 분야인 갈루아 접속에 대한 이론적 기반이 되었다. 갈루아가 살던 시기 프랑스는 루이 필리프 1세가 왕으로 있던 군주제였으며, 갈루아는 이에 저항하는 급진적인 공화주의자였다. 갈루아는 스무살이 되던 해 미심쩍은 상황 속에서 일어난 결투에서 부상을 입어 21살의 젊은 나이에 사망하였다.

• 수의 집합을 구조에 따라서 다음과 같이 나눈다.

① 군(群)

알콰리즈미가 정의한 등식의 성질, 즉 동류항 계산과 이항을 이용하여 일차방정식 $2x+3=x-2$의 해를 구해보자.

• $2x+3-3-x=x-2-3-x$: 3과 x의 덧셈에 대한 역원

• $2x-x+(3-3)=x-x+(-2-3)$: 결합법칙, 교환법칙

• $x=-5$: 덧셈에 대한 항등원

즉, 위의 일차방정식의 해를 구하기 위해서는 결합법칙, 교환법칙이 보장되고 덧셈에 대한 역원, 덧셈에 대한 항등원을 포함하는 수의 집합이 필요하게 된다. 위의 계산은 정수의 집합에서 덧셈만으로 해를 구한 것이다. 이 사실을 일반화하면 다음과 같다.

유한개 또는 무한개의 원소로 이루어지고, 이항연산 $\circ$이 정의되어 있는 집합 $S=\{a, b, c, \cdots\}$가 다음 성질을 가질 때 집합 S는 이항연산 $\circ$에 관해서 군(group)을 이룬다고 한다. 집합 S에 이항연산 $\circ$가 주어졌을 때는 간단하게 $(S, \circ)$로 표기한다.

- 집합 S는 이항연산 $\circ$에 관해서 닫혀있다. 즉 $a, b\in S$이면 $a\circ b\in S$이다.
- 이항연산 $\circ$는 결합적이다. 즉, 임의의 $a, b, c\in S$에 대해서

$$a\circ(b\circ c)=(a\circ b)\circ c$$

- 단위원 $e\in S$가 존재한다. 즉, 임의의 $a\in S$에 대해서

$$e\circ a=a\circ e=a$$

- 각 원소 a는 역원 $a^{-1}\in S$를 갖는다. 즉,

$$a^{-1}\circ a=a\circ a^{-1}=e$$

군에서는 교환적이라는 성질을 반드시 가지고 있지 않아도 된다. 만일, 임의의 $a, b\in S$에 대해서

$$a\circ b=b\circ a$$

즉, 이항연산 $\circ$이 교환적이라면 이 군을 가환(commutative)군 또는 아벨(Abelian) 군이라고 한다.

② 환(環)

정수의 집합 $\mathbb{Z}$을 생각하여보자. 정수끼리는 덧셈과 곱셈, 두 가지 연산을 할 수 있고, 또한 덧셈, 뺄셈에 관하여 닫혀있다. 또한 배분법칙이 성립함을 안다. 이러한 정수의 덧셈과 곱셈연산에 대한 성질을 일반화한 것이 환이다. 이제, 두 가지의 이항 연산이 정의되어 있는 집합을 S라고 하고. 이들 두 이항연산을 편의상 덧셈(+), 곱셈(×)이라고 부르기로 하겠다.

(ⅰ) 환의 구축

이번에는 알콰리즈미가 정의한 등식의 성질, 즉 동류항 계산과 이항을 이용하여 일차방정식 $4(x+1)+3=3x-16$의 해를 구해보자.

- $4x+4+3=3x-16$: 배분법칙
- $4x+4+3-7-3x=3x-16-7-3x$: 7과 x의 덧셈에 대한 역원
- $4x-3x+(4+3-7)=3x-3x+(16-7)$: 결합법칙, 교환법칙
- $x=9$: 덧셈에 대한 항등원

즉, 위의 일차방정식의 해를 구하기 위해서는덧셈에 대한 역원, 덧셈에 대한 항등원

을 포함하고 결합법칙, 교환법칙과 곱셈과 덧셈에 관한 배분법칙이 보장되는 수의 집합이 필요하게 된다. 결과적으로 위의 계산은 정수의 집합에서 덧셈과 곱셈으로 해를 구한 것이다. 위의 사실을 일반화하면 다음과 같다.

만약 S가 다음 성질을 갖는다면, 이 S를 우리는 환(ring)이라고 부른다.

(1) S는 덧셈에 관해서 가환군이다.

(2) S는 곱셈은 결합적이다.

(3) 모든 S의 원소의 곱셈, 덧셈의 혼합연산은 배분적이다. 즉, x, y, z가 S의 원소일 때, $z\times(x+y)=z\times x+z\times y$이고, $(x+y)\times z=x\times z+y\times z$이다.

또한 기호로는 환 $(S, +, \times)$이라고 표기한다.

특히 S가 곱셈에 관해서 단위원을 갖는다면 이 S를 단위원을 갖는 환이라고 한다.

③ 체(體)

유리수의 집합 $\mathbb{Q}$는 덧셈에 대하여 가환군이고 또한, 덧셈과 곱셈에 관하여 가환환이다. 더구나 (0을 제외한) 모든 유리수의 집합은 곱셈에 관하여 가환군이다. 이러한 유리수의 성질을 일반화한 것이 체이다.

(ⅰ) 체의 구축

일차방정식 $3x+2=x-5$의 해를 구해보자.

• $3x+2-2-x=x-5-2-x$: 덧셈에 대한 2와 x의역원

• $3x-x+(2-2)=x-x+(-5-2)$: 덧셈에 대한 결합법칙, 교환법칙

• $2x=-7$:덧셈에 대한 항등원

• $x=-\dfrac{7}{2}$: 곱셈에 대한 항등원, 역원

위의 사실을 일반화 하면 다음과 같다.

(ⅱ) $(S, +, \times)$를 단위원을 갖는 가환환이라고 하자. 일반적으로 이것은 곱셈에 관한 역원을 품지 않는다. 가령 정수 전체의 집합에서, 곱셈에 관한 3의 역원은 $\dfrac{1}{3}$인 데, 이것은 이 집합에는 없다. 그러나 때로는 곱셈 역원을 품을 경우도 있다. 영원(덧셈에 관한 단위원)은 곱셈에 관한 역원이 존재하지 않는다. 만약, $(S, +, \times)$가 영원을 제외한 모든 원소의 역원을 갖는다면, 이 S를 가환 단위환 또는 체(field)라고 한다. 즉, $(S, +, \times)$가 체이기 위해서는 그것이 단위원을 갖는 가환환이어야 하고, 또 영원을 제외한 모든 원소의 곱셈에 관한 역원을 가져야 한다. 그러면 체에는 덧셈에 관한 역원과 곱셈에 관한 역원이 모두 포함되기 때문에 그 체의 원소를 계수로 가지는 일차 방정식의 해는 다시 그 체 안에서 찾을 수 있게 된다.

(예) 유리수(분수) 전체의 집합은 체이다. 유리수(분수) 전체의 집합이 덧셈에 관한 가환군이고, 또 0을 제외한 유리수 전체의 집합이 곱셈에 관한 가환군임은 이미 보아왔다. 그리고 배분법칙이 성립한다. 따라서 유리수 전체의 집합은 체이다. 체 $(\mathbb{Q}, +, \times)$를 유리수체라고 부른다.

3.4 현대의 수학

유클리드에 의해서 수학은 약속으로 시작하는 학문으로 출발하였으며, 실수의 정체를 밝히고 변환 관념이 도입되어 현대의 수학은 어떤 변환에 의해서 변치 않는 성질을 연구하는 학문으로 완성되었다.

■ 부르바키(Nicolas Bourbaki)학파

부르바키(Nicolas Bourbaki, 1816~1897)는 19세기의 그리스 장군이었다. 프랑스 낭시에는 그의 동상이 있다. 그러나 부르바키장군은 수학의 문외한이었다. 헤밍웨이, 피카소, 마티스는 자주 만나 담소를 나누곤 했던 파리대학 근처의 좌측 강 언덕에 있는 어떤 까페에서 파리대학의 활기 넘치는 수학공동체의 수학자들이 자주 모여, 숫자와 기호와 공간과 함수라는 언어로 이야기하면서 항상 도취된 분위기였다.

그 시절 파리대학의 수학과에는 직업적인 배우를 초청하여 대학원생들 앞에서 부르바키의 연기를 하게하는 연례행사가 있었는데, 그때마다 수학적인 개그로 긴 독백을 하는 원맨쇼를 하곤 했다. 현대수학이론이 풍부해지면서 수학용어 가운데에는 일상에서와 다른 의미로 쓰이는 방대한 어휘들이 생겨났기 때문에 공연은 아주 재미있었다. 그 일과 연관이 되어 그 수학공동체는 부르바키장군의 이름을 빌리기로 했다. 공동체의 구성원들은 익명을 고수했고, 그들의 수학적인 연구결과는 부르바키라는 이름으로 발표하였다. 부르바키의 초기 구성원 중에 앙드레 베유(Andre Weil, 1906~1998)와 부르바키라는 공동 이름으로 출판된 많은 책의 주요 저자인 장 듀돈네(Jean Dieudonne)가 있다. 구성원들이 모두 프랑스이면서 대부분이 미국에 살고 있었고, 부르바키의 출판물에는 소속이 낭카고(Nankago) 등으로 나와 있는데, 낭시와 시카고의 합성어이다.1934년에 10여명의 프랑스 수학자들이 대학의 수학과 학생들을 위한 미적분학 교재를 저술할 계획에 대하여 논의하던 중에브루바키 원론의 제작을 결정한 것이다. 그들은 데데킨트와 힐베르트의 연구방법을 좇아서 부르바키는 현대의 수학을 최소한의 기본적이고 공리화된 수학의 구조로 서술하는 방법을 모색하였다. 또한 가급적이면 많은 분야의 수학내용을 포함하는 최소한의 구조 안에 두려는 노력 때문에 해석적 정수론, 일반위상수학 등의 영역을 포함하지 않았다. 부르바키는 힐베르트의 공리론적 방법을 서로 무관한 수학 내용 간에 숨어있는 깊은 관계를 발견해내고 다수의 수학영역을 통합하는 강력한 추상적 도구로 받아들였다. 부르바키학파의 회원은 젊은 패기를 유지하기 위하여 50세가 되면 은퇴를 해야 했고, 신입회원을 받아들이는 방법은 마치 '실험용 쥐'를 시험하는 것과 같이 혹독하였다.

수학자들은 자신이 관심 없는 분야는 철저히 무시하고 관심밖에 있는 분야를 연구하는 동료들의 언어와 용어조차 이해하지 못한다. 더구나 자치적 집단 간에 목표, 방법 심지어는 언어까지도 점점 더 격리되어 수학이 하나인지, 여러 종류인지를 알 수 없게 되었다. 물론 이 문제는 수학을 체계화하기 시작할 때부터 발생한 것이지만 시간이 흐를수록 문제가 더욱 심각해지고 있다. 이 문제를 해결하기 위하여 부르바키는 위에서 논의한 수학기초론을 회고하면서 수학이 통합되어야 하는 이유와 방법을 다음과 같이 주장하였다.

오늘날 수학이라는 과학의 내적진화는 타 분야와의 좀 더 근접한 통합을 가져왔고 이전보다 더 견고한 중심핵과 같은 무엇인가를 창출하였다. 이러한 진화의 필수요소는 수학 이론 간에 존재하는 관계의 체계적인 연구이고 그것은 '공리적 방법'으로 일반적으로 알려진 것으로 안내되었다. 형식주의와 형식적 방법 이라는 용어로 사용되지만 공리적 방법의 반대의 의미로 오용되고 있다. 아리스토텔레스 이래로 형식논리의 이름하에 수학의 특수한 목적이 놓이게 되었다. 이러한 연역적 추론이 수학 원리를 통합한다는 것은 무의미한 진리주의이다. 마치 실험방법이 동일하기 때문에 물리학과 생물학을 단일과학으로 통합하려는 바와 같다. 일련의 삼단논법에 의한 추론 방법은 한 집단의 가정을 다른 집단의 가정으로 변환하는 메카니즘일 뿐이고 그러한 가정의 특징을 규명하는 것은 아니다. 즉, 그것은 수학자가 자신의 사고에 부여하는 외적인 형태이고 다른 수학자에게 접근을 가능하게 하는 바퀴이고 적절한 언어이다.

이러한 언어규칙을 정착시키고 어휘를 정립하고 문맥을 명료하게 하는 일이 필요하며 이것이 논리형식주의라고 일컫는 공리적 방법의 한 측면이다. 실험적 방법이 자연법칙의 불변성에 대한 선험적 신념에서 출발한 바와 같이 공리적 방법 역시 수학은 제멋대로 발전해온 일련의 삼단논법이 아닐뿐더러 교활한 잔꾀의 집합체이나 운 좋은 조합은 아니어야 된다. 몇 몇의 천재적인 수학자의 훌륭한 이론보다는 공리론적 방법으로 그러한 발견에 깊게 박힌 이유를 찾고 그러한 이론의 수학자들의 작은 아이디어의 결집에 묻혀버린 공통아이디어를 발견하여야한다(Bourbaki, 1950).

■ 현대수학의 모구조

부르바키(1950)는 수학의 각 분야의 공통점을 발견하여 수학을 몇 가지로 통합하는 방법으로 제시한 공리론적 방법을 다음과 같이 설명하고 있다.

공리적 방법은 실험적 방법과 아주 유사하다. 실험적 방법은 데카르트주의의 근원에서 힘을 얻은바와 같이 좀 더 나아지게 극복하기 위해서는 난점을 분할하여야한다. 이론을 설명할 때는 논거의 주요부분을 분리하고 추상적인 형태로 형식화하여서 그것 만에서 나오는 결과를 개발한다. 그리고 분리된 각 부분을 재조합하고 서로 다른 부분이 서로에게 어떠한 영향을 미치는가를 탐색한다. 전통적인 분석법과 종합법 간의 차이는 없다. 이 방법의 독창성은 그것이 적용되는 방법에 있다(Bourbaki, 1950).

또한 수학을 세 가지의 모구조(mother structure)로 분할하는 과정을 다음과 같이 설명하였다.

• 대수 구조

구조를 정의하는 출발점을 형성하는 관계는 매우 다양한 특징을 가질 수 있다. 군의 구조를 발생하는 관계는 합성법칙 즉, 두 원소의 함수로서 유일하게 결정되는 세 번째 원소간의 관계로서 구조를 정의하는 관계가 합성법칙일 때는 대응구조는 군, 환, 체 등의 대수 구조라고 한다.

• 순서 구조

이것은 'x는 y이하이다 형태로 표현되는 두 수 x, y 사이의 관계이다. 이 관계를 xRy로 표현하면 순서 구조의 공리는 다음과 같다.

(a) 모든 x에 대하여 xRx이고,

(b) xRy이고 yRx이면 $x = y$이고,

(c) xRy이고 yRz이면 xRz이다.

순서 구조의 가장 간단한 예는 자연수이다.

• 위상 구조

위상 구조는 인간의 공간에 관한 아이디어에서 얻은 근방, 극한, 연속의 직관적 개념을 추상수학으로 형식화한 것이다.

이와 같이 수학을 세 가지 모구조로 통합하고 모구조의 유용성을 다음과 같이 주장하고 있다.

■ 현대 그리고 미래의 수학

현대의 수학은 모구조를 넘어선 다중 구조를 가진다. 다중 구조는 아무런 새로운 내용을 생성하지 못하는 단순한 병치가 아니라, 그들을 연결하는 하나 이상의 공리에 의하여 조직

적으로 통합하는 둘 이상의 모구조를 통합하는 구조이다. 수학은 언제나 결코 완성품이 될 수 없는 것이다. 따라서 우리는 통합과 다양성을 가지는 수학의 내면세계를 좀 더 직시하여야 한다.

- 수학은 거대한 도시와 같다.

  대도시는 영역이 끈임 없이 분할되고, 외곽으로 뻗어나가고, 중심가에는 재건축이 되어가면서 뒷골목에 있는 낡은 구역은 재개발되면서 좀 더 다양하게, 폭 넓게 안락하게 만들 계획을 항상 준비하는 것이다. 이와 마찬가지로 수학은 지난 한 세기 내내 진전이 있었으며, 많은 철학자와 심지어 수학자들의 혹독한 비판에도 불구하고 여전히 연구를 진행하고 있다. 또한 수학은 현재 모습과 비슷하게 진화하고 있지만, 오랫동안 모종의 성과를 얻지 못하고 진부한 논리적 잡담만을 늘어놓고 있다는 비판은 다음과 같은 역사적 사건에 의해서 설명된다.

  데데킨트와 페아노의 의한 산술의 비판과 힐베르트에 의한 유클리드기하의 비판의 대상은 완전한 공리체계에 의해서 결정된 이론에 한정되었기 때문에, 그들은 그것에서 파생되는 군 이론과 같은 다른 이론에는 비판을 가하지 못하였다. 공리론적 방법이 발전해 가면서 힘을 발휘하기 시작하였으나, 아직도 여기저기에 공리론에 대한 반감이 산재해 있으며, 수준 높고 난해한 추상단계에 의해서만 도달할 수 있는 어떤 형태의 직관이 공리론적 사고와 동등하게 유의미할 수 있다는 것을 아직 수용하지 못하는 것 같다. 철학자의 반대 이유는 수학자의 연구 대상과 거리가 먼 실세계와 수학간에 존재하는 커다란 문제의 부적절한 결합에 있다. 현대물리학이 최근에 발견한 이론에 의해서 경험적 현상과 수학적 구조사이에 밀접한 연결고리가 있다는 사실이 아주 뜻밖의 방법으로 확인되고 있다. 그렇지만 이러한 사실에 대한 근본적인 이유에 관해서는 아무것도 밝혀진 바가 없고 앞으로도 알 수 없을지도 모른다. 그러나 미래에는 여러 가지 상황으로 미루어 볼 때, 이 점에 관해서 철학자가 아주 신중하게 연구하게 될 것이다.

- 수학에서의 형식

  현대물리학의 혁명적인 발달이전에 경험적 진리로부터 수학내용을 유도하려는 많은 노력이 있었다. 특히 즉각적인 공간직관으로부터 그러나 한편으로는 양자물리학은 현세계의 거시적 직관을 통하여 그와는 전혀 다른 미시적 세계를 파악하게 되었으며, 실험과학에 응용할 목적이 아니었던 대칭성과 군의 구조를 갖는 함수의 존재로 인하여 수학의 분야와 연관되어졌다. 다른 한편으로는 공리적 방법은 수학을 발전시키기 위한 진리가 일반적인 개념의 특수한 측면일 뿐이었다는 사실을 보여주었다. 그러므로 조화로운 내적 필요성을 존중하도록 요구받는 이러한 긴밀한 연관성은 선험적으로 예상할 수 있는 것 이상으로 깊게 감춰진 두 분야의 예기치 않은 접촉점을 우리에게 알려준다(공리론과 직관론의 조화로운 내적 필요성은 선험적 가정보다 더 깊게 숨겨진 연결의 우연적인 접촉점이다). 공리론적 관점에서 보면 수학적 대상은 추상적인 형식인 수학적 구조의 보고이다. 그리고 그 이유는 모르겠지만 경험적인 실세계의 어떤 양상이 마치 일종의 사전 수용처럼 이러한 수학적 구조와 일치한다. 물론 대부분의 이러한 형식은 원천적으로 매우 직관적 내용이라는 것을 부정할 수 없다. 그러나 이러한 직관적인 내용을 상당부분 제거하면 이러한 형식은 그들의 완전한 힘을 발전시키고 새로운 해석을 덧붙이고 표현할 수 있는 막강한 능력을 가진다. 이때 형식이 주는 의미 때문에 공리론적 방법을 형식주의라고 부르게 되었는데, 형식이 수학을 통합하게 된다는 것은 형식논리로의 무장이나 생명력이 없는 뼈대의 통합을 의미하는 것이 아니고, 그 형식이 수학발전의 최고봉에 있는 유기체의 자양분이고 가우스 이래의 훌륭한 수학자들의 기름진 연구의 도구이었다. Lejeune-Dirichlet에 의하면 그들은 계산을 아이디어로 바꾸려고 노력한 사람들이다. 즉, 형식은 형식논리가 아니고 가우스 이후의 수학자에게 살아있는 유연하고 비옥한 탐구도구로서 계산을 아이디어로 바꾸도록 한 것이었다.

제 2 부

영역별 초등수학영재교육의 아이디어

1부 1장의 끝부분에서, 수학영재교육에서는 분석적 사고능력과 직관적 사고능력을 함께 길러주는 것이 중요한 이유를 설명하였다. 2부에서는 수와 연산 영역, 도형과 측정영역, 확률 영역 그리고 융합·응용 영역 등의 영역별로 나누고, 각 영역의 주제별로 수학영재학생들이 선배 수학자의 아이디어를 재발견하면서 가급적이면 직관적으로 그 아이디어를 경험하도록 한다.

제 I 장 수와 연산 영역

고대 그리스 시대부터 선배 수학자들이 수를 다루고 그들의 연산을 수행할 때 가졌던 기초적인 아이디어는 다음과 같다.

- 수 = 막대의 길이 (유클리드)
- 두 수의 곱 = 직사각형의 넓이 (플라톤)
- 제곱 = 정사각형의 넓이 (플라톤)

[참고] 연산 기호의 유래

+, −	1489년, 독일의 수학자 비트만(Widmann, J.; 1462~1498)의 책에서 처음 사용한 기호로 현재의 기호보다 더 컸다고 한다. 비트만은 이 두 기호를 더하기, 빼기의 의미뿐만 아니라 '그리고' 와 '분리' 의 의미로도 사용하였다.
×	1631년, 영국의 수학자 오트레드(Oughtred, W.; 1574~1660)가 성안드레 십자가(St.Andrew's Cross) ×를 곱셈 기호로 처음 사용하였다고 한다. 그러나 기호 ×는 미지수를 나타내는 문자 x와 유사하여 잘 사용되지 않다가 19세기 후반에 이르러 널리 사용되었다.
· 곱셈	이 기호는 라이프니츠(Leibniz, G.; 1646~1716)가 1676년에 도입한 것으로 전해진다. 라이프니츠는 요한 베르누이에게 보낸 편지에서 기호 ×가 문자 x와 혼동되기 때문에 '·'을 선호한다고 한다.
÷	1659년, 스위스의 수학자 란(Rahn, J.; 1622~1676)이 처음 사용하였다고 한다. 나누기의 기호로 ÷가 정착되기 전에는 뺄셈의 기호로도 사용되었다고 한다.

− (분수)	분수에서 분자와 분모를 구별해 주는 '−'는 아랍의 문필가 알하사르(Al-Hassar; 12세기 경)가 처음 사용한 것으로 전해진다.
=	1557년, 영국의 수학자 레코드(Recorde, R.; 1510~1558)가 '서로 같음'을 나타내기 위하여 사용하였던 기호로, 현재의 등호보다 길게 나타내었다. 레코드는 서로 평행인 두 직선에서 이 기호의 아이디어를 얻었다고 한다.
x (미지수)	1637년, 프랑스의 수학자 데카르트(Descartes, R.; 1596~1650)가 처음 사용하였다. ×를 사용한 이유에 대해서는 당시 프랑스 인쇄소에 ×활자가 여분으로 많았기 때문이라는 주장과 중세 시대에 미지수를 나타내던 아랍이 shei의 음역(音譯)인 xei의 첫 글자이기 때문이라는 주장이 있다.
$\sqrt{\ }$	1637년, 프랑스의 수학자 데카르트(Descartes, R.; 1596~1650)가 루돌프(Rudolff; 1499~1545)의 제곱근 기호 $\sqrt{\ }$를 개량하여 처음 사용하였다.

주제 1 인간은 곱셈을 어떻게 할까?

원시시대부터 인간은 수를 셈하고 덧셈, 뺄셈은 물론 곱셈, 나눗셈을 하였다.

이 주제에서는 인류가 곱셈을 해왔던 역사를 살펴보면서 그들의 아이디어를 알아보기로 한다. 현재의 우리는 구구단을 이용하여 곱셈을 쉽고 빠르게 계산할 수 있지만, 과거에는 선조들만의 고유의 방법을 이용하여 곱셈을 하였다.

1. 고대 이집트인들의 곱셈, 나눗셈법

4천 년 전(B.C. 2000년 경)부터 고대 이집트인들은 곱셈을 다음과 같이 하였다. 이 기록은 고대 이집트의 수학자인 아메스(II장 1.1.1 절 참조)가 파피루스 종이에 기록한 내용이다.

1.1 아메스의 곱셈방법

예 1) 자연수의 곱셈

$8 \times 7 =$

/1	/8
/2	/16
/4	/32
7	56

문제 1.1.1 아메스의 곱셈 아이디어를 설명해 보시오.

풀이 1.1.1 참조

문제 1.1.2 같은 방법으로 다음의 곱셈을 해보시오.

$9 \times 9 =$ $\qquad$ $11 \times 12 =$

풀이 1.1.2 참조

예 2) 분수의 곱셈

$$\left(\frac{1}{2}+\frac{1}{14}\right)\times\left(1+\frac{1}{2}+\frac{1}{4}\right)=$$

$/1$	$/\frac{1}{2}$	$\frac{1}{14}$
$/\frac{1}{2}$	$/\frac{1}{4}$	$\frac{1}{28}$
$/\frac{1}{4}$	$/\frac{1}{8}$	$\frac{1}{56}$
$1+\frac{1}{2}+\frac{1}{4},$	$\frac{1}{2}+\frac{1}{4}+\frac{1}{8}+\frac{1}{14}+\frac{1}{28}+\frac{1}{56}=1$	

문제 1.1.3 아메스의 분수 곱셈 아이디어를 설명해 보시오.

풀이 1.1.3 참조

[참고] 또한 아메스는 $a\times x=b$이면 $\frac{1}{b}\times x=\frac{1}{a}$의 관계식을 이용하여 다음과 같이 곱셈을 하였다.

① $4\times\left(1+\frac{1}{2}+\frac{1}{4}\right)=7$이므로 $\frac{1}{7}\times\left(1+\frac{1}{2}+\frac{1}{4}\right)=\frac{1}{4}$이다.

② $\left(1+\frac{1}{3}+\frac{1}{4}\right)\times 144=228$이므로 $\frac{1}{228}\times\left(1+\frac{1}{3}+\frac{1}{4}\right)=\frac{1}{144}$이다.

1.2 아메스의 나눗셈 방법

예 1) $184 \div 8 =$

1	8/
2	16/
4	32/
8	64/
16	128/
23	184

문제 1.2.1 아메스의 나눗셈 예 1)의 아이디어를 설명해 보시오.

풀이 1.2.1 참조

문제 1.2.2 같은 방법으로 다음의 나눗셈을 해보시오.

1) $1617 \div 7 =$　　2) $2988 \div 9 =$

풀이 1.2.2 참조

예 2) $2 \div 45 =$

$$2 \div 45 = \frac{2}{45} = \frac{1}{30} + \frac{1}{90}$$

문제 1.2.3 아메스의 나눗셈 예 2)의 아이디어를 설명해 보시오.

힌트 $\frac{1}{2}, \frac{1}{3}, \frac{1}{4}, \cdots$ 와 같이 분자가 1인 분수를 단위분수라고 한다. 고대 이집트인들은 단위분수와 $\frac{2}{3}$ 만을 이용하여 분수계산을 하였습니다.

풀이 1.2.3 참조

문제 1.2.4 같은 방법으로 다음의 나눗셈을 해보시오.

1) $2 \div 15 =$ 2) $2 \div 9 =$ 3) $2 \div 51 =$

풀이 1.2.4 참조

그러면 아메스의 나눗셈 문제를 해결하기 위해서는 어떤 분수를 단위분수만의 합으로 표현하는 방법을 알아야겠지요?

1.3 아메스의 분수의 덧셈, 뺄셈 방법

고대 이집트인들의 분수의 덧셈, 뺄셈 방법에 쓰인 규칙들은 다음과 같다.

1.3.1 규칙 1

- 두 개의 단위분수를 더할 때, 한 분수의 분모가 다른 분수의 분모의 두 배가 되면, 큰 수를 3으로 나눈 몫의 역수가 두 분수의 합이 된다.

  예제) $\frac{1}{9}+\frac{1}{18}$은 18이 9의 두 배이므로 $18 \div 3 = 6$이다. 따라서 $\frac{1}{9}+\frac{1}{18}=\frac{1}{6}$이다.

  [주의] $\frac{1}{5}+\frac{1}{10}$은 10이 5의 두 배이지만 $10 \div 3 = 3+\frac{1}{3}$이므로 단위분수로 나타낼 수 없다. 즉, 한 분수의 분모가 다른 분수의 분모의 두 배가 되는 경우에 큰 수가 3의 배수가 아닌 경우에는 이 규칙을 적용할 수 없다.

문제 1.3.1 아메스의 덧셈 규칙 1의 아이디어를 설명해 보시오.

풀이 1.3.1 참조

문제 1.3.2 같은 방법으로 다음의 덧셈을 해보시오.

1) $\frac{1}{24}+\frac{1}{48}=$ 2) $\frac{1}{36}+\frac{1}{72}=$

풀이 1.3.2 참조

또한 규칙 1은 다음과 같이 일반화 할 수 있다.

1.3.2 규칙 2

- 두 개의 단위분수의 분모 중에서 하나가 다른 분모의 k배가 되는 경우에는, 두 단위분수의 합은 큰 분모를 $(k+1)$로 나눈 수의 역수이다.
  단, 큰 분모가 $(k+1)$의 배수인 경우에만 이 규칙이 적용된다.

  예제) $\frac{1}{4}+\frac{1}{12}$은 12가 4의 3배이다. 따라서 $12 \div (3+1) = 3$이므로 $\frac{1}{4}+\frac{1}{12}=\frac{1}{3}$이다.

문제 1.3.3 아메스의 덧셈 규칙 2 의 아이디어를 설명해 보시오.

풀이 1.3.3 참조

문제 1.3.4 같은 방법으로 다음의 덧셈을 해보시오.

① $\frac{1}{10}+\frac{1}{40}=\frac{1}{8}$

왜냐하면 40은 10의 4배이다. 따라서 $40 \div (4+1)=8$이므로 $\frac{1}{10}+\frac{1}{40}=\frac{1}{8}$이다

② $\frac{1}{5}+\frac{1}{20}=\frac{1}{4}$

풀이 1.3.4 참조

1.3.3 뺄셈 규칙

단위분수의 뺄셈규칙은 다음과 같다.

- 두 개의 단위분수의 분모 중에서 하나가 다른 분모의 k배가 되는 경우에는 두 단위분수의 차는, 큰 분모를 $(k\text{-}1)$로 나눈 수의 역수이다. 또한 뺄셈은 덧셈의 역연산으로 답을 구할 수 있다.

  예제) $\frac{1}{2}-\frac{1}{6}$은 6이 2의 3배이므로 $6\div(3-1)=3$을 분모로 하는 단위분수가 답이 된다. 즉, $\frac{1}{2}-\frac{1}{6}=\frac{1}{3}$이다.

  한편, 덧셈식 $\frac{1}{3}+\frac{1}{6}=\frac{1}{2}$에서 $\frac{1}{2}-\frac{1}{6}=\frac{1}{3}$을 얻을 수도 있다.

문제 1.3.5 아메스의 뺄셈 규칙의 아이디어를 설명해 보시오.

풀이 1.3.5 참조

문제 1.3.6 같은 방법으로 다음의 뺄셈을 해보시오.

1) $\frac{1}{4}-\frac{1}{20}=\frac{1}{5}$ 2) $\frac{1}{8}-\frac{1}{40}=\frac{1}{10}$ 3) $\frac{1}{12}-\frac{1}{60}=\frac{1}{15}$

풀이 1.3.6 참조

1.4 브라질 아동의 곱셈법

학교에 다녀 본적이 없어서 구구단과 곱셈법을 배우지 않은 브라질의 어린이들이 길거리에서 장사를 한다. 이러한 셈법을 수학자들은 길거리 수학(Street Math)라고 불렀다. 그런데 그 어린이들이 물건 값을 계산하는 방법이 신기하게도 아메스의 방법과 똑같다.

상황) 어떤 브라질 어린이가 한 개에 125원하는 바나나를 5개 팔았다. 브라질 어린이는 바나나 값을 어떻게 계산을 하는가?

방법) 1개는 125 원, 2개는 250 원, 4개는 500 원이다. 5개는 1개+4개이므로 $125 + 500 = 625$이다. 이와 같은 방법으로 계산을 하였다.

문제 1.4.1 브라질 아동의 방법을 사용하여 한 개에 225원인 사과를 6개, 11개, 13개 팔았을 때의 가격을 계산해 보세요.

풀이 1.4.1 참조

문제 1.4.2 브라질 아동의 방법과 현재의 방법의 차이점을 이야기 해보세요.

풀이 1.4.2 참조

2. 그 후(~1500년 경)의 곱셈법

기원전 2000년 전부터 1500년쯤까지 우리 선조들은 3×2와 같은 작은 수끼리의 곱셈은 쉽게 계산하였지만 비교적 큰 수의 곱셈인 8×7은 다음과 같이 계산하였다.

2.1 선조들의 곱셈법

$10-8=2$이고 $10-7=3$이다. 따라서

$$\begin{array}{r} 8 \\ \times\ 7 \\ \hline 56 \end{array}$$

의 일의 자리 수는$3\times2=6$이고 십의 자리 수는 $100-30-20=50$이 된다. 따라서 답은 일의 자리 수와 십의 자리 수의 합이므로 56이 된다.

문제 2.1.1 선조들의 곱셈 아이디어를 설명해 보시오.

힌트 선조들의 아이디어는 8×7을 두 변이 각각 8과 7인 직사각형의 넓이로 생각하여 계산했답니다.

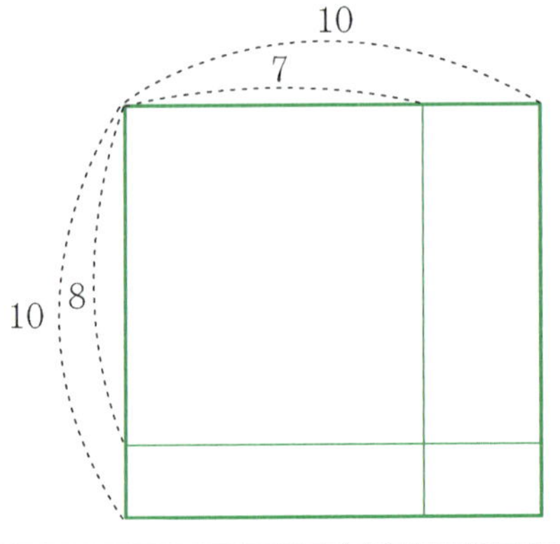

풀이 2.1.1 참조

2.2 주먹구구

이와 비슷한 방법으로 우리 전통 셈법 중 '주먹구구'라는 방법도 있다.

예시) 7×8을 할 때 양손으로 손가락을 세면서 쥐었다 펴며 각각 7과 8을 표현하세요.

	왼손(8)	오른손(7)	계산 방법
편 손가락의 개수	3개	2개	$3+2=5$(십의자리)
쥔 손가락의 개수	2개	3개	$2\times3=6$(일의 자리)

문제 2.2.1 주먹구구 방법을 쉽게 설명해보세요.

풀이 2.2.1 참조

문제 2.2.2 고대 이집트인의 곱셈법으로 다음 문제를 해결해 보세요.

1) 8×9 2) 6×9

풀이 2.2.2 참조

주제 2 효자 가우스

1부 2.5절에서 독일의 수학의 황제 가우스를 소개하였다. 가우스는 독일 천민의 집안에서 태어나고 자라면서 힘든 일을 하시는 아버지를 보면서 가슴 아프게 생각했으며 고생하시는 아버지를 도우려고 노력했던 효자였다고 한다.

1. 꼬마 가우스의 덧셈법

가우스의 어린 시절에 있었던 일이다. 그는 3살 때에 삼촌의 장부에서 계산이 틀린 부분을 발견하여 고쳤으며, 초등학교를 다니던 10살 때에는 1에서 100까지 더하는 아주 간단한 방법을 알아냈다고 한다. 후에 많은 수학자들이 가우스의 그러한 덧셈법에 관하여 관심을 가지게 되면서 어린 소년이 어떻게 그러한 방법을 알아냈는지 몹시 궁금했다고 한다. 그래서 수학자들은 가우스의 어린 시절에 있었던 일을 조사하였더니 아빠를 도우려는 가우스의 효심 때문이라는 사실을 알게 되었다고 전해진다.

1.1 꼬마 가우스의 덧셈법

가우스의 초등학교 선생님이 칠판에 다음과 같은 문제를 냈다고 한다.

■ $1+2+3+\cdots+100$을 **계산하시오.**

아마도 선생님이 잠깐 쉬고 싶으셔서 낸 문제라고 생각된다. 그런데 잠시 후에 교실 한 구석에서 아이들이 '선생님 가우스가 답을 구했대요.'라며 웅성거렸다고 한다.

그 방법은 다음과 같았다고 한다.

$$\begin{array}{ccccc} 1+ & 2+ & 3+ & \cdots+ & 100 \\ 100+ & 99+ & 98+ & \cdots+ & 1 \\ \hline 101+ & 101+ & 101+ & \cdots+ & 101 \end{array}$$

따라서 $1+2+3+\cdots+100=\dfrac{101\times100}{2}=5050.$

문제 1.1.1 꼬마 가우스의 덧셈법의 아이디어를 설명해 보시오.

힌트 가우스가 7~8세 때부터 가우스의 아버지는 이층집에 꼭 있는 계단의 벽에 타일을 붙이는 일을 했다고 한다. 아빠가 일하러 갈 때마다 가우스가 따라 다니며 아빠의 일을 도왔다. 그런데 어떤 날은 아빠가 타일을 너무 많이 가져가서 붙이고 남은 타일을 힘들게 다시 들고 와야 했으며, 어떤 날을 타일을 부족하게 가지고 가서 아빠가 땀을 흘리시며 집에 가서 부족한 타일을 다시 가져와야 했다. 이렇게 고생하시는 아빠를 보면서 어린 가우스는 '어떻게 하면 아빠가 미리 필요한 타일의 개수를 정확하게 알아서 가져갈 수 있을까'를 생각하기 시작했다. 그 때 가우스는 '계단이 있는 벽은 직사각형이고 두 수의 곱은 직사각형의 넓이이다.' 라는 생각이 들었다.

풀이 1.1.1 참조

문제 1.1.2 가우스의 방법을 이용하여 다음의 덧셈을 하시오.

1) $5+6+7++24=$

2) $100+101+102+1004=$

힌트 아래의 문제는 더하려는 수의 개수를 알아내는 것이 중요하다.

풀이 1.1.2 참조

1.2 가우스 공식

위의 방법을 좀 더 일반화하면 1, 3, 5, 7, 9와 같이, 규칙적으로 커지는 수들의 합을 구하는 덧셈 공식을 만들 수 있다.

문제 1.2.1 $1+3+5+7+9$를 꼬마 가우스의 덧셈 방법을 이용하여 구하시오.

풀이 1.2.1 참조

문제 1.2.2 $1+3+5+7+9$의 계산을 다른 방법으로 해 보시오.

풀이 1.2.2 참조

위 덧셈 방법을 다음과 같이 일반화 해 보기로 한다. 즉, 어떤 수에서 시작하여 그 수에 같은 수를 계속 더해 가면서 만든 규칙적인 수들의 합을 구하는 방법이다.

예를 들면 3에서 시작하여 5를 계속 더해가는 수들은 3, $3+5$, $3+5+5$, $3+5+5+5$, $\cdots$를 말하며, 이 수들을 간단하게 고치면 3, 8, 13, 18, 23, $\cdots$이 된다. 이 때, 가우스의 방법을 이용하여 이 수들의 합인

$$3+8+13+18+23+\cdots$$

을 쉽게 계산하는 방법을 가우스 공식이라고 한다.

위의 사실을 문자를 이용하여 나타내면 x, $x+d$, $x+d+d$, $x+d+d+d$, $\cdots$의 합을 구

하는 방법이므로, 가우스 공식이란 결국,

$$x+(x+d)+(x+2\times d)+(x+3\times d)+(x+4\times d)+\cdots$$

를 구하는 것이다.

■ **가우스 공식**

$$x+(x+d)+(x+2\times d)+(x+3\times d)+\cdots+(x+m\times d)$$
$$=\frac{(x+x+m\times d)\times(m+1)}{2}$$

문제 1.2.3 가우스 공식의 아이디어를 설명해 보시오.

힌트 가우스의 방법과 똑같이 바둑알을 놓아보면 역시 직사각형이 만들어 지며, 가우스 공식은 결국 그 직사각형의 반을 구하는 것이다. 여기에서 중요한 점은 더해지는 수의 개수이다.

풀이 1.2.3 참조

문제 1.2.4 위 방법을 이용하여 다음 덧셈을 하시오.

1) $1+3+5+\cdots+101=$

2) $2+6+10+\cdots+1002=$

풀이 1.2.4 참조

2. 나머지가 같은 수

23과 38을 5로 나누어보자. 그러면,

$$23 \div 5 = 4 \cdots 3$$
$$38 \div 5 = 7 \cdots 3$$

이다. 즉, 23과 38을 5로 나누면 몫은 다르지만 나머지가 같게 된다. 가우스는 1801년에 발표한 저서 '정수론'에서 23과 38과 같이 나머지가 같은 수에 관한 성질을 발견하고 연구하여 후손들에게 알려주었다.

2.1 시계위에서 수 세기

가우스의 방법을 시계위에서 설명하면 다음과 같다.

- 아래와 같이, 5개의 눈금 0, 1, 2, 3, 4만 있는 시계를 생각해보자. 23을 0에서부터 시계 방향으로 세어나가면 4바퀴 돈 다음 3이 된다. 마찬가지로 38을 0에서부터 시계방향으로 세어나가면 7바퀴 돈 다음 3이 된다.

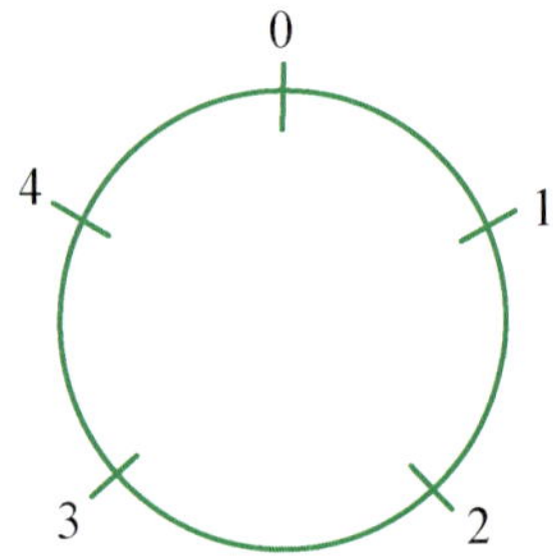

문제 2.1.1 1에서 30까지의 수를 각각 5로 나눌 때, 나머지가 같은 수끼리 모아보시오.

힌트 어떤 자연수를 5로 나누면, 나머지는 어떤 수가 되는지 생각해 보세요.

풀이 2.1.1 참조

문제 2.1.2 오른쪽과 같이 여섯 개의 눈금 0, 1, 2, 3, 4, 5만 있는 시계를 보면서, 1에서 30까지의 수를 각각 6으로 나눌 때, 나머지가 같은 수끼리 모아보시오.

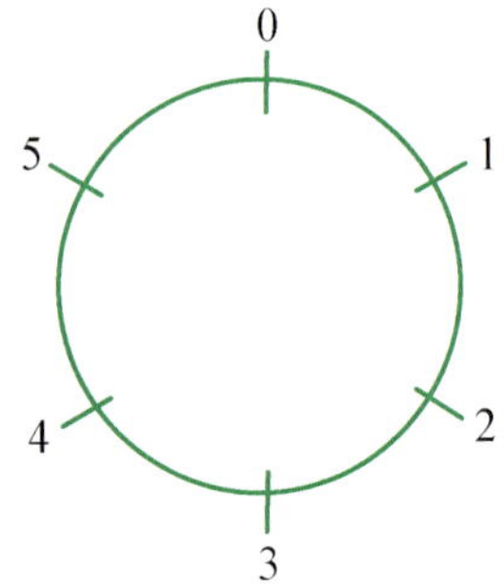

힌트 어떤 자연수를 6으로 나누면, 나머지는 어떤 수가 되는지 생각해 보세요.

풀이 2.1.2 참조

문제 2.1.3 아래의 달력에는 1에서 31일까지 있습니다.

1) 각 요일의 날짜들을 모아보시오.

2) 각 요일의 날짜들의 공통점을 이야기 해 보시오.

3) 달력에 있는 날짜들은 어떤 시계위에서의 수 세기와 같을까요?

풀이 2.1.3 참조

2.2 시계위에서의 사칙연산

시계위에서 덧셈, 뺄셈, 곱셈, 나눗셈을 해보기로 한다.

■ 덧셈, 뺄셈, 곱셈 방법

모든 계산은 시계의 눈금 0에서부터 시작한다.

- 덧셈

  예를 들어, $1+2$의 계산은 시계의 눈금 0에서 1칸 간 다음 다시 앞으로(시계방향) 2칸을 더 가는 방법이다.

- 뺄셈

  예를 들어, $4-2$의 계산은 시계의 눈금 0에서 4칸을 간 다음 다시 뒤로(시계 반대방향) 2칸을 가는 방법이다.

- 곱셈

  2×3은 눈금 0에서 출발하여 2칸씩 시계방향으로 3번 가는 방법이다.

문제 2.2.1 아래의 시계위에서 다음 계산을 해 보시오.

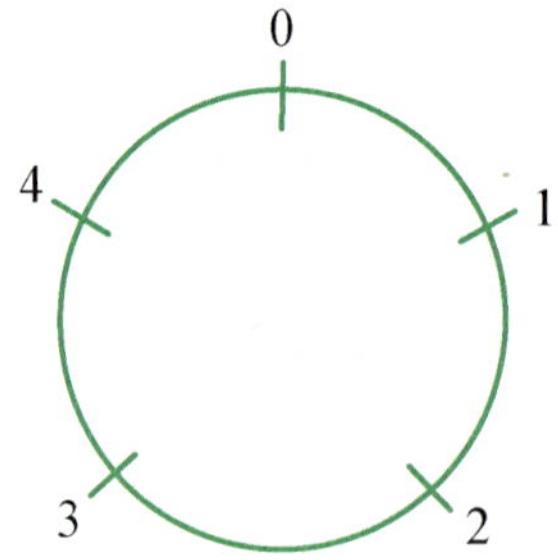

- 덧셈, 뺄셈

  1) $0+4=$ 2) $3+4=$ 3) $0-3=$ 4) $3-4=$

- 곱셈

  1) $1\times0=$ $1\times1=$ $1\times2=$ $1\times3=$ $1\times4=$

  2) $2\times0=$ $2\times1=$ $2\times2=$ $2\times3=$ $2\times4=$

  3) $3\times0=$ $3\times1=$ $3\times2=$ $3\times3=$ $3\times4=$

  4) $4\times0=$ $4\times1=$ $4\times2=$ $4\times3=$ $4\times4=$

풀이 2.2.1 참조

문제 2.2.2 아래의 시계위에서 다음 계산을 해 보시오.

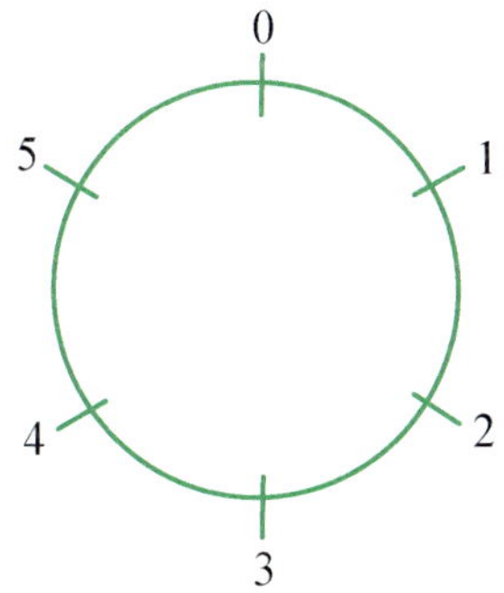

- 덧셈, 뺄셈

1) $0+4=$ 2) $3+5=$ 3) $0-3=$ 4) $3-5=$

- 곱셈

1) $1\times0=$	$1\times1=$	$1\times2=$	$1\times3=$	$1\times4=$	$1\times5=$
2) $2\times0=$	$2\times1=$	$2\times2=$	$2\times3=$	$2\times4=$	$2\times5=$
3) $3\times0=$	$3\times1=$	$3\times2=$	$3\times3=$	$3\times4=$	$3\times5=$
4) $4\times0=$	$4\times1=$	$4\times2=$	$4\times3=$	$4\times4=$	$4\times5=$
5) $5\times0=$	$5\times1=$	$5\times2=$	$5\times3=$	$5\times4=$	$5\times5=$

풀이 2.2.2 참조

문제 1.2.3 우리의 계산법(십진법 계산)과 시계위에서의 계산법의 차이점을 이야기 해보시오.

풀이 2.2.3 참조

■ 나눗셈 방법

지금까지 시계위에서의 덧셈, 뺄셈, 곱셈 방법을 알아보았습니다. 이제 시계위에서의 나눗셈 방법을 알아봅시다.

문제 2.2.4 시계위에서의 나눗셈은 어떤 방법으로 하면 좋을까를 이야기 해보시오.

힌트 $6 \div 2 = (\quad)$를 구하는 여러 가지 방법을 이 문제에 적용해보시오.

풀이 2.2.4 참조

문제 2.2.5 아래의 시계 위에서 다음의 나눗셈을 해 보시오.

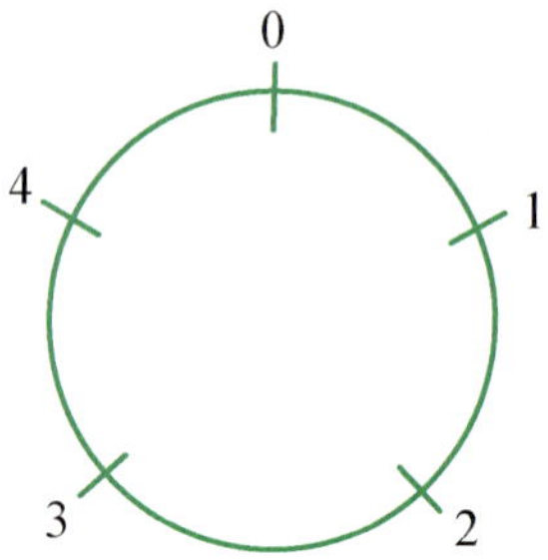

1) $1 \div 1 =$ $1 \div 2 =$ $1 \div 3 =$ $1 \div 4 =$

2) $2 \div 1 =$ $2 \div 2 =$ $2 \div 3 =$ $2 \div 4 =$

3) $3 \div 1 =$ $3 \div 2 =$ $3 \div 3 =$ $3 \div 4 =$

4) $4 \div 1 =$ $4 \div 2 =$ $4 \div 3 =$ $4 \div 4 =$

풀이 2.2.5 참조

문제 2.2.6 아래의 시계 위에서 다음의 나눗셈을 해 보시오.

1) $1 \div 1 =$ $1 \div 2 =$ $1 \div 3 =$ $1 \div 4 =$ $1 \div 5 =$

2) $2 \div 1 =$ $2 \div 2 =$ $2 \div 3 =$ $2 \div 4 =$ $2 \div 5 =$

3) $3 \div 1 =$ $3 \div 2 =$ $3 \div 3 =$ $3 \div 4 =$ $3 \div 5 =$

4) $4 \div 1 =$ $4 \div 2 =$ $4 \div 3 =$ $4 \div 4 =$ $4 \div 5 =$

5) $5 \div 1 =$ $5 \div 2 =$ $5 \div 3 =$ $5 \div 4 =$ $5 \div 5 =$

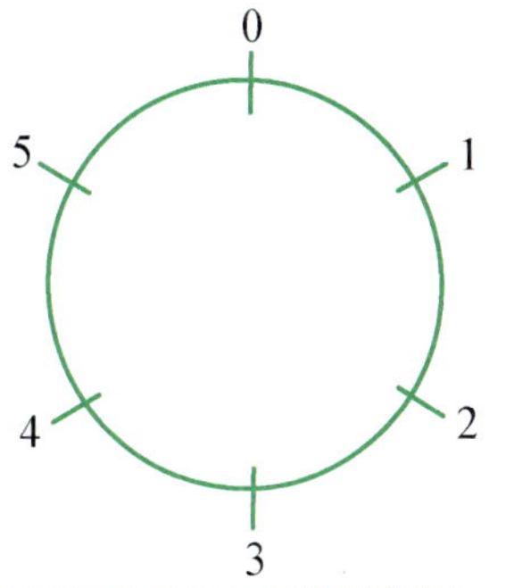

풀이 2.2.6 참조

문제 2.2.7 아래 두 개의 시계위에서의 계산법의 차이점을 이야기 해보시오.

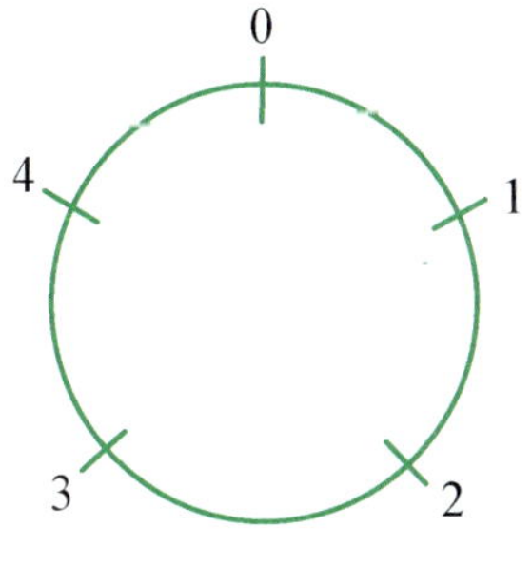

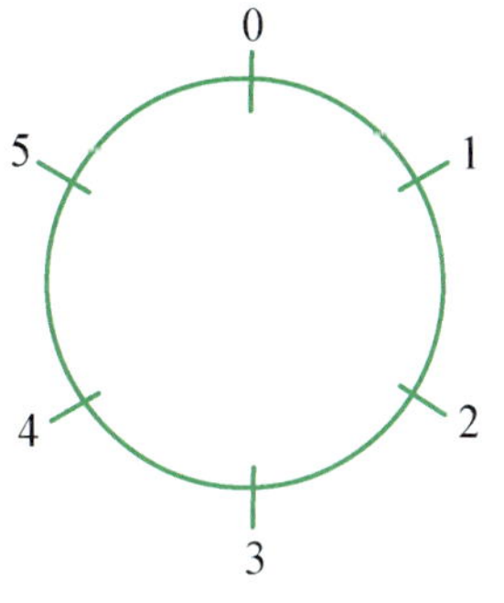

풀이 2.2.7 참조

[참고] 시계위에서의 계산방법이 신기하고 재미있었죠? 이러한 수의 성질을 프랑스의 젊은 수학자 갈루아(1부 II장의 3.3절 참조)가 연구하여 정리하였으며, 그의 연구결과를 이용하여 현대수학이 크게 발전하였다.

2.3 수의 합동

두 도형이 '모양과 크기가 같아서, 완전히 포개어질 때' 그 도형은 합동이라고 배웠죠? 그런데 가우스는 23과 38과 같이 5로 나누면 나머지가 같은 수를 5를 법으로 합동이라고 말하였으며, 가우스는 이러한 수의 합동의 성질을 이용하여, 주어진 자연수가 어떤 수의 배수가 되는지를 빠르고 쉽게 알아내는 방법을 찾아낸다.

문제 2.3.1 배수를 빠르게 찾는 우리들의 아이디어를 이야기해 봅시다.

풀이 2.3.1 참조

2.4 배수 찾기

배수 찾기는 위에서 알아 본 나머지가 같은 수(합동인 수)를 찾는 것과 밀접한 관계가 있다. 이 절에서는 어떤 수가 2, 3, 4, 5, 6, 7, 8, 9, 11의 배수인지 아닌지를 빠르고 쉽게 찾는 방법을 알아보기로 한다.

문제 2.4.1 어떤 수가 2, 4, 5, 8의 배수일까를 생각해 보시오.

힌트 10은 2와 5의 배수이다.
100은 4의 배수이다.
1000은 8의 배수이다.

풀이 2.4.1 참조

문제 2.4.2 어떤 수가 3,6,9의 배수일까를 생각해 보시오.

힌트 우리가 사용하는 자연수는 십진법으로 만들어졌습니다. 예를 들면, $23457 = 2 \times 10000 + 3 \times 1000 + 4 \times 100 + 5 \times 10 + 7$이다. 따라서 각 자릿값인 10, 100, 1000, 10000, ⋯과 3 또는 9와의 관계를 알아보면 됩니다. 즉, 10, 100, 1000, 10000, ⋯ 을 3 또는 9로 나눈 나머지가 얼마인가를 생각해 보면된다.

또한 6의 배수가 되는 수는 어떤 수와 어떤 수의 배수인가 생각해 보면된다.

풀이 2.4.2 참조

문제 2.4.3 어떤 수가 7,11의 배수일까를 생각해 보시오.

힌트 7의 배수는 어떤 수를 예로 들어서 생각해 보시오.

10, 100, 1000, 10000, ⋯ 을 11로 나누면 나머지가 무엇일까를 생각해 보시오.

풀이 2.4.3 참조

문제 2.4.4 아빠의 서류 중에 다음과 같은 영수증 한 장이 발견되었다. "병아리 72마리의 값이 □679◇원이다." 처음 숫자□와 마지막 숫자◇가 희미해서 읽을 수 없다. 병아리 한 마리의 값은 얼마인가?

힌트 72는 어떤 수와 어떤 수의 곱인지를 생각해 보시오.

풀이 2.4.4 참조

주제 3 쪼개지지 않는 수

지금부터는 다른 두 수의 곱으로 쪼개지지 않는 수를 설명하고, 그러한 수들의 특징과 종류에 대하여 알아보기로 한다. 그러한 수에 대하여 연구한 최초의 수학자는 유클리드로 알려져 있으며, 유클리드 원론 VII~IX에서 소수의 정의와 소수의 무한성에 대한 설명이 제시되어 있다.

1. 소수

5를 두 수의 곱으로 나타낼 수 있는 방법은 1×5 또는 5×1 뿐이다. 이와 같이 어떤 수를 두 수의 곱으로 표현할 때 $1\times$(자기 자신) 만으로 되는 수에 대해서 알아보기로 한다. 어떤 수를 두 수의 곱으로 표현할 때 $1\times$(자기 자신) 만으로 되는 수의 약수는 1과 자기 자신두 개뿐이다.

1.1 소수의 뜻

2 , 3 또는 5 등과 같이, 약수가 2개인 수를 소수라고 부른다.

[참고] 2.5와 같은 수 역시 소수라고 부르기 때문에, 수학자 중에서는 2, 3 또는 5 등과 같은 수를 솟수라고 부르기도 한다.

[주의] $1=1\times1$ 이다. 따라서 1의 약수는 1, 한 개뿐이므로 1은 소수가 아니다.

문제 1.1.1 자연수 중에서 소수를 찾아서 적어 보시오.

풀이 1.1.1 참조

2. 소수는 몇 개나 될까?

그러면, 소수는 과연 몇 개나 되는지 알아보기로 한다.

문제 2.1.1 모든 자연수 중에서 소수를 찾는 방법을 생각해 보시오.

힌트 아래의 수중에서 소수가 아닌 수를 차례로 지워가면서 알아보시오.

1	2	3	4	5	6	7	8	9	10
11	12	13	14	15	16	17	18	19	20
21	22	23	24	25	26	27	28	29	30
31	32	33	34	35	36	37	38	39	40
41	42	43	44	45	46	47	48	49	50
51	52	53	54	55	56	57	58	59	60
61	62	63	64	65	66	67	68	69	70
71	72	73	74	75	76	77	78	79	80
81	82	83	84	85	86	87	88	89	90
91	92	93	94	95	96	97	98	99	100

⋮

풀이 2.1.1. 참조

문제 2.1.2 소수는 모두 몇 개일까요? 직접 소수를 찾아보면서 생각해 보시오.

[참고] 다음의 4절에서 소수의 개수를 알아내는 방법을 자세하게 알아봅니다.

풀이 2.1.2 참조

3. 자연수의 분류

소수의 특징을 알아보기 위해서 모든 자연수를 나누는 방법을 알아보기로 한다.

문제 3.1.1 우선, 아래에 있는 모든 자연수를 2의 배수인 수와 아닌 수로 나누어 보세요.

1	2	3	4	5	6	7	8	9	10
11	12	13	14	15	16	17	18	19	20
21	22	23	24	25	26	27	28	29	30
31	32	33	34	35	36	37	38	39	40
41	42	43	44	45	46	47	48	49	50
51	52	53	54	55	56	57	58	59	60
61	62	63	64	65	66	67	68	69	70
71	72	73	74	75	76	77	78	79	80
81	82	83	84	85	86	87	88	89	90
91	92	93	94	95	96	97	98	99	100

⋮

풀이 3.1.1 참조

문제 3.1.2 위의 표에 있는 모든 수를 3으로 나누어서 나머지가 같은 수끼리 모아보시오.

풀이 3.1.2 참조

문제 3.1.3 위의 표에 있는 모든 수를 4으로 나누어서 나머지가 같은 수끼리 모아보시오.

풀이 3.1.3 참조

문제 3.1.4 위의 표에 있는 모든 수를 5, 6, 7 ⋯ 등으로 나누어서 나머지가 같은 수끼리 모아본 다음, 규칙성을 알아보시오.

풀이 3.1.4 참조

4. 소수의 종류

소수에는 여러 가지 종류가 있다. 3절에서 자연수를 분류하는 공부를 하였다. 그 사실을 이용하여, 지금부터 어떤 종류의 소수가 있는지를 알아보기로 한다. 또한 소수는 무한개가 있다는 사실을 직접세지 않고 논리적으로 알아보기로 한다.

4.1 소수는 무한개이다

앞에서는 직관적으로 소수가 무한개일 것이라고 추측하였다. 그러면 정말로 소수는 무한개 일까를 차례차례 알아보기로 한다.

문제 4.1.1 여러분이 찾아낸 소수를 차례로 적어 보시오.

풀이 4.1.1 참조

문제 4.1.2 여러분이 찾아낸 소수를 차례로 곱한 수에 1을 더한 수는 소수인지를 알아보시오.

풀이 4.1.2 참조

4.2 유클리드 수

방금 위에서 알아 본 수에 관한 내용이 유클리드 원론에 아래와 같이 설명이 되어있기 때문에 그러한 수들을 유클리드 수라고 부른다.

$$2^{\star}+1=2+1=3,$$

$$3^{\star}+1=2\times3+1=7,$$

$$5^{\star}+1=2\times3\times5+1=31,$$

$$7^{\star}+1=2\times3\times5\times7+1=211,$$

$$11^{\star}+1=2\times3\times5\times7\times11+1=2311,$$

은 모두 소수이다. 그런데,

$$13^{\star}+1=2\times3\times5\times7\times11\times13+1=30031=59\times509,$$

$$17^{\star}+1=2\times3\times5\times7\times11\times13\times17+1=510511=19\times97\times277,$$

$$19^{\star}+1=2\times3\times5\times7\times11\times13\times17\times19+1=9699691=347\times27953$$

은 소수가 아니다.

문제 4.2.1 유클리드 수를 문자 또는 기호를 사용하여 일반적으로 표현해 보시오.

풀이 4.2.1 참조

유클리드 수 중에서

$$13^{\star}+1=2\times3\times5\times7\times11\times13+1=30031=59\times509,$$

$$17^{\star}+1=2\times3\times5\times7\times11\times13\times17+1=510511=19\times97\times277,$$

$$19^{\star}+1=2\times3\times5\times7\times11\times13\times17\times19+1=9699691=347\times27953$$

등은 소수가 아니지만, 그 수들을 소수의 곱으로 나타내면 2, 3, 5, 7, 11, 13, 17, 19가 아닌 59, 97, 277, 347, 509, 27953 등의 소수가 또 다시 나타난다.

따라서 자세히 살펴보면, 유클리드 수인 $13^{\star}+1$, $17^{\star}+1$, $19^{\star}+1$ 을 소수의 곱으로 나타낼 때, 계속해서 서로 다른 소수가 나타나는 것을 알 수 있다.

이러한 사실을 일반화하여 다음과 같은 생각을 할 수 있다.

4.3 유클리드 수의 일반화

유클리드 수를 일반화하여 다음과 같은 수들을 만들었다.

$$
\begin{aligned}
&A = 2,\\
&B = A + 1,\\
&C = A \times B + 1,\\
&D = A \times B \times C + 1,\\
&E = A \times B \times C \times D + 1,\\
&F = A \times B \times C \times D \times E + 1,\\
&\qquad\vdots
\end{aligned}
$$

이러한 수들을 자세히 관찰하여 다음의 사실을 알아본다.

문제 4.3.1 위에서 만든 수 A, B, C, D, ⋯ 를 소수의 곱으로 나타낼 때, 어떤 두 수에도 같은 소수가 나타나지 않는다.

풀이 4.3.1 참조

또한 유클리드 원론에는 다음과 같은 문제가 있다. 우리도 해결해 본다.

문제 4.3.2 문제 3.1.3에서 알아 본, $4 \times \square + 3$ 꼴의 소수는 몇 개나 될까?

풀이 4.3.2 참조

4.4 재미있는 소수들

소수는 무한개가 있다는 사실을 알았다. 그런데 수학(정수론)에서 아직도 풀리지 않는 소수에 관한 '문제'가 여러 가지 있다. 그들 중에서 두 가지의 문제에 대해서 알아보기로 한다.

■ 쌍둥이 소수

(3, 5) 또는 (41, 43)과 같이 두 수의 차가 2인 소수를 쌍둥이 소수라고 한다. 수학자들은 쌍둥이 소수는 몇 쌍이나 될까하는 의문을 갖게 되었으며, 아마도 무한개일 것이라고 추측하였으나 아직까지 그것이 사실인지 알아내지 못하고 있다.

[참고] 두 수 p와 $p+2$ 가 모두 소수일 때, p와 $p+2$를 쌍둥이 소수라고 한다.

문제 4.4.1 쌍둥이 소수를 찾아보시오.

풀이 4.4.1 참조

[참고] 쌍둥이 소수를 찾아내는 일은 쉽지 않기 때문에, 컴퓨터를 이용하여 3천만 이하에는 152,892 쌍, 10^{12}과 $10^{12}+10{,}000$ 사이에는 20쌍의 쌍둥이 소수가 있다는 사실을 알아냈기 때문에, 수가 커질수록 쌍둥이 소수의 수는 점차로 줄어든다는 추측을 하게 되었다.

또한 1849년에는 프랑스의 수학자 뽈리약(Alphonse de Polignac, 1826~1863) 이 이것을 일반화하여 '두 수의 차가 2의 배수인 소수의 쌍 역시 무한히 많다'는 추측을 하였으나 아직까지 증명을 하지 못하고 있다.

■ 뽈리약의 추측

두 수 p와 $p+$(2 의 배수)가 모두 소수인 쌍은 무한히 많다.

문제 4.4.2 p와 $p+(2$의 배수$)$가 모두 소수인 쌍을 찾아보시오.

풀이 4.4.2 참조

[참고] 쌍둥이 소수와 뽈리약이 제시한 소수의 쌍이 무한히 많은가에 대한 가장 최근의 연구결과는 다음과 같다.

- 소수의 쌍 p와 $p+24$ 또는 p와 $p+12$는 무수히 많다(The Polymath project wiki).

■ 골드바흐의 수

1742년에 독일의 수학자인 골드바흐(Goldbach, C.; 1690~1764)가 수학자 오일러에게 보낸 편지에 다음과 같은 내용이 있었다고 한다.

- 2보다 큰 자연수는 세 개의 소수의 합으로 쓸 수 있다.

  그런데 골드바흐는 지금과는 다르게 '1이 소수'인 것으로 간주하여 그렇게 얘기했다고 한다. 그 후에 오일러가 그의 생각을 다음과 같이 수정하였다.

- 2보다 큰 짝수는 언제나 두 소수의 합으로 쓸 수 있다.

  예를 들면 다음과 같다.

$$
\begin{aligned}
&4=2+2\\
&6=3+3\\
&8=3+5\\
&10=3+7=5+5\\
&\quad\vdots
\end{aligned}
$$

문제 4.4.3 12에서 48까지의 짝수를 두 소수의 합으로 나타내어 보시오.

풀이 4.4.3 참조

• 위와 같이 두 소수의 합으로 표현할 수 있는 짝수를 골드바흐의 수라고 한다.

■ **골드바흐의 추측 I**

'골드바흐의 수는 무한개이다.' 즉, 2보다 큰 모든 짝수는 두 소수의 합으로 표현된다.

문제 4.4.4 48보다 큰 짝수를 두 소수의 합으로 나타내어 보시오.

풀이 4.4.4 참조

[참고] 골드바흐의 추측 I은 컴퓨터를 이용하여, 짝수 '4×10^{18}'까지는 참이라는 사실이 밝혀졌으며, 그보다 큰 수에 대해서는 아직까지 참인지 아닌지를 알지 못하고 있다. 도전해보세요!

또한 골드바흐가 오일러에게 보낸 편지 끝에는 다음과 같은 내용이 적혀있었다.

■ **골드바흐의 추측 II**

7보다 큰 홀수는 3개의 소수의 합으로 표현된다.

문제 4.4.5 7보다 큰 홀수(9부터)를 세 개의 소수의 합으로 나타내어 보시오.

풀이 4.4.5 참조

[참고] 골드바흐의 추측 II는 2013년에 참이라는 사실이 밝혀졌다.

주제 4 쪼개지는 수

자연수를 소수와 소수가 아닌 수로 분류할 수 있다. 이 주제에서는, 1도 아니며 소수도 아닌 수에 관하여 알아보기로 한다.

■ **합성수**

$6 = 2 \times 3$ 이다. 즉, 6은 1×6, 6×1, 2×3, 3×2 과 같이, $1 \times$(자기 자신) 뿐만 아니라 1보다 큰 두 개의 약수인 2와 3의 곱으로 표현할 수 있다. 이와 같이 어떤 수를 두 수의 곱으로 표현할 때, 1보다 큰 두 개의 약수의 곱으로 나타낼 수 있는 수에 대해서 알아보기로 한다. 어떤 수를 두 수의 곱으로 표현할 때 1보다 큰 두 개의 약수의 곱으로 나타낼 수 있는 수의 약수는 3개 이상이 있다.

1.1 합성수의 뜻

4, 6 또는 8 등과 같이, 약수가 3개 이상인 수를 합성수라고 부른다.

문제 1.1.1 합성수와 소수의 차이점을 정리해 보시오.

풀이 1.1.1 참조

2. 약수의 개수

모든 소수의 약수는 언제나 2개이지만 합성수의 약수는 3개 이상이기 때문에 어떤 경우에는 합성수의 약수를 빠짐없이 모두 구하기가 어려울 수도 있다.

문제 2.1.1 36의 약수를 모두 구하시오.

풀이 2.1.1 참조

2.1 합성수의 약수의 개수 I

위의 문제에서 36의 약수를 찾아 놓은 후에, 혹시 또 다른 약수가 있지 않을까하는 생각이 들 수도 있다.

문제 2.1.2 36의 약수를 빠짐없이 구하는 방법을 생각해 보시오.

풀이 2.1.2 참조

그러면 합성수의 약수를 빠짐없이 쉽게 찾는 방법은 무엇일까? 36의 약수를 빠짐없이 구하는 방법을 단계적으로 알아보기로 한다.

■ **1 단계 : 합성수를 소수만의 곱으로 나타내기**

36을 소수만의 곱으로 나타내면 다음과 같다.

$$36 = 2 \times 2 \times 3 \times 3$$

문제 2.1.3 다음 합성수를 소수만의 곱으로 나타내어 보시오.

1) 576 2) 3500 3) 25725

풀이 2.1.3 참조

■ **2 단계 : 표 만들기**

$36 = 2 \times 2 \times 3 \times 3$이기 때문에 36의 약수는 다음과 같이 표를 만들면, 쉽고 빠짐없이 구할 수 있다.

$\times$	1	3	$3 \times 3 = 9$
1	1	3	9
2	2	6	18
$2 \times 2 = 4$	4	12	36

따라서 36의 약수는 1, 2, 3, 4, 6, 9, 12, 18, 36 이고 9개인 것을 알 수 있다.

2.2 합성수의 약수의 개수 II

이 절에서는 2.1절을 일반화하여, 합성수의 약수의 개수를 쉽게 구하는 공식을 단계적으로 알아보기로 한다.

■ **1 단계 : 같은 소수만의 곱인 경우**

먼저, $27 = 3 \times 3 \times 3$의 약수는 1, 3, 9, 27이고 4개이다. 이 사실을 일반화하면 다음과 같다.

- 같은 소수만의 곱으로 나타내어지는 합성수의 약수의 개수는 (곱해진 소수의 개수)+ 1 이다.

■ **2 단계 : 여러 종류의 소수의 곱인 경우**

- 두 종류의 소수의 곱인 경우

$36 = 2 \times 2 \times 3 \times 3$ 과 같이 2와 3, 두 종류의 소수의 곱으로 이루어진 경우의 약수의 개

수는 [(2의 개수)+ 1]×[(3의 개수) + 1] = 3×3 = 9이다.

• 세 종류의 소수의 곱인 경우

3500 = 2×2×5×5×5×7 과 같이 2, 5, 7 세 종류의 소수의 곱이다.

[(2의 개수)+ 1]×[(5의 개수) + 1]×[(7의 개수)+ 1] = 3×4×2 = 24개다.

문제 2.2.1 3500의 약수를 표를 그려서 구하는 방법을 생각해 보시오.

힌트 두 수의 곱은 직사각형의 넓이, 세 수의 곱은 직육면체의 부피

풀이 2.2.1 참조

문제 2.2.2 다음 합성수를 소수만의 곱으로 나타낸 다음, 약수를 모두 구하시오.

1) 576　　2) 25725　　3) 373527

풀이 2.2.2 참조

3. 약수의 합

위에서는 약수의 개수를 구하는 방법을 알아보았다. 이제는 모든 약수들의 합을 구하는 방법을 알아보기로 한다.

3.1 같은 소수만의 곱인 경우

$27 = 3 \times 3 \times 3$의 약수는 1, 3, 9, 27이므로, 27의 약수의 합은 $1 + 3 + 9 + 27 = 40$

문제 3.1.1 다음 합성수를 소수의 곱으로 나타낸 다음, 약수의 합을 구하시오.

1) 81 2) 64 3) 125

풀이 3.1.1 참조

3.2 여러 종류의 소수의 곱인 경우

예를 들어, $36 = 2 \times 2 \times 3 \times 3$의 약수의 합을 구해보기로 하자. 36의 약수는 1, 2, 3, 4, 6, 9, 12, 18, 36이므로 약수의 합은 $1 + 2 + 3 + 4 + 6 + 9 + 12 + 18 + 36 = 91$이다.

그런데, 4의 약수의 합은 $1 + 2 + 4 = 7$이고, 9의 약수의 합은 $1 + 3 + 9 = 13$이고, 4의 약수의 합인 $1 + 2 + 4 = 7$과 9의 약수의 합인 $1 + 3 + 9 = 13$을 곱하면 $7 \times 13 = 91$이므로 36의 약수의 합과 같아진다.

■ **두 종류의 소수의 곱인 경우**

36과 같이 두 종류의 소수의 곱인 수의 약수의 합은, 4와 9와 같이 각 종류의 소수의 곱의 약수의 합을 곱한 것과 같다.

문제 3.2.1 두 종류의 소수의 곱인 경우의 약수의 합은, 각 종류의 소수의 곱의 약수의 합을 곱한 것이 되는 이유를 생각해 보시오.

힌트 분배법칙

풀이 3.2.1 참조

문제 3.2.2 다음 합성수를 소수의 곱으로 나타낸 다음, 약수의 합을 구하시오.

1) 175 2) 225

풀이 3.2.2 참조

■ **세 종류의 소수의 곱인 경우**

$700=2\times2\times5\times5\times7$의 약수의 개수는 $3\times3\times2=18$ 개인 것을 알았다. 18개의 약수를 모두 더하는 일은 우리를 힘들게 한다. 따라서 두 종류의 소수의 곱인 경우의 약수의 합을 구하는 방법을 일반화하면 다음과 같다.

- $700=2\times2\times5\times5\times7$의 약수의 합은

$$(1+2+4)\times(1+5+25)\times(1+7)=1736$$

문제 3.2.3 $700=2\times2\times5\times5\times7$의 약수를 모두 구하여 더한 값이 1736과 같은 것을 확인해 보시오. 네 종류 이상의 곱인 경우로 일반화 해보시오.

풀이 3.2.3 참조

주제 5 공약수와 공배수

앞에서 약수와 배수에 대하여 알아보았다. 이번에는 두 수의 약수와 배수를 구하여 그 중에서 같은 수를 찾는 문제를 알아보기로 한다.

1. 공약수

12의 약수는 1, 2, 3, 4, 6, 12이고, 16의 약수는 1, 2, 4, 8, 16이다. 12와 16의 약수 중에서 같은 수는 1, 2, 4이다.

1.1 공약수와 최대공약수

■ **공약수**

1, 2, 4는 12의 약수이고, 동시에 16의 약수이다. 이때, 1, 2, 4를 12와 16의 공약수라고 한다.

■ **최대공약수**

12와 16의 공약수 중에서 가장 큰 수는 4이다. 이때, 4를 12와 16의 최대공약수라고 한다.

문제 1.1.1 다음 두 수의 공약수와 최대공약수를 구하시오.

1) 35와 42　　2) 24와 56　　3) 24와 36

풀이 1.1.1 참조

문제 1.1.2 최대공약수와 공약수와의 관계를 알아보시오.

풀이 1.1.2 참조

1.2 최대공약수 구하기

학교에서 배운 두 수의 최대공약수를 구하는 방법을 배웠다. 지금부터는 그 방법과 다른 방법을 알아보기로 한다.

문제 1.2.1 $16 \times \square - 12 \times \triangle$ 또는 $12 \times \square - 16 \times \triangle$ 꼴인 자연수를 모두 구하시오.

풀이 1.2.1 참조

문제 1.2.2 $16 \times \square - 12 \times \triangle$ 또는 $12 \times \square - 16 \times \triangle$ 꼴인 자연수 중에서 가장 작은 수를 구하시오.

풀이 1.2.2 참조

문제 1.2.3 최대공약수를 구하는 방법을 이야기 해보시오.

풀이 1.2.3 참조

2. 유클리드 호제법

위에서 학교에서 배운 것과 다른 최대공약수 구하는 방법을 알아보았다. 이 사실을 일반화하여 '유클리드 원론'에 있는 두 수의 최대공약수 구하는 방법을 알아보기로 한다.

[참고] 이 방법은, 두 수를 서로서로 나누어가면서 최대공약수를 구하는 방법이기 때문에 '호제법'이라고 부른다.

2.1 나눗셈

지금부터는 나눗셈을 다른 방법으로 표현하는 방법을 알아보기로 한다.

■ **나눗셈을 뺄셈으로 나타내기**

$17 \div 5 = 3 \cdots 2$이다.

이 식을 뺄셈으로 다음과 같이 나타낼 수 있다.

$$17 - 5 - 5 - 5 = 2$$

문제 2.1.1 다음 나눗셈을 뺄셈으로 나타내시오.

1) $72 \div 16$ 2) $123 \div 15$ 3) $130 \div 16$

풀이 2.1.1참조

2.2 유클리드 호제법

유클리드 원론에 나타나는 호제법은, 당시의 그리스 수학들의 관념인 '나눗셈 = 동수 누감, 수 = 막대의 길이' 라는 점을 이용하였다. 이제 그 아이디어를 직관적으로 이해할 수 있는 방법을 알아보기로 한다.

■ **퀴즈네어 색 막대를 활용한 방법**

우선 퀴즈네어 막대를 이용하여 예를 들어보기로 한다.

• 6과 4의 최대공약수

아래와 같이 길이 6인 막대와 길이 4인 막대에는 두 막대 모두를 빈틈없이 채울 수 있는 가장 큰 길이(최대공약수)의 막대가 있다.

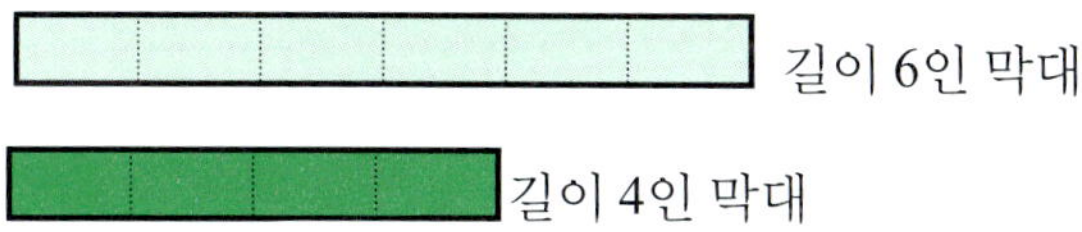

① 긴 막대(6) 위에 짧은 막대(4)를 포개어 올린다.

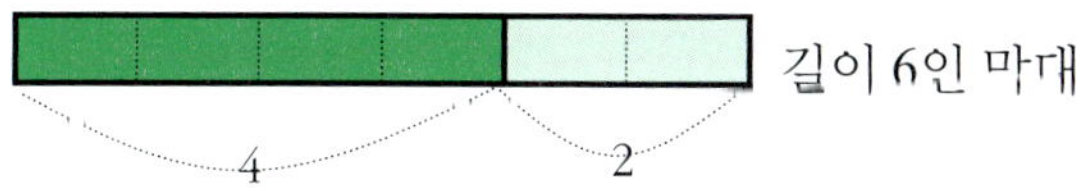

그러면 긴 막대(6)는 짧은 막대(4)와 짧은 막대로 덮지 못한 나머지 부분(2)으로 나누어진다.

② 6과 4의 최대공약수 막대는 6과 4를 동시에 완전히 덮기 때문에 2를 완전히 덮어야 된다.

③ 6과 4의 최대공약수 막대는 4와 2를 동시에 완전히 덮기 때문에, 4와 2의 최대공약수 막대도 된다.

④ 그러므로 6과 4의 최대공약수는 4와 2의 최대공약수와 같다.

• 10과 24의 최대공약수

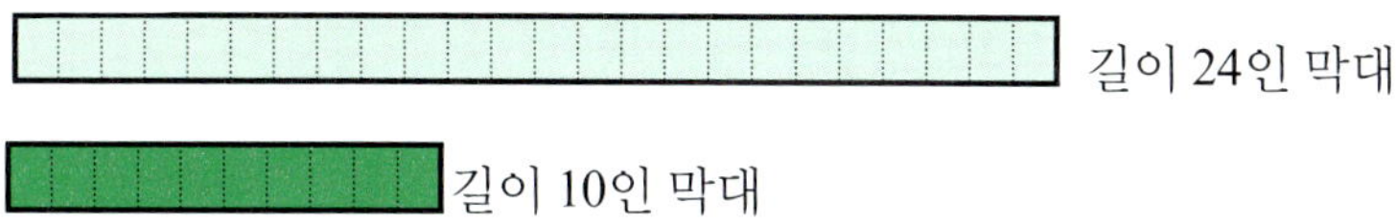

① 길이 24인 막대와 길이 10인 막대에 두 막대 모두를 빈틈없이 채울 수 있는 최대공약수 막대가 있다.

긴 막대(24) 위에 짧은 막대(10)를 포개어 올린다.

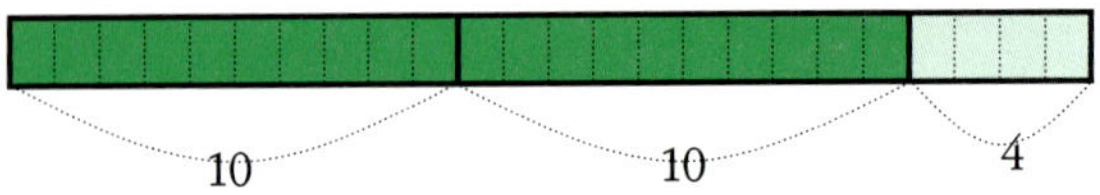

길이 24인 막대

그러면 긴 막대(24)는 짧은 막대(10) 2개와 짧은 막대로 덮지 못한 나머지 부분(4)으로 나누어진다.

② 24와 10의 최대공약수 막대는 24와 10을 완전히 덮기 때문에 4도 완전히 덮게 된다. 그러므로 24와 10의 최대공약수는 10과 4의 최대공약수와 같다.

③ 같은 방법으로

길이 10인 막대

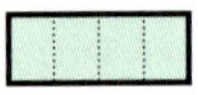
길이 4인 막대

길이 10인 막대와 길이 4인 막대에 두 막대 모두를 빈틈없이 채울 수 있는 최대공약수 막대가 있다.

④ 긴 막대(10) 위에 짧은 막대(4)를 포개어 올린다.

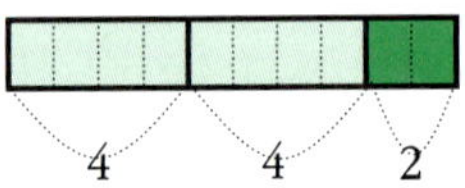

길이 10인 막대

⑤ 긴 막대(10)는 짧은 막대(4) 2개와 짧은 막대로 덮지 못한 나머지 부분(2)으로 나누어진다.

⑥ 10과 4의 최대공약수 막대는 10과 4를 완전히 덮기 때문에 2를 완전히 덮어야 된다.

⑦ 그러므로 10과 4의 최대공약수는 4와 2의 최대공약수와 같다.

⑧ 위의 두 단계를 종합하면,

24와 10의 최대공약수는 10과 4의 최대공약수와 같고,

10과 4의 최대공약수는 4와 2의 최대공약수와 같다.

⑨ 4는 2의 배수이기 때문에, 4와 2의 최대공약수는 2이다.

⑩ 따라서 24와 10의 최대공약수는 2이다.

32와 20의 공약수 구하기

32−20

⇒ 20−12

⇒ 20−8

⇒ 8−4

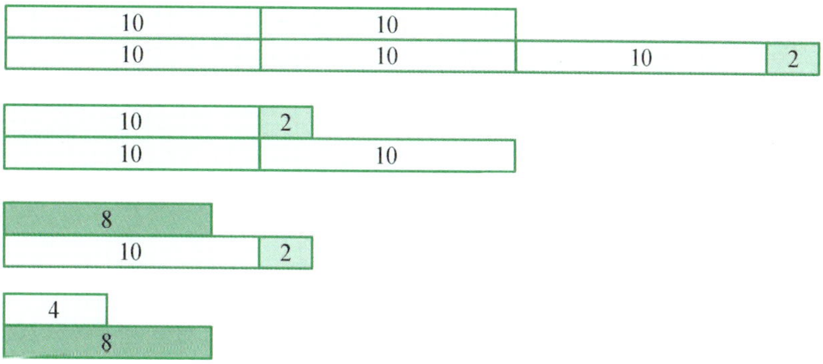

따라서 32와 20의 최대공약수는 8과 4의 최대공약수인 4이다.

문제 2.2.1 최대공약수를 구하는 위의 방법을 정리해 해보시오.

풀이 2.2.1 참조

문제 2.2.2 다음 두 수의 최대공약수를 유클리드 호제법을 이용하여 구하시오.

1) 34 와 72 2) 35 와 12 3) 12378 과 3054

풀이 2.2.2 참조

문제 2.2.3 유클리드 호제법을 나눗셈으로 나타내 보시오.

풀이 2.2.3 참조

문제 2.2.4 다음 두 수의 최대공약수를 나눗셈(유클리드 호제법)을 이용하여 구하시오.

1) 34 와 72　　2) 35 와 12　　3) 12378 과 3054

풀이 2.2.4 참조

■ 정사각형을 이용한 방법

유클리드 호제법은 다음과 같이 정사각형을 없애가면서 구하는 방법으로도 표현할 수 있다.

• 32와 20의 최대공약수

'두 수의 곱은 직사각형의 넓이'라는 사실을 이용하면, 유클리드 호제법은 다음과 같이 된다. 가로 32, 세로 20인 직사각형의 내부를 최대 크기의 정사각형으로 계속 나누어 갈 때, 그 중 크기가 가장 작은 정사각형의 한 변의 길이가 최대공약수이다.

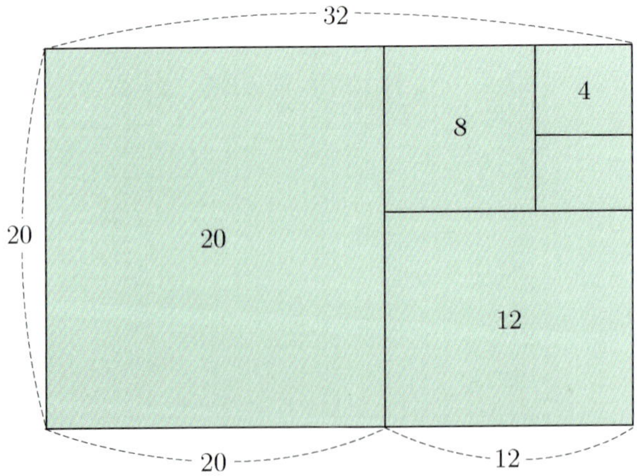

문제 2.2.5 정사각형을 이용한 유클리드 호제법을 설명하여 보시오.

힌트 직사각형=두 수의 곱셈, 정사각형=같은 수(제곱)의 곱셈

풀이 2.2.5 참조

문제 2.2.6 다음 두 수의 최대공약수를 정사각형(유클리드 호제법)을 이용하여 구하시오.

1) 22 와 72 2) 35 와 65 3) 35와 27

풀이 2.2.6 참조

3. 공배수

4의 배수는 4, 8, 12, 16, 24, ⋯ 이고, 6의 배수는 6, 12, 18, 24, 30, ⋯ 이다. 4와 6의 배수 중에서 같은 수는 12, 24, 36, ⋯ 이다.

3.1 공배수와 최소공배수

■ **공배수**

12, 24, 36, ⋯ 은 4의 배수이고 동시에 6의 배수이다. 이때, 12, 24, 36, ⋯ 을 4와 6의 공배수라고 한다.

■ **최소공배수**

4와 6의 공배수 중에서 가장 작은 수는 12이다. 이때, 12를 4와 6의 최소공배수라고 한다.

문제 3.1.1 다음 두 수의 공배수와 최소공배수를 구하시오.

1) 6과 16　　2) 4와 12　　3) 234와 345

풀이 3.1.1 참조

문제 3.1.2 최소공배수와 공배수와의 관계를 알아보시오.

풀이 3.1.2 참조

3.2 최소공배수 구하기

학교에서 배운 두 수의 최소공배수를 구하는 방법을 배웠다. 지금부터는 그 방법과 다른 방법을 알아보기로 한다.

문제 3.2.1 다음 두 수의 최대공약수와 최소공배수를 구하시오.

1) 24와 42　　2) 27과 15　　3) 84와 60

풀이 3.2.1 참조

6과 16의 최대공약수는 2, 최소공배수는 48이다. 그런데 $6 \times 16 = 2 \times 48 = 96$임을 알 수 있다. 그 이유를 알아보기로 하자.

문제 3.2.2 최소공배수와 최대공약수의 관계를 알아보시오.

풀이 3.2.2 참조

두 수의 최소공배수와 최대공약수와의 관계를 이용하여 최소공배수를 쉽게 구하는 방법을 알아낼 수 있다.

문제 3.2.3 최소공배수를 구하는 방법을 이야기 해보시오.

풀이 3.2.3 참조

4. 중국인의 나머지 문제

정수론의 역사에서 동아시아의 수학자가 나타나는 유일한 내용인 '중국인의 나머지 문제'에 대해서 알아보기로 한다.

4.1 중국인의 나머지 정리

이 정리는 A.D. 1세기경에 중국인 손쑤(SunTsu)가 다음과 같은 문제를 제시하여 만들어졌다.

■ **손쑤의 나머지 문제**

어떤 수를 3, 5, 7로 나누면 나머지가 각각 2, 3, 2가 되는 수를 찾아보시오.

이 문제를 일반화한 것이 중국인의 나머지 정리이다.

문제 4.1.1 손쑤의 나머지 문제의 답을 구하시오.

풀이 4.1.1 참조

그런데 위에서 찾은 답 이외에, 그 답에 3, 5, 7의 최소공배수인 105를 더해도 답이 된다.

문제 4.1.2 손쑤의 문제의 답에 최소공배수를 더해도 답이 되는 이유를 생각해 보시오.

풀이 4.1.2참조

위의 문제에서, 시행착오로 답을 알아내었다. 그러면 계산으로 답을 확실하게 알아내는 방법은 무엇일까? 손쑤의 문제를 해결하기 전에 그보다 조금 쉬운 경우를 먼저 해결해보기로 한다.

문제 4.1.3 어떤 수를 5으로 나누면 2가 남고, 7로 나누면 3이 남는 수를 구하시오.

힌트 나머지가 2와 3이라는 사실을 이용하시오.

풀이 4.1.3 참조

문제 4.1.4 손쑤의 문제를 수학적으로 해결해 보시오.

풀이 4.1.4 참조

손쑤의 문제를 일반화한 것을 중국인의 나머지 정리라고 부른다.

문제 4.1.5 다음의 중국인의 나머지 문제를 풀어보시오.

1) 어떤 수를 3, 5, 7로 나누면 나머지가 각각 1, 2, 3이 되는 수를 구하시오.

2) 어떤 수를 6, 11, 17로 나누면 나머지가 각각 5, 4, 3이 되는 수를 구하시오.

3) 어떤 수를 11, 29, 31 로 나누면 나머지가 각각 5, 14, 15가 되는 수를 구하시오.

풀이 4.1.5 참조

주제 6 물물교환

기원전 3000년 경, 고대 이집트에서는 화폐(돈)가 없었기 때문에 필요한 물건을 구입하기 위해서는 자기가 가지고 있는 물건과 바꾸는 물물교환을 하였으며, 그 과정에서 비의 관념으로 분수를 고안하게 되었다고 한다. 또한 그들은 피라밋을 건축할 때에 피라밋의 네 모서리가 각각 동서남북을 향하도록 했으며, 피라밋이 무너지지 않도록 하기 위하여 네 모서리의 기울기를 똑같게 할 필요가 있었다. 그런데 기울기는 $\frac{\text{높이}}{\text{밑변}}$, 즉 분수 이므로 그들은 분수에 관한 지식을 이용하여 피라밋을 쌓았다고 한다.

1. 고대 이집트인들의 물물교환

분자가 1인 분수를 단위 분수라고 부른다. 이집트인들은 단위분수를 이용하여 다음과 같은 방법으로 물물교환을 했다고 한다.

1.1 물물교환 방법

고대 이집트인들의 물물교환의 아이디어는 다음과 같다.

■ 물물교환 아이디어

① 마을에서 가장 비싼 물건 또는 동물을 정한다.

② 다른 물건을 그 물건과 몇 개씩 바꿀지를 정한다.

그러면, 모든 물건은 가장 비싼 물건과 비의 관계가 성립하게 된다. 따라서

③ 가장 비싼 물건의 값을 1로 하면, 모든 물건의 값은 단위분수가 된다.

• 예: 마을에서 가장 비싼 동물이 낙타였다고 하자. 그러면 모든 동물이나 물건을 낙타와 몇 개씩 바꾸는 것이다. 예를 들어,

낙타 1마리와 소 3마리,

낙타 1마리와 돼지 5마리,

낙타 1마리와 닭 15마리를 바꾼다면,

낙타와 소, 돼지, 닭의 값의 비는 다음과 같다.

낙타 : 소	3 : 1
낙타 : 돼지	5 : 1
낙타 : 닭	15 : 1

따라서 낙타 값을 1로 정하면 나머지 동물들의 값은 다음과 같아진다.

소	$\frac{1}{3}$
돼지	$\frac{1}{5}$
닭	$\frac{1}{15}$

■ 물물교환 방법

물물교환에 대한 위의 아이디어를 이용하여 물물교환의 예를 들어보기로 한다.

• 예: 알라딘의 집에서는 돼지만을 키우고 있다. 돼지와 다른 물건 또는 동물과 바꾸기 위해서, 돼지 두 마리를 끌고 시장에 나갔다. 알라딘은 돼지 두 마리와 어떤 것들을 바꿀 수 있을까?

(방법) 위와 같이 돼지 값을 $\frac{1}{5}$ 이라고 하면 돼지 두 마리 값은 $\frac{1}{5}+\frac{1}{5}$ 즉, $\frac{2}{5}$ 이다.

그런데 모든 물건 값이 단위 분수이므로 $\frac{2}{5}$ 를 둘 이상의 단위분수의 합으로 나타내보아야 한다. 즉, 다음과 같은 분수 계산을 할 수 있어야 한다.

$\frac{2}{5}=\frac{1}{\triangle}+\frac{1}{\nabla}$.

문제 1.1.1 등식 $\frac{2}{5}=\frac{1}{\triangle}+\frac{1}{\nabla}$ 이 성립하도록 △과 ▽을 구하시오.

풀이 1.1.1 참조

[참고] 위와 같은 분수의 계산이 쉽지 않았기 때문에 고대 이집트에서는 분수계산을 하는 '필경사'라는 직업이 생기게 되었다. 그 중에서 가장 유명한 사람이 '주제 1'에서 소개한 아메스이다.

문제 1.1.2 다음의 분수를 두 개의 단위분수의 합으로 나타내 보시오.

1) $\frac{2}{15}$ 2) $\frac{2}{7}$ 3) $\frac{2}{9}$ 4) $\frac{2}{51}$

풀이 1.1.2 참조

1.2 여러 가지 종류의 물물교환

위에서는 가장 간단한 물물교환에 대해서 알아보았다. 그 당시에 실제로는 어떤 물건과 여러 개의 물건과 바꾸는 경우가 많았을 것이다.

■ **세 가지 물건과 바꾸는 방법**

어떤 물건을 세 가지 물건으로 바꾸려면 한 분수를 세 개의 단위분수의 합으로 나타내야 한다.

문제 1.2.1 다음의 분수를3개의 단위분수의 합으로 나타내 보시오.

1) $\frac{1}{4}$ 2) $\frac{2}{17}$ 3) $\frac{6}{51}$

풀이 1.2.1 참조

문제 1.2.2 $\frac{7}{29}$를 5개의 단위분수의 합으로 나타내 보시오.

풀이 1.2.2 참조

2. 분수 표를 이용한 물물교환

고대 이집트인은 필경사들에게 여러 가지 분수를 단위분수의 합으로 나타낸 표를 파피루스 두루마리에 적어 보관하도록 한 다음, 물물교환이 이루어지는 시장에 그 표를 나누어 주어서 시민들이 어려운 분수계산을 하지 않아도 물물교환이 잘 이루어지도록 하였다. 그들과 같은 방법으로 우리도 동물, 과일, 학용품, 옷, 과자 등 여러 가지 물건의 값을 단위분수로 정한 다음, 미리 분수 표를 만들어서 교실에서 물물교환을 해보시오.

문제 2.1.1 물건 값의 표, 분수 계산표를 만들어 물물교환 해 보기

풀이 2.1.1 참조

주제 7 근대수학의 아이디어

세계 역사에서 5세기에서 15세기까지를 중세시대라고 부른다. 이 시기에 고대 그리스의 수학과 아시아의 수학이 아랍사람들에 의하여 유럽으로 전파되었으며, 수학의 발전이 매우 늦어지고 수학의 모든 분야에서 매우 혼돈스러운 시기였다. 그 과정을 지나 17세기 이후부터 훌륭한 수학자들이 여러 가지 수학내용을 발견하고 발전시킨 시기이기도 하다. 그 중에서 우리에게 잘 알려진 몇 명의 수학자들(1 부 II장 2절을 참고)의 아이디어를 알아보기로 한다.

1. 아마추어의 왕자 페르마

앞에서 알아 본 바와 같이 프랑스의 수학자 페르마는 대학에서 법학을 공부한 후, 공무원 생활을 하였다. 그 당시, 유럽의 대학에서는 1학년 때에 교양과목으로 수학을 배우도록 하였는데, 공무원 생활 중에 페르마는 대학 다닐 때에 공부했던 수학에 관심이 생겨서 여러 가지 수학책을 혼자서 공부한 후, 수학에 많은 위대한 업적을 남겼다. 그러한 이유로 그를 수학의 '아마추어의 왕자'라고 부르게 되었다.

1.1 최댓값, 최솟값 문제

페르마는 알렉산드리아의 마지막 수학자인 파푸스의 책에서 힌트를 얻어 다음과 같은 문제를 생각하고, 그 문제를 해결하였다.

문제 1.1.1 다음의 페르마의 문제를 해결해 보시오.

'선분 AC에 점 E를 잡아 AE×EC의 값이 가장 크도록(최대) 하시오.'

풀이 1.1.1 참조

1.2 페르마의 작은 정리

페르마는 1 부 II장 2절에서 소개한 페르마의 마지막 정리 이외에 '어떤 수를 소수로 나눌 때의 나머지'에 관한 문제를 해결하였다. 이 문제를 알아보기 전에 중학교에서 쓰이는 다음의 기호를 기억하기로 하자.

■ 거듭 제곱

$3+3+3+3+3$과 같이 같은 수를 계속 더하는 경우에는 간단하게 곱셈 3×5로 나타내고 있습니다. 이와 마찬가지로 $3\times3\times3\times3\times3$과 같이 같은 수를 계속 곱하는 경우에는 간단하게 3^5로 나타내기로 합시다. 이것을 3의 5제곱이라고 읽습니다.

문제 1.2.1 1) 3^4을 5로 나눈 나머지를 구하시오.

2) 3^6을 7로 나눈 나머지를 구하시오.

3) 2^{10}을 11로 나눈 나머지를 구하시오.

풀이 1.2.1 참조

문제 1.2.2 문제 1.2.1의 세 문제의 공통점을 이야기 해보시오.

풀이 1.2.2. 참조

페르마는 위의 문제를 일반화하여 다음과 같은 이론을 만들고 증명하였다.

■ **페르마의 작은 정리**

솟수 p를 정하고, p보다 작은 자연수를 마음대로 골라서, 그 수를 $p-1$번 곱한($p-1$ 제곱) 수를 p로 나눈 나머지는 항상 1이다. 즉, a를 p보다 작은 자연수라고 하면, a^{p-1}을 p로 나눈 나머지는 항상 1이다.

[참고] 페르마의 마지막 정리를 '페르마의 큰 정리'라고도 부르기 때문에 이 정리의 이름을 페르마의 작은 정리라고 부른다.

페르마의 작은 정리를 이용하면 거듭제곱인 수를 소수로 나눈 나머지를 쉽고 빠르게 구할 수 있다.

문제 1.2.3 1) 3^{17}을 5로 나눈 나머지를 구하시오.

2) 3^{20}을 7로 나눈 나머지를 구하시오.

3) 2^{343}을 11로 나눈 나머지를 구하시오.

풀이 1.2.3 참조

2. 계산의 천재 오일러

1부 II장 2.2절에서 오일러는 암산을 비롯하여 계산을 아주 잘하였다고 하였다. 그러한 계산능력을 활용하여 수학의 여러 분야에 남긴 많은 업적 중에서, 페르마의 작은 정리와 관련된 내용을 알아보기로 한다.

2.1 오일러 분수

오일러는 '오일러 함수'를 만들어 페르마의 작은 정리를 모든 자연수에 적용할 수 있도록 좀 더 일반화하였다. 그러한 오일러 함수를 초등학교에 맞도록 고치면 다음과 같다.

■ 진분수의 기약분수의 개수

자연수 n을 분모로 하는 모든 진분수는 다음과 같다.

- $\frac{0}{n}, \frac{1}{n}, \frac{2}{n} \cdots, \frac{n-1}{n}$

■ 기약분수

분수의 분자와 분모를 그들의 최대공약수로 나눈 분수를 '기약분수'라고 부른다.

이제 자연수 n을 분모로 하는 모든 진분수 중에서 기약분수의 개수를 세어보기로 한다.

① $n=12$일 때, n을 분모로 하는 모든 진분수를 기약분수로 고치면

$\frac{0}{1}, \frac{1}{12}, \frac{1}{6}, \frac{1}{4}, \frac{1}{3}, \frac{5}{12}, \frac{1}{2}, \frac{7}{12}, \frac{2}{3}, \frac{3}{4}, \frac{5}{6}, \frac{11}{12}$이 된다.

문제 2.1.1 기약분수 $\frac{0}{1}, \frac{1}{12}, \frac{1}{6}, \frac{1}{4}, \frac{1}{3}, \frac{5}{12}, \frac{1}{2}, \frac{7}{12}, \frac{2}{3}, \frac{3}{4}, \frac{5}{6}, \frac{11}{12}$ 중에서 분모가 12인 분수는 몇 개인가?

풀이 2.1.1 참조

■ **오일러 분수**

$\frac{1}{12}, \frac{5}{12}, \frac{7}{12}, \frac{11}{12}$ 와 같은 분수를 '12의 오일러 분수'라고 부르기로 하자.

문제 2.1.2 1～10의 오일러 분수는 각각 몇 개인지 알아보시오.

풀이 2.1.2 참조

문제 2.1.2의 답을 구하면서 다음의 문제를 생각해 보시오.

문제 2.1.3 소수의 오일러 분수의 개수는?

풀이 2.1.3 참조

2.2 합성수의 오일러 분수

앞에서 소수 p의 오일러 분수의 개수는 '$p-1$'인 사실을 알았다. 이제 모든 수의 오일러 분수의 개수를 구하는 방법을 알아보기로 하자.

문제 2.2.1 어떤 자연수 n이 있을 때, $1 \sim n$ 중에 3의 배수는 몇 개일까?

풀이 2.2.1 참조

문제 2.2.2 다음 수의 오일러 분수의 개수를 구하시오.

1) 27 2) 16 3) 125 4) 2401

풀이 2.2.2 참조

위의 문제를 풀면서 다음과 같은 의문이 생긴다.

$9 = 3^2$이다. 그리고 9의 오일러 분수는 $\frac{1}{9}, \frac{2}{9}, \frac{4}{9}, \frac{5}{9}, \frac{7}{9}, \frac{8}{9}$ 이고 모두 6개이다. 이때 9와 6은 어떤 관계가 있을까?

문제 2.2.3 p가 소수일 때, p^n의 오일러 분수의 개수를 구하는 방법은?

힌트 $1 \sim 27$ 중에 3의 배수는 9개이다.

풀이 2.2.3 참조

문제 2.2.4 다음 수의 오일러 분수의 개수를 구하시오.

1) 28 2) 100 3) 108 4) 1125

풀이 2.2.4 참조

2.3 오일러 분수 쉽게 찾기

지금까지는 p가 소수일 때, p^n의 오일러 분수의 개수를 구하는 방법을 알아보았으며, 위의 문제에서 느낄 수 있듯이, 두 가지 이상의 소수의 곱인 수가 커질수록 오일러 분수의 개수를 찾는 일은 점점 어려워진다. 지금부터는 모든 자연수의 오일러 분수의 개수를 쉽게 찾는 방법을 알아보기로 한다.

문제 2.3.1 36의 오일러 분수를 찾는 아이디어를 이야기 해보시오.

힌트 $6 = 2 \times 3$이므로, 6과 최대공약수가 1인 수는, 2와 3과의 최대공약수가 모두 1인 수이다.

풀이 2.3.1 참조

위에서 알아 본바와 같이 36의 오일러 분수는 분자가 36과의 최대공약수가 1인 분수이다. 그런데 분자는 1에서 36까지이므로, 결국 36의 오일러 분수의 개수는 분자가 36과 최대공약수가 1인 분수의 개수이다.

■ **36과 최대공약수가 1인 수의 개수**

우선, 1에서 36까지 수를 모두 적어보자.

1	2	3	4	5	6	7	8	9
10	11	12	13	14	15	16	17	18
19	20	21	22	23	24	25	26	27
28	29	30	31	32	33	34	35	36

※ 위의 수의 배열에는 가로줄은 4개, 세로줄은 9개가 있다.

문제 2.3.2 위의 수의 배열에서, 첫째 가로줄의 수 1～9 중에서 9와의 최대공약수가 1인 수를 모두 찾으시오.

풀이 2.3.2 참조

문제 2.3.3 1, 2, 4, 5, 7, 8이 있는 세로줄의 모든 수와 9와의 관계를 알아보시오.

풀이 2.3.3 참조

문제 2.3.4 3, 6, 9 가 있는 세로줄의 모든 수와 9와의 관계를 알아보시오.

풀이 2.3.4 참조

문제 2.3.5 위에 있는 문제들을 풀면서 알아낸 사실을 이야기 해보시오.

풀이 2.3.5 참조

문제 2.3.6 1, 2, 4, 5, 7, 8 이 있는 세로줄의 모든 수와 4와의 관계를 알아보시오.

풀이 2.3.6 참조

지금까지 알아낸 사실을 잘 정리하여 다음 질문에 답하시오.

문제 2.3.7 36의 오일러 분수의 개수를 알아내는 방법을 이야기 해 보시오.

풀이 2.3.7 참조

- 오일러 분수의 개수를 찾는 과정

  1에서 36까지 수중에서 36과 최대공약수가 1인 수를 다음과 같은 과정을 거쳐서 찾으면 쉽다.

  ① $36 = 2^2 \times 3^2$이므로, 1에서 36까지 수 중에서 36과 최대공약수가 1인 수는, 4와 9와의 최대공약수가 모두 1인 수이다.

  ② 각 가로줄에서 9와 최대공약수가 1인 수를 찾는다. → 각각 6개이다.
  예를 들면, 첫째 가로줄에는 1, 2, 4, 5, 7, 8 모두 6개이다.

  ③ 9와의 최대공약수가 1인 수들은 1, 2, 4, 5, 7, 8이 있는 세로줄에만 있다.

  ④ 1, 2, 4, 5, 7, 8이 있는 각각의 세로줄에는 4와의 최대공약수가 1인 수가 꼭 2개씩 있다.

  ⑤ 따라서 36과 최대공약수가 1인 수는 $6 \times 2 = 12$개이다.

■ 36과 12의 관계

위에서 36의 오일러 분수는 12개인 것을 알았다. 그러면 36과 12는 어떤 관계가 있을까?

- $36 = 4 \times 9$이다. 그런데 앞에서, 4의 오일러 분수는 $2^2 - 2 = 2$ 개이고, 9의 오일러 분수는 $3^2 - 3 = 6$개 이라고 배웠다. 12는 4의 오일러 분수의 개수 2와 9의 오일러 분수의 개수 6을 곱한 것과 같다.

문제 2.3.8 문제 2.2.4를 위의 '오일러 분수의 개수를 찾는 과정'을 이용하여 풀어보시오.

1) 28　　2) 100　　3) 108　　4) 1125

풀이 2.3.8 참조

■ **자연수 n의 오일러 분수의 개수**

n을 소수만의 곱으로 표현할 때 $n=p^a\times q^b\times r^c$이 되었다면($p$, q, r은 소수),

- n의 오일러 분수의 개수

  $=$(p^a의 오일러 분수의 개수)$\times$(q^b의 오일러 분수의 개수)$\times$(r^c의 오일러 분수의 개수)

  $=(p^a-p^{a-1})\times(q^b-q^{b-1})\times(r^c-r^{c-1})$

  또는

  $=n\times\left(p-\frac{1}{p}\right)\times\left(q-\frac{1}{q}\right)\times\left(r-\frac{1}{r}\right)$

문제 2.3.9 다음 수의 오일러 분수의 개수를 구하시오.

1) 360 2) 1001 3) 5040

풀이 2.3.9 참조

3. 확률론의 선구자 파스칼

프랑스의 수학자 메레(Chevalier de Méré)는 수학을 도박(gambling)에 이용하려는 생각으로 승부에 관한 몇 가지 문제를 적은 편지를 파스칼(Pascal, B.; 1623~1662)에게 보냈다. 파스칼은 메레가 보낸 '어쩔 수 없는 사정으로 중단된 두 사람의 게임에서 몫을 어떻게 분배할 것인지에 대한 문제'를 받고 페르마(Pierre de Fermat)와 편지를 주고받으면서, 도박이 갖는 우연성에 합리적이고 보편적인 수학적인 해석을 만들게 되었으며, 수학적 확률에서 가장 중요한 '표본공간'의 개념을 도입하여 확률이론을 발전시키는 계기가 되어, 1653년 파스칼과 페르마의 두 사람에 의해서 확률론이 탄생하였다.

3.1 메레가 보낸 '도박사의 문제'

철수와 영이가 2만원을 상금으로 걸고 가위, 바위, 보의 게임으로 내기를 하였다. 규칙은 먼저 5번을 이기는 사람이 상금을 모두 가지기로 하였다. 그런데 철수와 영이가 4:3인 상태에서 어쩔 수 없이 게임을 중단하게 되어 상금을 나눠 가지기로 하였다. 얼마씩 나눠가져야 공평하겠는가?

① 답 : 철수와 영이가 (3:1)로 가져가야 한다.

즉 철수는 20,000원의 $\frac{3}{4}$인 15,000원을 가져가야 하며, 영이는 20,000원의 $\frac{1}{4}$인 5000원을 기져가아 한다.

② 이유 : 영이가 5번을 이길 때 까지 기회를 주도록 해야 한다. 그러면 가위, 바위, 보의 게임을 두 번 더 해야 한다. 이때 두 번의 게임에서 일어날 수 있는 경우는 다음과 같다.

	8번째 경기	9번째 경기	최종승자
다음 가위, 바위, 보의 게임에서 이긴 사람	철수	철수	철수
	철수	영이	철수
	영이	철수	철수
	영이	영이	영이

즉, 영이와 철수 모두가 5번을 이길 경우의 수는 철수는 3번, 영이는 1번이기 때문이다.

■ 표본공간

도박이나 게임에서, 어떤 행위를 하였을 때 일어날 수 있는 것들의 전체

• 도박사 문제의 표본공간

(철수, 철수), (철수, 영이), (영이, 철수), (영이, 영이) 4가지이다.

문제 3.1.1 주사위 한 개와 동전 한 개를 동시에 던질 때, 생기는 표본 공간을 구하시오.

풀이 3.1.1 참조

※ 확률에 관한 이야기는 융합·응용 영역에서 자세하게 알아보기로 한다.

주제 1 다각형, 다면체, 다각뿔

도형이란 점, 선, 면, 입체 등의 연결체를 뜻한다. 예를 들면, 점, 선분, 곡선, 각, 평면도형, 입체도형 등이 도형의 범주에 속하며, 인간이 제일 먼저 인식한 닫힌 도형은 선분으로 이루어진 다각형이다.

1. 다각형의 발생

다각형은, 한 곳에 정착하여 논과 밭을 일구어 생활했던 세계 4대강 유역에서 그의 모양과 성질에 대해서 연구가 되었던 것으로 알려져 있다. 특히, 매년 홍수로 인하여 범람이 잦았던 고대 이집트의 나일 강 주변에서 홍수전의 땅의 모양을 재현하기 위하여 오늘날의 지적도를 작성하는 과정에서 평면도형의 이름과 성질을 고안하게 되었으며, 그 시대를 생활수학시대(1 부 II장 1절 참조)라고 부른다. 그 후 생활수학을 과학적인 방법으로 체계화한 고대 그리스인들은 땅의 모양과 자연현상을 형상화한 다각형의 성질을 논리적이고 체계적으로 연구하면서 정다각형을 만들 줄 알았었으며 특히, 별모양의 오각형(pentagram)도 이미 알고 있었다고 한다.

2. 다각형의 이름

다각형은 가지고 있는 변이나 꼭짓점의 수에 따라 이름이 결정된다. 예를 들어 17개의 변을 가진 다각형은 헵타데카곤(헵타= 7, 데카= 10)이라고 한다. 보다 더 직접적으로 17-gon(17각형) 이라고 부를 수 있다.

꼭짓점 개수	이름	
1	1-gon	henagon (또는 monogon)
2	2-gon	digon
3	3-gon	triangle (또는 trigon) 트리곤
4	4-gon	quadrangle(또는 tetragon) 테트라곤
5	5-gon	pentagon 펜타곤
6	6-gon	hexagon 헥사곤
7	7-gon	heptagon 헵타곤
8	8-gon	octagon 옥타곤
9	9-gon	enneagon (또는 nonagon) 노나곤
10	10-gon	decagon 데카곤
11	11-gon	hendecagon
12	12-gon	dodecagon
13	13-gon	tridecagon (또는 triskaidecagon)
14	14-gon	tetradecagon (또는 tetrakaidecagon)
15	15-gon	pentadecagon (또는 quindecagon 또는 pentakaidecagon)
16	16-gon	hexadecagon (또는 hexakaidecagon)
17	17-gon	heptadecagon (또는 heptakaidecagon)
18	18-gon	octadecagon (또는 octakaidecagon)
19	19-gon	enneadecagon (또는 enneakaidecagon 또는 nonadecagon)
20	20-gon	icosagon

[참고] 다각형은 볼록다각형과 오목다각형으로도 나누어진다. 오목다각형이란 별모양과 같이 안으로 패인 다각형을 말하며, 학교에서 배우는 삼각형, 사각형 등을 볼록다각형이라고 한다. 우리는 볼록다각형의 성질만을 알아보기로 한다.

3. 다각형의 각과 각도

다각형은 선분인 변과 각으로 이루어진다. 먼저, 각과 각도의 발생을 알아보고, 그에 따른 선조들의 아이디어를 따라가 보기로 한다.

3.1 각과 각도의 발생

■ 각의 발생

각의 측정은 주로 천체 연구를 위해서 연구되었다. 고대에서도 직각의 개념은 중요했으며, 직각은 다른 각을 비교하거나 예각과 둔각을 정의할 수 있는 기준이 된다. 각을 회전으로 생각한 초기 천문학의 기록에서는 각의 단위로 직각을 사용하였으나, 천체 연구에서는 별이 한 바퀴 도는데 오랜 시간이 걸리므로 작은 각을 재는 단위가 필요하게 되었다. 유클리드 기하학에서는 직각을 정의하기에 앞서 수직의 의미를 제시하고 있다. 즉, 수직이란 똑바로 아래로 드리움을 뜻하며 수직이 되는 선을 수직선이라고 한다. 즉, 실에 추를 매달아 팽팽하게 늘어뜨려 지표면에 닿도록 함을 뜻한다. 유클리드는 직각, 둔각, 예각을 다음과 같이 정의했다. 한 직선에 다른 직선을 세웠을 때, 이웃한 각들이 크기가 서로 같으면 그 각을 직각이라 부른다. 이 때 세운 직선은 원래 직선과 수직이라 부르며, 둔각은 직각보다 큰 각이고 예각은 직각보다 작은 각이다.

프로클루스에 따르면 옛날 사람들은 수직선을 노몬(gnomon)의 선이라고 불렀다. 노몬은 직각으로 꺾여 있는 자이며, 이것을 땅바닥에 놓으면 직각을 이루게 된다. 또한 도형의 높이를 잴 때 수직선을 이용하며, 직각을 기준으로 각들의 크기를 구별한다. 그렇지 않다면 각들은 서로 구별할 수 없다고 하였다.

아리스토텔레스는 그의 저서 'Methphysica'에서 직각과 예각의 발생순서는 다음과 같다고 주장하였다. 즉, 예각은 직각의 부분이며, 직각은 예각들로 쪼갤 수 있으므로, 물리적인 대상으로서는 예각이 먼저이며, 형태로 보면 직각이 먼저라고 했다.

■ 각도의 발생

고대 바빌로니아에서는 종교 행사와 곡물의 수확 패턴 등을 알기 위해 천문학에 관심을 가졌다. 그들은 관찰 자료를 모으고, 계산을 하고 예측을 하는데 천문학을 사용했다. 그들은 60진법을 개발하여 사용했고, 그것으로 자연수와 분수가 표현되었다. 또한 그들은 일 년을 360일 계산하여 원주를 360등분하여 일년력으로 사용했던 것이 원주를 360°로 사용하게 되었다고 알려지고 있다.

이집트와 바빌로니아 문명에서 삼각형의 길이와 관련된 계산과 표를 만들기는 했지만, 그들은 현대적 의미의 각의 측정을 소개하지는 않았다. 이 결과는 각의 측면에서보다는 기하학적 도형에서 길이의 비의 개념에서 온 것이었다.

그리스에서는 천체 데이터를 체계적으로 연구하기 시작하였고, 각 사이의 관계, 각에 대응하는 호와 그에 대응하는 현의 길이와의 관계를 연구하기 시작하였다. 초기에는 그 결과를 직각이나 직각의 4분의 1과 분수로 표현하였다.

Hipparchus는 원을 360으로 나누어서 그것을 기초로 일련의 각을 사용하여 한 각의 현과 호의 길이에 대한 표를 처음 만들었다. 그는 황도대의 원을 360으로 나눈 첫 번째 천문학자인 Hypsicles의 영향을 받았다. 황도를 십이궁과 서른여섯 개의 십분각으로 나누는 360도라는 값은 천문학에서 이루어졌다고 생각할 수 있으며, 약 360일인 한해의 주기는 각 궁을 서른 개의 부분으로 십분각을 다시 열 개의 부분으로 잘게 나눔으로써 황도 십이궁계와 십분각의 체계에 쉽게 대응시킬 수 있다. 따라서 각도 체계는 이 대응 관계에서 유래한 것으로 볼 수 있다.

■ **라디안**

호의 길이를 이용한 각의 단위로서 Muir와 Thomsom이 1873년에, 한 원에서 반지름과 길이가 갇은 호의 중심각을 실수인 1 라디안(radian)으로 정의하였다. 참고) 라디안 방법에 의하여, 각이 실수로 변환되어 삼각함수의 정의구역이 실수 전체가 되어 삼삭함수의 미적분 이론이 급속도로 발전하게 되었다.

3.2 내각과 외각

다각형의 각은 내각, 외각으로 나눈다. 아래 사각형에서 1, 3, 5, 7은 내각, 2, 4, 6, 8을 외각이라고 한다.

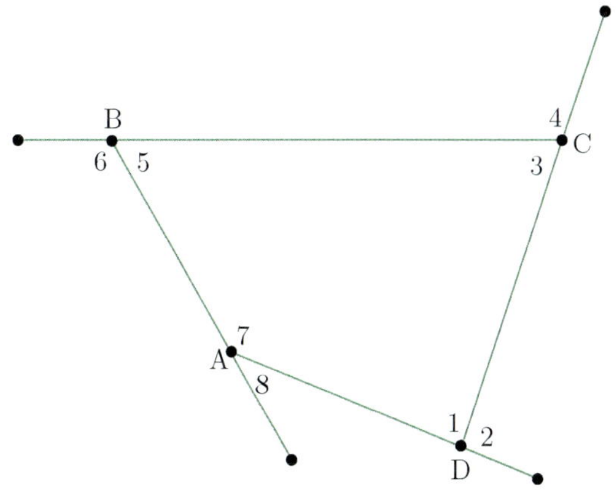

■ **다각형의 내각의 합**

삼각형, 사각형, 오각형 등의 내각을 모두 합하면 어떻게 될까?

우선 3각형의 내각의 합은 180°(1부 II장 1.2.1 참조)라는 사실을 이용하여 사각형과 오각형을 아래 그림과 같이 여러 개의 삼각형으로 나누어 다각형의 내각의 합을 구해보기로 한다. 그러면,

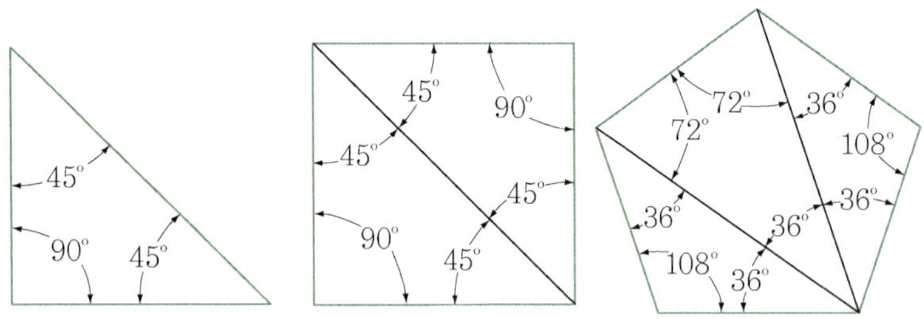

$180° \times 1 = 180°$ $\quad$ $180° \times 2 = 360°$ $\quad$ $180° \times 3 = 540°$

이라는 사실을 알 수 있다.

문제 3.2.1 7각형의 내각의 합은? 일반적으로 n 각형의 내각의 합을 구하시오.

풀이 3.2.1 참조

문제 3.2.2 정다각형의 한 내각의 크기를 차례로 구하시오.

풀이 3.2.2 참조

■ 다각형의 내각과 외각과의 관계

다각형의 내각과 외각은 다음과 같은 관계가 있음을 알아보시오.

문제 3.2.3 삼각형의 외각의 크기는 인접하지 않는 두 내각의 합과 같다.

풀이 3.2.3 참조

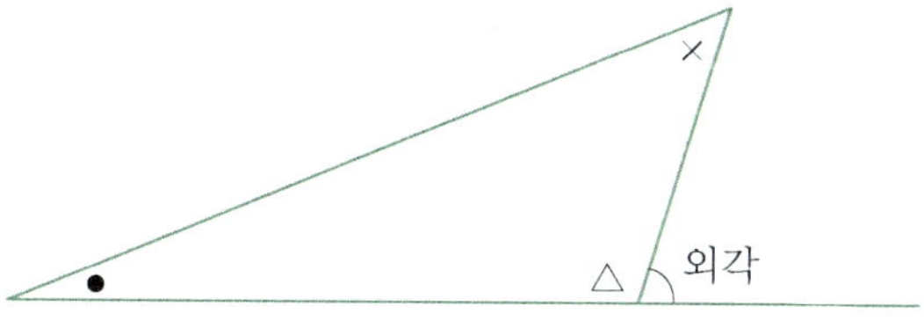

(풀이) $\circ + x + \triangle = 180°$, $\triangle +$ 외각$= 180 \circ$

$\therefore \ \circ + x =$ 외각

■ 다각형의 외각의 합

문제 3.2.4 아래 그림에서 1, 2, 3, 4 네 개의 외각의 합은 얼마일까?

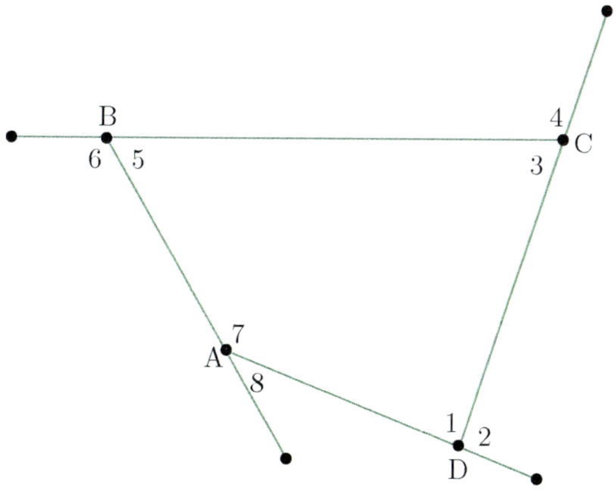

풀이 3.2.4 참조

문제 3.2.5 아래 그림을 보면서 오각형과 6각형의 외각의 합을 구하시오.

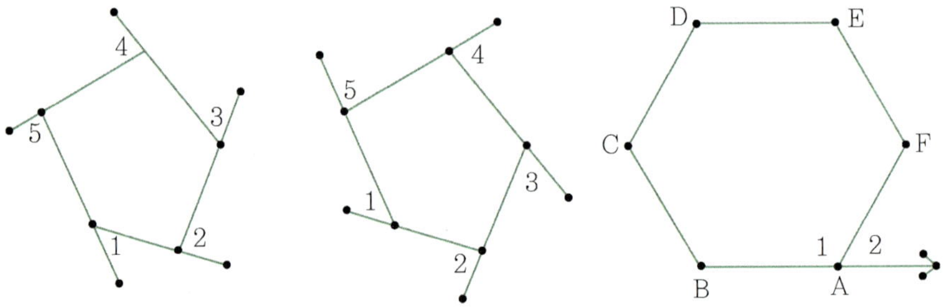

풀이 3.2.5 참조

문제 3.2.6 아래 표의 빈칸을 채우고, 알아낸 점을 이야기 하시오.

정다각형	한 외각의 크기	외각의 개수	외각의 크기의 합
정삼각형			
정사각형			
정오각형			
정육각형			
정칠각형			
정팔각형			
정 n 각형			

풀이 3.2.6 참조

4. 다각형의 대각선

다각형의 이웃하지 않는 두 꼭짓점을 이은 선분을 '다각형의 대각선'이라고 한다. 다각형의 대각선의 개수를 이용하여 여러 가지 경우의 수를 구하는 문제를 해결할 수 있다.

문제 4.1.1 다섯 명의 친구가 둥그렇게 서있다. 한 사람이 양 옆의 사람이 아닌 친구와 악수를 할 때, 몇 명의 친구와 악수를 할 수 있겠는가?

풀이 4.1.1 참조

문제 4.2.1 다섯 명이 둥그렇게 서서 다른 사람과 악수를 할 수 있는 모든 경우의 수를 구하시오.

힌트 다섯 명이 서 있는 곳이, 5각형의 꼭짓점이라고 생각해보시오.

풀이 4.1.2 참조

따라서 위와 같은 문제는 다각형의 개수를 구하는 문제와 같아진다.

문제 4.1.3 7각형의 대각선의 수는 몇 개인가?

풀이 4.1.3 참조

다음 문제에서 다각형의 대각선의 개수를 세는 일반적인 방법을 알아보시오.

문제 4.1.4 10각형의 대각선의 개수를 구하고, 일반적으로 n각형의 대각선의 개수를 구하시오.

풀이 4.1.4 참조

5. 다각형의 특징과 성질

이제는 다각형의 특징을 알아보기로 한다. 다각형은 변의 길이, 각의 크기, 삼각형으로 분할, 대칭 축 등으로 구별할 수 있다.

5.1 삼각형과 사각형

도형의 기본은 삼각형 또는 사각형이었다.

문제 5.1.1 다음 표에 있는 삼각형과 사각형의 특징을 알아보시오.

1) 삼각형

	이등변삼각형	정삼각형	직각삼각형
변의 길이	두 변의 길이가 같다.		
각의 크기	두 각의 크기가 같다.		
분할	두 개의 합동인 직각삼각형으로 분할 된다.		
대칭	대칭축이 한 개인 선대칭 도형이다.		

2) 사각형

	평행사변형	직사각형	마름모꼴	정사각형
각의 크기	맞각의 크기는 같다.			
변의 길이	맞변의 길이가 같다.			
평행인 변	평행인 변이 두쌍이다.			
한 개의 대각선에 의한 분할	두 개의 합동인 삼각형으로 분할된다.			
대각선끼리의 관계	서로 이등분한다.			
점대칭	도형의 중심에 관한 대칭인 도형이다.			
선대칭				

풀이 5.1.1 참조

이제 평행사변형의 성질에 관하여 알아보기로 하자.

5.2 평행사변형의 성질

문제 5.1.2 평행사변형의 대각선은 서로 이등분함을 설명하시오.

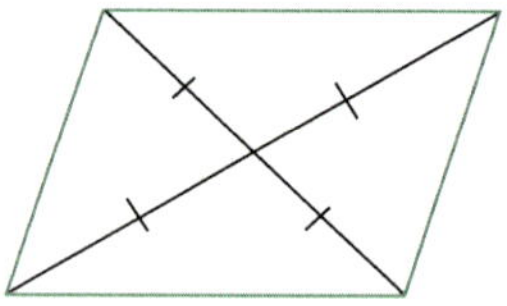

풀이 5.1.2 참조

문제 5.1.3 평행사변형의 네 변의 중점을 이으면 다시 평행사변형이 됨을 설명하시오.

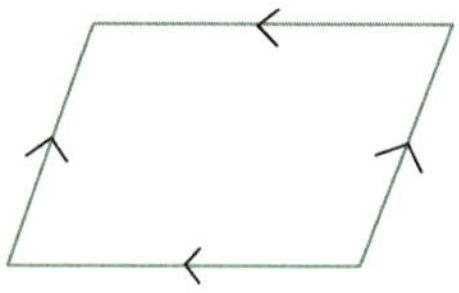

풀이 5.1.3 참조

6. 다면체

다면체란, 네 개 이상의 평면 다각형으로 둘러싸인 입체 도형을 말한다. 다각형과 마찬가지로, 다면체 역시 볼록다면체와 오목다면체가 있지만, 볼록다면체에 관하여 알아보기로 한다.

6.1 오일러의 공식

오일러(1부 II장 2.2절 참조)는 볼록다면체의 꼭짓점, 면, 모서리의 수 들 사이에 있는 다음과 같은 관계를 알아내었다.

■ **오일러공식**

볼록다면체의 면, 꼭짓점, 모서리의 수를 각각 f, v, e라 하면 $f+v-e=2$이다. 이것을 '오일러의 다면체정리'라고 한다.

[참고] 꼭짓점(vertex), 면(face), 모서리(edge)이다.

문제 6.1.1 아래의 볼록 다면체에서 오일러 공식이 맞는지를 확인해 보시오.

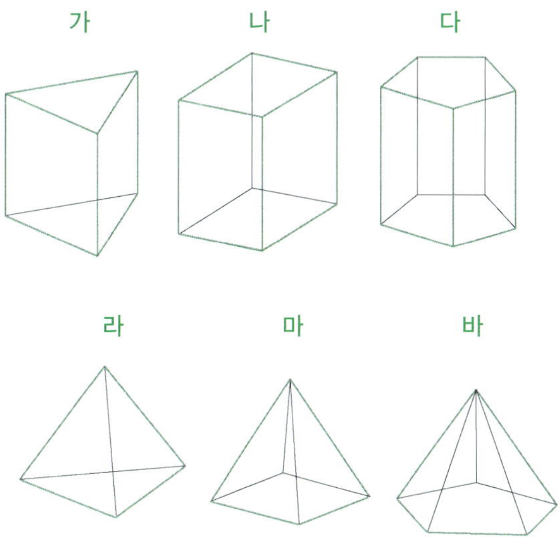

풀이 6.1.1 참조

6.2 정다면체

고대 그리스인들은 플라톤의 다면체에 대해 광범위하게 연구하였으며, 피타고라스가 오직 정4면체, 정6면체, 정12면체를 발견했으며, 정8면체와 정20면체는 플라톤과 동시대의 사람인 테아이테토스(Theaetetus)가 발견한 후에 5개의 정다면체를 수학적으로 설명하였으며, 그 외의 다른 정다면체는 없다는 사실을 최초로 증명한 사람이라고 알려져 있다. 또한 정다면체는 플라톤의 철학에서 중요한 역할을 했기 때문에 '플라톤의 다면체'라고도 부른다.

■ **정다면체는 5종류 뿐**

오일러 정리를 이용하여 다음과 같은 단계로, 정다면체는 5종류 뿐임을 알아보기로 하자.

문제 6.2.1 아래의 정사면체와 정육면체를 잘 관찰하여 질문에 답하시오.

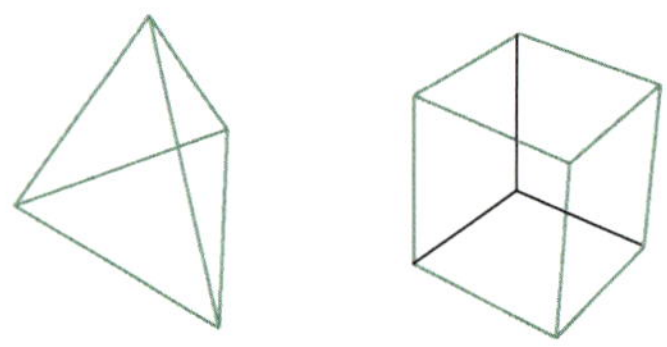

1) 정다면체를 이루고 있는 다각형, 면의 수, 모서리의 수를 알아보시오.

	다각형	면의 수	모서리의 수
정사면체			
정육면체			

2) 정다면체의 각 꼭짓점에 모여 있는 면의 수, 꼭짓점의 수, 모서리의 수를 알아보시오.

	면의 수	꼭짓점의 수	모서리의 수
정사면체			
정육면체			

풀이 6.2.1 참조

문제 6.2.2 정다면체의 면, 꼭짓점, 모서리의 수를 각각 f, v, e이라 하고 각 면이 정 m각형이고, 또 각 꼭짓점에 모이는 면의 수를 n이라고 할 때, 다음 관계를 알아보시오.

1) m, f, e 의 관계

2) n, v, e 의 관계

힌트 문제 3.2.1에서 알아본 내용과 정8면체, 정 12면체, 정20면체를 관찰해보시오.

풀이 6.2.2 참조

또한 정다각형의 변의 개수는 3개 이상이고, 정다면체의 한 꼭짓점에 모일 수 있는 정다각형의 개수 역시 3개 이상이다. 즉, $m \geq 3,\ n \geq 3$ 이다.

이러한 정다면체의 특징과 오일러 정리를 이용하여 다음과 같은 관계식을 얻을 수 있다.

• 다면체에서의 관계식

1) $3 \leq m < 6$이고, $3 \leq n < 6$.

2) $m = 3$이면 $3 \leq n < 6$.

3) $m = 4$이면 $3 \leq n < 4$.

4) $m = 5$이면 $3 \leq n < \frac{3}{10}$.

5) $e = \dfrac{2 \times m \times n}{2 \times (m+n) - m \times n}$.

문제 6.2.3 정다면체의 관계식을 이용하여 다음 표를 완성하시오.

m	n	e	v	f	다면체
3	3				정사면체
3	4				정팔면체
3	5				정이십면체
4	3				정육면체
5	3				정십이면체

풀이 6.2.3 참조

따라서 볼록 다면체에서 정다면체는 아래와 같이 정사면체, 정육면체, 정팔면체, 정십이면체, 정이십면체의 5종류뿐인 것을 알 수 있다.

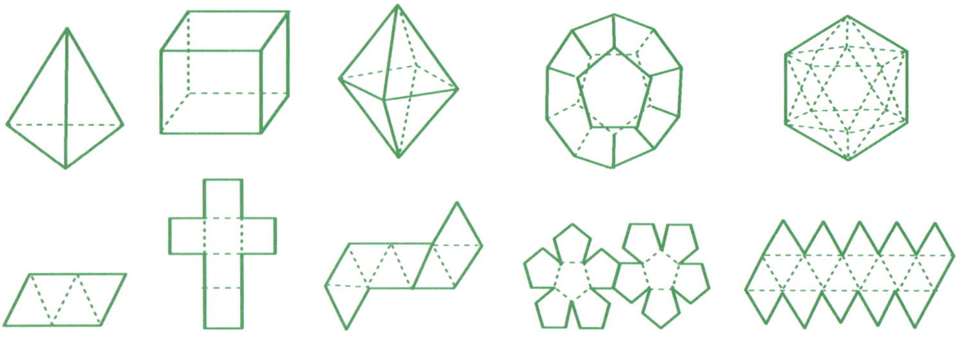

- 디즈니월드의 엡콧(Epcot)센터

  미국 플로리다 주의 엡콧(Epcot)센터(디즈니 월드안의 미래도시)는 세계에서 가장 큰 측지선 돔 중 하나가 있는 곳이다. 돔의 지름은 약 50m이고 표면은 육각형과 오각형으로 둘러싸여 있다.

  이와 비슷하게, 생물의 예로 방사충(단세포 플랑크톤의 유기체)의 미세한 구조 또한 오각형과 육각형으로 둘러싸여 있다. 이 모양을 보면 다음의 질문이 생긴다.

- 다면체의 모든 면이 육각형이 될 수 있는가?

문제 6.2.4 모든 면이 정육각형인 다면체는 있는가?

힌트 $m = 6$일 때에도 정다면체의 공식이 성립하는가?

풀이 6.2.4 참조

6.3 정육면체의 비밀

지금까지 정다면체에 대해서 알아보았다. 이제, 주사위와 같이 주위에서 가장 흔히 마주치는 정육면체에 숨은 비밀을 알아보기로 한다.

1) 그림과 같은 정육면체 모양의 두부의 표면에 딸기 잼을 바른 후에 가로, 세로, 높이를 모두 3등분하였다.

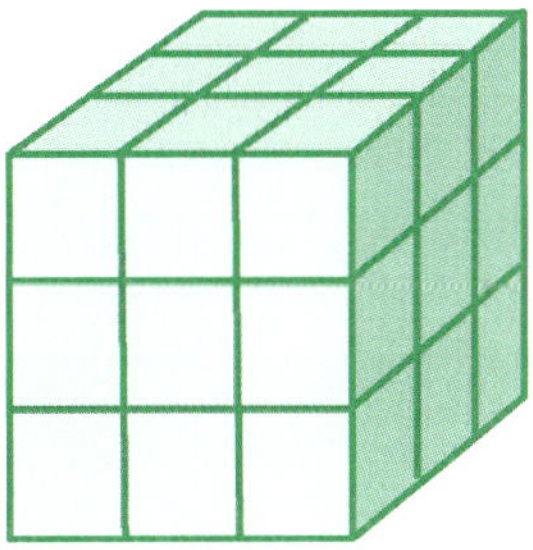

문제 6.3.1 1) 잘라진 작은 조각(작은 정육면체)은 모두 몇 개인가?

2) 작은 조각들 중에, 딸기 잼이 묻은 면의 개수는 몇 종류인가?

3) 종류별로 모은 작은 조각은 몇 개씩이고, 그것은 무엇과 같은가?

풀이 6.3.1 참조

문제 6.3.2 위의 그림에서 가로, 세로, 높이를 모두 4등분, 5등분, 6등분, … 했을 때, 다음을 알아보시오.

1) 잘라진 작은 조각(작은 정육면체)은 모두 몇 개인가?
2) 작은 조각들 중에, 딸기 잼이 묻은 면의 개수는 몇 종류인가?
3) 딸기 잼이 묻은 면의 개수가 같은 조각의 개수를 각각 알아보시오.
4) 4등분, 5등분, 6등분, … 했을 때, 딸기 잼이 묻은 면의 개수에 따라서 규칙성을 찾아보시오.

풀이 6.3.2 참조

7. 각뿔의 부피

고대 이집트인들이 파라오 왕의 무덤인 피라밋을 건축하면서 피라밋의 높이, 겉넓이, 부피 등을 계산하기 시작하였다. 피라밋의 밑면은 정사각형이지만, 밑면이 정사각형이 아닌 모든 다각뿔에까지 확장되어 다각뿔이라는 입체를 연구하게 되었다.

7.1 정 다각뿔의 부피

밑면이 정다각형인 뿔을 정다각뿔이라고 한다. 따라서 피라밋은 정사각뿔이다.

[참고] 정사각뿔을 피라밋이라고 부르기도 한다.

■ 정사각뿔의 부피

피라밋의 부피를 구하여는 시도가 고대이집트인들에서부터 시작되었다. 그들은 나일강의 부드러운 흙으로 똑같은 피라밋 세 개를 만든 다음, 그 세 개를 다시 붙여서 정사각기둥을 만들어가면서 피라밋의 부피는 정사각기둥 부피의 $\frac{1}{3}$이라는 사실을 알고 있었다고 한다.

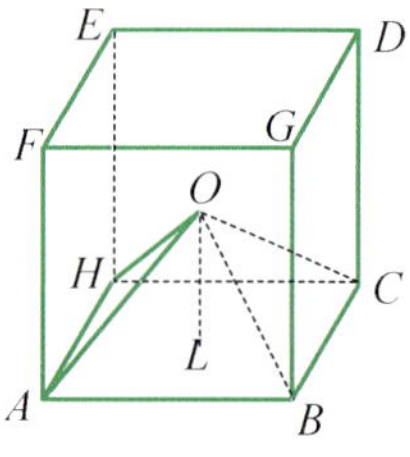

그 후, 수학자들은 피라밋의 부피를 구하기 위해서 다음과 같은 직

관적인 방법을 사용하였다. 즉, 아래 그림의 정육면체의 4개의 대각선을 그으면 한 점에서 만나게 되고, 그 점을 꼭짓점으로 하는 정사각뿔의 부피를 생각했던 것이다.

이제 정사각뿔의 부피가 정육면체의 $\frac{1}{3}$ 이라는 사실을 차례차례 알아보기로 한다.

문제 7.1.1 위 그림의 정육면체 ABCHGDEF의 4개의 대각선 AD, BE, CF, HG는 한 점 O에서 만난다는 것을 설명하시오.

풀이 7.1.1 참조

문제 7.1.2 교점 O는 정육면체의 정 중앙의 점이라는 것을 설명하시오.

풀이 7.1.2 참조

문제 7.1.3 정육면체의 밑바닥에 만들어진 사각뿔 OABCH는 정사각뿔이라는 것을 설명하시오.

풀이 7.1.3 참조

문제 7.1.4 정사각뿔 OABCH의 부피는 정육면체 ABCHGDEF 부피의 $\frac{1}{6}$이라는 것을 설명하시오.

풀이 7.1.4 참조

지금까지의 내용을 종합하여 다음 사실을 설명하시오.

문제 7.1.5 정사각뿔의 부피는 직육면체 부피의 $\frac{1}{3}$이다.

풀이 7.1.5 참조

7.2 각뿔의 부피

지금까지는 정사각뿔 즉, 피라밋의 부피가 직육면체 부피의 $\frac{1}{3}$이라는 사실을 알아보았다. 이 사실을 일반화하여, 모든 각뿔의 부피는 밑면이 같은 각기둥 부피의 $\frac{1}{3}$이라는 사실을 알아보기로 한다.

문제 7.2.1 두 각기둥의 높이가 같으면 부피의 비는 밑넓이의 비와 같다는 것을 설명하시오.

풀이 7.2.1 참조

따라서 다음 사실을 알 수 있다.

■ **두 각기둥의 부피**

밑넓이와 높이가 모두 같은 두 각기둥의 부피는 같다.
두 각기둥의 부피 관계를 이용하면 우리가 궁금했던 다음의 사실을 알 수 있다.

문제 7.2.2 각뿔의 부피는 각기둥 부피의 $\frac{1}{3}$이다.

풀이 7.2.2 참조

문제 7.2.3 아래 피라밋의 부피를 구하시오.

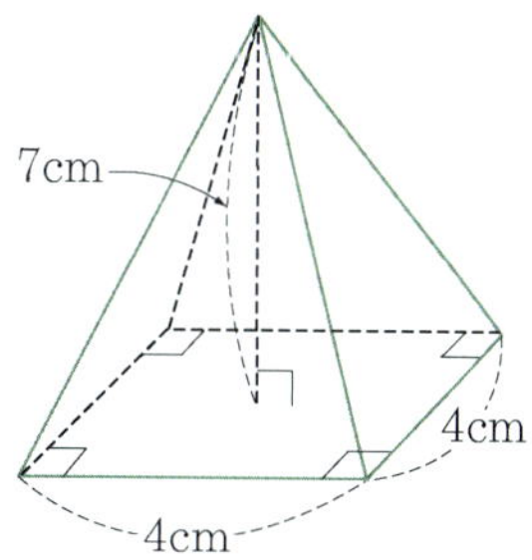

풀이 7.2.3 참조

[참고] 고대 이집트인들이 각뿔과 각뿔대의 부피를 구하였던 멋있고 우아한 방법은 후에 융합·응용 영역을 배울 때에 자세하게 알아보기로 한다.

주제 2 원, 원기둥, 원뿔

고대인들은 하늘에 있는 별들이 둥그렇게 움직이는 형상을 보면서 원의 관념이 생기기 시작하였으며, 우주의 모든 것은 신이 정확하게 기하학적으로 만들었다고 생각해서 '신은 기하학자'라고 표현하였다. 특히 아래 그림에서 신의 손에 컴퍼스가 들려있음을 주목하자. 유클리드 원론에 원의 성질에 관한 많은 내용이 정리되어 있으며, 원의 성질을 연구하는 과정에서 삼각비를 생각해 내었고 삼각비의 성질에 대한 많은 연구가 이루어졌다. 이 장에서는 원, 원기둥, 원뿔의 특징과 측정방법에 관하여 알아보기로 한다.

〈신은 기하학자이다〉

1. 원

고대의 수학자 또는 철학자에게 원은 1이라는 수를 상징했다. 그들은 원이 그 다음에 나오는 모든 모양의 원천, 즉 모든 기하학적 패턴의 발달해 나오는 모태라고 믿었다. 원으로 표현되는 원리를 그리스어로 '모나드(Monad)'라고 하는데, 그 어원은 안전하다는 뜻인 'menein'과 단일성이란 뜻의 'monas'이다. 원의 중점은 이집트와 중국과 마야문명에서는 빛을 상징했다. 원은 자연과 인간의 창조물이 만들어 낼 수 있는 가장 실용적이고 효율적인 기하학적 공간이며, 최소의 길이로 최대의 공간을 가둘 수 있는 가장 효율적인 도형이다. 또한 중세의 수학자들은 컴퍼스를 하느님의 눈을 나타내는 추상적인 상징으로 생각했으며, 컴퍼스는 중점에서 시작하여 원이라 부르는 초월적인 구멍을 만든다고 생각했던 점으로 미루어 보면, 원과 컴퍼스는 뗄 수 없는 관계가 있다.

1.1 원의 구성요소

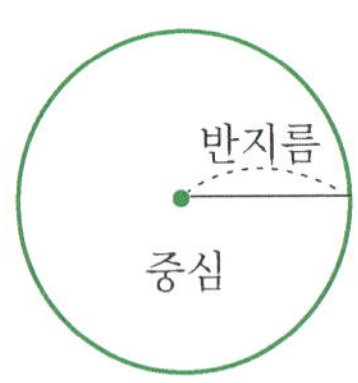

위에서 알아본바와 같이 원에 관한 내용은 컴퍼스와 밀접한 관계가 있다 따라서 원의 모든 구성 요소는 컴퍼스와 관련지어 설명되어야 한다.

원은 컴퍼스의 움직이는 다리가 고정된 다리의 둘레로 도는 동안 그려지는 자국이다. 고정된 다리의 위치를 원의 중심, 원의 둘레의 길이를 원주라고 한다.

또한 중심에서 원주까지의 거리를 원의 반지름 이라고 한다.

1.2 원주각, 중심각

원 둘레 위의 두 점 사이의 원의 일부분을 호라고 하며, 원 둘레 위의 두 점을 이은 선분을 현이라 한다. 또한 아래 그림에서 중심과 원 둘레 위의 두 점으로 이루어진 각을 중심각이라고 부르며, 원둘레 위의 점을 이은 현만으로 이루어진 각을 원주각이라고 부른다. 아래 그림은 호 AB의 원주각과 중심각을 나타내고 있다.

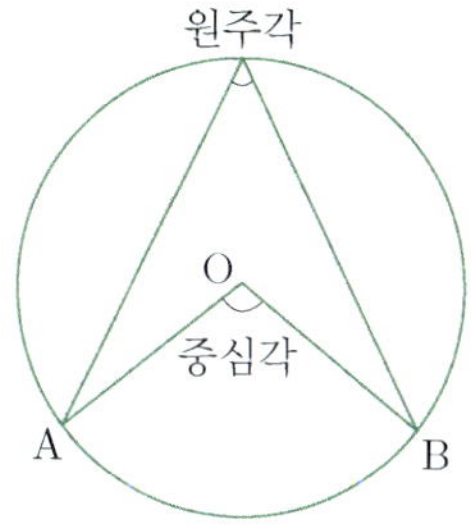

문제 1.2.1 아래 그림에서 각도기로 x를 재어서 구하고, x와 $50°$와의 관계를 알아보시오.

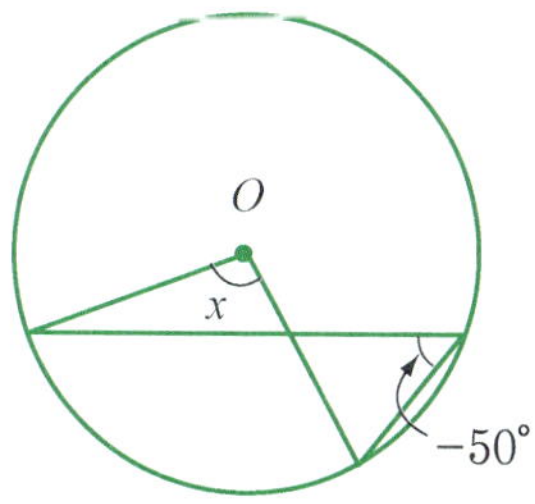

풀이 1.2.1 참조

그러면 일반적으로 다음 사실을 알아보시오.

문제 1.2.2 원주각은 중심각의 $\frac{1}{2}$ 이다.

풀이 1.2.2 참조

문제 1.2.3 다음 그림에서 $\angle x$의 크기를 구하시오.

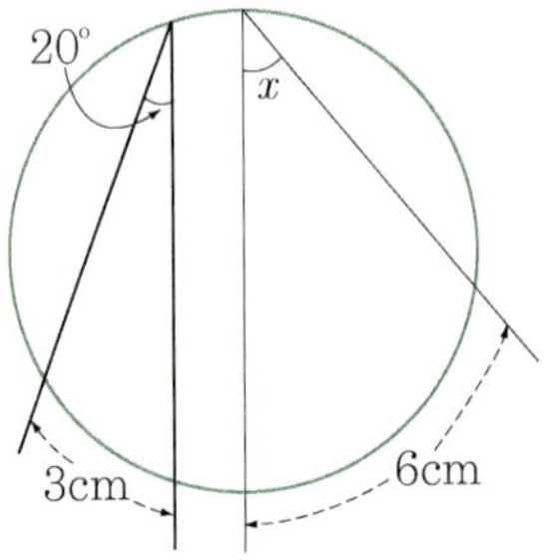

풀이 1.2.3 참조

문제 1.2.4 다음 그림에서 원주의 길이를 구하시오.

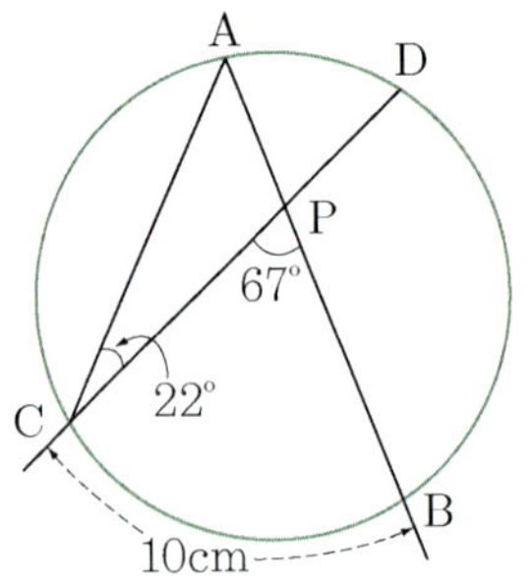

풀이 1.2.4 참조

문제 1.2.5 다음 그림에서 호CD는 호 BC의 2배일 때, ∠BDC와 ∠DBC의 크기를 구하시오.

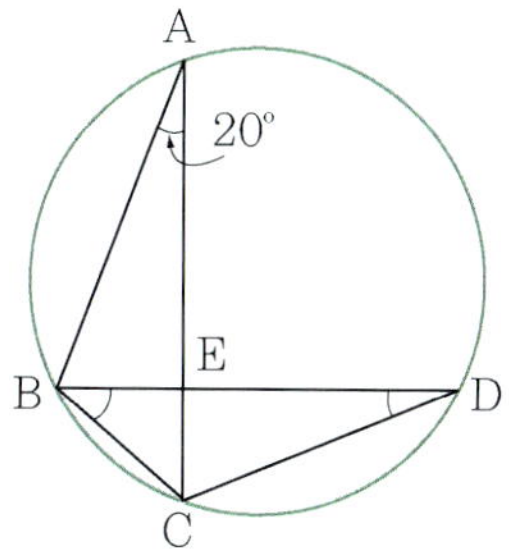

풀이 1.2.5 참조

문제 1.2.6 다음 그림에서 ∠PDB = ∠PBD, 호 AC = 4cm 일 때, 호 AD의 길이를 구하시오.

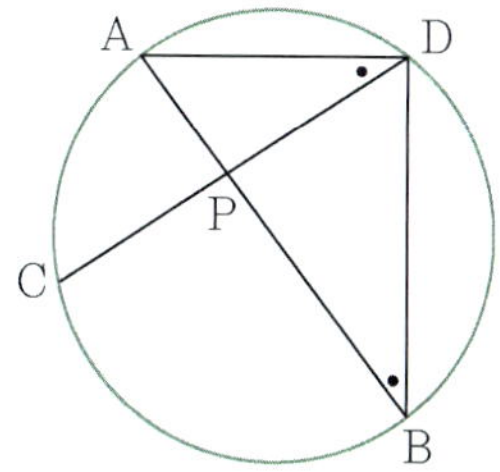

풀이 1.2.6 참조

1.3 원과 직선

책상 위에서 동전 한 개와 연필 한 개를 맞대어 보시오.

- 동전과 연필이 맞닿는 곳을 살펴보고 몇 곳에 맞닿는지 알아보시오.

  (답) 1곳

  책상위에서 크기가 다른 동전 두개를 맞대어 보시오.

- 동전 두개가 서로 맞닿는 곳을 살펴보고 몇 곳에서 맞닿는지 알아보시오.

  (답) 1곳

■ **접선**

① 위와 같이 동전과 연필끼리 닿는 동전끼리 한곳(한점)에서 맞닿는 것을 서로 접한다 라고 하고 맞닿는 점을 접점(뽀뽀점,kissing point)이라고 한다.

② 동전과 연필이 접하고 있을 때 연필을 동전의 접선이라고 한다.

문제 1.3.1 원 밖의 한 점 P에서 원의 접선을 몇 개 그을 수 있는지 알아보시오.

풀이 1.3.1 참조

■ **공통 접선**

아래 그림과 같이, 두 원에 모두 접선이 되는 선분을 공통 접선이라고 한다.

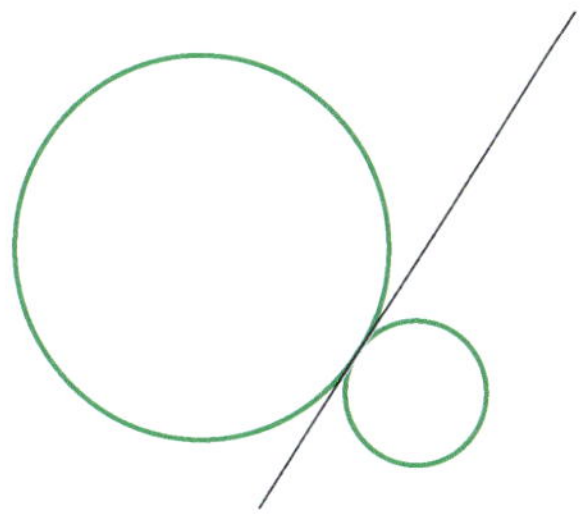

컴퍼스를 이용하여 두 원을 그릴 때, 두 원이 놓여있는 위치에 따라 공통 접선의 수가 달라진다. 다음 질문에 답하시오.

문제 1.3.2 두 원의 위치관계는 다음과 같다. 각각의 경우에 그을 수 있는 공통 접선의 수를 알아보시오.

1) 두 원이 떨어져 있는 경우

2) 두 원이 바깥으로 접해 있는 경우

3) 두 원이 안으로 접해있는 경우

풀이 1.3.2 참조

1.4 원주율

원의 지름과 원의 둘레의 길이에 대한 비는 모든 원에 대해서 같다. 3보다 약간 큰 이 비율을 원주율이라고 부르며, 기호는 그리스 문자 pi의 소문자인 π로 나타낸다.

■ **π(원주율)의 역사**

원주율이 최초로 필요했던 사람들은 고대 바빌로니아인들이었다. 그들은 점토판 위에서 원이나 구 등의 넓이, 부피를 계산하면서 원주율을 3으로 정하였다. 그 후 그리스 수학자 안티폰은 처음으로 원의 안쪽으로 그린 다각형과 바깥쪽으로 그린 다각형의 넓이를 통해 원주율의 범위를 구하였으며, B.C. 3세기에 아르키메데스는 원에 내접한 육각형을 이용하여 원주율이 약 3이라는 것을 보였고, 계속해서 내접 정 12각형, 정 24각형, ⋯, 정 96각형까지 계산하여 아르키메데스는 $3\frac{10}{71} < \pi < 3\frac{10}{70}$ 임을 밝혔다. 아르키메데스와 같은 방법으로 네덜란드의 수학자 Van Ceulen(1610)는 π를 소수 20번째 자리 수까지 계산하기 위해 정 32, 212, 254, 720각형을 사용하였고, 1761년에 John Lambert는 π가 무리수이며 따라서 π를 분수나 또는 유한소수 또는 순환 소수로 정확하게 나타내는 것은 불가능하다고 말했다. 1세기 후에 영국의 수학자 John Machin은 계산기를 이용하여 $\pi = 3.1415926\cdots$를 100자리 수까지 계산하였다. 1949년에는 최초의 컴퓨터인 ENIAC을 이용하여 70시간에 걸쳐 π를 소수 2037번째 자리까지 계산하였고, 슈퍼컴퓨터를 사용하여 2002년에 도쿄 대학의 컴퓨터 센터의 Yasumasa Kanada는 1초에 2조 번의 계산 능력을 가진 슈퍼컴퓨터로 약 400시간에 걸쳐서 π를 1.2411 조자리까지 계산하였다. 현대에는 컴퓨터의 성능을 실험하기 위하여π의 정확한 값을 얼마나 빠르게 계산하는지 알아보기도 한다. 원주율을 최초로 π로 표기한 사람은 오일러이며, 그가 계산으로 알아낸 등식 $\frac{\pi}{4} = 1 - \frac{1}{3} + \frac{1}{5} - \frac{1}{7} + \cdots$ 을 이용하면, 분수계산만으로도 원하는 만큼 정확하게 π값을 구할 수 있다. $\pi = 3.1415926\cdots$이지만, 필요한 계산의 정확도에 따라, 어림값으로 $3\frac{1}{7}$ 또는 3.14 등을 사용한다.

〈베를린 공대 수학과 건물의 입구에 있는 모자이크〉

■ 원주

원의 지름에 대한 원의 둘레 C의 비율이 π이므로, $\frac{C}{d} = \pi$ 그리고 $C = \pi \times d$이다.

지름 d는 원의 반지름 r의 2배이기 때문에 $C = 2 \times \pi \times r$이다.

1.5 원의 넓이

원의 넓이를 처음으로 구하기 시작한 사람들은 메소포타미아인이었다. 그들은 삼각형, 사각형, 오각형, 육각형의 넓이와 둘레 길이의 비를 구한 다음, 변의 개수를 점점 더 늘여 가면서 넓이의 근삿값을 구하였다. 그 후 고대 그리스의 수학자 히포크라테스는 원의 넓이를 구하기 위하여 노력하였는데 초승달의 넓이를 정사각형으로 만드는 데는 성공하였지만 원의 넓이를 구하는 데는 실패하였다. 고대에 원의 넓이를 논리적으로 근접하게 구한 아르키메데스는 구의 부피와 겉넓이를 구하였고, 구의 겉넓이는 구를 둘러싼 원기둥의 옆넓이와 같다는 사실을 발견하였다.

■ **아르키메데스의 방법**

학교에서 배우는 원의 넓이 공식은 케플러의 방법을 이용한 것이다. 위에서 말한바와 같이 아르키메데스는 원에 내접하는 정다각형의 넓이를 모두 계산해가면서 다음과 같은 아이디어로, 원의 넓이를 추측하였다.

① 원에 내접하는 정다각형은 변의 수가 많아질수록 점점 원에 가까워짐을 알 수 있다.
② 그런데 내접 정다각형의 면적은 변 BC와 변심거리 AH의 반을 곱한 것을 다각형의 변의 개수와 곱한 것과 같다.
③ 이때 다각형의 변의 개수를 무한까지 확장하면 그 넓이, 둘레, 변심거리는 각각 원의 면적, 원주, 반지름과 같아진다.
④ 따라서 원의 면적은 원주×반지름의 반이다.
이 사실을 다음과 같이 요약할 수 있다.
⑤ 원의 면적은 반지름을 높이로 하고 원주의 길이를 밑변으로 하는 삼각형의 면적과 같다.

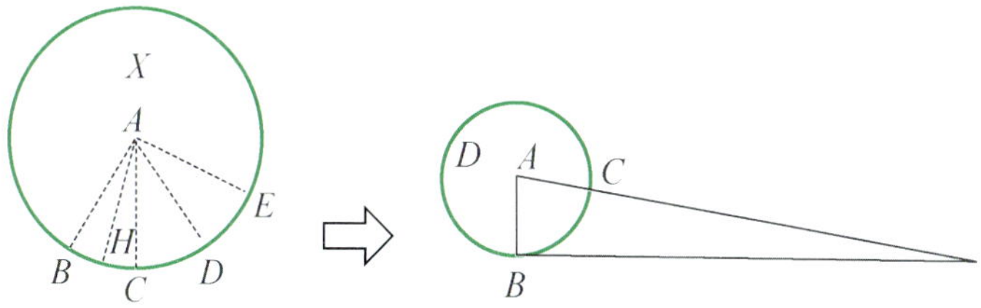

[주의] 위의 직각삼각형의 밑변인 원주는 자를 이용하여 정확하게 그릴 수가 없다. 따라서 우리는 동전을 굴리듯이, 원을 한 바퀴 돌린 자국으로 생각하면 된다.

문제 1.5.1 아르키메데스의 아이디어를 식으로 나타내보시오.

풀이 1.5.1 참조

아르키메데스의 아이디어를 좀 더 쉽게 표현하면 다음 그림과 같다.

■ **원에 내접하는 도형의 극한 값으로서의 원의 넓이**

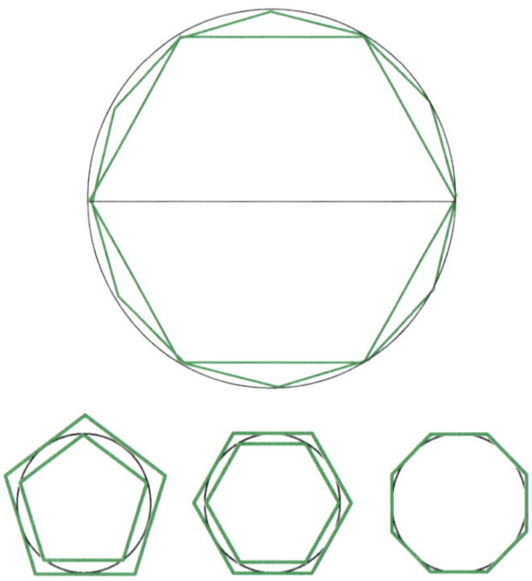

■ **원의 넓이=직각삼각형의 넓이**

원을 한없이 잘게 잘라 붙이면, 원의 넓이는 직각삼각형의 넓이와 같아진다. 또한, 밑변과 높이가 같은 삼각형의 넓이는 모두 같기 때문에, 아래 그림과 같이 원의 넓이는 직각삼각형의 넓이와 같음을 알 수 있다.

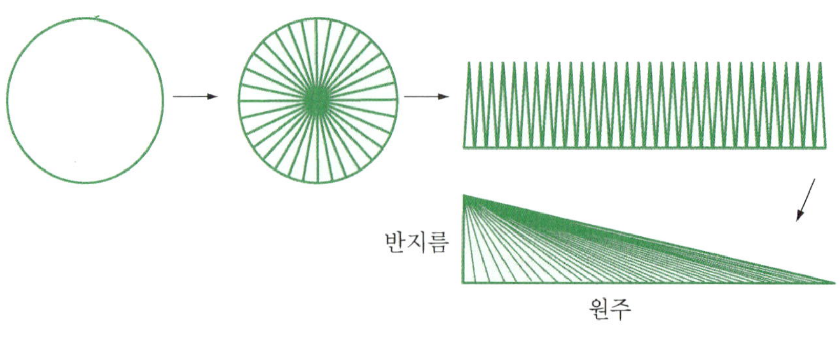

2. 부채꼴

원의 내부를 여러 가지 방법으로 나눌 수 있다. 이 절에서는 우리 생활 주변에서 많이 볼 수 있는 원의 일부분과 같은 도형에 관해서 알아보기로 한다.

2.1 부채꼴

아래 그림의 색칠한 부분과 같이, 두 개의 반지름과 반지름사이의 호로 이루어진 도형이 부채모양과 같다고 해서 부채꼴이라고 부른다.

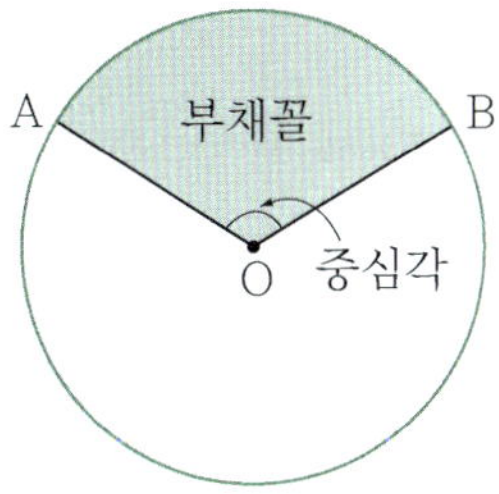

2.2 부채꼴의 호의 길이와 넓이

부채꼴은 원의 일부분이기 때문에, 다음과 같은 특징이 있다.

- 같은 크기의 중심각에 대한 호의 길이는 같고, 같은 길이의 호에 대한 중심각의 크기 는 같다.
- 부채꼴의 호의 길이와 넓이는 각각 중심각의 크기에 정비례한다.

문제 2.2.1 부채꼴의 호의 길이, 넓이 공식을 만들어보시오.

풀이 2.2.1 참조

문제 2.2.2 다음의 문제를 풀어보시오.

1) 아래 그림과 같이 부채꼴 AOB의 중심각의 크기를 2배, 3배로 하여 부채꼴 BOC, COD를 각각 만들 때, 다음 물음에 답하여라.

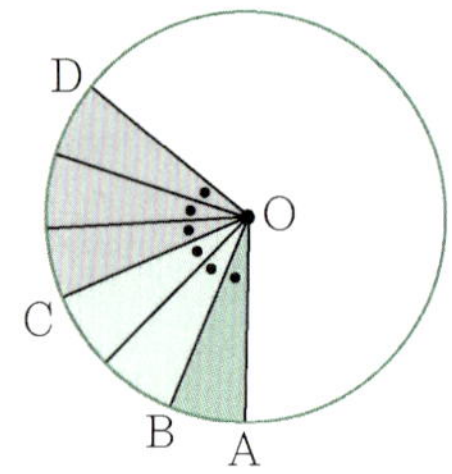

① 호 BC와 호 CD의 길이는 각각 호 AB 길이의 몇 배 인가?

② 부채꼴 BOC와 부채꼴 COD의 넓이는 각각 부채꼴 AOB의 넓이의 몇 배인가?

2) 다음 그림에서 x의 값을 구하시오.

①

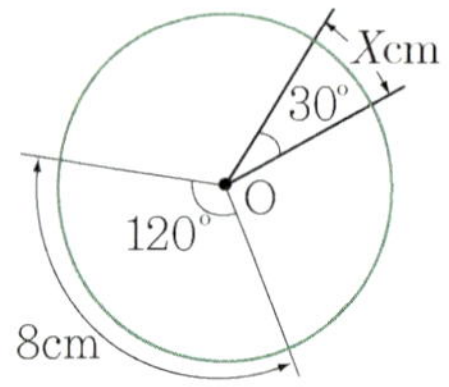

②

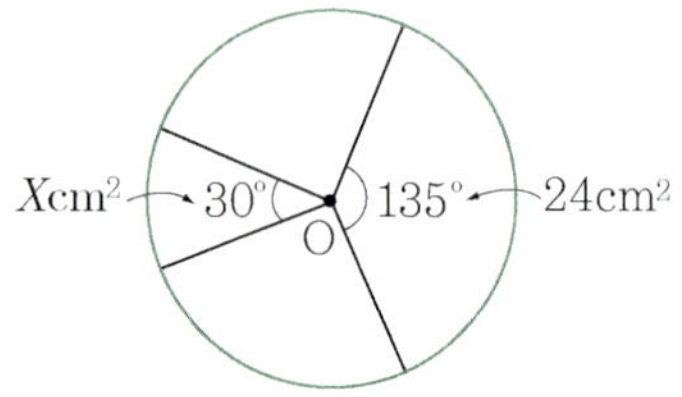

3) 오른쪽 원 O에서 선분 AB는 지름이고, $\angle AOC = 30°$, 호 AC $= 5$cm 일 때, 호 BC의 길이를 구하시오.

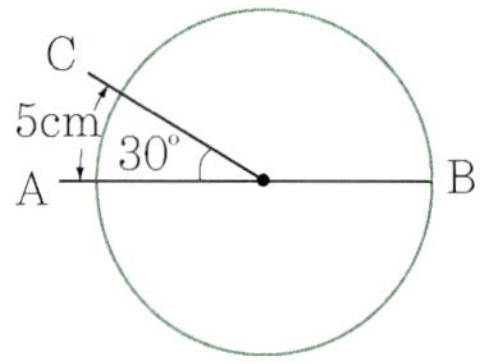

풀이 2.2.2 참조

문제 2.2.3 다음의 문제를 풀어보시오.

1) 아래 그림과 같이 반지름이 50 m인 원형 스케이트장의 둘레에 폭이 5 m인 통로가 있다. 이 통로의 넓이를 소수 첫째 자리까지 구하여라. (단, 원주율은 3.14로 한다.)

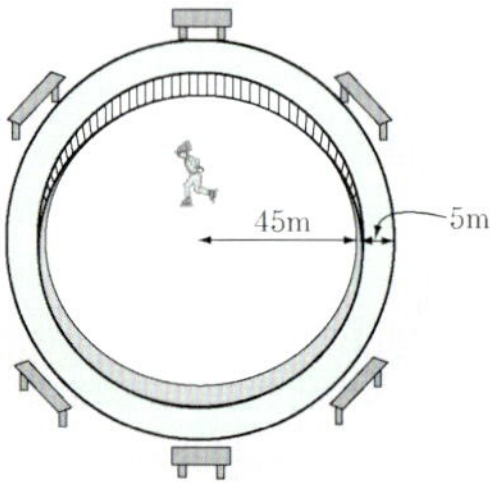

2) 반지름의 길이가 10 cm, 호의 길이가 $15 \times \pi$ cm인 부채꼴의 넓이를 구하여라.

풀이 2.2.3 참조

3. 원기둥, 원뿔

각기둥은 다각형으로만 이루어진 입체이었다. 이제는 아래위의 밑면이 원으로 만들어진 기둥에 대해서 알아보기로 한다. 아래에서 알아보는 것과 같이 원기둥과 원뿔의 성질은 각기둥과 각뿔과 비슷하다.

[주의] 중세까지도 원을 무한하게 많은 변으로 이루어진 다각형이라고 생각해 왔기 때문에, 원기둥 역시 밑면이 무한하게 많은 변을 가진 다각기둥으로 생각하기 쉽다. 그러나 이 생각은 옳지 않다. 왜냐하면, 곡선과 직선은 성질이 다르기 때문이다.

3.1 원기둥

평행으로 마주하는 원을 두 밑면으로 하고 측(옆)면도가 직사각형인 기둥을 원기둥이라고 한다.

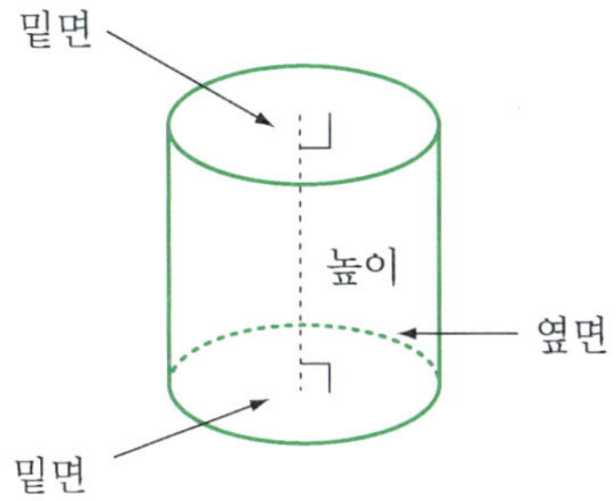

■ **원기둥의 부피**

원기둥도 기둥이므로, 원기둥의 부피는 밑넓이와 높이의 곱이다.

즉, 밑면의 반지름이 r, 높이가 h인 원기둥의 부피는 다음과 같다.

$$\text{원기둥의 부피} = (\pi \times r \times r) \times h.$$

그런데 1.5절에서 아르키메데스의 아이디어에 따라서 원의 넓이는 직각삼각형의 넓이와 같아지는 것을 알았다. 그 아이디어를 따라서 원기둥의 부피를 구하는 방법을 생각해보기로 한다.

문제 3.1.1 아르키메데스의 아이디어를 이용하여 원기둥을, 부피가 같은 각기둥으로 바꿔보시오.

힌트 아르키메데스는 원을 넓이가 같은 직각삼각형으로 바꾸었다.

풀이 3.1.1 참조

■ 원기둥의 겉넓이

원기둥은 아래 그림과 같이, 합동인 원 두 개와 직사각형 한 개로 둘러싸인 도형이다. 그런데 원기둥의 옆면인 직사각형의 가로는 원주와 같고, 세로는 원기둥의 높이와 같다.

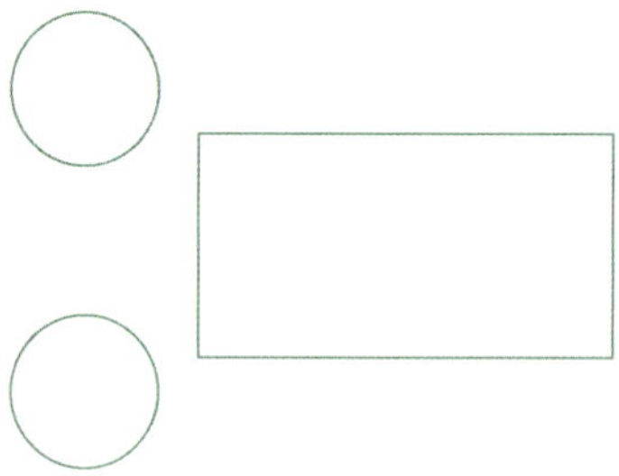

따라서 원의 반지름이 r, 높이가 h인 원기둥의 겉넓이는 원 두 개의 넓이 $2\times(\pi\times r\times r)$와 직사각형의 넓이 $2\times\pi\times r\times h$을 더한 것과 같다.

- 원기둥의 겉넓이$=2\times\pi\times r\times r+2\times\pi\times r\times h=(2\times\pi\times r)\times(r+h)$.

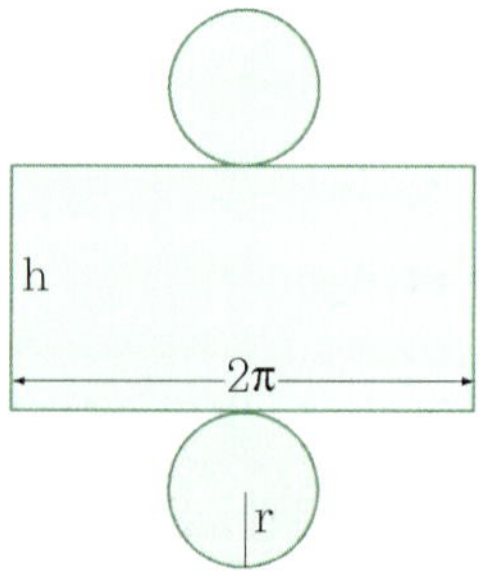

문제 3.1.2 원기둥의 겉넓이 공식$(2\times\pi\times r)\times(r+h)$ 을 도형으로 나타내고, 설명해보시오.

힌트 두 수의 곱=직사각형의 넓이

풀이 3.1.2 참조

문제 3.1.3 다음 도형의 겉넓이를 구하시오.(단, $\pi=3$)

1)

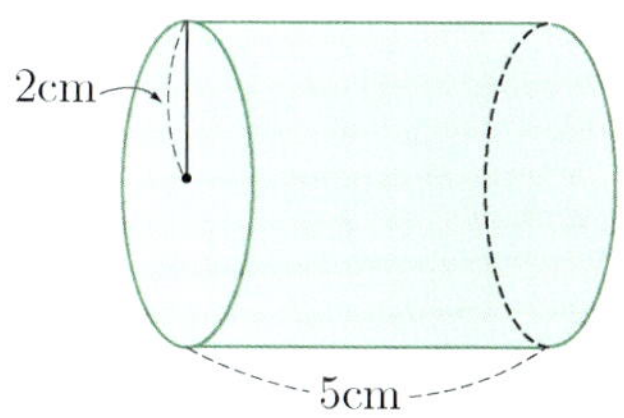

2)

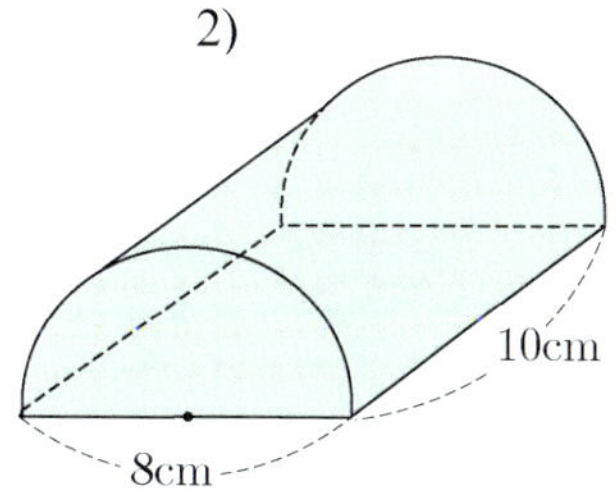

1) $3\times4\times5=60(\text{cm}^2)$

2) $8\times10+3\times4\times10+3\times16=248(\text{cm}^2)$

풀이 3.1.3 참조

3.2 원뿔

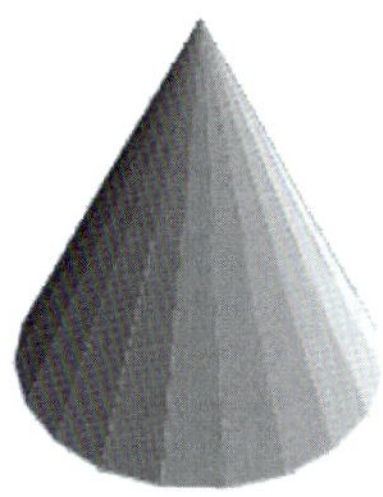

원뿔은 원 밖의 한 점에서 원의 모든 점을 이어서 만든 입체도형이다. 즉, 오른쪽 그림과 같이 밑면이 원으로 된 뿔을 원뿔(cone)이라고 하면, 꼭짓점에서 밑면인 원에 수직으로 이은 선을 모선이라고 한다.

[참고] 우리들이 좋아하는 아이스크림을 담는 용기가 원뿔 모양이기 때문에, 오른쪽과 같은 것을 '○○콘'이라고 부른다.

■ **원뿔의 부피**

고대인들은 원뿔의 부피를 다음과 같이 구하였다고 한다.

① 아래 그림과 같이 원통에 꼭 맞는 깔때기(원뿔)를 만들어 놓는다.

② 먼저, 원통에 모래를 가득 채운 다음, 그 모래의 무게를 잰다.

③ 원통의 모래를 버린다.

④ 원통에 깔때기(원뿔)를 넣은 다음, 다시 원통에 모래를 가득 붓는다.

⑤ 원통과 깔때기 사이에 채워진 모래의 무게를 잰다.

⑥ ②번의 무게 : ⑤번의 무게 = 3 : 2임을 확인한다.

⑦ 원통 만큼의 모래가 원뿔 만큼의 모래의 3배이므로, 원뿔의 부피는 원통(원기둥) 부피의 $\frac{1}{3}$이다.

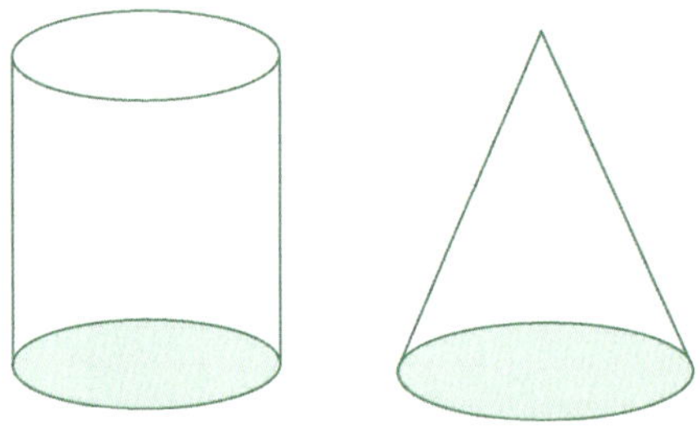

우리는 위의 사실을 논리적으로 알아보기로 한다.

문제 3.2.1 ‘ 원뿔$=\frac{1}{3}\times$원기둥’을 도형으로 설명해보시오.

힌트 각기둥과 각뿔과의 관계를 이용하시오.

풀이 3.2.1 참조

■ **원뿔의 겉넓이**

원뿔의 전개도는, 다음과 같이 밑면인 원과 옆면을 펼친 부채꼴로 이루어진다.

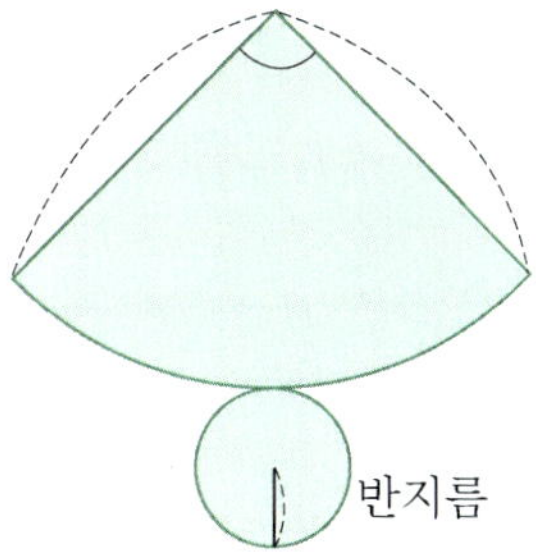

문제 3.2.2 원뿔의 겉넓이 공식을 만들어보시오.

힌트 부채꼴의 호를 계산하여, 부채꼴의 넓이 공식을 이용하시오.

(단, 밑면인 원의 반지름을 r, 부채꼴의 중심각을 $A°$, 모선의 길이를 l로 계산하시오.)

풀이 3.2.2 참조

문제 3.2.3 밑면의 반지름이 5 cm, 모선의 길이가 10cm 인 원뿔의 겉넓이를 구하시오.

(단, 원주율은 3으로 계산하시오.)

풀이 3.2.3 참조

3.3 원뿔대

고대 이집트인들이 피라밋을 건축하는 도중에 피라밋의 모습을 멀리 산위에서 내려다보았더니 다음과 같은 모양이었다.

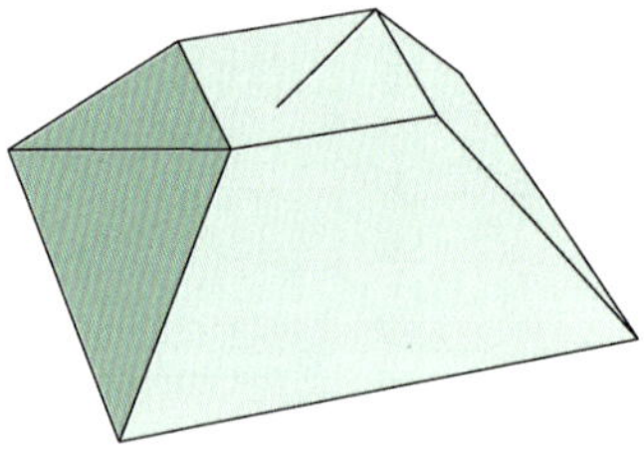

그 후, 사람들은 이 모양을 각뿔대라고 부르게 되었다.
이와 비슷하게 원뿔모양을 바닥에서부터 쌓다 보면 다음과 같은 입체가 만들어진다.

■ **원뿔대**

원뿔이 밑면에 평행인 평면으로 잘려진, 밑면을 포함하는 입체를 원뿔대라고 한다.

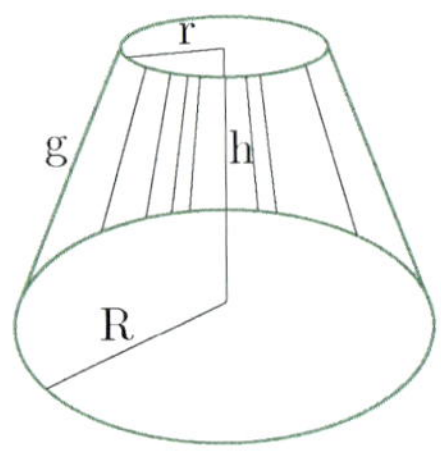

이때, r은 윗면의 반지름, R은 아래면의 반지름, g는 모선, h는 높이라고 한다.

3.4 원뿔대의 겉넓이

원뿔대의 겉넓이는 위아래 뚜껑인 두 원과 옆면으로 구성된다.

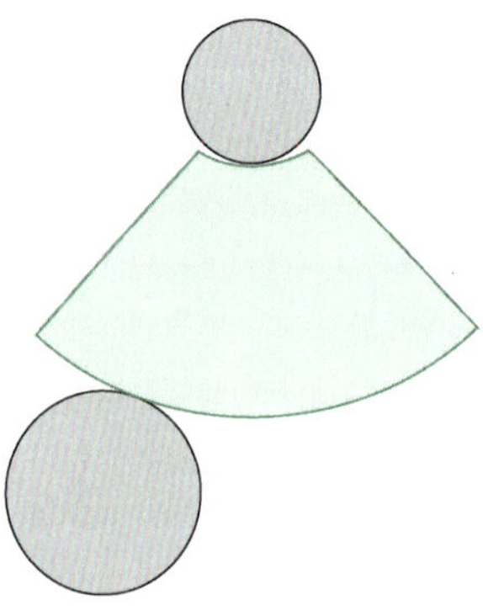

그러므로 원뿔대의 겉넓이를 구하기 위해서는 옆면의 넓이를 구하기만 하면된다.

■ **반지모양(환형)**

아래와 같이 중심이 같은 원들을 동심원이라 부르며, 붙어 있는 두 동심원 사이의 도형을 반지모양이라고 부른다.

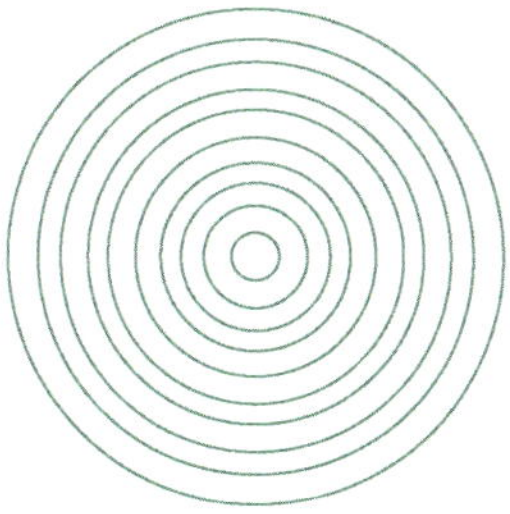

■ **원뿔대의 옆넓이**

왼쪽의 직원뿔대를 모선을 잘라서 옆면만을 펼치면 오른쪽의 부채모양이 된다.

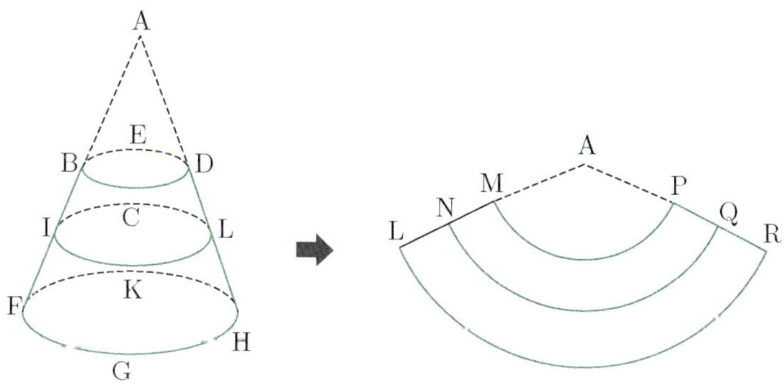

그런데 오른쪽의 부채모양은 아래 그림과 같은 반지모양의 일부분이다. 따라서 먼저, 반지모양인 도형의 넓이를 구해보기로 한다.

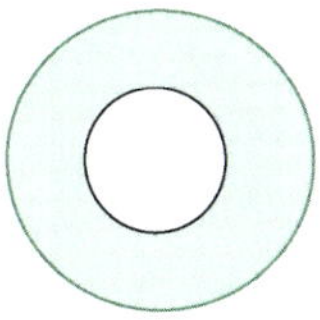

문제 3.4.1 위에 있는 반지모양의 넓이를 구하시오.

1) 안쪽의 작은 원의 반지름은 5cm, 바깥의 큰 원의 반지름은 10cm, 원주율은 3으로 계산하시오.

2) 안쪽의 작은 원의 반지름은 $r$cm, 바깥의 큰 원의 반지름은 Rcm, 원주율은 π로 계산하시오.

풀이 3.4.1 참조

이제 부채모양의 성질을 이용하여, 부채모양의 넓이를 아르키메데스의 방법으로 구하는 방법을 알아보기로 한다.

문제 3.4.2 부채모양의 넓이는 '호의 길이에 비례'한다는 것을 설명해보시오.

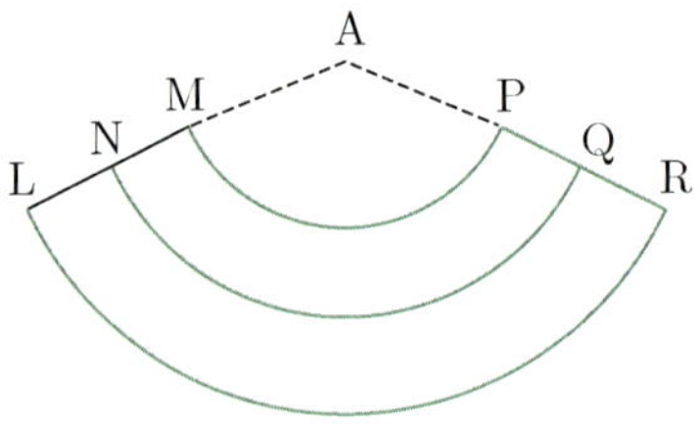

힌트 위의 부채모양을 품고 있는 원을 그려놓고 생각해보시오.

풀이 3.4.2 참조

문제 3.4.3 아르키메데스의 방법으로 반지모양의 넓이를 구하시오.

힌트 원의 넓이를 구하는 아르키메데스의 방법과 아래 그림을 참고하시오.

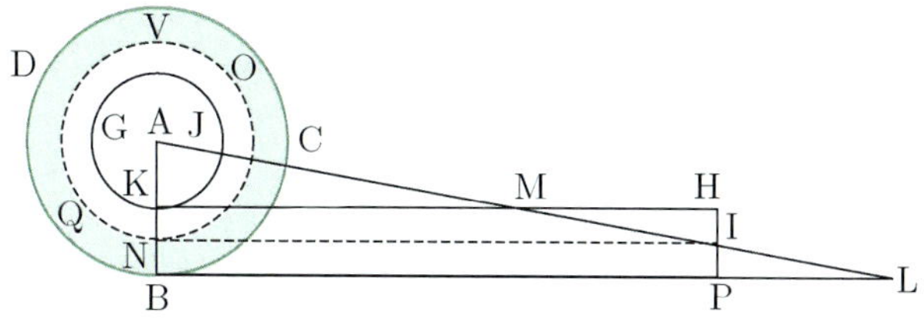

풀이 3.4.3 참조

이제 부채모양의 넓이를 구하는 방법을 알기만 한다면, 원뿔대의 겉넓이를 구할 수 있다.

문제 3.4.4 원뿔대의 옆면(부채모양)의 넓이를 구하시오.

풀이 3.4.4 참조

■ **원뿔대의 겉넓이**

원뿔대의 겉넓이 = 밑면인 두 원의 넓이 + 부채모양의 넓이

문제 3.4.5 아래에 있는 원뿔대의 겉넓이를 구하시오. (단, 원주율은 3으로 계산하시오.)

[참고] 뒤에서 배울 피타고라스정리에 의하면 모서리 $S = 11\text{cm}$ 이다.

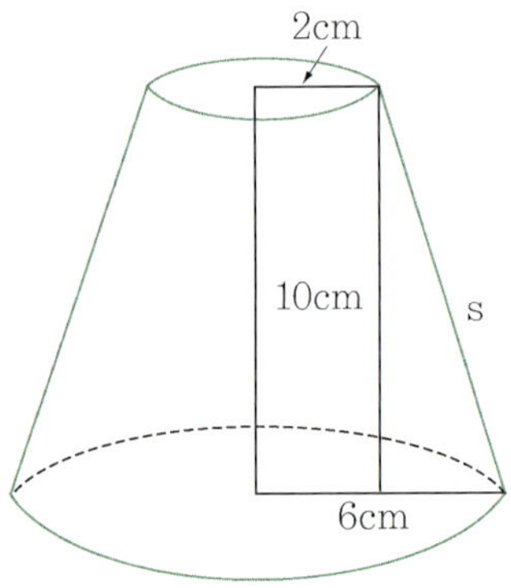

풀이 3.4.5 참조

주제 3 모래판 위의 수학자 아르키메데스

아르키메데스(287~212 B.C. 경)는 시칠리섬의 시라쿠스 지방에서 태어났다. 그는 시라쿠스(Syracus)의 왕인 히에로(Hiero) 와 그의 아들 게로(Gero)와 친분이 두터웠다. 그는 젊은 시절에는 가끔 이집트에서 시간을 보냈는데 그 곳에서 수차를 발명하여 나일강물을 끌어 올려 경작을 가능하게 하였으며, 알렉산드리아에 있는 유클리드의 제자들과 함께 연구를 하였다. 또한 사모스의 코논(Conon)과 에라토스테네스(Eratosthenes) 와도 친분이 있었다. 아르키메데스는 자신이 발견한 내용을 발표하기 전에 코논과 교신을 하였고, 유명한 가축문제(Cattle Problem)를 에라토스테네스를 통하여 알렉산드리아의 수학자들에게 전하였다. 코논이 죽은 후에는 코논의 친구이자 제자인 도시테우스(Dositheus)에게 남아있는 논문 중 네 편을 보내어 코논을 추모하였다. 주어진 물체(무게)를 주어진 힘으로 옮기는 방법의 해법을 발견한 후에 히에로 왕에게 다음과 같이 자랑하였다. '나에게 서있을 수 있는 장소만 마련해 주면

지구를 움직여 보겠다.'

그는 산술, 기하, 천문학, 역학, 유체정역학 등을 연구하였으나 유클리드나 아폴로니우스(Apolonius)처럼 책을 발간하지는 않았다. 그는 수학문제를 연구할 때에는 식사시간이나 인기척을 잊곤 해서 히에로왕이 왕관의 합금 유무를 알아보라는 명령을 받고 목욕 중에 그 원리를 알아내고는 발가벗고 뛰어가면서 유레카(Eureka, I have found it.)을 외치기도 하였다. 212 B. C. 년에 마르셀루스(Marcellus) 장군이 시라쿠스를 점령하여 대학살을 하던 중에 그의 명령을 무시한 병사가 왔을 때 그는 마당에 쭈그리고 앉아 어떤 수학 도식을 풀고 있었다. '그 그림에 손대지 말라'가 그의 마지막 말이었으며, 로마 병사의 칼에 그는 죽었다. 마르셀루스 장군은 그의 죽음에 경의를 표하고 유족을 위로히였다. 그의 가족은 부덤 앞에 '원통의 내면적과 구의 면적 비율은 3 : 2 다.' 라는 문장과 원통에 내접하는 구를 넣은 석조 건물을 세웠다. 그 후 B. C. 75년에 시실리 섬에서 폐허가 된 아르키메데스의 무덤을 로마의 재무관인 시시로(Ciciro)가 발견하여 복원하였다.

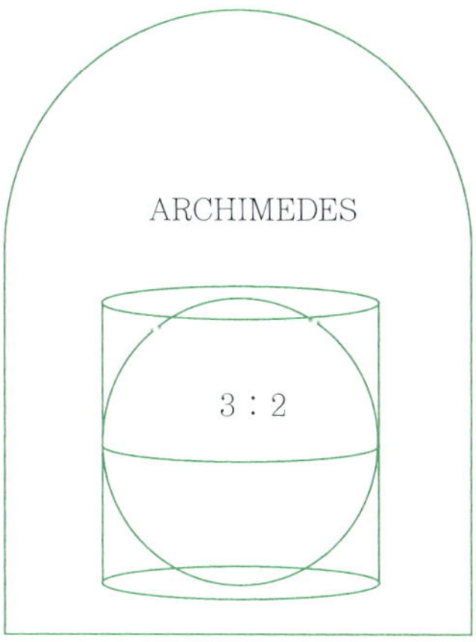

〈아르키메데스의 묘비〉

[참고] 가축문제

1) 첫 번째 문제

W = 흰 숫소 의 마리 수

B = 검정 숫소의 마리 수

Y = 노랑 숫소의 마리 수

D = 얼룩 숫소의 마리 수

w = 흰 암소 의 마리 수

b= 검정 암소 의 마리 수
y= 노랑 암소 의 마리 수
d= 얼룩 암소 의 마리 수
이라 할 때

$$W = \left(\frac{1}{2} + \frac{1}{3}\right)B + Y$$

$$B = \left(\frac{1}{4} + \frac{1}{5}\right)D + Y$$

$$Y = \left(\frac{1}{6} + \frac{1}{7}\right)W + Y$$

$$D = \left(\frac{1}{3} + \frac{1}{4}\right)(B + b)$$

$$w = \left(\frac{1}{4} + \frac{1}{5}\right)(D + d)$$

$$b = \left(\frac{1}{5} + \frac{1}{6}\right)(Y + y)$$

$$y = \left(\frac{1}{6} + \frac{1}{7}\right)(W + w)$$

의 해를 구하는 문제이다.

이 문제는 계수(rank)가 7인 8원 일차 연립방정식이다.

2) 둘째문제

첫째문제에 다음과 같은 조건을 덧 붙였다.
흰 숫소와 검정 숫소를 모아 놓으면 정사각형이 되고
얼룩 숫소와 노랑 숫소를 모아 놓으면 정삼각형이 된다.

즉, $W+B=$완전 제곱수이고 $Y+D=\dfrac{n(n+1)}{2}$ 이다.

전체 소는 몇 마리인가?

■ 가축 문제를 만족하는 최소의 수를 정확하게 구하는 방법은 컴퓨터가 등장해서 가능해졌다. 1981년에 미국에서 넬슨(Harry L. Nelson)이 CRAY-1 슈퍼컴퓨터를 이용하여 47페이지짜리 출력 본에 찍힌 206, 545 자리수를 계산하였다.

1. 아르키메데스의 부러진 현

아래에 나오는 현에 관한 문제를 아르키메데스는 원의 현을 구부리거나 부러뜨린 모양으로 생각하여 부러진 현이라는 이름을 붙였다고 한다.

문제 1.1.1 아래 그림과 같이, 현 AB와 현 BC가 이어져 있다. BC > AB, M은 호 ABC의 중점, M에서 BC에 내린 수선의 발을 F라고 할 때, MF와 두 선분 BC와 DC는 수직이다. 그러면 $AB+BF=FC$가 됨을 설명하시오.

힌트 BC를 연장하여 FD=FC가 되도록 점 D를 찍으면, △MBA와 △MBD는 합동이 된다.

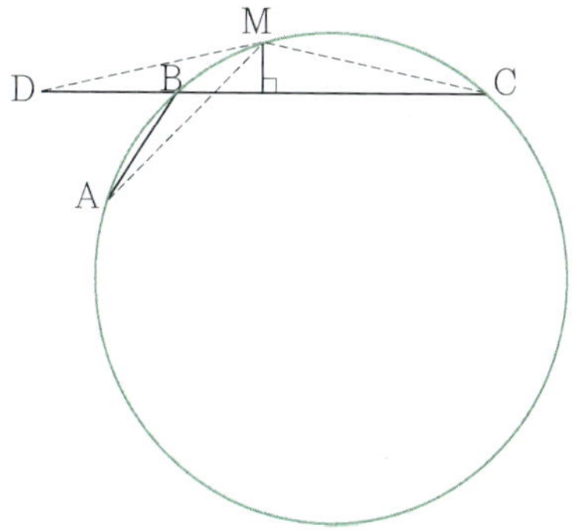

풀이 1.1.1 참조

문제 1.1.2 아래에 있는 중심이 O인 원의 원주위에 두 점 A, B가 있고, △AOB는 이등변삼각형이다. AB=12cm일 때 호 AB의 길이를 구하시오.(단, 원주율을 3.14로 하자.)

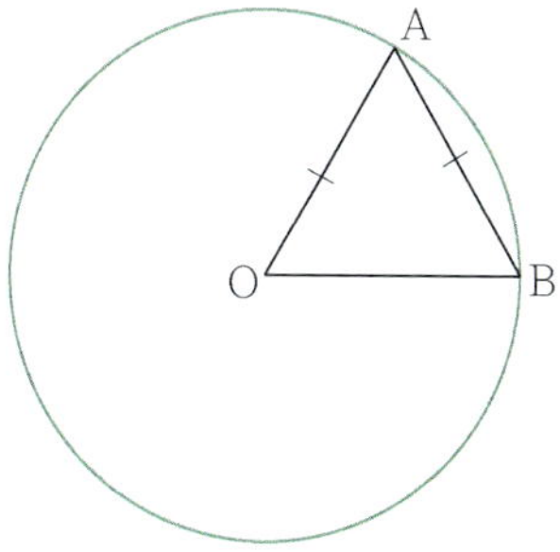

풀이 1.1.2 참조

문제 1.1.3 아래에 있는 원 O의 원주위에 두 점 A, B가 있다. ∠AOB= $80°$일 때, ∠OAB를 구하시오.

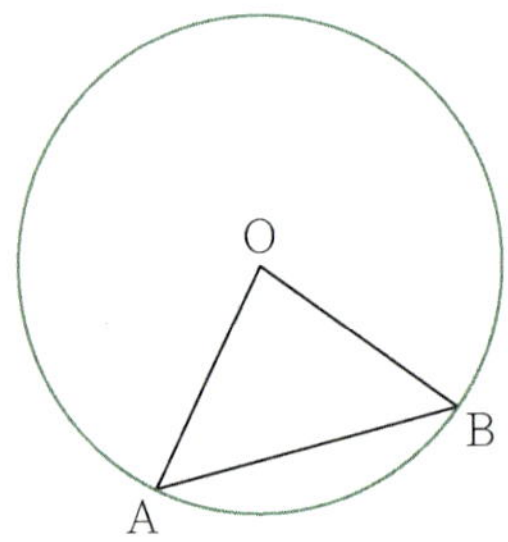

풀이 1.1.3 참조

문제 1.1.4 원 O에서 ∠COD = ∠FOE이다. CE=DF임을 설명하시오.

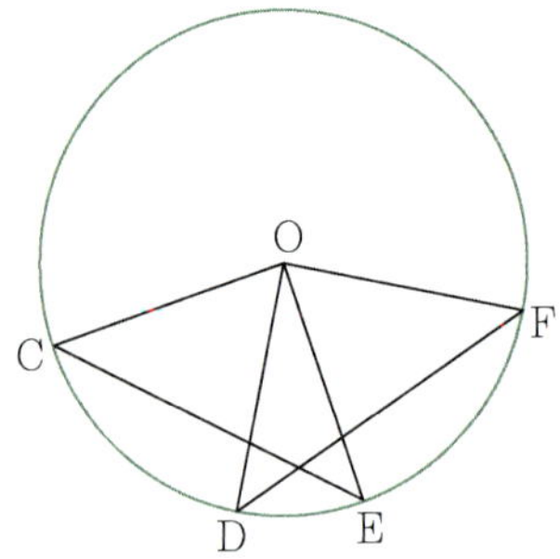

풀이 1.1.4 참조

문제 1.1.5 아폴로 11호 우주선이 그림과 같이 달을 향해 $x°$만큼 옆으로 발사되었다. 우주선을 매 시간 40,000km 속도로 날아가고 달은 30일 동안 반지름 384,000km인 원을 한 바퀴 돈다. A지점에서 이 우주선이 달과 만나게 되는 각도 $x°$를 구하시오.

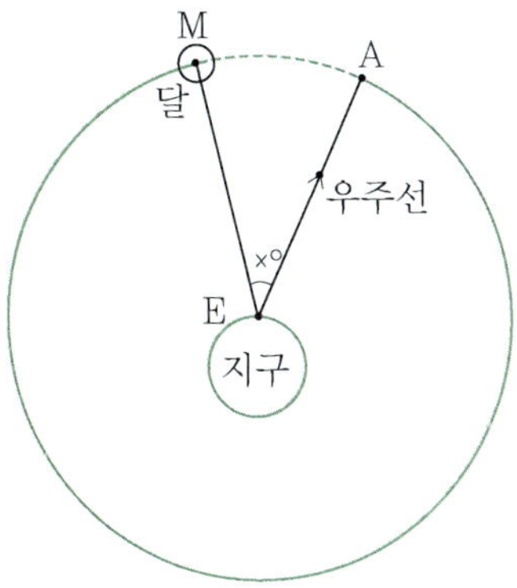

풀이 1.1.5 참조

문제 1.1.6 원 P에서 $\angle \text{EBF} > 90°$이다. 그러면 $\angle \text{EBF} = 180° - \frac{1}{2} \times \angle \text{FPE}$임을 설명하시오.

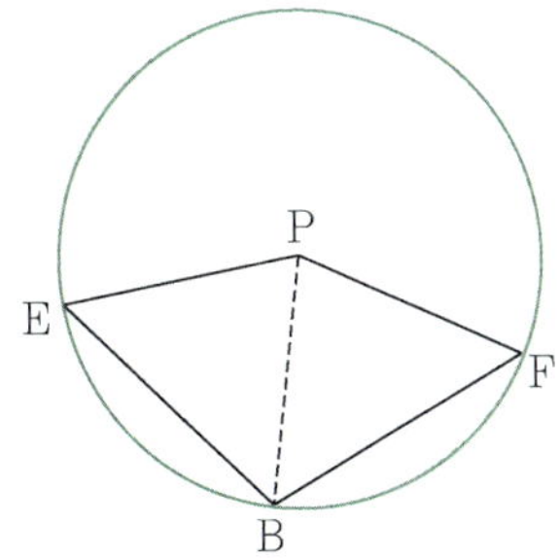

풀이 1.1.6 참조

문제 1.1.7 아래 그림과 같이 중심이 O이고, 크기가 다른 두 개의 원이 있다. 큰 원의 점 A, 점 D를 잇는 선분을 그어 작은 원을 통과하도록 한다. 이 때 AD와 만나는 작은 원의 교점을 점 B, 점 C로 한다. AB=CD임을 설명하시오.

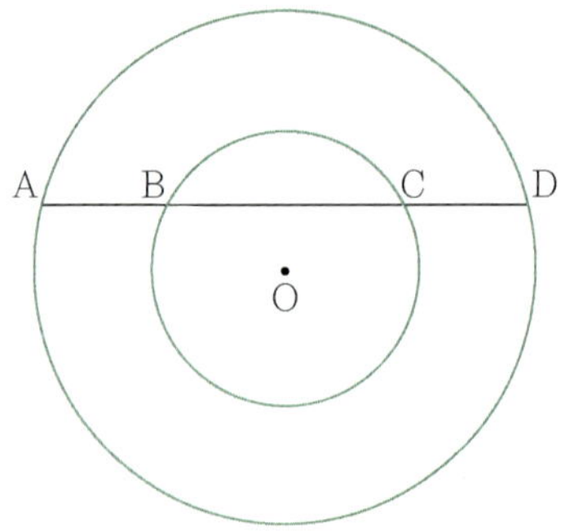

풀이 1.1.7 참조

문제 1.1.8 중심이 P인 원에 두 현 AB, CD를 그었다. 중심 P에서 AB와 CD에 수선을 내려 만나는 점이 각각 M, N이다. 만일 PM=PN이면 AB=CD임을 설명하시오.

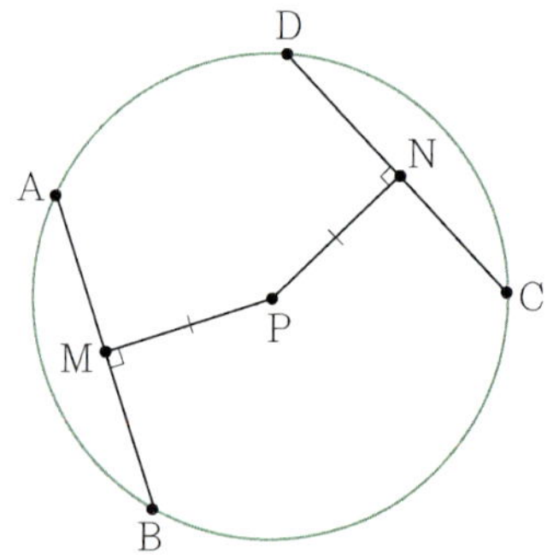

풀이 1.1.8 참조

문제 1.1.9 중심이 O인 원이 있다. AB는 지름이고 지름의 연장선의 한 점 C에서 그림과 같이 선분CF를 그려 원과 만나는 점이 D, E이다. 만일 $\angle C=20°$, DC=OE일 때, $\angle$EOA를 구하여라.

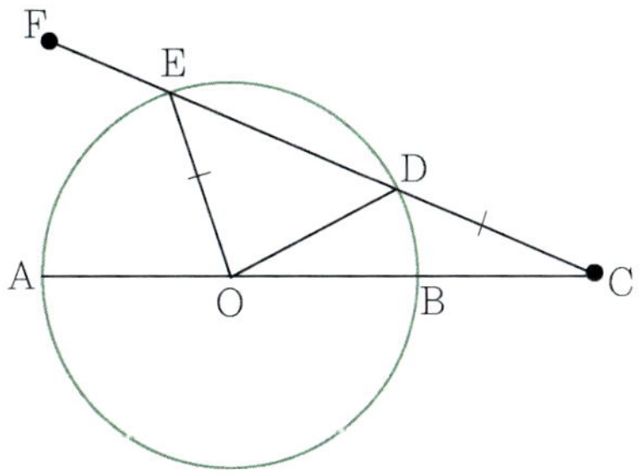

풀이 1.1.9 참조

2. 구의 부피

> 선생님께
>
> 이 절의 내용은 좌표, 평면에서의 사분면, 원의 방정식 등을 이해할 수 있는 아동에게만 지도하면 좋겠습니다. 그러나 지렛대의 원리를 잘 지도한 다음, 아르키메데스의 아이디어를 직관적으로 지도할 수도 있습니다.

이제, 아르키메데스가 그 유명한 지렛대의 원리를 이용하여 원의 부피를 알아낸 방법을 이해하기 위하여, 직교좌표 위에 원을 그렸을 때 원을 나타내는 식을 알아보기로 한다.

2.1 좌표위의 원

직교좌표에 원을 그리면 원 주위의 점의 x좌표와 y좌표의 관계를 알아보기로 한다. 먼저 중심을 원점에 위치하도록 원을 그리고 좌표를 조사해 보기로 한다.

■ **중심이 원점인 원**

문제 2.1.1 아래의 직교좌표계 위에 중심이 원점이고 반지름이 2인 원을 그렸을 때, 제 I 사분면에서 제 IV 사분면까지의 점의 좌표를 차례로 아래의 대응 표에 적어 보시오.

x 좌표	2	$\frac{3}{2}$	1	$\frac{1}{2}$	0	$-\frac{1}{2}$	-1	$-\frac{3}{2}$	-2
y 좌표	0								

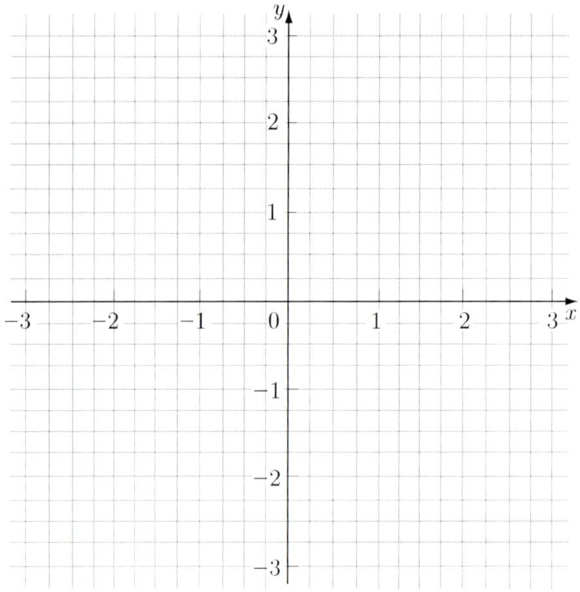

풀이 2.1.1 참조

문제 2.1.2 문제 2.1.1의 x좌표와 y좌표의 관계를 알아보시오.

풀이 2.1.2 참조

문제 2.1.3 $x^2 + y^2 = 9$의 대응표를 만들고, 아래의 직교좌표에 점을 찍어 보시오.

풀이 2.1.3 참조

문제 2.1.4 1) 중심이 좌표(1,0)이고, 반지름이 2인 원을 그리고 대응표를 만드시오.

x 좌표	3	$2\frac{1}{2}$	2	$1\frac{1}{2}$	1	$\frac{1}{2}$	0	$-\frac{1}{2}$	-1
y 좌표	0								

2) 대응표를 보고 x 와 y의 관계식을 만드시오.

풀이 2.1.4 참조

문제 2.1.5 $x^2+y^2=2^2$의 그래프와 $(x-1)^2+y^2=2^2$의 그래프는 어떤 관계가 있는가?

풀이 2.1.5 참조

■ **중심이 원점이 아닌 원**

중심이 점(a,b)에 있고 반지름이 r인 원의 방정식은 원 $x^2+y^2=r^2$을 x축 방향으로 a만큼, y축 방향으로 b만큼 평행이동한 것이므로

- $(x-a)^2+(y-b)^2=r^2$이다.

  ※ $(x-a)^2+(y-b)^2=r^2$을 원의 방정식의 표준형이라고 부른다.

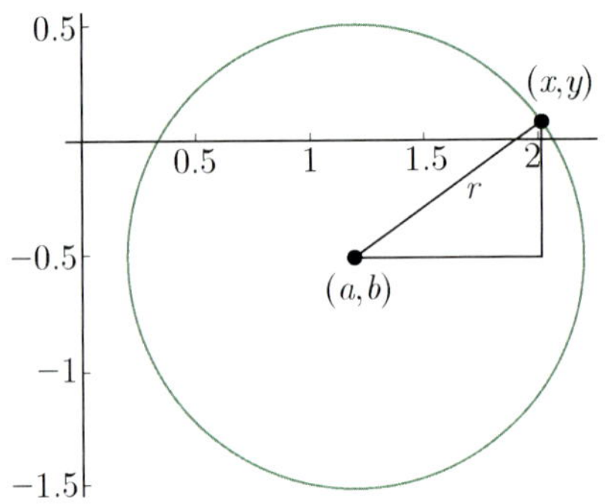

$(x-a)^2+(y-b)^2=r^2$

- 원의 방정식을 $(x-a)^2+(y-b)^2=r^2$꼴로 고치기

  $x^2-2\times x+1+y^2-4\times y+4=9$와 같이 방정식에 x^2+y^2이 포함된 방정식은 원의 방정식이다. 그런데 이 식을 표준형으로 고쳐야만 위와 같은 방법으로 원의 중심과 반지름을 구할 수 있다.

  (방법) 원의 방정식의 x에 관하여 제곱 꼴로 고치고, y에 대하여 제곱 꼴로 고친 나머지 수를 오른쪽의 항을 보낸다.

문제 2.1.6 $x^2-2\times x+1+y^2-4\times y+4-9=0$을 표준형으로 고치시오.

풀이 2.1.6 참조

2.2 지렛대의 원리를 이용하여, 구의 부피 구하기

'충분히 긴 지렛대와 그것이 놓일 장소만 주어진다면, 지구라도 들어 올릴 수 있다.'

지렛대의 원리를 발견한 고대 수학자 아르키메데스가 한 이 말은, 지레를 이용하면 작은 힘으로 아주 무거운 물체를 쉽게 움직일 수 있음을 비유한 것이다. 적당한 크기의 막대를 이용하여 작은 힘을 큰 힘으로 바꾸어 주는 장치를 지레라고하며, 이때 사용되는 막대를 지렛대라고 한다. 지렛대는 지렛대를 받쳐 고정시켜 놓는 받침점, 지레에 힘을 가하는 힘점, 지레가 다른 물체에 힘을 미치는 작용점(일점)세 부분으로 구성된다.

우선 아르키메데스의 지렛대의 원리를 설명하기로 한다.

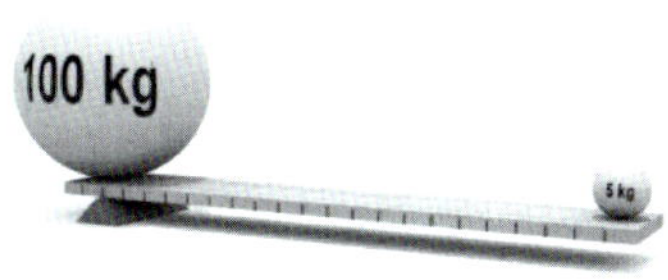

■ **지렛대의 원리**

아래 그림과 같이, 왼쪽에 무게 M_1인 물체가 받침점에서 a만큼, 오른쪽에 무게 M_2인 물체가 받침점에서 b만큼 떨어져 있으면서 지렛대가 수평이 되어 있을 때,

$$M_1\times a=M_2\times b$$

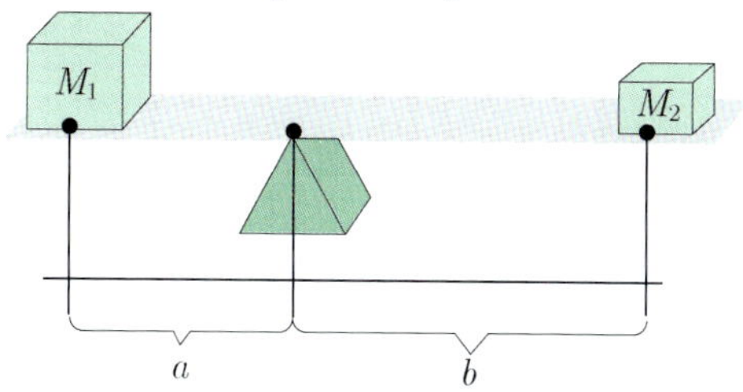

- $M_1\times a=M_2\times b$.

문제 2.2.1 시소의 양편에 각각 아빠와 내가 앉아 있다. 아빠의 몸무게는 70kg, 나의 몸무게는 45kg이다. 시소가 수평이 되기 위해서는 아빠와 내가 각각 어떤 곳에 앉아야 하는가?

풀이 2.2.1 참조

문제 2.2.2 중심이 $(a,0)$이고 반지름이 a인 원을 그리고, 원의 방정식을 구하시오.

풀이 2.2.2 참조

문제 2.2.2의 원의 방정식을 잘 정리하면 $x^2+y^2=2\times a\times x$가 되고, 양 변에 $2\times a\times \pi$를 곱하면 $2a\times(\pi\times x^2+\pi\times y^2)=\pi\times(2a)^2\times x$이다.

문제 2.2.3 아래 그림을 보면서 식 $2a\times(\pi\times x^2+\pi\times y^2)=\pi\times(2a)^2\times x$을 지렛대의 원리에 맞도록 설명해 보시오.

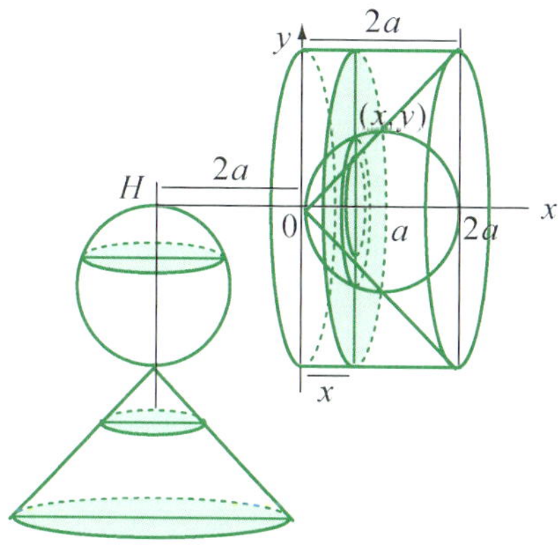

풀이 2.2.3 참조

이제 x를 0에서 $2\times a$까지 증가시키면 원위의 점$(x,\ y)$에 의해서 생성되는 두 원들(좌변)은 각각 구와 원뿔을 완성하게 되고, 반지름이 $2\times a$인 원들(우변)은 원기둥을 완성하여 균형을 이루게 된다. 다시 말하면 구와 원뿔의 부피의 합과 원기둥의 부피가 같게 된다.

따라서 $2\times a\times$(구의 부피$+\dfrac{1}{3}\times\pi\times(2\times a)^3)=\pi\times a\times(2\times a)^3$이고, 이 식은 다음 식과 같다. $2\times a\times$(구의 부피$+\dfrac{1}{3}\times\pi\times 8\times a^3)=\pi\times a\times 8\times a^3$.

아르키메데스는 위의 식을 이용하여 구의 부피를 구하였다고 한다.

문제 2.2.4 식 $2\times a\times(\text{구의 부피}+\frac{1}{3}\times\pi\times 8\times a^3)=\pi\times a\times 8\times a^3$을 이용하여 구의 부피를 구하시오.

풀이 2.2.4 참조

주제 4 포장지 만들기

1. 강체운동

강체(rigid body)란 힘을 주었을 때, 위치는 변하지만 모양이 변하지 않는 물체를 말한다. 이러한 강체운동은 수학교육 개혁운동가인 독일의 수학자 클라인(F. Klein, 1849~1925, 1부 II장 3.3절 참조)이 정다각형을 새로운 방법으로 분류하기 위하여 강체운동의 개념을 고안하였다. 이러한 내용이 우리나라 초등학교 3학년 수학과 교육과정에 도입되어, '평면도형의 이동' 단원에서 배우고 있다.

	기존의 정의	강체운동에 근거한 정의
정삼각형	길이가 같은 세 변과 크기가 같은 세 각으로 이뤄져 있는 도형	도형의 중심점을 회전점으로 잡고, 120° 회전 시켰을 때, 완전히 겹쳐지는 도형
정사각형	길이가 같은 네 변과 크기가 같은 네 각으로 이뤄져 있는 도형	도형의 중심점을 회전점으로 잡고, 90° 회전 시켰을 때, 완전히 겹쳐지는 도형
⋮	⋮	⋮

1.1 네 가지 기본적인 강체운동

강체운동은 밀기(평행이동), 돌리기(회전), 뒤집기(반사), 미끄럼 뒤집기 등 네 가지 이동을 일컫는다.

가. 평행이동(Translations)

비형식적 수준에서는 '밀기(Slide)'라는 용어를 사용한다. 이것은 같은 방향, 같은 거리로 평면의 모든 점이 움직이는 강체 운동이다.

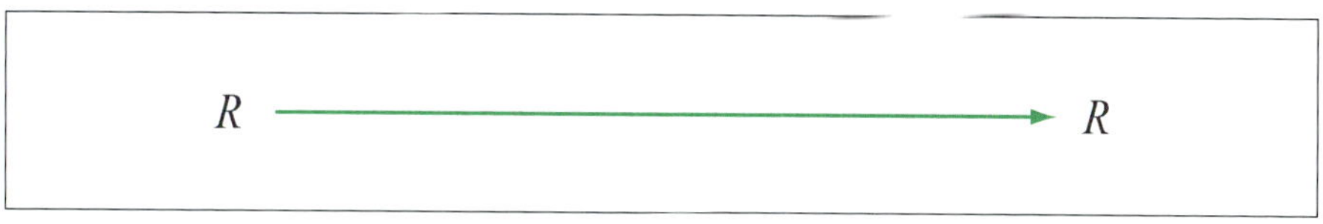

〈평행이동〉

위 그림에서 왼쪽의 'R'에서 오른쪽의 'R'까지 표시된 화살은 옮기기를 하기 위해 요구되는 두 가지의 정보인 방향과 거리를 알려주고 있다. 밀기의 방향은 화살의 방향이며, 움직인 거리는 화살의 길이이다.

밀기는 '투사와 옮기기' 모델로서 설명된다.

나. 회전(Rotations)

돌리기라고도 불린다.

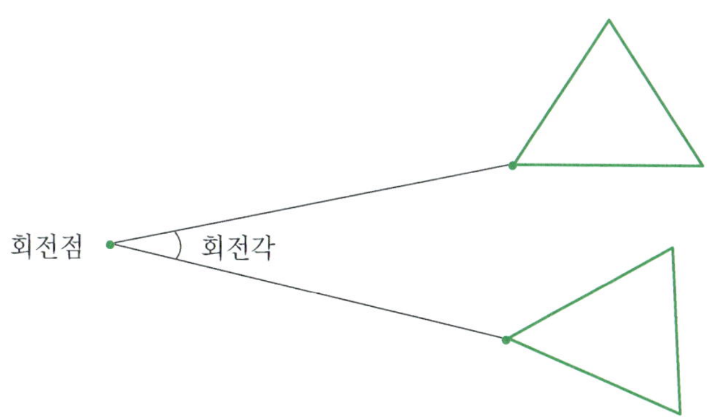

〈회전〉

그림과 같이 평면의 한 점은 고정된다. 이점을 회전점이라고 하며, 남아있는 점은 회전점을 축으로 같은 각도(반시계 방향)만큼 돌려준다. 회전은 주어진 회전점과 회전각에 의해 결정된다. 시계 방향 회전을 음(−)각, 반시계 방향의 회전 각도를 양(+)각으로 약속한다. 이런 식으로 −120° 회전은 같은 중심에서 240°에 해당한다.

다. 반사

세 번째 기본적인 강체 운동은 뒤집기, 거울 반사 등으로 불리는 반사이다.

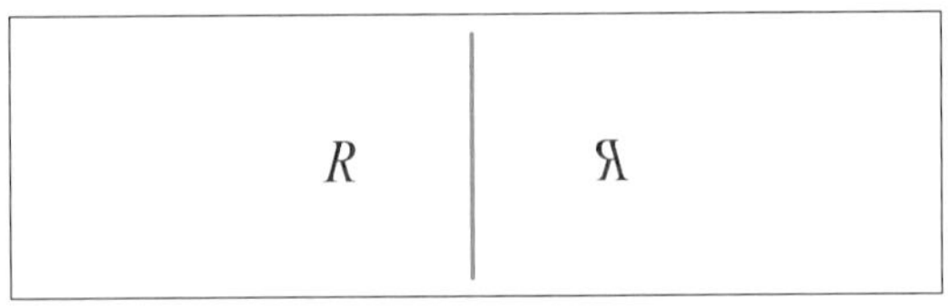

반사는 평면상에서 반사축 혹은 대칭축(거울축)이라는 선에 의해서 결정된다. 평면의 각 점 P는 거울 축 m의 반대쪽 점 P"으로 이동하고 m으로부터 같은 거리만큼 이동한다. 두 점 P와 P"을 잇는 선과 거울 축 m과의 교점을 P'이라하면, 거울축 m은 두 점 P와 P"을 수직 이등분한다. 따라서 점 P'은 선분 PP"의 수직이등분 점이 된다.

• 활동

뒤집기는 투명지를 사용하여 투사와 뒤집기 과정을 통해서 설명할 수 있다. 첫째, 반사축과 기준점을 포함하여 원래 그림의 자취를 그린다. 그 후 투명지를 뒤집고 뒤집기의 축을 지나는 점은 원래의 위치 위에 위치시킨다. 기준점의 정렬은 반사 축 상에서 어떤 미끄러짐도 없음을 의미한다.

뒤집기는 또한 종이 접기를 통해서 실행될 수 있다. 이 때 접는 선은 거울 축 역할을 한다. 예를 들어, 잉크로 종이의 절반에 그림을 그린다. (혹은 잉크나 포스터 칼라의 큰 얼룩점을 떨어뜨린다.) 그리고 잉크나 페인트가 마르기 전에 다른 한 쪽이 그림을 덮도록 접는다. 만약 투사지나 패티 페이퍼가 사용 가능하다면 접어진 종이의 한쪽면의 바깥쪽에 상을 그린다. 그 후 접어진 종이를 위아래로 돌리고 두개의 접어진 막을 통해 보이는 그림의 자취를 남긴다.

라. 미끄럼 반사

마지막 네 번째 기본적인 강체 운동은 미끄럼 반사이다. 이는 미끄럼 반사는 미끄러짐과 뒤집기가 결합된 변환형태이다. 가장 쉽게 상기되는 예는 왼발자국에서 오른발자국으로 옮겨가는 동작이다. 미끄러짐 반사라 불리는 반사의 축은 미끄러짐의 방향과 평행해야 한다. 미끄러짐은 뒤집기의 앞에 실시된다. 하지만 뒤집기가 미끄러짐보다 먼저 시행되어도 결과는 같다. 미끄러짐 뒤집기에서 왼발자국의 상은 오른발자국이다.

이름(다른 이름)과 그림	필요한 정보	설명	방향 속성
평행이동(옮기기)	옮기는 방향, 거리와 방향을 명시	평면상의 모든 점은 같은 거리와 방향으로 이동한다.	방향이 유지됨
회전(돌리기)	회전점과 회전각	평면상의 모든 점이 회전점에 대해 지시받은 각의 크기만큼 회전한다.	방향이 유지됨
반사(뒤집기)	반사축	반사축 위를 제외한 평면상의 모든점은 반사축의 반대편의 상으로 이동한다. 반사축위의 점은 고정된다.	방향이 뒤집힘
미끄럼 반사	미끄러지는 방향과 그 방향과 평행한 반사축	평면상의 모든점은 평행이동을 하고, 미끄러진 방향과 평행하는 축을 중심으로 반사된다.	방향이 뒤집힘

〈네 가지 기초적인 강체 운동〉

■ 테셀레이션

한 가지 무늬를 강체운동(평면도형의 이동)을 이용하여 평면을 빈틈없이 채우는 일을 테셀레이션 (tessellation), 타일 붙이기(tiling), 벽지(wall paper) 만들기, 포장지 만들기 등으로 부른다.

1.2 강체운동의 분류

강체운동을 계속해서 두 번 이상 시행하면

가. 이동의 종류

평면에서의 모든 강체운동은 다음의 네 개의 기본적인 강체 운동 중 하나와 같다.

• 평행이동 (T) : 고정점 없음	
• 회전 (R) : 유일한 고정점(회전점)	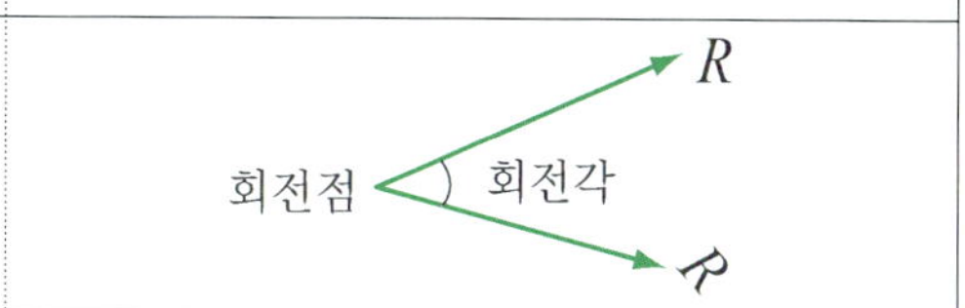
• 반사 (MR) : 대칭축	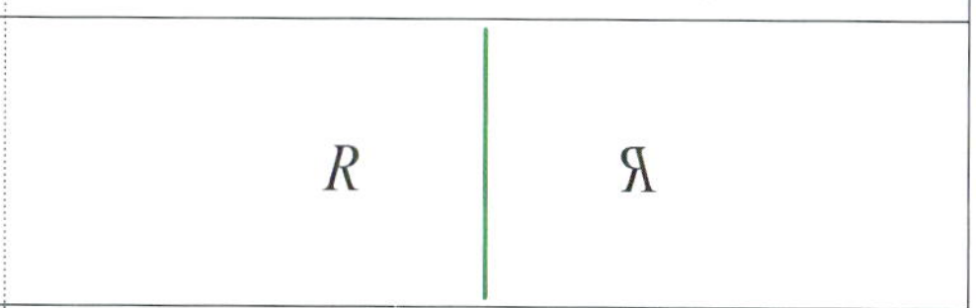
• 미끄러짐 반사(SR) : 축	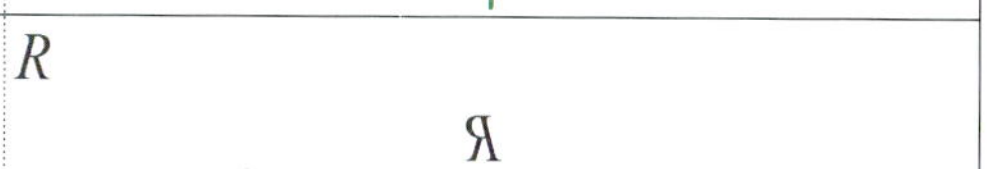

나. 이동의 합성

- 평행이동을 계속하면 평행이동이 된다.
- 회전을 계속하면 회전이 된다.
- 평행이동과 회전을 계속하면 회전이 된다.

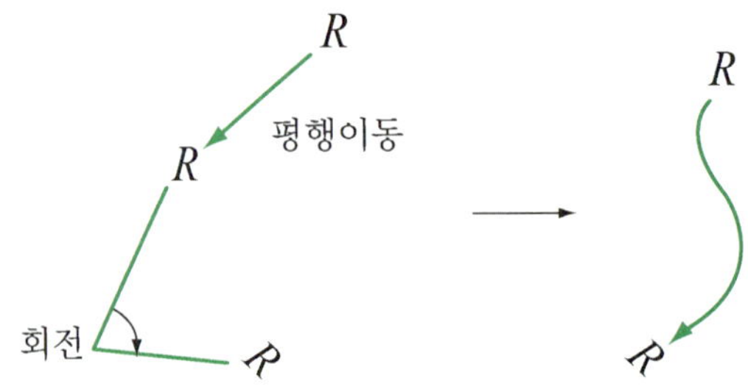

〈이동의 합성 1〉

- 반사를 계속 두 번 하면 평행이동이 되거나 회전이 된다.

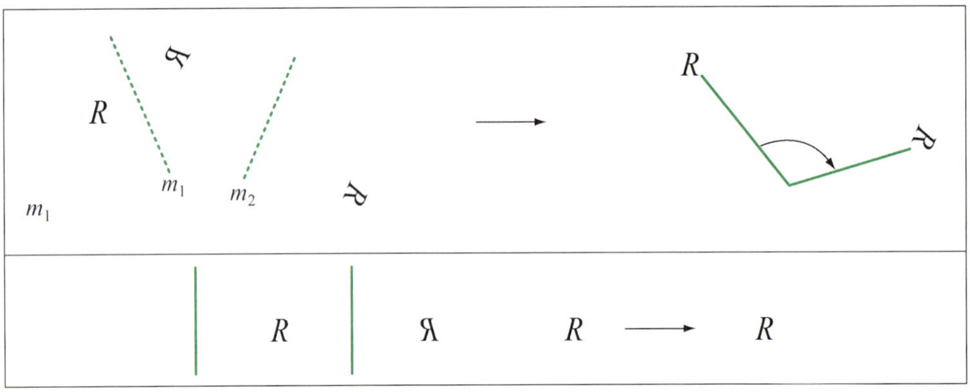

〈이동의 합성 2〉

문제 2.2.1 보물찾기

아래의 모눈종이 위에서 a, b, c의 세 가지 방법만을 여러 번 이용하여 <출발> 지점에서 보물이 있는 곳까지 가 보시오.

a : 왼쪽으로 두 칸

b : 아래로 한 칸

c : 오른쪽으로 세 칸 그리고 아래로 위로 한 칸

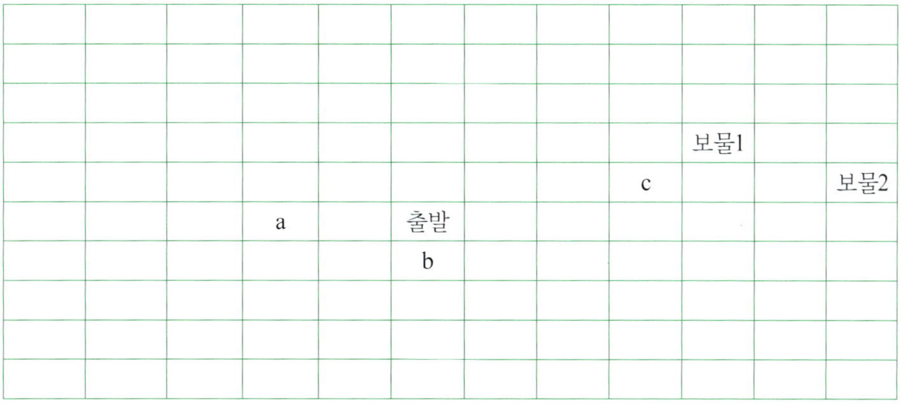

풀이 2.2.1 참조

문제 2.2.2 아래와 같이 상하좌우로 무한히 많은 격자점이 있는 벽지 위에서, 검은 정사각형을 a, b, c의 세 가지 방법으로 움직여서 벽지를 모두 채울 수 있는지를 알아보시오.

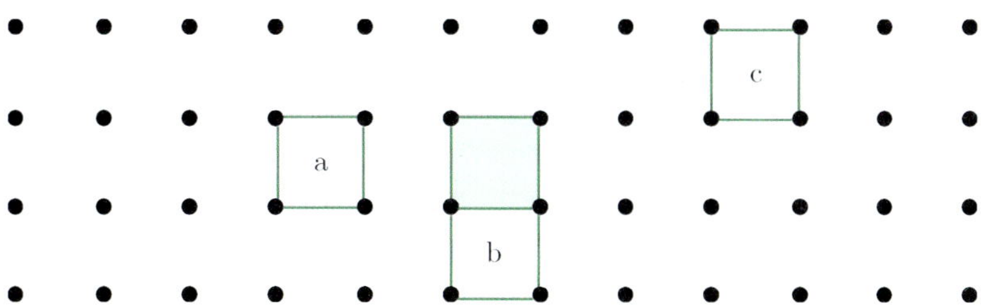

풀이 2.2.2 참조

문제 2.2.3 아래에 있는 직각이등변삼각형을 a, b, c의 세 가지로 움직이면 벽지를 모두 채울 수 있는지 또는 없는지를 알아보고, 그 이유를 설명해 보시오.

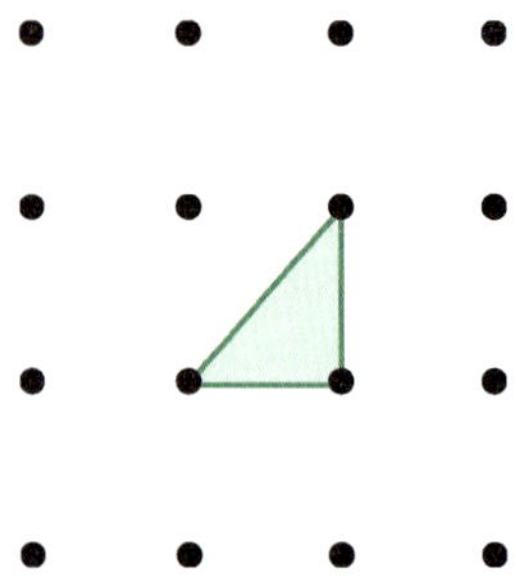

풀이 2.2.3 참조

문제 2.2.4 문제 2.2.3 번에서 직각이등변 삼각형으로 벽지를 모두 채우려면 어떤 이동이 더 필요한가요?

풀이 2.2.3 참조

2.3 테셀레이션의 응용

테셀레이션의 예술적 아름다움을 더욱 부각시킨 사람은 네덜란드 화가인 에셔(Escher, M.C.; 1898~1972)이다. 그는 무어인들의 모자이크에 영감을 받아 단순한 기하학적인 무늬에서 수학적 변환을 이용하여 창조적인 형태(새, 물고기, 도마뱀, 개, 나비, 사람)의 테셀레이션작품 세계를 구축했다. 그의 작품에 매료된 수많은 과학자들과 수학자들은 그의 작품속의 학문적 의미를 찾아내는 작업을 계속하고 있다. 에셔의 많은 판화에서 보여주는 매력은 그

것들이 실제 존재하지 않는 것이나 존재할 수조차 없는 것을 제시한다는 점에 있다. 기존 전통의 예술관 안에서도 많은 화가들이 초현실주의에 입각한 작업들을 해왔다. 이미 위에서도 말한 것과 같이 살바도르 달리도 눈의 착시에 입각한 작품들을 우리에게 선사한 적이 있다. 그러나 에셔의 작품 세계가 그들과 다른 가장 큰 이유는 일련의 초현실주의 화가들의 작품은 우리들로 하여금 그것이 초현실 즉 일상의 세계와 다른 것이라는 사실을 확연히 간파할 수 있게 하는데 반해 에셔의 작품들은 아주 이성적으로 보인다는 데 있다.

그리고 초현실주의 화가들이 감성에 기대어 그들의 작품을 창조한다면 에셔의 모든 환상적인 작품들은 이성적인 구조의 결과라는 것이다.

에셔의 작품은 약간의 수동적인 느낌을 수반하면서 그 안에 담겨진 구조를 발견하는 스릴을 안겨준다. 이것은 일상생활의 체험과는 매우 대조적으로 오히려 일상 체험에 대해 의문을 갖게 해주기까지 한다. 좌우상하 원근이라는 기본적인 개념마저도 상대적인 것이며 기분에 따라 얼마든지 바뀔 수 있는 괴우에 불과하다고 생각하게 만든다. 점과 선 면 그리고 광간의 사이에 떠 원인과 결과 사이에 있는 아주 새로운 관계를 보게 해주며, 이러한 관계에서 만들어지는 공간구조가 한편으로는 미묘하게 보이면서도 또한 아주 실재적인 세계처럼 느껴지게도 하는 것이다.

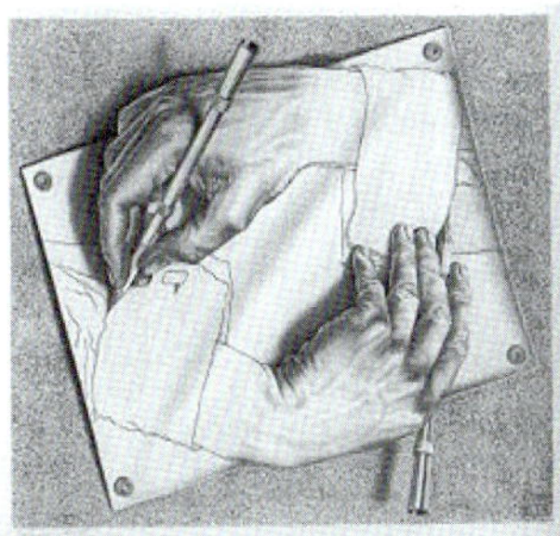

〈그림 그리는 손(1948)〉

〈상대성(1953)〉

〈원의극한III(1959)〉

■ **밀기(평행이동)을 이용한 보도블럭 만들기**

아래에 우리 주변에서 흔히 볼 수 있는 여러 가지 보도블럭이 있습니다. 지금부터는 정사각형 또는 직사각형을 적절하게 변형하여 보도블럭을 만드는 방법을 알아보기로 한다.

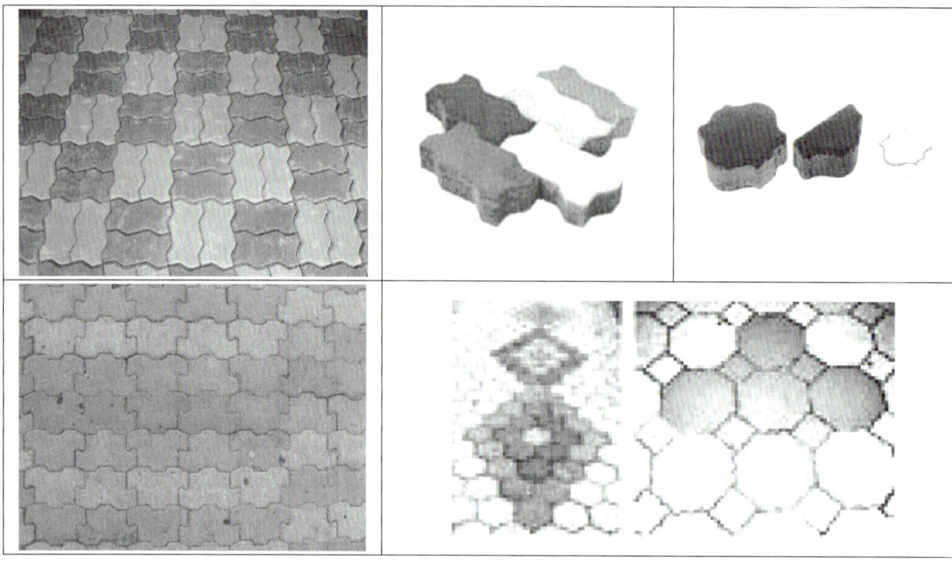

문제 2.3.1 아래의 보도블록은 어떻게 만든 것일까?

풀이 2.3.1 참조

문제 2.3.2 아래의 보도블록을 만드는 방법을 알아보시오.

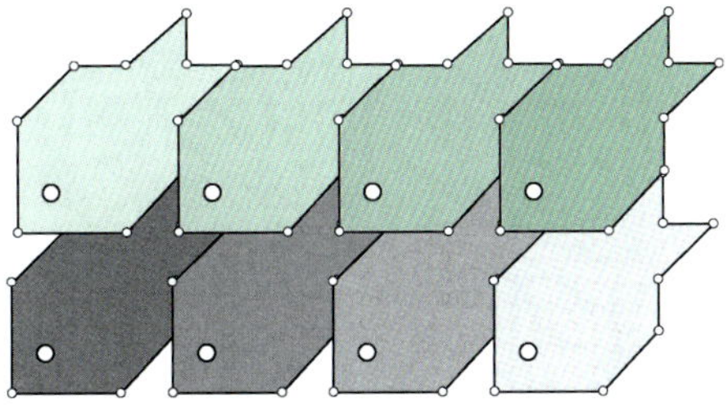

풀이 2.3.2 참조

■ **돌리기(회전)를 이용한 보도블록 만들기**

문제 2.3.3 돌리기를 이용하여 아래의 보도블록을 만들어 보시오.

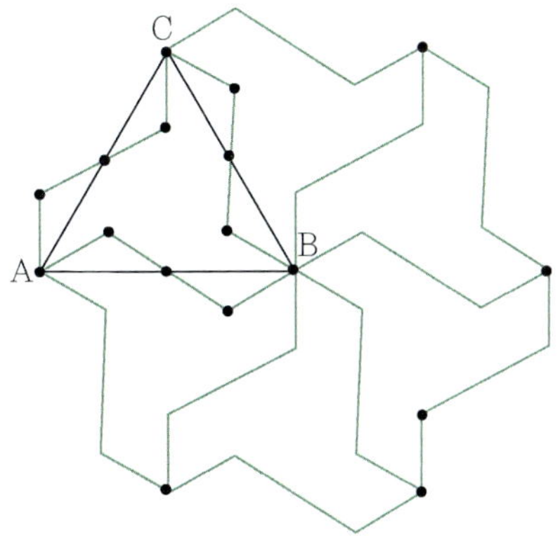

풀이 2.3.3 참조

문제 2.3.4 돌리기를 이용하여 아래의 보도블록을 만들어 보시오.

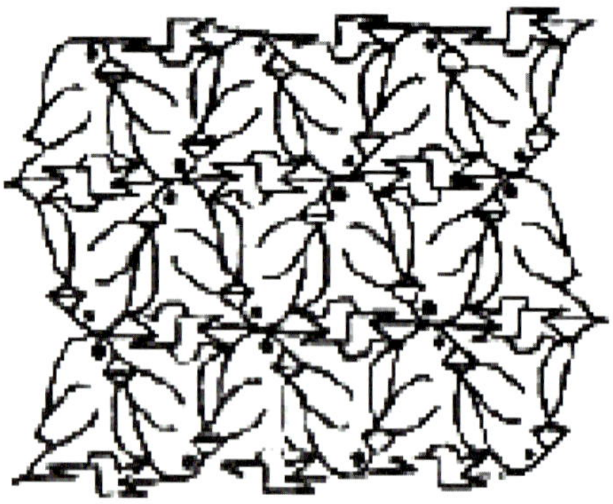

풀이 2.3.4 참조

2.4 테셀레이션 기법의 종류

하나의 도형을 이용하여 테셀레이션을 하는 방법이 꼭 17가지뿐이라는 사실을 헝가리 수학자인 폴리아(G. Polya, 1887~1985)가 증명하였다. 지금부터 우리는 폴리아의 아이디어를 따라서 테셀레이션 방법의 가짓수를 알아보기로 한다.

문제 2.4.1 평면의 한 점에 모일 수 있는 정다각형은 어떤 것들이 있나요?

힌트 정사각형은 네 개 모일 수 있다.

풀이 2.4.1 참조

2부 II장 주제 1의 문제3.2.2에서 n정다각형의 한각의 크기는 $\frac{(n-2)\times 180^o}{n}$ 이라는 사실을 알았다. 이것을 이용하여 다음 문제들을 해결해보시오.

문제 2.4.2 만일 평면의 한 꼭짓점에 세 개의 A, B, C 정다각형이 모여 꽉 채웠을 때 A, B, C의 관계식을 만들어보시오.

풀이 2.4.2 참조

문제 2.4.3 만일 평면의 한 꼭짓점에 네 개의 A, B, C, D 정다각형이 모여 꽉 채웠을 때 A, B, C, D의 관계식을 만들어보시오.

풀이 2.4.3 참조

문제 2.4.4 만일 평면의 한 꼭짓점에 5 개의 A, B, C, D, E 정다각형이 모여 꽉 채웠을 때 A, B, C, D, E의 관계식을 만들어보시오.

풀이 2.4.4 참조

문제 2.4.5 만일 평면의 한 꼭짓점에 6 개의 A, B, C, D, E, F 정다각형이 모여 꽉 채웠을 때 A, B, C, D, E, F의 관계식을 만들어보시오.

풀이 2.4.5 참조

문제 2.4.6 위의 문제 2.4.2~2.4.5까지에서 알아낸 A, B, C, D, E, F에 대한 4개의 관계식을 이용하여 테셀레이션 기법 17가지를 찾아보시오.

힌트 정삼각형, 정7각형, 정 42각형을 평면의 한 꼭짓점에 붙이면 꽉 채워진다.

왜냐하면 $60° + 128\frac{4}{7}° + 171\frac{3}{7}° = 360°$ 이기 때문이다.

번호	A	B	C	D	E	F
1	3	7	42			
2						
3						
4						
5						
6						
7						
8						
9						
10						
11						
12						
13						
14						
15						
16						
17						

풀이 2.4.6 참조

[참고] 정다각형의 내각

다각형	변, 각의 개수	내각의 합	한 내각의 크기
정삼각형	3	180°	60°
정 4각형	4	360°	90°
정 5각형	5	540°	108°
정 6각형	6	720°	120°
정 7각형	7	900°	$128\frac{4}{7}°$
정 8각형	8	1080°	135°
정 9각형	9	1260°	140°
정 10각형	10	1440°	144°
정 12각형	12	1800°	150°
정 15각형	15	2340°	156°
정 18각형	18	2880°	160°
정 20각형	20	3240°	162°
정 24각형	24	3960°	165°
정 42각형	42	7200°	$171\frac{3}{7}°$
n각형	n	$(n-2)\times 180°$	$\frac{(n-2)\times 180°}{n}$

주제 5 정사각형으로 만들기

선생님께

이 주제의 내용은 $\sqrt{2}$, π 등의 무리수와 도형의 닮음을 이해하는 영재아에게만 지도할 수 있는 내용이다. 그러나 아동들이 도형의 성질을 직관적으로 이해할 수 있다면 초등학생에게도 지도할 수도 있습니다.

기하학의 발전에 크게 영향을 주었던 고대 그리스 수학의 유명한 세 가지 작도 문제가 있다. 원의 넓이와 같은 정사각형 작도하기, 정육면체 두 배하기, 주어진 각을 3등분하기가 그것이다. 그 중에서 원의 넓이와 같은 정사각형을 만드는 문제를 이 주제에서 알아보기로 한다.

■ 정사각형 만들기의 역사

문제에 대해서, 문헌에 나타나는 최초의 도전자는 고대 이집트 수학자인 아메스(1부 II장 1.1.1 절 참조)이었다. 그의 방법은 주어진 원의 지름의 $\frac{8}{9}$을 한 변으로 하는 정사각형의 넓이가 그 원의 넓이와 비슷하다는 것이었다. 이 방법은 기하학적인 방법으로 정사각형을 만든 것은 아니었지만, 원주율을 3.1605로 원의 넓이를 계산한 값과 아주 가까운 것이었다.

고대 그리스시대에 이르러서는, 그리스 수학자인 아낙사고라스(Anaxagoras, B.C. 510~428 쯤)가 그리스 수학자 중에서는 최초로 이 문제에 도전하였으나 실패하였으며, 그리스 수학자 히포크라테스(Hippocrates, B.C. 460~370 쯤)는 초승달의 넓이와 같은 정사각형을 만드는 데는 성공하였으나 원의 넓이와 같은 정사각형을 만드는 데는 실패하였다. 그 후 아르키메데스(2부 II장 주제2 1.5절 참조)가 원의 넓이와 같은 직각삼각형을 만들었다. 그러나 이 방법에서 만든 직각삼각형의 밑변이 원주와 같기 때문에, 직관적으로 원주와 같은 선분을 작도할 수는 없었다.(2부 II장 주제2 1.5절의 주의 참조).

원주와 길이가 같은 선분을 작도할 수 없다는 사실은 1761년에 독일의 수학자 람베르트(J.H. Lambert, 1728~1777)가 원주율 π를 작도할 수 없다는 사실을 밝히면서, 원의 넓이와 같은 정사각형을 자와 컴퍼스만으로는 그릴(작도할) 수 없다는 사실이 증명되었다.

그러나 우리는 2부 II장 주제2 1.5절에서 아르키메데스의 아이디어를 이용하여 원의 넓이와 같은 정사각형을 작도하는 과정을 알아보기로 한다.

■ 초승달의 넓이와 같은 정사각형

그리스 수학의 핵심적인 내용은 기원전 300년경의 유클리드(1부 II장 1.2.8절 참조)의 원론과 유클리드의 뒤를 이은 수학자들과 주석가들의 글에서 볼 수 있다: 그러나 단지 내용뿐이며 그것이 발달한 역사는 없다. 단지 위에서 언급한 그러한 기록들을 통하여 수학의 초기 모습을 어렴풋이 감지할 수 있으며 이것은 유클리드의 작품이 아니다. 이러한 기록들 가운데 가장 중요하고 광범위한 것 중의 하나는 적어도 기원전 450년경에 살았던 히포크라테스에게서 전해져 내려온, 아마도 그리스 수학의 가장 오래된 교재의 몇 페이지로 된 것인데, 그 기록은 무한과정의 이론의 발달하면서 만들어진 내용이다.

1.1 히포크라테스의 방법

히포크라테스는 원을 지름 AB로 이등분한다. 그리고 밑의 반원의 이등분점을 중심으로 하여 A와 B를 지나는 원을 그린다. 그는 그 '초승달(검정색 부분)이 처음 원의 반지름 BM을 한 변으로 하는 정사각형과 면적이 같다'고 주장하였다. 즉, '초승달의 넓이는 반지름 제곱과 같다'는 것이었다.

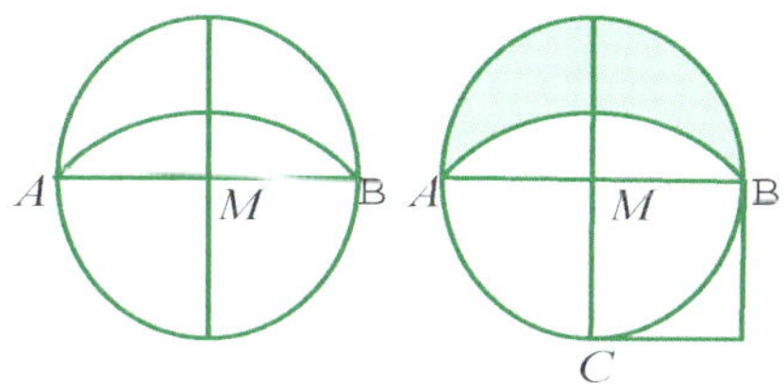

'초승달이 처음 원의 반지름 BM을 한 변으로 하는 정사각형과 넓이와 같다'는 그의 주장에 대한 증명은 그가 만든 보조정리에 이용하였지만, 불행히도 그 증명과정은 현존하는 기록에는 남아있지 않지만, 개괄적인 내용은 다음과 같다.

■ 히포크라테스의 아이디어

① 두 원의 넓이의 비는 각각의 반지름의 제곱의 비와 같다(아래 왼쪽 그림).

② 따라서 서로 다른 두 원에서 같은 각에 대응하는 두 활꼴의 넓이의 비는 반지름의 제곱의 비와 같다(아래 오른쪽 그림).

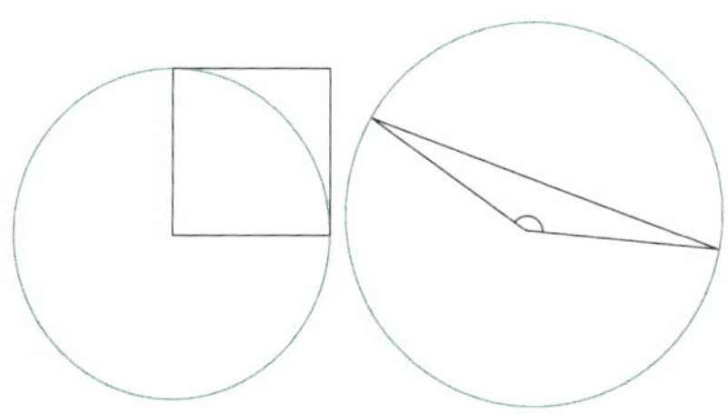

③ 먼저 360°의 약수가 되는 각에 대하여 증명한 다음에 임의의 각에 대하여 증명한다.

■ 히포크라테스의 아이디어에 따른 직관적인 증명

히포크라테스는 위의 반원의 중점 D를 A, B와 각각 연결시키고, 이 두 직선이 A, B에서 큰 원에 접한다는 것을 발견하였다. 따라서 초승달 부분은 그림에서 α, β, γ로 표시된 세 부분으로 나누어진다. 즉,

$$\text{초승달부분} = \alpha + \beta + \gamma.$$

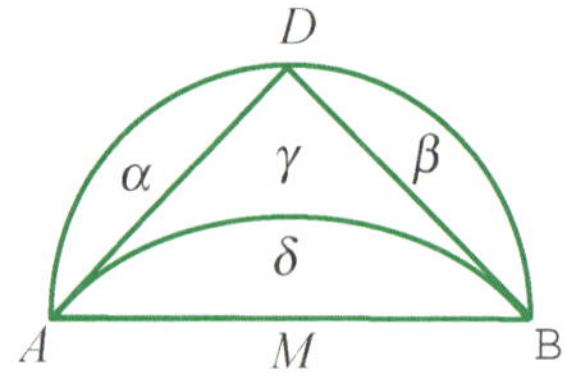

α는 처음 원에서 직각에 대응하는 활꼴이며, δ는 큰 원에서 직각에 대응하는 활꼴이다.

문제 1.1.1 지금까지의 설명을 이용하여 '초승달부분의 넓이=원의 반지름 제곱'인 것을 설명하시오.

풀이 1.1.1 참조

[참고] 이 발견의 근본적인 중요성은 곡선으로 둘러싸인 도형의 넓이가 직선으로 둘러싸인 도형의 넓이와 '자연수의 비'로 나타낼 수 있는지의 가능성을 증명하는 것에 있다. 원의 넓이와 같은 넓이를 갖는 정사각형을 찾는 문제(squaring the circle)에 대한 매력은 이 발견에서 비롯된다. 그러나 이러한 최초의 광범위한 시도는 실패로 끝났다. 왜냐하면 히포크라테스가 작도한 초승달 모양과 원과의 관계를 알아내지 못했기 때문이었다.

2. 다각형을 정사각형으로 만들기

먼저, 우리가 잘 알고 있는 다각형의 넓이와 같은 정사각형을 작도하는 문제부터 알아보기로 한다.

2.1 삼각형을 직사각형으로

다각형은 몇 개의 삼각형으로 나눌 수 있기 때문에, 먼저 삼각형의 넓이와 같은 직사각형을 작도하는 방법을 알아보기로 한다.

문제 2.1.1 삼각형을 그리고 그 삼각형의 넓이와 같은 직사각형을 작도해 보시오.

풀이 2.1.1 참조

문제 2.1.2 오각형 ABCDE의 넓이와 같은 정사각형을 작도해 보시오.

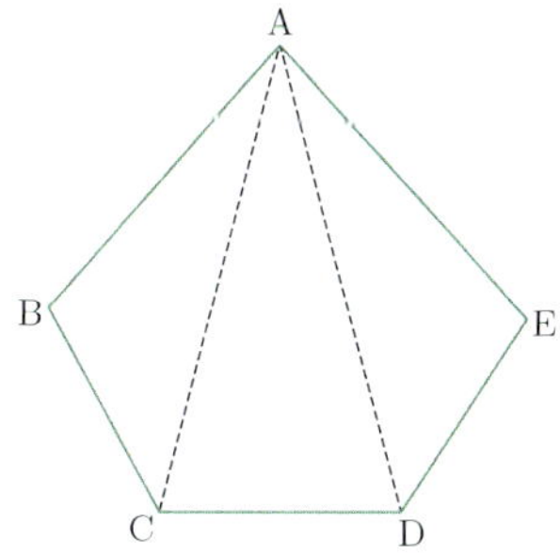

[힌트 및 참고] 피타고라스 정리를 이용하시오. 피타고라스 정리를 배우지 않은 학생은 뒤에서 피타고라스 정리를 배운 다음에 풀어보시오.

풀이 2.1.2 참조

3. 원을 정사각형으로 만들기

앞에서 원의 넓이와 같은 정사각형은 '자와 컴퍼스만을 이용하여 작도할 수 없다'는 사실을 배웠다. 그런데 우리는 아르키메데스의 아이디어와 아주 간단한 활동을 통하여 원의 넓이와 같은 정사각형을 만들어보기로 한다.

3.1 현의 성질

원 안에 만나는 두 현의 성질을 알아보기로 한다.

문제 3.1.1 아래 그림에서 $m \times n = p \times q$ 임을 증명하시오.

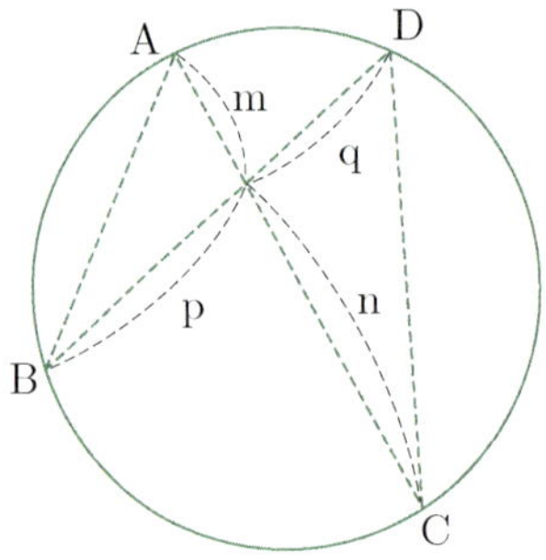

풀이 3.1.1 참조

[참고] 두 수의 곱은 직사각형의 넓이라는 것을 배웠다. 따라서 식

$$m \times n = p \times q$$

은 가로가 m이고 세로가 n인 직사각형의 넓이와 가로가 p이고 세로가 q인 직사각형의 넓이는 같다는 사실을 나타내고 있다는 것을 기억해두기로 한다.

문제 3.1.2 아래 그림을 보면서, 지름에 수직인 현 $\overline{AB}$를 그으면 $\overline{CE} \times \overline{ED} = \overline{AE} \times \overline{AE}$ 이 되는 것을 설명하시오.

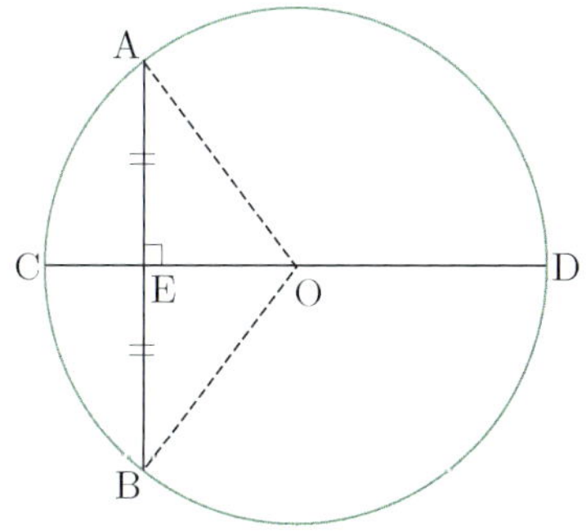

풀이 3.1.2 참조

[참고] $\overline{CE} \times \overline{ED} = \overline{AE} \times \overline{AE}$ 이므로, 가로가 $\overline{ED}$ 이고 세로가 $\overline{CE}$ 인 직사각형의 넓이는 한 변이 $\overline{AE}$ 인 정사각형의 넓이와 같다.

위의 사실을 이용하여 다음 문제를 해결해 보시오.

문제 3.1.3 아래 그림에서, '직사각형 ABCD의 넓이=빗금 친 정사각형의 넓이'인 것을 설명하시오.

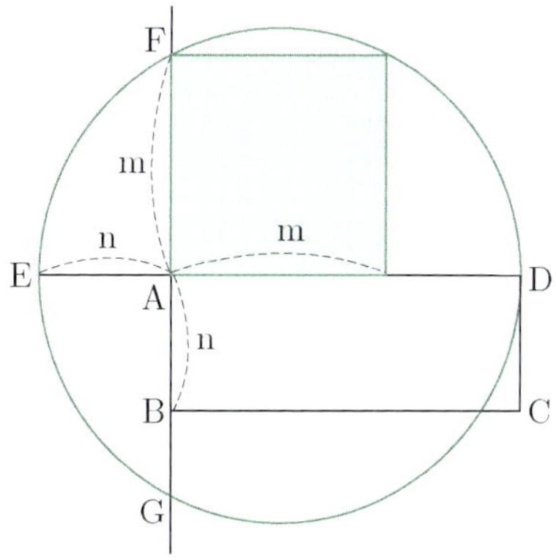

풀이 3.1.3 참조

지금까지의 지식과 아르키메데스의 아이디어를 이용하여 원과 넓이와 같은 정사각형을 작도하는 방법을 알아보기로 한다.

문제 3.1.4 원과 넓이가 같은 정사각형을 만드는 방법을 설명하시오.

힌트 ① 아르키메데스의 방법으로 원의 넓이와 같은 직각삼각형을 작도한다.
② 문제 3.1.3을 이용한다.

풀이 3.1.4 참조

쉬어가는 코너

■ 한붓그리기(traverse)

한붓그리기란 연필을 떼지 않고, 같은 길을 두 번 지나지 않고 도형을 완성하는 것을 말한다.

(ⅰ) 쾨니히스베르크 다리 문제

오일러는 잠시 동안 쾨니히스베르크의 동쪽 프로이센 도시인 지금은 러시아 연합국의 칼리닌그라드가 불리는 곳에 살았다. 프레겔 강이 이 도시를 흐르고, 두개의 섬으로 이뤄져 있다. 오일러가 사는 동안, 강의 한쪽 섬에서 다른 쪽 섬을 연결하는 7개의 다리가 있었다. 그 곳의 주민들은 일요일마다 쾨니히스베르크를 지나는 일이 빈번했기 때문에 2번 건너는 것 없이 7개의 모든 다리를 건너가는 것이 가능한지 궁금해하였다. 오일러는 지금은 '쾨니히스베르크 다리 문제'로 알려진 문제를 풀었고, 그 문제를 해결한 아이니어를 '위치의 기하학'이라 불렀으며, 오늘날은 위상 기하학(topology)이라고 한다.

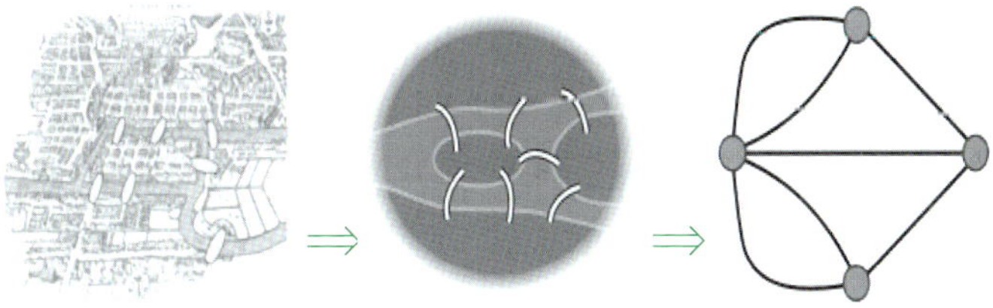

※ 점 사이의 거리와 곡선으로 연결된 모양은 중요하지 않으며, 각 지점들의 순서만이 중요하다.

(ⅱ) 회로망(network)

- 회로망은 다음의 두 가지 성분으로 이루어진 것이다.
- 평면위의 점인 꼭짓점
- 두 꼭짓점을 잇는 선분 또는 곡선인 모서리

(ⅲ) 차수, 짝수와 홀수, 꼭짓점

- 꼭짓점의 차수는 꼭짓점으로부터 나오는 모서리의 개수이다.

- 홀수차수인 꼭짓점을 홀수점,
- 짝수차수인 꼭짓점을 짝수점이라고 한다.

(iv) 오일러 경로와 한붓그리기

오일러는 꼭짓점을 통해 두 모서리를 이용하여 경로를 한 번에 통과하는 방법을 다음과 같이 알아냈다.

- 각 꼭짓점을 통과할 때마다 두 개의 경로가 생긴다.
- 꼭짓점이 시작(출발)점이거나 도착(끝)점이면 홀수점이 된다.
- 한붓그리기가 가능하려면 시작(출발)점이거나 도착(끝)점을 제외한 모든 꼭짓점은 짝수점이어야 하고, 홀수점이 2개보다 많으면 한붓그리기가 불가능하다.
- 따라서 홀수점이 없거나 2개일 때만 한붓그리기가 가능하다.
- 만약 2개의 홀수점이 있다면 그 점은 한붓그리기의 출발점이거나 도착점이 된다.
- 오일러의 연결성 이론
  홀수점이 없는 도형은 어느 지점에서 출발하여도 한붓그리기가 가능하며, 홀수점이 두 개있는 도형은 반드시 홀수점에서 출발해야 한붓그리기를 할 수 있다.
- 오일러의 결론
  쾨니히스베르크 다리 회로망은 4개의 홀수 점이 있으므로 한붓그리기를 할 수 없다.

여러 가지 도형을 그려서 한붓그리기를 해보시오.

제III장 확률 영역

확률이란 우연성, 가능성, 불확실성 등과 비슷한 것을 뜻하며, 통계학의 수학적 기초의 학문으로서, 일부분의 정보를 이용하여 큰 집단의 양적인 문제를 분석하는데 유용하게 쓰이고 있다. 확률의 관념은 동전던지기, 주사위 던지기 게임 등의 도박에서 시작되었다. 확률이론은 파스칼이 친구인 메레(Chevalier de Méré, 1607~1684)에게 질문한 다음의 문제로부터 시작되었다. '실력이 대등하여 이기고 질 가능성이 반반인 두 사람 A, B가 10회전의 도박에서 5번 먼저 이긴 사람이 상금을 갖기로 하였다. 그러나 A, B가 4 : 3이 된 후, 사정에 의해 도박이 중단되었다면 상금을 어떻게 나누어야 할까?'

도박이 갖는 우연성에 합리적이고 보편적인 해석을 할 수 있도록, 1653년에 파스칼과 페르마 두 사람에 의해서 확률이론이 탄생하게 되었다(1부 II장 2.2절 참조). 그 후 스위스의 수학자 베르누이(Jocob Bernoulli, 1645~1705)는 '일정한 확률을 갖는 독립시행의 횟수를 충분히 크게 하면 그 사건의 상대도수와 그 확률과의 차는 얼마든지 작게 할 수 있다.'는 '큰 수의 법칙'을 창안하였다. 1812년에 라플라스(Pierre Simon Laplace, 1749~1827)는 '해석학적 확률론(Analytic Theory of Probability)'을 집대성하여 이때부터 확률론은 도박을 벗어나 우리 생활의 여러 분야에 이용할 수 있는 과학으로 발전하였고 이것이 통계에 활용되면서 통계학의 발달에 큰 영향을 미치게 되었다. 최근에는 소련의 수학자인 콜모고로프(A. Kolmogorov, 1903~1987)가 그의 저서 '확률론의 기초개념'에서 공리론적인 확률이론을 구축하였다. 오늘날 확률론은 보험에서는 인간의 수명이나 교통사고율을 통한 보험료 산정에, 생물학자는 세균의 배양실험에서 박테리아의 분열에, 경제학자는 미래의 경제 현상을 예측에, 천문학자는 서로 다른 은하계에 존재하는 별들의 분포에 대하여 널리 응용되고 활용되고 있다. 그 밖에도 확률은 교육, 통계, 정치학 등의 많은 분야에 응용되면서 수학의 한 분야로 발전하고 있다.

주제 1 경우의 수

확률 계산에 꼭 필요한 내용이 경우의 수를 알아보는 일이다. 따라서 먼저 경우의 수를 계산하는 방법을 알아보기로 한다. 아래와 같은 동전을 4회 던지면 다음과 같은 경우가 생긴다.

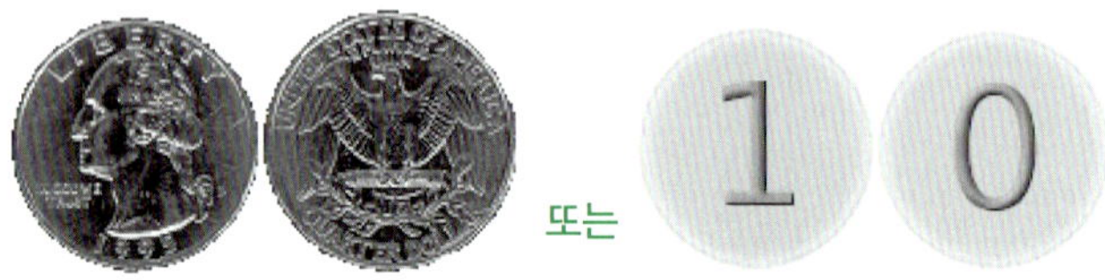

앞면 뒷면 앞면 뒷면

앞면의 수	던진 결과	경우의 수
0	0 0 0 0	1
	0 0 0 1	
1	0 0 1 0	4
	0 1 0 0	
	1 0 0 0	
	0 0 1 1	
	0 1 0 1	
2	1 0 0 1	6
	0 1 1 0	
	1 0 1 0	
	1 1 0 0	
	0 1 1 1	
3	1 0 1 1	4
	1 1 0 1	
	1 1 1 0	
4	1 1 1 1	1

이와 같이 어떤 행위(실험)를 했을 때, 일어날 수 있는 모든 가능성을 모아놓은 것(집합)을 표본공간이라고 하며, 그 중에서 특정한 일이 발생하는 가짓수가 모두 m일 때, 그 일이 일어나는 '경우의 수'는 m이라고 한다. 이때 확률과 통계에서는 실행을 '시행', 시행에 의해서

발생하는 일을 '사건'이라고 부르고 있다. 경우의 수를 세는 방법은 덧셈의 법칙과 곱셈의 법칙 두 종류가 있다.

1. 수 세기에 관한 덧셈 법칙

1~30까지의 수가 적힌 30장의 카드가 있다. 이 카드들 중에서 짝수 또는 3의 배수가 적힌 카드는 몇 장일까? 라는 문제에서 표본공간과 경우의 수를 구하면 다음과 같다.

- 표본공간
  1~30까지의 수가 적힌 30장의 카드. 이것을 간단하게 표시하면 $\{1, 2, 3, \cdots, 30\}$.
- 경우의 수
  1~30까지의 짝수의 모임 : 2, 4, 6, ⋯, 30 즉, 15개.
  1~30까지의 3의 배수의 모임 : 3, 6, 9, ⋯, 30 즉, 10개.
  1~30까지의 짝수이면서 동시에 3의 배수의 모임 : 6, 12, 18, 24, 30 즉, 5개.

따라서 1~30까지의 수가 적힌 30장의 카드 중에서, 짝수 또는 3의 배수가 적힌 카드는 $15+10-5=20$장이다.

즉, 경우의 수를 세는 문제에 '또는'이 있으면 다음과 같은 덧셈법칙을 적용한다. 이와 같은 사실을 정리하면 다음과 같다.

1.1 덧셈 법칙

(사건 A 또는 사건 B가 일어나는 경우의 수)

=(사건 A가 일어나는 경우의 수)+(사건 B가 일어나는 경우의 수)−(사건 A와 사건 B가 겹치는(동시에 일어나는) 경우의 수).

위의 식을 앞으로는 간단하게 다음과 같이 나타내기로 한다.

- (A 또는 B)=(A)+(B)−(A와 B).

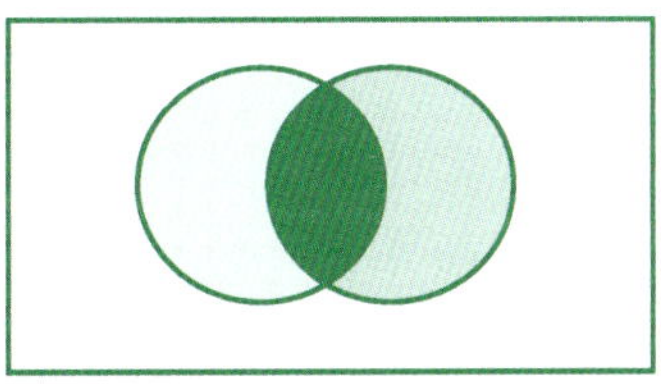

즉, 위의 그림의 두 원에서 파란 부분을 빼내는 것이다.

그런데 두 사건 A와 B가 겹치지 않는 경우도 있다. 이 때에는 두 사건 A와 B 배타적이라고 한다. 그것은 빨간 부분이 없는 경우이다.

- 두 사건 A와 B가 배타적인 경우.

  (A 또는 B)=(A)+(B).

문제 1.1.1 2개의 주사위를 동시에 던질 때, 표본공간과 두 눈의 합이 7 또는 11이 나올 경우의 수를 구하시오.

풀이 1.1.1 참조

2. 곱의 법칙

아래 그림에서 P에서 출발하여 반드시 Q를 지나고, R에 도착하는 경우의 수를 생각해보자.

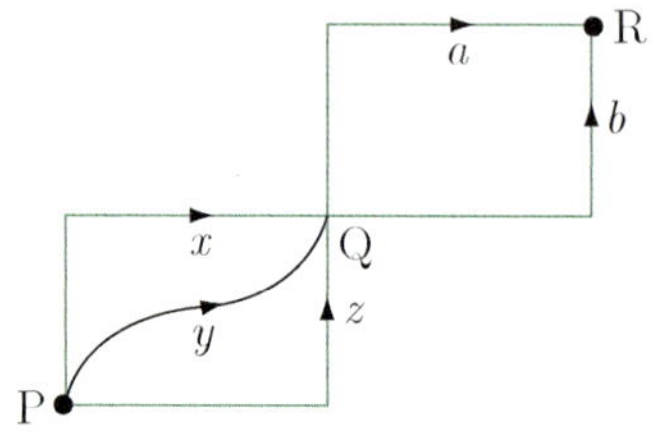

P에서 Q에 가는 길이 3개, Q에서 R에 가는 길이 2개 있다. 그러면 P에서 Q를 거쳐 R로 가는 길은 다음과 같다.

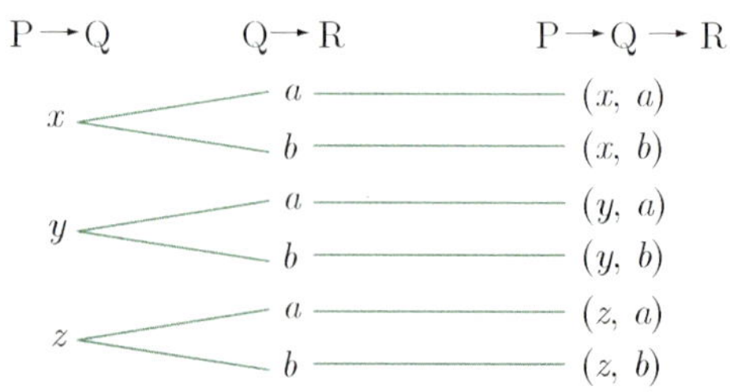

즉, $3 \times 2 = 6$가지 방법이 있다.

즉, 경우의 수를 세는 문제에 '그리고'가 있으면 다음과 같은 곱셈법칙을 적용한다. 이와 같은 사실을 정리하면 다음과 같다.

2.1 곱셈 법칙

(사건 A 그리고 사건 B가 일어나는 경우의 수)=(사건 A가 일어나는 경우의 수)×(사건 A가 일어난다는 가정 하에서, 사건 B가 일어나는 경우의 수)

위의 식을 앞으로는 간단하게 다음과 같이 나타내기로 한다.

- (A 그리고 B)=$(A)\times(B|A)$.

  그런데, 위의 예와 같이 P에서 Q를 가는 방법과 Q에서 R에 가는 방법은 아무런 상관이 없다. 즉, P에서 Q에 어떤 길로 가든지 관계없이 Q에 도착하여 마음대로 R에 갈 수 있다. 이와 같이 두 사건 A와 B가 아무런 상관이 없는 경우도 있다. 이때에는 두 사건 A와 B 독립적이라고 한다.

- 두 사건 A와 B가 독립적인 경우.

  (A 그리고 B)=$(A)\times(B)$.

문제 2.1.1 구슬 주머니에 3개의 빨간 구슬과 초록색 구슬 1개가 들어있다.

다음 두 단계의 시행을 한다.

단계 1 : 주머니에서 첫 번째 구슬을 꺼내 왼손에 쥔다.

단계 2 : 첫 번째 뽑은 구슬은 왼쪽 손에 쥔 상태에서, 남아 있는 3개의 구슬 중에서 두 번째 구슬을 꺼내 오른쪽 손에 쥔다.

1) 2단계의 시행을 하는 동안 나올 수 있는 경우의 수를 구하시오.

2) 왼손과 오른손 모두에 빨간 구슬을 쥐는 경우의 수를 구하시오.

풀이 2.1.1 참조

3. 순서와 관계있는 경우의 수, 순서와 관계없는 경우의 수

어떤 사건의 경우의 수를 셀 때, 매우 중요한 방법을 아래와 같은 예를 들어서 알아보기로 한다.

① 세 명의 친구 A, B, C를 한 줄로 세우는 경우의 수

이 경우에는 ABC로 줄을 서는 경우와 BAC로 줄을 서는 경우는 다른 경우이다. 즉, 세 친구가 서 있는 순서에 따라 경우가 달라지는 것이다.

이때는 맨 앞 '그리고' 둘째 '그리고' 마지막에 세 사람을 세우는 경우이므로, 곱셈법칙을 사용해야 한다.

따라서 $3\times2\times1=6$가지 경우가 생긴다.

② 세 명의 친구 A, B, C에서 대표 2명을 뽑는 경우의 수

이 경우에는 대표로 A를 먼저 뽑은 다음에 B를 뽑는 것과 B를 먼저 뽑은 다음에 A를 뽑는 것은 같다. 즉, 두 사람을 뽑는 순서와 관계없는 경우이다. A, B, C에서 대표 두 명을 뽑는 경우는 (A, B) (A, C) (B, A), (B, C), (C, A), (C, B) 모두 $3\times2=6$가지이지만, (A, B)와 (B, A), (A, C)와 (C, A), (B, C)와 (C, B)는 각각 같은 경우가 된다. 따라서 경우의 수는 3이다.

이 경우 역시 곱셈법칙을 사용해야 되며, 위의 과정을 잘 살펴보면 6가지 중에서 같은 경우가 2개씩 있으므로 $\frac{3\times2}{2}=3$가지가 된 것이다.

따라서 경우의 수를 셀 때, 순서와 관계가 있는지 또는 없는지를 잘 살펴보아야 한다.

문제 3.1.1 5개의 철자로 이뤄진 영어 단어는 몇 개일까?

① 철자의 반복이 허용된다면?

② 철자의 반복이 허용되지 않는다면?

풀이 3.1.1 참조

문제 3.1.2 수학, 생물, 화학, 희곡 네 권의 다른 교과서가 있다고 하자.

1) 4권 중에서 두 권을 뽑아 차례로 늘어놓는 경우의 수를 구하시오.

2) 4권 중 2권을 책꽂이에 놓는 경우의 수를 수하시오.

풀이 3.1.2 참조

문제 3.1.3 주머니 속에 흰 구슬 4개, 검정 구슬 6개가 있다. 이것에서 3개를 꺼낼 때, 다음 경우의 수를 구하시오.

1) 흰 구슬 1개, 검정 구슬 2개일 경우

2) 흰 구슬 2개, 검정 구슬 1개일 경우

3) 흰 구슬 3개일 경우

풀이 3.1.3 참조

문제 3.1.4 윤지, 정미, 현철, 보성, 성원, 동춘, 6명이 있습니다.

1) 이 학생들을 줄을 세우고자 한다. 몇 가지 방법이 있을까요?

2) 정미가 눈이 안보여서 꼭 앞에 서야 한다고 한다. 정미를 맨 앞에 세우는 경우의 수를 구하시오.

3) 정미가 앞에 서자 현철이도 눈이 안 좋아서 앞에 서야 한다고 한다. 그래서 선생님은 정미와 현철이를 다른 친구들보다는 앞에 세우려고 한다. 줄을 세우는 경우의 수를 구하시오.

풀이 3.1.4 참조

문제 3.1.5 아래와 같은 둥그런 테이블에 7명이 앉는 경우의 수를 구하시오.

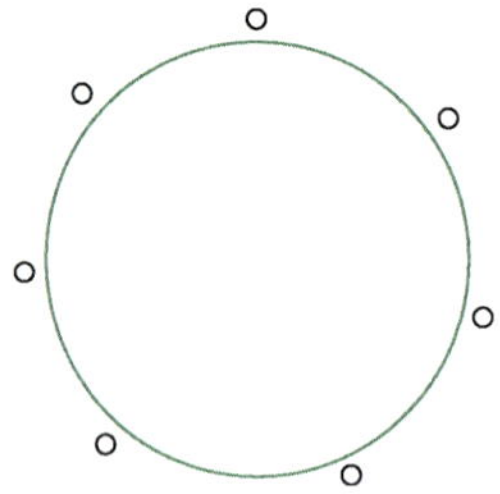

힌트 한 사람을 고정시킨다.

풀이 3.1.5 참조

주제 2 확률

앞에서 알아본 것과 같이, 1653년 파스칼과 페르마의 두 사람에 의해서 확률론이 탄생하였다. 그 후에 많은 수학자들의 노력으로 확률이론이 발전하게 되었으며, 1812년에 프랑스의 수학자 라플라스가 수학적 확률을 정의하였으며, 콜모고로프에 의해서 확률을 공리론적으로 약속하였다. 먼저 확률론이 시작하게 된 메레가 제시한 문제를 생각해보기로 한다.

메레의 문제 철수와 영이가 2만원을 상금으로 걸고 가위, 바위, 보의 게임으로 내기를 하였다. 규칙은 먼저 5번을 이기는 사람이 상금을 모두 가지기로 하였다. 그런데 철수와 영이가 4 : 3인 상태에서 어쩔 수 없이 게임을 중단하게 되어 상금을 나눠 가지기로 하였다. 얼마씩 나눠가져야 공평하겠는가?

풀이 메레의 문제 참조

메레의 문제에서 중요한 사실은 어떤 시행을 할 때, 일어날 수 있는 모든 경우를 생각해야 한다는 것이었다. 그래서 확률에서 표본공간이라는 개념이 도입되었다.

1. 실험적 확률

확률에 대한 첫 번째 관점은 미래의 실험에서 일어날 결과의 가능성을 예측하는 것으로서 이는 과거에 반복적으로 행해졌던 많은 횟수의 실험의 결과에 기초로 하고 있다. 예를 들면 과거에 동전을 10번 던지는 실험에서 앞면이 7번 나왔다면, 동전 던지기를 100번 반복할 경우 앞면이 70번 나올 것으로 예측하게 될 것이다. 실험적 확률은 경험적 확률이라고도 불린다.

1.1 실험적 확률

똑같은 실험을 n번 반복할 때, 특정한 결과 E가 r번 나왔다고 가정하자. 이때 실험적 확률(혹은 경험적 확률)은 $\frac{r}{n}$이다.

따라서 동전을 10회 던졌을 때, 앞면이 3번 또는 5번 또는 8번 나왔다면 앞면이 나올 실험적 확률은 각각 $\frac{3}{10}$, $\frac{5}{10}$, $\frac{8}{10}$이다.

■ 실험적 확률의 예

책을 무작위로 펼쳐서 오른쪽 페이지의 숫자를 기록하기로 한다. 이 시행을 20번 반복할 때, 오른쪽 페이지의 숫자가 3의 배수일 경험적 확률을 구해보기로 한다.

• 실험 결과

모든 수의 셋 중의 하나는 3의 배수이기 때문에, 실험적 확률이 $\frac{1}{3}$ 정도일 것이라 예측할 수 있다. 아래에 실제로 무작위로 얻은 20개의 페이지가 있다.

349	69	267	407	133
395	269	123	331	373
155	235	187	273	401
297	83	852	263	303

3의 배수는 각 자리의 합이 3의 배수이므로 이들 중에서 7개가 3의 배수이므로, 실험적 확률은 $\frac{7}{20} = 0.35$이고, 이 값은 $\frac{1}{3}$에 매우 근접한 것을 알 수 있다.

■ 통계에서의 실험적 확률

문제 1.1.1 다음은 5학년 학생 28명의 기말고사 성적이다. 학급에서 무작위로 선별된 학생이 70점대의 학생일 실험적 확률을 구하시오.

67	56	76	84	36	50	84
47	59	54	79	100	48	80
60	100	100	68	79	95	81
98	76	33	73	83	77	67

풀이 1.1.1 참조

문제 1.1.2 철수는 5개의 동전을 바닥에 던졌을 때 앞면이 최대 2개 나오는 확률을 알고 싶었다. 철수는 5개의 동전을 50번 반복적으로 던지고 앞면이 나온 횟수를 센 결과로 다음과 같은 표를 얻었다

앞면의 수	0	1	2	3	4	5	계
횟수	1	7	13	16	11	2	50

철수의 자료에 의하면, 5개의 동전을 던졌을 때 앞면이 최대 1개 나올 실험적 확률이 얼마인가?

풀이 1.1.2 참조

(답) 자료는 앞면이 2번 나온 경우가 13회, 1번 나온 경우가 7회이고 앞면이 하나도 나오지 않는 경우(즉, 전부 뒷면)가 1회 있음을 보여주고 있다. 이것은 앞면이 최대 2번 나오는 경우가 50번 중에 $1+7+13=21$ 회이며, 따라서 실험적 확률은 $\frac{21}{50}=0.42$ 이다.

■ **큰 수의 법칙**

베르누이는 만약 똑같은 실험을 반복적으로 시행할 때 시행 횟수가 많을수록 실험적 확률은 어떤 특정한 값에 가까워진다는 큰 수의 법칙을 발견하였다.

■ 이유 불충분의 원리

수학적 확률 또는 이론적 확률을 정의한 라플라스는 동전을 던질 때 앞면이 나올 확률을 $\frac{1}{2}$이라고 발표했을 때, 당시의 학자들이 실제로 동전을 던지면 앞면이 나올 확률을 $\frac{1}{2}$이 아닌 경우가 더 많아진다고 불평할 때에, 라플라스는 '충분한 이유가 없이 나의 이론을 반박하지 말라.'는 유명한 일화가 수학적 확률의 의미를 설명해주고 있다. 즉, 동전을 던져서 앞면이 나올 확률을 실제로 실행한 결과를 적용하여 $\frac{1}{3}$, $\frac{1}{4}$, $\frac{1}{5}$ 심지어 0 등으로 정의할 수도 있다면, 과연 어느 것이 옳은가?

$$\text{어떤 일이 일어날 확률} = \frac{\text{그 일이 일어날 수 있는 경우의 수}}{\text{표본공간의 경우의 수}}.$$

이때부터 확률론은 도박을 벗어나 우리생활의 여러 분야에 이용할 수 있는 과학으로 발전하였으며, 이것이 통계에 활용되면서 통계학의 발달에 큰 영향을 미치게 되었다. 최근의 확률이론은 소련의 수학자 콜모고로프가 지은 '확률론의 기초개념'이라는 책의 내용을 중심으로 발전하고 있다.

2. 수학(이론)적 확률

확률에 대한 또 다른 관점은 앞으로 일어날 어떤 사건을 합리적으로 분석하여서 실험이전에 그 사건이 일어날 확률을 결정하는 하는 것이다. 예를 들면 완벽한 6면체이며 무게가 균등하여 여섯 대칭면이 똑같이 나오는 주사위가 있다. 이런 경우 주사위를 굴려 5가 나올 확률은 $\frac{1}{6}$이라 생각하는 것이 합리적이다. 이 개념은 이론적 또는 수학적 확률이라 하거나 단순히 확률이라 한다. 이론적 확률은 실험이전에 결정되는 것이므로 선험적 확률이라고도 한다.

2.1 수학적 확률(이론적 확률, 라플라스)

일어날 수 있는 모든 경우의 수가 n가지 있고, 그들의 어느 두 경우도 동시에 일어나지 않고, 어떤 경우도 일어나는 일이 같은 정도로 기대된다고 하자. 이 n가지 중에서 어떤 조건 A가 일어나는 경우의 수가 a가지이면 A가 일어나는 확률은 $\frac{a}{n}$이다.

기호로는 확률(Probability)의 P를 사용하여 다음과 같이 나타낸다.

$$P(A) = \frac{a}{n}$$

문제 2.1.1 메레의 문제에서 영이가 이길 확률은 얼마인가?

풀이 2.1.1 참조

■ **벤도(벤다이어그램)**

영국의 논리학자인 벤(John Venn, 1834~1923)이 확률을 구하는 과정에서 경우의 수를 눈으로 보면서 쉽게 구하는 방법으로, 표본공간은 직사각형으로, 사건들은 직사각형 안에 있는 원으로 표현한 것을 벤도 또는 벤다이어그램이라고 한다.

문제 2.1.2 주사위 두 개를 던져, 두 눈의 합이 7 또는 11일 확률을 벤도를 이용하여 구하시오.

풀이 2.1.2 참조

문제 2.1.3 빨간 주사위와 녹색 주사위가 굴렸을 때, 빨간 주사위가 짝수가 나오고 파란 주사위가 3의 배수가 나올 확률을 구하시오.

풀이 2.1.3 참조

2.2 조건부 확률

경우의 수를 구하는 방법에서 (A 그리고 B)=(A)×(B|A)는 사건 A가 일어나고 동시에 A가 일어난다는 조건에서 B가 일어나는 경우의 수 (B|A)를 구하는 공식이었다.

■ **조건부 확률**

A가 일어난다는 조건에서 B가 일어날 확률을, A가 일어난다는 조건에서 B가 일어날 '조건부 확률'이라고 하고, 그것은 다음과 같다.

$$\frac{A\text{와 } B\text{가 동시에 일어날 확률}}{A\text{가 일어날 확률}}$$

문제 2.2.1 아래는 어느 유치원에 다니는 3살 또는 4살인 24명의 아동의 표이다. 물음에 답하시오.

	3살	4살
남자아이	8	3
여자아이	6	7

1) 아동이 3살일 확률은 얼마인가?

2) 선택한 아동이 남자였을 때 그 아동이 3살일 확률은 얼마인가?

풀이 2.2.1 참조

문제 2.2.2 상자 속에 흰 구슬 6개와 검정 구슬 4개가 있다. 이 상자에서 계속해서 2개의 구슬을 꺼낼 때, 첫 번째가 흰 구슬, 두 번째가 검정 구슬일 확률을 구하시오.

풀이 2.2.2 참조

문제 2.2.3 10개의 제비 중에서 3개가 당첨제비이다. 이 제비를 갑이 먼저 뽑은 뒤 제비를 가져간 후에, 을이 제비를 뽑을 때, 각각 당첨제비를 뽑을 확률을 구하시오.

풀이 2.2.3 참조

문제 2.2.4 베이즈 정리

1) 다이아몬드전시회가 1박 2일로 호텔에서 열렸습니다. 500캐럿짜리 다이아몬드가 전시되었고, 전시장 근처에는 호텔방이 4개가 있었고, 사람들은 그 안에서 하룻밤을 지냈습니다. 하지만 그림과 같이 아쉽게도 각 방에는 도둑들이 있었습니다. 다이아몬드를 도둑맞을 확률은 몇일까요?

2) 다이아몬드를 도둑맞았을 때, 첫 번째 방의 도둑이 훔쳐갔을 확률은 몇일까요?

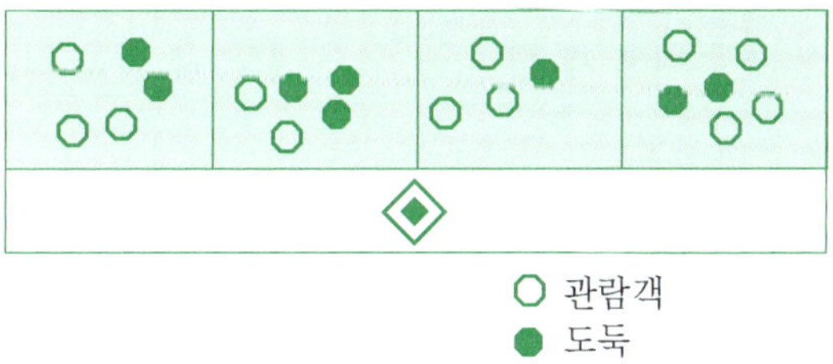

풀이 2.2.4 참조

[참고] 영국의 목사이면서 통계학자인 베이즈(Thomas Bayes, 1701~1761)가 만든 베이즈 정리는 어떤 일이 일어난 경우에 그 일이 일어난 원인을 찾는 문제이다. 확률은 사건이 벌어진 결과를 다루지만, 베이즈는 조건부확률을 이용하여 사건이 일어나기 전의 확률에 대해 생각하였다. 그렇기 때문에 베이즈 정리는 사후확률을 구하는 문제라고도 한다.

2.3 기하학적 확률

아래에 있는 정사각형 위에 찍기를 할 때, A 구역에 찍힐 확률은 $\frac{1}{4}$일 것이다. 그 이유는 정사각형 중 A 구역이 $\frac{1}{4}$을 차지하지 때문이다.

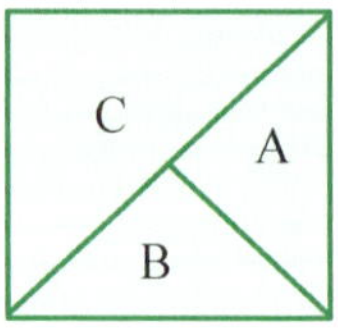

■ **기하학적 확률**

어떤 도형 D의 모든 점에서 사건이 일어날 가능성이 같고, D안에 있는 도형 A가 일어날 확률, 즉, 도형 D위의 일부분인 A가 선택될 확률은

$$\frac{A\text{의 크기}}{D\text{의 크기}}$$

※ 도형 D는 선분, 평면, 입체일 수 있다.

문제 2.3.1 반지름이 1인 원주위에 세 점 A, B, C가 있다. 세 점을 이은 ΔABC 가 예각삼각형일 확률을 구하시오.

풀이 2.2.3 참조

2.4 기댓값

주사위 한 개를 던져서 나온 눈의 1000배의 상금을 받는 게임이 있다. 주사위를 한번 던져서 얼마의 상금을 탈 수 있을 거라고 기대하는가? 운이 좋으면 주사위를 던질 때 마다 6000원을 받을 수도 있을 것이다. 그러나 큰 수의 법칙 때문에 우리는 6이 한 번 굴릴 때 나올 확률은 $\frac{1}{6}$로 기대할 수 있다. 이러한 사실은 주사위의 모든 숫자에 해당하기 때문에, 주사위를

던질 때 1또는 2또는 ⋯ 또는 6이 나오기 때문에,

1이 나올 때는 1이 나올 확률인 $\frac{1}{6}$과 상금 1000원의 곱인 $\frac{1}{6} \times 1000$원,

2가 나올 때는 2가 나올 확률인 $\frac{1}{6}$과 상금 2000원의 곱인 $\frac{1}{6} \times 2000$원,

3이 나올 때는 3이 나올 확률인 $\frac{1}{6}$과 상금 3000원의 곱인 $\frac{1}{6} \times 3000$원,

4가 나올 때는 4가 나올 확률인 $\frac{1}{6}$과 상금 4000원의 곱인 $\frac{1}{6} \times 4000$원,

5가 나올 때는 5가 나올 확률인 $\frac{1}{6}$과 상금 5000원의 곱인 $\frac{1}{6} \times 5000$원,

6이 나올 때는 6이 나올 확률인 $\frac{1}{6}$과 상금 6000원의 곱인 $\frac{1}{6} \times 6000$원

을 모두 받을 것으로 기대하게 된다. 따라서 여러분이 기대할 수 있는 상금의 평균은 한 번의 시행에서,

$$\frac{1}{6} \times 1000 + \frac{1}{6} \times 2000 + \frac{1}{6} \times 3000 + \frac{1}{6} \times 4000 + \frac{1}{6} \times 5000 + \frac{1}{6} \times 6000$$
$$= \frac{1}{6} \times (1000 + 2000 + 3000 + 4000 + 5000 + 6000) = \frac{1}{6} \times 21000 = 3500\text{원}$$

이다.

따라서, 만일 4000원을 걸고 한 게임당 씩 한다면, 게임을 할 때마다 평균 500원 씩 잃을 것이다.

[주의] 위의 게임에서는, 우리가 이기는 것보다는 질 확률이 높다. 따라서 그런 게임은 하지 않는 것이 좋습니다.

■ **기댓값**

이 게임에서 주사위를 한번 던져 얻을 것으로 기대되는 3500원을 이 게임의 기댓값이라고 한다. 이 사실을 식으로 나타내면 다음과 같다.

• 어떤 실험에서의 얻을 수 있는 값이 $v_1, v_2, \cdots, v_n$이고, 값을 얻을 수 있는 확률이 각각 $p_1, p_2, \cdots, p_n$ 일 때, 그 실험의 기댓값(Expected value) E는

$$E = v_1 \times p_1 + v_2 \times p_2 + \cdots + v_n \times p_n \text{이다.}$$

문제 2.4.1 다음 문제를 풀어보시오.

힌트 기댓값을 구하는 문제이다.

크기가 같은 정사각형이 격자무늬로 그려져 있는 커다란 테이블이 있다. 이 격자무늬 위에 500원 짜리 동전을 던져서 격자인 정사각형 안에 500원 짜리 동전을 완전히 넣는다면 500원 짜리 동전 2개를 얻게 되고, 격자 선에 동전이 닿으면 동전을 잃게 된다. 만일 동전의 지름이 2.5cm이고 각 정사각형의 변이 6cm이라면 이게임을 하면 이익을 볼 수 있는가?

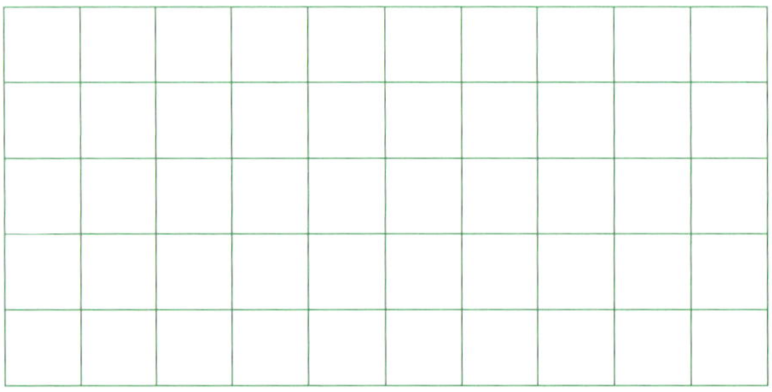

풀이 2.4.1 참조

제IV장 융합 · 응용 영역

선생님께

이 장의 내용은 방정식의 뜻, 이차식, 함수의 그래프, 확률, 수열 등을 이해할 수 있는 아동에게만 지도하면 좋겠습니다. 그러나 앞에서 알아 본 고대인들의 관념인,

두 수의 곱=직사각형의 넓이

제곱=정사각형의 넓이

등과 일차함수의 그래프가 직선이 되는 사실, 우연성 또는 불확실성이 확률이라는 사실과 규칙성을 가지는 수들의 합을 직관적으로 지도할 수 있다면 모든 수학영재아들에게 지도할 수 있는 내용이다.

이 장에서는 수와 연산과 도형, 측정 또는 우리가 배운 내용을 융합한 영역과 암호학 등 일상생활에 응용할 수 있는 문제를 이해하고 해결해 보기로 한다.

주제 1 각뿔대의 부피

2부 II장 주제2의 3.3절에서 아르키메데스의 방법을 이용하여 원뿔대의 부피를 구하는 방법을 알아보았다. 이제, 피라미드를 건축하던 도중에 맨 처음 각뿔대 모양을 만들어 놓았으며 그 모양을 관찰하였던 고대 이집트인들이 각뿔대의 부피를 구한 방법을 알아보기로 한다.

1. 각뿔대의 출현

피라미들을 건축하던 당시에 고대 이집트인들은, 정사각기둥의 부피가 가로×세로×높이인 사실과 피라미드의 부피는

$$\frac{1}{3}\times\text{높이}\times\text{밑넓이(한 변이 }A\text{ 인 정사각형)}=\frac{1}{3}\times h\times A^2$$

임을 알고 있었던 것으로 추측된다. 또한 그들은 피라미드를 건축하는 동안에 저 멀리에서 건축 중인 피라미드를 보면서 오늘날의 각뿔대라고 부르는 입체 모양을 보게 된 것이다. 이 광경을 거꾸로 생각한다면 각뿔대란 전체 피라미드에서 위쪽의 피라미드를 없앤 나머지 도형이었다.

2. 각뿔대의 부피

아래 그림과 같은 각뿔대의 부피는 전체 피라미드에서 위쪽의 피라미드 맛을 없앤 나머지의 부피이다.

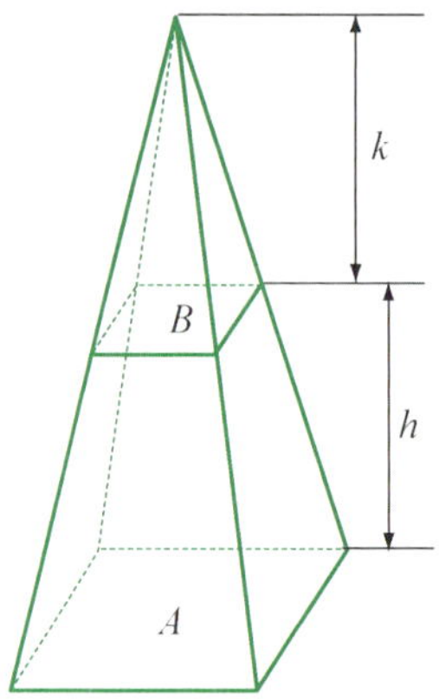

문제 2.1.1 위의 그림과 같이, 밑면은 한 변이 A인 정사각형, 윗면은 한 변이 B인 정사각형, 높이가 h인 각뿔대의 부피를 구하시오.

풀이 2.1.1 참조

3. 각뿔대의 부피 공식

각뿔대의 부피를 구하기 위하여, 고대 이집트인들은 도형을 식으로 바꾸는 아이디어를 고안하였으며, 여러 가지 상황으로 나누어서 문제 1.1.1에서 구한 각뿔대의 부피 공식을 만들어 갔다.

문제 3.1.1 위의 피라미드에서 $k=h$인 경우, 즉 피라미드를 높이의 반으로 자른 각뿔대의 부피를 구하는 과정을 설명하시오.

풀이 3.1.1 참조

고대 이집트인들이 만든 모스크바 파피루스의 문제 중에는 $k=h$인 경우에는$A=2\times B$의 관계가 있다는 사실을 알아내고, 다음 도형을 이용하여, 문제 3.1.1에서 얻은 각뿔대의 부피 공식 $\frac{1}{3}\times h\times\left[A^2+\left(A^2-B^2\right)\right]$을 바꾸어 놓았다.

문제 3.1.2 위의 피라미드에서 $k=h$인 경우, 각뿔대의 부피 공식을 아래의 도형을 잘 관찰하여 바꿔보시오.

힌트 아래 그림에서 A^2-B^2은 무엇과 같은가요?

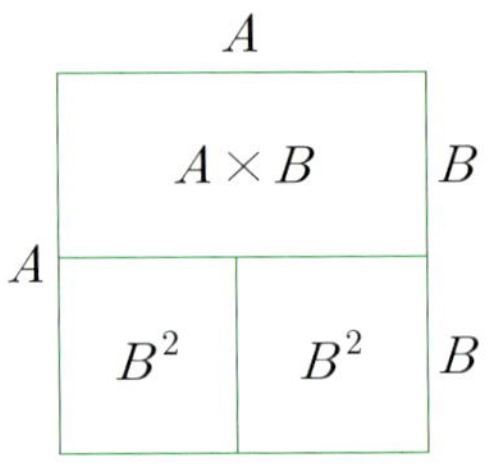

풀이 3.1.2 참조

이제 좀 더 일반적인 경우로 확장하여 각뿔대의 부피를 구해보기로 한다.

문제 3.1.3 위에 있는 각뿔대 그림에서 $h=2\times k$이고 $A=3\times B$이면 정사각뿔대의 부피 공식을 만들어 보시오.

풀이 3.1.3 참조

문제 3.1.4 아래 그림을 관찰하여 문제 3.1.3의 각뿔대의 공식을 바꿔보시오.

힌트 아래 그림에서 $\frac{1}{2}\times(A^2-B^2)$은 무엇과 같은가요?

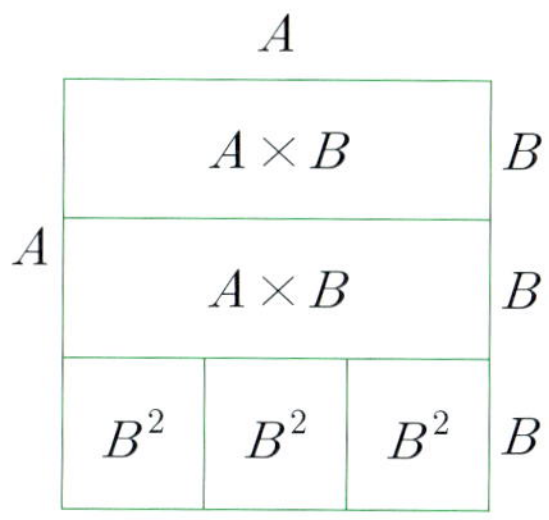

풀이 3.1.4 참조

문제 3.1.5 $k=4,\ h=8,\ B=5,\ A=15$일 때, 각뿔대의 부피를 구하시오.

풀이 3.1.5 참조

■ **정사각뿔대의 부피**

위와 같은 과정을 거치면서 고대 이집트인들은 밑면은 한 변이 A인 정사각형, 윗면은 한 변이 B인 정사각형, 높이가 h인 각뿔대의 부피는

$$\frac{1}{3}\times h\times(A^2+A\times B+B^2)$$

인 사실을 알게 되었으며, 이것은 현재 우리가 사용하고 있는 정사각뿔대의 부피 공식과 일치한다.

주제 2 방정식을 도형으로 풀기

앞에서 여러 번 설명했던 것과 같이 고대인들의 관념이었던,

수= 막대의 길이
두 수의 곱= 직사각형의 넓이
제곱= 정사각형의 넓이

라는 관념을 이용하여 식을 도형으로 표현하고, 따라서 방정식을 도형으로 표현하여 선분의 길이를 구하는 방법으로 해(근)를 구하는 방법을 알아보기로 한다.

1. 메소포타미아 남부 바빌로니아

메소포타미아(Mesopotamia, 현재의 이라크)란 유프라테스(Euphrates)강과 티그리스(Tigris)강 사이의 지역이라는 뜻이다. 그의 남부지역인 바빌로니아(Babylonia, B.C. 2700년경)에서는 메소포타미아 평원을 흐르는 유프라테스 강과 티그리스 강 유역에서 일어나는 홍수 같은 생활상의 수리적 문제해결을 위한 수학이 발달하였다. 또한 바빌로니아지역은 지정학적으로 많은 상인들이 다니는 길목(실크로드)에 위치하고 있었기 때문에 이집트 수학보다 더욱 발달하게 되었다. 초기 바빌로니아인들은 젖은 점토판에 바늘로 기록하여 판을 화덕 속에서 구웠다. 19세기에 B.C 1600년경의 함무라비 왕조의 점토판을 발굴하여 쐐기문자 원문을 해독하면서 상업과 농업에 있어서 상당히 높은 수준의 계산술과 60진법의 수 체계를 사용했음을 알 수 있었다. 이들은 2차방정식과 연립 2원 2차방정식의 해법도 알고 있었고 단순한 3, 4차 방정식도 다룰 정도로 대수학이 싹트고 있었다.

그런데 바빌로니아의 기하학(도형)은 대부분 실제 측량과 관련된 것으로서 도형의 문제를 대수적 성질(수와 연산)을 이용하여 해결하였던 것이다.

또한 점토판에 쐐기문자로 기록된 삼중수(3, 4, 5; 5, 12, 13; 등)와 원주를 360등분하여 한 바퀴를 360°로 정한 것과 60진법으로 시 : 분 : 초를 표현하는 것도 고대 바빌로니아인들의 업적이다.

1.1 분배 법칙의 발견

바빌로니아인들은 위에서 언급한 '수 = 막대의 길이, 두 수의 곱= 직사각형의 넓이, 제곱 = 정사각형의 넓이'의 관념으로 도형의 문제를 해결하였는데, 그것의 첫 번째 문제가 분배 법칙이었다.

문제 1.1.1 도형을 이용하여, 분배법칙

$$3\times(4+5)=3\times4+3\times5$$

임을 설명하시오.

풀이 1.1.1 참조

문제 1.1.2 위의 분배법칙을 일반화하시오.

풀이 1.1.2 참조

문제 1.1.3 직사각형과 정사각형을 이용하여, 도형으로

$$7\times7=(3+4)\times(3+4)=3\times3+2\times3\times4+4\times4$$

임을 설명하시오.

풀이 1.1.3 참조

문제 1.1.4 위의 문제를 일반화하시오.

풀이 1.1.4 참조

문제 1.1.5 직사각형을 이용하여 $(7+5)\times(7-5)=7\times7-5\times5$임을 도형으로 설명하시오.

풀이 1.1.5 참조

문제 1.1.6 위의 문제를 일반화하시오.

풀이 1.1.6 참조

문제 1.1.7 문제 1.1.6의 공식을 사용하여 1001×999를 계산하시오.

풀이 1.1.7 참조

1.2 바빌로니아의 기하대수

위에서 알아본 것과 같이 바빌로니아인들이 수와 연산의 문제를 도형을 이용하여 해결하는 방법을 '기하대수'라고 부른다. 지금부터 기하대수에 대한 그들의 아이디어를 알아보기로 한다.

문제 1.2.1 벽돌공이 굴뚝을 만들기 위해 단면의 속이 빈 정사각형 모양인 기둥을 세우려고 한다. 가로와 세로의 길이가 각각 a와 b인 직사각형 네 개로 한 변의 길이가 $a+b$인 정사각형을 만들어보시오.

힌트 가로와 세로의 길이가 각각 a와 b인 직사각형의 넓이는 $a \times b$이다.

풀이 1.2.1 참조

문제 1.2.2 위 문제에서 만든 정사각형의 넓이를 식으로 나타내보시오.

풀이 1.2.2 참조

문제 1.2.3 한 변의 길이가 b인 정사각형을 넓이가 각각 $a \times (b-a)$, a^2, $(b-a)^2$인 사각형으로 나타내시오.

풀이 1.2.3 참조

2. 대수학의 아버지 알콰리즈미

대수학의 아버지라 불리는 이란 수학자 알콰리즈미(1부 II장 2.1절 참조)는 아랄 바다의 남쪽 지방인 화르즈미에서 태어나, 인도와 그리스의 지식을 종합하고 융화시켜 독보적인 학문의 영역을 구축하였다. 그는 아라비아의 수학자로서 그의 이름은 무하마드 이븐 무사 알콰리즈미이다. 그는 이란계의 학자인데, 당시의 왕 알마문의 치세 시대에 활약하였다. 그는 이슬람교도이면서 수학자, 천문학자, 지리학자이었으며, 특히 수학에서는 당대 최고의 학자였다. 그의 저서 <인도 수학에 의한 계산법>이라는 책명에서도 알 수 있듯이, 그는 인도식의 기수법을 아라비아 인과 유럽인에게 전하는 매개체 구실을 하였다. 그의 이름 알콰리즈미가 라틴어로 변화하여 알고리즘이 되고, 그것이 아라비아 수학에 의한 계산법을 의미하는 보통 명사 알고리즘(Algorithm)이 되었다. 그의 또 하나의 대수학 저서인 <복원과 대비의 계산>은 총 6장으로 구성되어 있으며, 일차방정식과 이차방정식의 해석적 해법(도형)이 포함되어 있다. 또한 사인함수와 탄젠트함수가 포함된 천문표와 삼각법의 표를 만들었고, 지구의 경도와 위도를 측정하는 등 당시로서는 상상하기 어려운 학문의 진전을 이룩하였다. 그의 저서인 <대수학>은 완전한 형태로 오늘날까지 전해지고 있으며, 대수(algebra)의 어원은 방정식의 음의 항을 다른 변으로 이항한다는 뜻의 al-jabr(알 자부르)와 양변의 동류항을 정리하여 방정식을 간단히 한다는 뜻의 al-muquabala(알 무콰발라)에서 유래하였다. 그는 또한 지금의 판별식에 해당되는 내용을 활용하여 이차방정식의 해를 구했으며, 특히, 이차방정식의 해법을 기하학적 증명(도형)을 통해 계산을 해내는 등 중세 수학사에 커다란 영향을 주었다. 알콰리즈미는 <대수학>에서 6가지 형태의 문제(방정식)를 도형으로 푸는 방법을 제시하였는데, 우리는 다음의 세 가지 형태의 문제(방정식)를 도형으로 푸는 방법만을 알아보기로 한다. a, b가 자연수일 때,

$$X^2 + a \times X = b$$

$$X^2 + b = a \times X$$

$$X^2 = a \times X + b.$$

2.1 이차식

이차식 $3 \times x^2 + x + 4$이란 x^2 세 개, x 한 개와 4를 합한 것이다. 이때 x^2을 이차항, x를 일차항, -4를 상수항이라고 부른다. 따라서 (x에 관한) 이차식은 이차항 몇 개와 일차항 몇 개에 상수를 더한 식이다.

이제 이차항 x^2을 한 변이 x인 정사각형, 이차항, 일차항 x을 가로가 1이고 세로가 x인 직사각형으로, 자연수 1은 가로, 세로가 각각 1인 정사각형으로 생각한다. 왜냐하면 $x = 1 \times x$이기 때문이다.

■ **이차식의 도형 표현**

알콰리즈미의 방법을 적용하기 위하여 다음과 같이 약속한다.

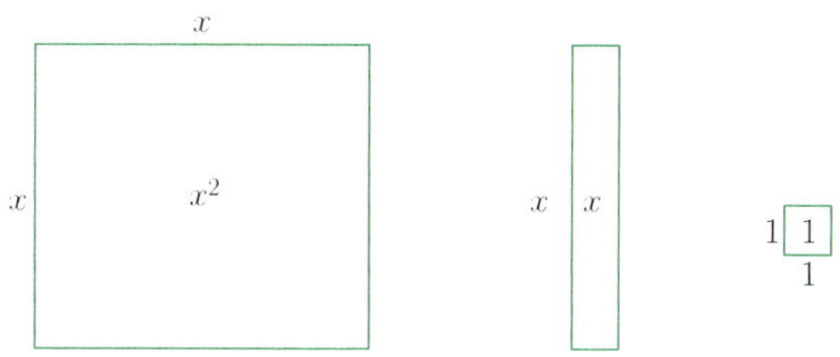

※ 수모형을 이용하여, x^2은 백 모형, x는 십 모형, 1은 일 모형(낱개)을 이용해도 좋다.

문제 2.1.1 $2 \times (x+3)$을 수모형으로 표현하시오.

풀이 2.1.1 참조

문제 2.1.2 $x^2 + 3 \times x + 2$를 수모형으로 표현하시오.

풀이 2.1.2 참조

문제 2.1.3 $x^2+3\times x+2$를 표현한 수모형을 이용하여 직사각형을 만들어 보시오.

풀이 2.1.3 참조

2.2 이차식의 인수분해

36을 소인수분해하면 $2^2\times 3^2$으로 되는 것과 마찬가지로 이차식도 일차식의 곱으로 나타낼 수 있다. 이와 같이 이차식을 일차식의 곱으로 나타내는 것을 이차식의 '인수분해'라고 한다.

예를 들면, 이차식 $x^2+3\times x+2$은 두 개의 일차식 $x+1$과 $x+2$의 곱인 $(x+1)\times(x+2)$와 같으므로, $x^2+3\times x+2=(x+1)\times(x+2)$으로 나타낼 수 있으므로, $x^2+3\times x+2$을 인수분해하면 $(x+1)\times(x+2)$이다.

문제 2.2.1 수모형을 이용하여, 이차식 $x^2-4\times x+3$을 직사각형으로 나타내어 보시오.

힌트 먼저, 정사각형 x^2(백 모형)을 만들고, 그 정사각형에서 직사각형 x(십 모형) 세 개를 빼고, 1(일 모형)을 3개 더하시오.

풀이 2.2.1 참조

문제 2.2.2 이차식 $x^2-4\times x+3$을 인수분해 하시오.

힌트 위에서 만든 직사각형의 가로와 세로를 알아보시오.

풀이 2.2.2 참조

문제 2.2.3 다음 이차식에 맞는 직사각형을 만들어 인수분해 하시오.

1) $x^2+5\times x+4$

2) x^2-6x+8

3) $x^2+4\times x+4$

풀이 2.2.3 참조

2.3 이차방정식의 해(근)

$3\times x^2+x-4=0$과 같이, 이차식을 0으로 만드는 x를 구하는 식을 이차방정식이라고 하고, 0으로 만드는 x의 값을 이차방정식의 '해 또는 근'이라고 한다.

■ 이차방정식의 해

이차방정식 $3\times x^2+x-4=0$은 x가 1일 때 좌변이 0이 된다. 따라서 $x=1$이 이차방정식의 해이다. 또한 이차방정식의 해를 구하는 일반적인 방법은 알콰리즈미의 방법을 일반화하면 된다. 그러나 이 절에서는 인수분해를 이용하여 이차방정식의 해를 구하는 방법만을 알아보기로 한다.

- $a\times b=0$이려면 $a=0$이거나, $b=0$이거나, 동시에 $a=0$이고 $b=0$이어야 한다.

  거꾸로 말하면 $a=0$또는 $b=0$일 때만 $a\times b=0$이 된다. 이 사실을 일반화하면, 만일

$(x-1)\times(x-2)=0$이면 $x-1=0$ 또는 $x-2=0$이어야 하므로, $x=1$ 또는 $x=2$이다.

[참고] 그러면 이차방정식의 해는 두 개인가? 더 있을 수도 있지 않을까?
이러한 질문에 대하여, 가우스는 1799년에 제출한 박사학위 논문에서
'이차, 3차, 4차, ⋯ 방정식은 각각 꼭 두 개, 세 개, 네 개, ⋯ 의 해만을 갖는다.'
라고 증명하였다.

[예제] 위와 같은 방법으로 이차방정식 $x^2+7\times x+12=0$의 해를 구하시오.

2.4 도형으로 이차방정식의 해 구하기

■ **방정식**

어떤 문자가 특정한 값을 취할 때에만 성립하는 등식

■ **방정식의 해**

방정식이 참이 되게 하는 문자의 값

문제 2.4.1 이차방정식 $x^2+3\times x+2=0$의 해를 구하시오.

풀이 2.4.1 참조

이제 알콰리즈미의 <대수학>에 나오는 이차방정식의 해를 도형을 이용하여 찾아보기로 한다.

■ **알콰리즈미의 방법**

문제 2.4.2 1) 이차방정식 $X^2+10\times X=39$ 을 도형으로 나타내어보시오.
2) 이차방정식 $X^2+10\times X=39$의 해를 구하시오.

힌트 1) 한 변이 X인 정사각형과 가로가 10, 세로가 X인 직사각형의 넓이의 합이 39이다. 따라서 한 변이 X인 정사각형과 가로가 10, 세로가 X인 직사각형을 잘 조립하여 네 귀퉁이가 비어 있는 정사각형을 만들어보시오.

2) 네 귀퉁이가 비어 있는 정사각형을 메꾸어 정사각형을 만들고, 그에 맞도록 이차방정식 $X^2+10\times X=39$을 변형시키시오.

그런 다음, 만들어진 정사각형의 한 변의 길이를 구하시오.

풀이 2.4.2 참조

문제 2.4.3 이차방정식 $X^2+10\times X=39$을 도형으로 나타내고, 그 도형을 정사각형으로 만드는 과정을 식으로 나타내어보시오.

힌트 정사각형의 넓이는 제곱이다. 그리고 등식의 성질은 등호의 양변에 같은 수를 더하여도 등식은 성립한다.

풀이 2.4.3 참조

알콰리즈미는 위와 같은 방법으로 이차방정식의 양수인 근(해)을 모두 구하였다. 그리고 그가 이차방정식의 해를 구하는 과정에 나타난 아이디어가, 현재 우리가 배우는 이차방정식의 근의 공식을 구하는 과정이 되었다.

[참고] 알콰리즈미가 활동했던 시대에는 음수가 수로 인정받지 못하였다.

2.5 도형을 이용하여 이차방정식의 근(해)의 공식 만들기

지금 까지 알아본 알콰리즈미의 방법을 일반화하여 이차방정식의 근의 공식을 도형을 이용하여 만들어보기로 한다. 즉, P, Q가 자연수일 때, 이차방정식 $X^2 + P \times X = Q$의 (양수) 해를 구하는 방법을 단계적으로 알아보기로 한다.

■ 1 단계

이차방정식 $X^2 + P \times X = Q$의 좌변인 $X^2 + P \times X$을 완전제곱식으로 만들어보기로 한다.

문제 2.5.1 $X^2 + P \times X$이 완전제곱이 되려면 어떤 식을 더해주면 될까?

힌트 이차방정식 $X^2 + 10 \times X = 39$을 도형으로 나타낼 때, 비어있는 귀퉁이 한 개의 넓이가 $\frac{10}{4} \times \frac{10}{4}$ 이었다.

풀이 2.5.1 참조

문제 2.5.2 이차방정식 $X^2 + P \times X = Q$을, 좌변을 완전제곱식으로 만든 식으로 바꾸어 보시오.

힌트 방정식의 양변에 같은 식을 더하여도 등식이 성립한다.

풀이 2.5.2 참조

■ 2 단계

① P, Q는 이미 알고 있는 자연수 이므로 $Q+(\frac{P}{2})^2$가 어떤 수의 제곱인지를 알면된다.

② 그 수를 R이라고 하면 $(X+\frac{P}{2})^2=R^2$ 이므로

$$X+\frac{P}{2}=R.$$

따라서 $X=R-\frac{P}{2}$이다.

> 선생님께
>
> 1,2 단계를 종합하여 X를 구하는 식 $X=R-\frac{P}{2}$으로 고치면, 이차방정식의 근의 공식이 됩니다. 만일 학생들이 이해할 수 있다면 설명해 주세요.

문제 2.5.3 알콰리즈미의 아이디어에 따라서, 다음의 이차방정식을 도형을 이용하여 해를 구하시오.

힌트 먼저 문제의 이차방정식을 정사각형으로 표현하고, 정사각형의 넓이가 제곱이 되는 것을 이용하여 X의 값을 구하시오.

1) $X^2+8\times X=9$

2) $X^2+10\times X=144$

3) $X^2+12\times X=64$

4) $3\times X^2+10\times X=32$(힌트 : 양변에 3을 곱하시오)

풀이 2.5.3 참조

주제 3 비밀집단, 피타고라스학파

선생님께

이 주제는 중학교 교육과정에 있는 피타고라스 정리에 관한 내용으로서 피타고라스 정리를 이해할 수 있는 학생에게만 지도할 수 있습니다. 그러나 제곱의 의미와 문자식의 분배법칙을 이해할 수 있는 아동들에게는 직관적으로 지도할 수 있습니다.

1. 바빌로니아의 삼중수

흔히 피타고라스의 정리를 처음 발견한 사람이 피타고라스라고 알려져 있으나, 그의 역사는 멀리 고대 바빌로니아시대로 거슬러 올라간다. 그들은 아래와 같은 힌두교식 제단을 축조하는 데에 그들이 고안한 [3, 4, 5], [5, 12, 13], [8, 15, 17], ··· 등의 '삼중수'를 이용하였다고 한다.

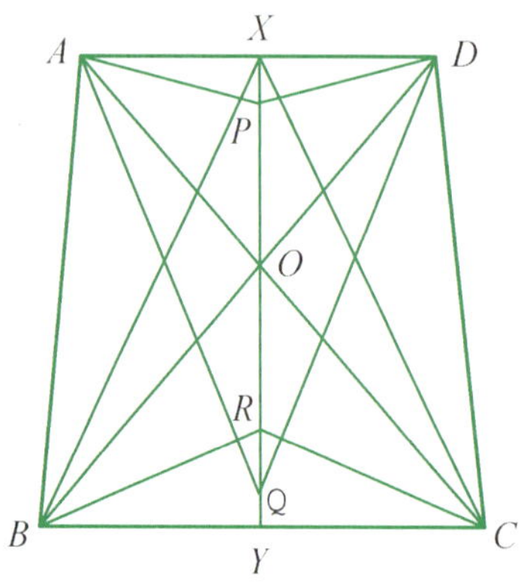

$\triangle AXP = 5, 12, 13$

$\triangle AXO = 12, 16, 20$

$\triangle AXQ = 12, 35, 37$

$\triangle BYX = 15, 36, 39$

$\triangle BYO = 15, 20, 25$

$\triangle BYR = 8, 15, 17$

삼중수란, $3^2 + 4^2 = 5^2$과 같이, 두 수를 각각 제곱하여 더하면 다른 수의 제곱과 같아지는 세 수를 말한다.

■ 플림프턴 322

미국의 출판업자인 플림프턴(George Plimpton,1855~1936)이 고대유물 중개상인으로부터 1922년에 10달러를 주고 구입한, 쐐기문자로 쓰여진 플림프턴 322라는 점토판은 고대 바빌로니아에서 발굴된 수백 개의 다른 점토판처럼, 물품의 재고 현황표나 영수증 같은 평범한 '상업 문건'으로 분류되어 있었다. 그런데 1957년에 그 점토판을 해석한 미국 수학자인 노이게바우어(Otto Eduard Neugebauer, 1899~1990)에 의해서, 플림프턴 322는 $a^2+b^2=c^2$이라는 피타고라스의 정리를 만족하는 정수해, 즉 '삼중수'를 모은 표라는 사실이 밝혀졌다. 이는 고대 바빌로니아의 시기관들이 '피타고라스의 정리'라고 알려져 있는 수학적 내용을 피타고라스가 태어나기 1000년 전에 이미 이해하고 있다는 것을 설명하고 있다. 피타고라스가 세계여행 중에 바빌로니아에서 이러한 삼중수를 입수한 후, 그리스에 돌아와서 피타고라스학파가 삼중수의 성질을 일반화하여 모든 직각삼각형의 세 변의 관계인 $a^2+b^2=c^2$ 을 증명하여 피타고라스정리라는 이름이 붙여지게 되었다. 플림프턴 322는 미국 뉴욕의 컬럼비아 대학 도서관에서 1943년에 구입하여 지금까지 보관하고 있다.

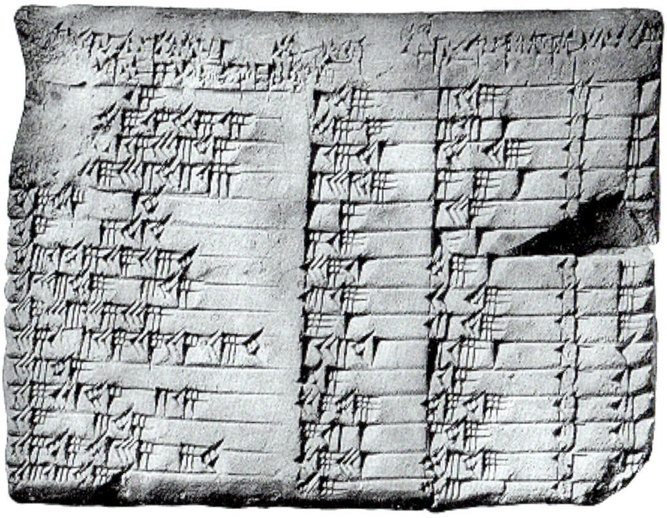

〈플림프턴 322〉

피타고라스의 정리 $a^2+b^2=c^2$의 본질은 두 정사각형의 넓이의 합과 같은 정사각형을 만들 수 있다는 것이다. 따라서 결국 피타고라스의 정리는 넓이를 구하는 문제로도 볼 수 있으며, 이 정리를 이용하여 모든 다각형의 넓이와 같은 정사각형을 작도할 수 있게 되었다.

1.1 바빌로니아의 삼중수 구하기

고대 바빌로니아인들이 삼중수를 만든 과정을, 그리스 수학자 디오판투스(1부 II장 1.2.10절 참조)가 도형을 이용하여 알아낸 방법을 따라서 배워보기로 한다.

문제 1.1.1 다음의 순서로 도형을 만들어 보시오.

① 한 변의 길이가 13cm인 정사각형 모양의 종이 한 장과 가로 8cm이고 세로 18cm인 직사각형 모양의 종이를 준비한다.

② 가로 8cm이고 세로 18cm인 직사각형 종이에서 가로가 8cm이고 세로가 5cm인 직사각형을 잘라낸다.

③ 잘라낸 직사각형을 오른쪽으로 90° 돌려서, 잘라낸 나머지인 가로가 8cm이고 세로가 13cm인 직사각형에 붙이면 뒤집힌 L자 모양이 된다.

④ L자 모양의 종이를 한 변의 길이가 13cm인 정사각형 모양의 종이위에 붙인다.

힌트 더하면 18cm, 빼면 8cm인 두 길이를 구하시오.

풀이 1.1.1 참조

문제 1.1.2 문제 1.1.1에서 만든 도형에서 알아낸 사실을 무엇인가요?

힌트 직사각형=정사각형－정사각형 또는 정사각형－직사각형=정사각형 또는 정사각형－정사각형=직사각형

풀이 1.1.2 참조

1.2 디오판투스의 방법

위에서 알아본 내용을 문자로 일반화한 것이 디오판투스의 방법이다.

문제 1.2.1 문제1.1.1 에서 $5 = a$, $13 = c$라고 한다면,

1) 18cm 와 8cm을 a와 c로 나타내어 보시오.

2) 만든 도형에서, '직사각형=정사각형 − 정사각형' 에 맞는 식을 a와 c로 나타내어 보시오.

풀이 1.2.1 참조

문제 1.2.2 문제1.1.3에서 만든 식을 도형으로 나타내어 보시오.

힌트 문제 1.1.1에서 만든 도형을 참고하시오.

풀이 1.2.2 참조

지금까지의 과정을 통하여, 우리는 $c^2 - a^2 = (c+a) \times (c-a)$이라는 관계식을 얻게 되었다. 관계식 $c^2 - a^2 = (c+a) \times (c-a)$을 도형으로 표현하면 다음과 같다.

- 정사각형 - 정사각형 = 직사각형.

■ **지금부터는 식 $c^2 - a^2 = (c+a)\times(c-a)$을 이용하여,**

- 정사각형 − 정사각형 = 정사각형

  으로 바꾸는 방법을 알아보기로 한다. 즉, 식

- $c^2 - a^2 = (c+a)\times(c-a) = b^2$

  이 성립하는 정사각형의 한 변의 길이 b를 찾아보기로 한다.

- 먼저 분수의 역수에 대해서 알아보기로 한다.

  두 분수 $\frac{p}{q}$와 $\frac{q}{p}$를 곱하면 $\frac{p}{q}\times\frac{q}{p} = \frac{p\times q}{q\times p} = 1$이다.

  이때 $\frac{p}{q}$와 $\frac{q}{p}$를 서로 역수라고 한다.

■ 이제, 식 $(c+a)\times(c-a) = b^2$을 이용하여 $c^2 - a^2 = b^2$ 즉, $a^2 + b^2 = c^2$이 성립하는 a, b, c의 관계를 알아보기로 한다.

문제 1.2.3 1) 식 $(c+a)\times(c-a) = b^2$의 양변을 b^2으로 나누어 보시오.

2) $(\frac{c}{b}+\frac{a}{b})$와 $(\frac{c}{b}-\frac{a}{b})$는 역수인가?

3) p와 q가 자연수이고, $(\frac{c}{b}+\frac{a}{b}) = \frac{p}{q}$ 라고하면 $(\frac{c}{b}-\frac{a}{b})$는 무엇인가?

4) $[(\frac{c}{b}+\frac{a}{b})+(\frac{c}{b}-\frac{a}{b})]\div 2$을 p와 q의 관계식으로 표현하시오.

5) $[(\frac{c}{b}+\frac{a}{b})-(\frac{c}{b}-\frac{a}{b})]\div 2$를 p와 q의 관계식으로 표현하시오.

풀이 1.2.3 참조

문제 1.2.4 문제 1.2.3의 4), 5)의 결과를 이용하여, 관계식

$(p^2-q^2)^2+(2\times p\times q)^2=(p^2+q^2)^2$을 만들어보시오.

힌트 4)의 식의 제곱에서 5)의 식의 제곱을 빼시오.

풀이 1.2.4 참조

■ **삼중수 찾는 방법**

$a^2+b^2=c^2$가 되는 삼중수 a, b, c는, 지금까지 만들어낸 등식 $(p^2-q^2)^2+(2\times p\times q)^2$ $=(p^2+q^2)^2$에서

$$a=p^2-q^2,\ b=2\times p\times q,\ c=p^2+q^2$$

이다. 왜냐하면 위의 식에서

$$a^2+b^2=c^2$$

이기 때문이다.

따라서 식 $a=p^2-q^2, b=2\times p\times q,\ c=p^2+q^2$ 에서, p, q 대신 마음대로 자연수를 넣어 자연수가 되는a, b, c의 값이 삼중수가 된다.

문제 1.2.5 위에서 얻은 식을 이용하여 삼중수를 찾아보시오.

힌트 $a=p^2-q^2,\ b=2\times p\times q,\ c=p^2+q^2$에 p, q 대신 마음대로 자연수를 넣어 자연수가 되는 세 수 a, b, c를 찾아보시오.

풀이 1.2.5 참조

문제 1.2.6 삼중수를 이루는 세 수 가운데 두 수가 13과 85일 때, 세 번째 수를 구하시오.

힌트 홀수+짝수=홀수

풀이 1.2.6 참조

2. 피타고라스학파

피타고라스(1부 II장 1.2.2절 참조)는 에게해의 사모스(Samos)섬에서 태어났다. 약 2500년 전, 마기(고대 페르시아의 조로아스터교 사제 계급)의 신비주의적 가르침을 공부하기 위해 바빌론으로 떠난 피타고라스는 그리스로 돌아와 '만물은 (자연)수'라는 좌우명을 내건 신비주의적 성향의 피타고라스학파를 세웠다. 피타고라스학파는 금욕주의와 채식만을 하는 등 수도사 생활과 비밀스러운 집단생활을 영위했으며, 피타고라스학파의 교육은 완전히 구두(口頭)로 행해지고 수비주의(mysticism)[26]에 많은 영향을 미쳤으며, 바빌로니아 여행 중에 삼중수를 접하고 이를 일반화하여 현재 피타고라스 정리로 알려진 내용의 증명을 완성한 다음, 100마리의 소를 잡아 잔치를 열었다고 한다. 그 정리는 유클리드의 기하학원론의 제 1권에 증명과 함께 실려 있으며, 후세의 수학자들에 의해서 360개가 넘는 증명방법이 만들어 졌다. 또한 그들은 분수를 활용하여, 동일한 장력아래서 현의 길이가 2대1일 때 8도 음정, 3대 2일 때 5도 음정, 4대 3일 때 4도 음정 등 8음계와 장조, 단조를 만들었으며 천문학의 기초를 세웠다.

2.1 8음계

그들은 분수를 활용하여, 두 현의 장력이 같을 때, 현의 길이가 2대1이면 8도 음정, 3대 2이면 5도 음정, 4대 3이면 4도 음정 등의 방법으로 8음계와 장조, 단조를 만들었다.

26) 그레꼬-로망(Greeco-Roman)시대에 문자에 자연수를 1:1 대응시켜서 이름이나 특정 단어 대신에 대응하는 수를 합한 숫자를 사용하던 시대이다. 그 시대의 로마시민들은 각자의 이름에 대응하는 수를 합한 고유번호를 가지고 있었다.

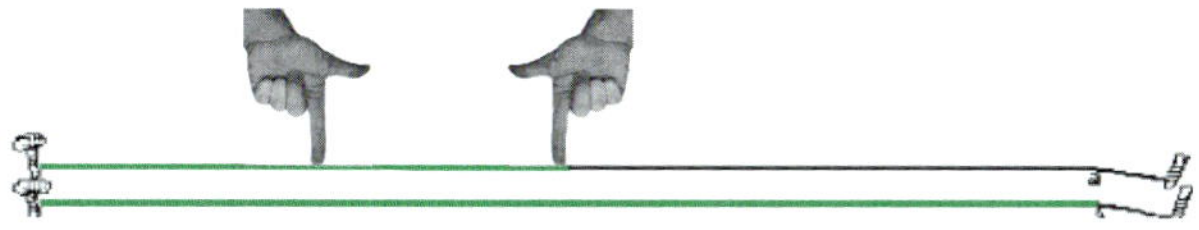

$\frac{1}{2}$(높은 도)

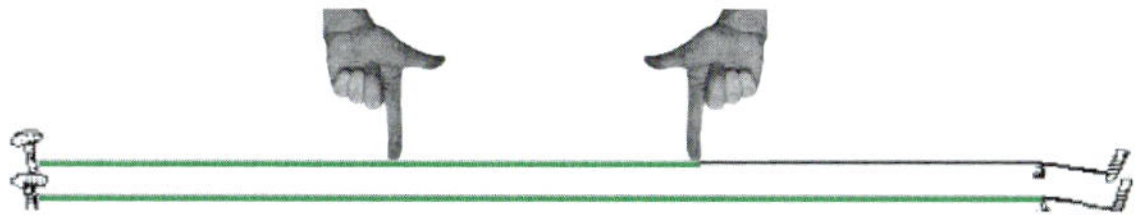

$\frac{2}{3}$(솔)

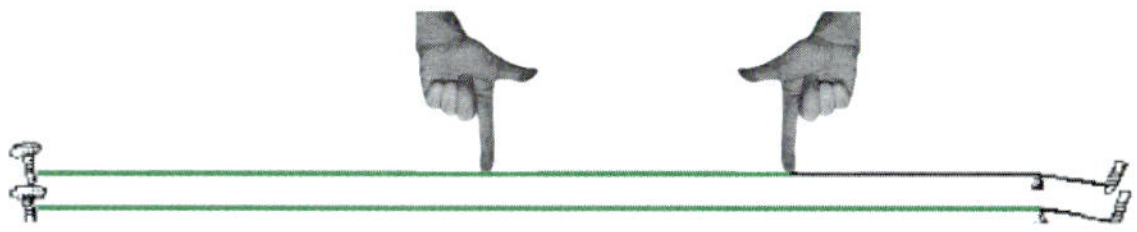

$\frac{3}{4}$(파)

〈8음계〉

음	C	D	E	F	G	A	B	C
길이의 비	1:1	9 : 8	81:64	4:3	3:2	27 : 16	243 . 128	2:1

■ 화음(Harmony)

화음이란 둘 이상의 음이 합쳐져서 내는 아름다운 소리를 말한다. 피타고라스학파는 화음을 이루는 두 음은 각 음의 진동수를 분모와 분자로 하는 분수로 나타내어 기약분수로 고쳤을 때 간단한 분수(분모가 6이하)가 되며, 분모가 7이상으로 되는 경우에는 화음이 아니라고 하였다. 다시 말해서 두 음정의 진동수의 비를 작은 정수의 비로 나타낼 수 있을 때, 즉 최소공배수가 작을 때 잘 어울린다는 것이다. 예를 들면, 5도 화음 도와 솔, 4도 화음 도와 파가 잘 어울리는 것은 그 음정의 진동수 비가 각각 2 : 3, 3 : 4이기 때문이다. 그러나 2도 화음 도와 레는 그 진동수의 비가 8 : 9로 최소공배수가 72나 되기 때문에 잘 어울리지 못한다.

음	도	레	미	파	솔	라	시
진동수	264	297	330	352	396	440	494

〈각 음의 진동수〉

피타고라스가 화음에 관심을 가지게 된 이유는 그의 집 근처의 대장간에서 들리는 여러 사람의 쇠 벼르는 소리가 어떤 때는 화음을 이루어 아름답다가 어떤 때는 불협화음으로 들리는 이유가 궁금해서였다는 설이 있으며 8음계를 '피타고라스 음계' 라고 부른다.

문제 2.1.1 위의 표에 있는 각 음의 진동수를 이용하여 화음이 되는 음과 화음이 아닌 음을 찾아보시오.

힌트 각 음의 진동수를 분수로 만들어 기약분수로 고치시오.

풀이 2.1.1 참조

2.2 정다면체, 형상수, $\sqrt{2}$의 발견

또한 피타고라스학파는 도형과 수에 관한 많은 연구업적을 남겼다.

■ 정다면체의 발견

정다면체 중에서 정사면체, 정육면체, 정십이면체를 발견.

■ 특수한 성질을 갖는 자연수의 쌍

어떤 자연수가 진약수의 합과 같은 경우, 작은 경우, 큰 경우가 있음을 발견하여 각각 완전수, 부족수, 과잉수, 서로의 진약수의 합이 같은 두 수는 친화수(220과 284 등)라고 불렀으며, 인도 불교의 영향을 받아, 이러한 수를 이용하여 점을 보거나 부적으로 사용하기도 하였다.

■ 형상수

어떤 기하학적 배열에 있는 점의 개수를 나타내는 형상수를 발견하여 기하학과 산술이 밀접한 관계가 있음을 보여주었다.

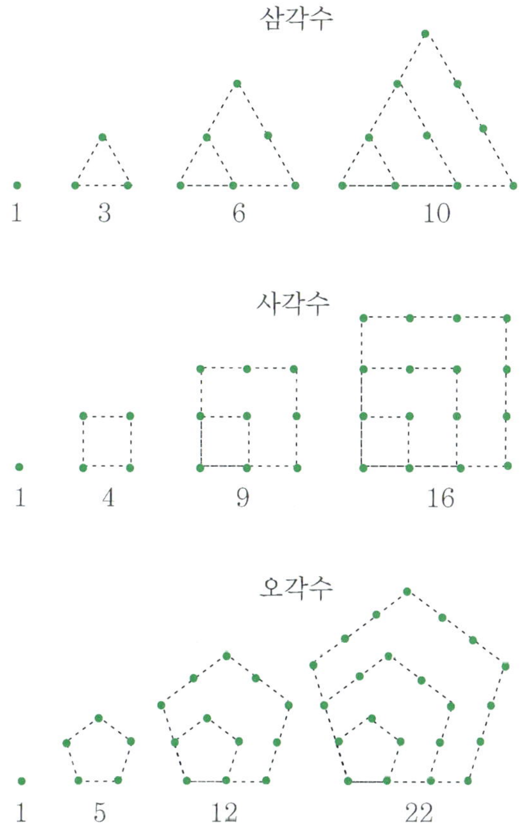

〈피타고라스의 형상수〉

■ $\sqrt{2}$ 의 발견

그들은 피타고라스정리에 의하여 직각이등변삼각형의 밑변과 빗변과 같이, 같은 단위로 잴 수 없는(incommensurable) 선분이 존재하게 되는 사실, 즉 무리수($\sqrt{2}$)를 발견하여 수학사에서 아주 중요한 이정표를 세우게 되었지만, 모든 사고의 범위를 자연수에 한정했던 피타고라스학파의 철학에 위배되어 무리수 관념은 비밀에 부치고 말았다.

2.3 피타고라스 정리의 증명

바빌론 여행 중에 삼중수를 배워온 피타고라스는 삼중수를 일반화하는 방법을 고안하였다. 피타고라스는 그 당시의 그리스 수학자들의 아이디어인 같은 수의 곱(제곱)을 정사각형의 넓이로 간주하여 삼중수를 두 정사각형의 넓이의 합과 같은 정사각형을 작도하는 방법을 연구하기 시작하였다. 그 당시의 수학 수준으로 미루어 피타고라스학파의 증명방법은 직각삼각형의 닮음을 이용하였을 것으로 추측된다. 그 후 피타고라스 정리의 증명은 다양한 방법으로 계속되어 360여 가지나 되며, 그 중에는 미국의 20대 대통령인 제임스 가필드의 증명 방법도 있다.

■ **주어진 정사각형의 면적의 두 배되는 정사각형 작도법**

가장 쉽고 잘 알려진 피타고라스의 정리를 아동에게 설명해주는 최초의 이야기는 그리스 철학자인 소크라테스에 의해서 전해지고 있다. 그 이야기는 플라톤의 메논(Menon) 편에 나타난 바와 같이 소크라테스의 친구인 철학자 메논의 흑인 노예소년에게 어떤 정사각형의 넓이를 두 배로 만드는 과정, 즉 $\sqrt{2}$ 를 알아가는 과정을 지도하는 과정이었다(1부 II장 1.2.4절 참조).

문제 2.3.1 아래의 정사각형 ABCD의 넓이의 두 배인 정사각형을 작도하시오.

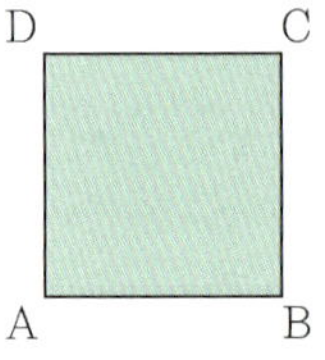

힌트 1부 II장 1.2.4절 참조.

풀이 2.3.1 참조

[참고] 아래 그림은 위의 문제에 대한 19세기의 한 풍자만화이다. 이 만화를 학생들과 같이 설명해보세요.

■ **크기가 다른 두 정사각형의 합과 같은 정사각형의 작도**

인도의 수학자인 바스카라 2세(1114~1185)는 두 개의 정사각형을 합한 넓이를 갖는 정사각형을 '분해법'으로 작도하였다. 우리는 우리의 방법으로 두 정사각형의 넓이의 합과 같은 정사각형을 만들어보기로 하자.

문제 2.3.2 아래에 있는 한 변의 길이가 a인 정사각형과 한 변의 길이가 b인 두 개의 정사각형을 합한 넓이를 갖는 정사각형을 작도하시오.

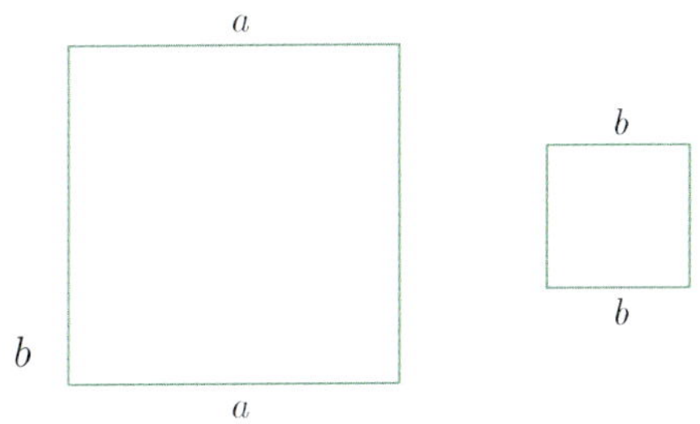

힌트 ① 두 정사각형을 아래 그림과 같이 나란히 놓고 점선을 따라 자른다.

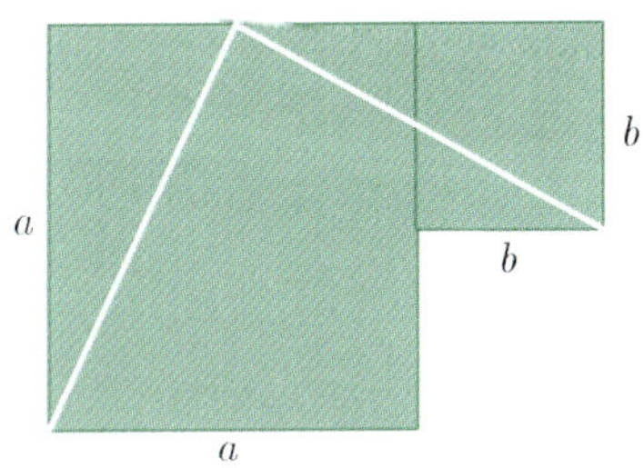

② 잘라낸 조각을 맞추어 정사각형을 만든다.

풀이 2.3.2 참조

■ **직각삼각형의 닮음을 이용한 증명(피타고라스학파?)**

피타고라스학파가 피타고라스정리를 증명한 방법은 알려지지 않고 있다. 그러나 그들이 연구 활동을 할 시기의 수학의 지식을 감안하면 그들은 삼각형의 닮음을 이용하였을 것이라고 추측하고 있다. 우리도 그들의 아이디어인 삼각형의 닮음을 이용하여 피타고라스의 정리를 증명해 보기로 하자.

문제 2.3.3 아래의 직각삼각형BDC를 보면서 닮음을 이용하여 피타고라스 정리를 증명해 보시오.

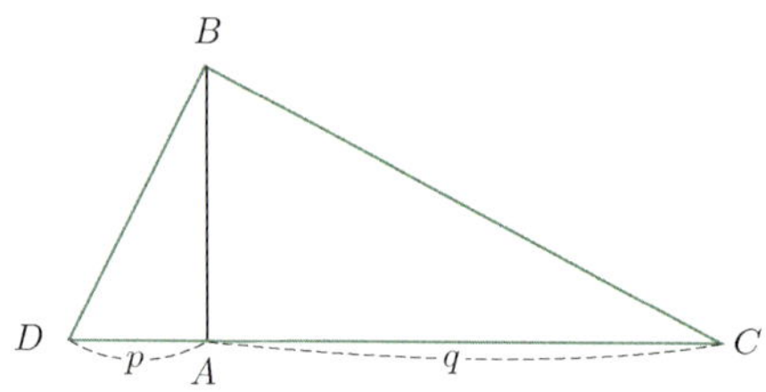

단, 직각삼각형 BDC의 꼭지점 B에서 밑변 DC에 내린 수선의 발이 A, 선분 DA와 CA의 길이는 각각 p, q이다.

힌트 위의 그림에는 닮은 직각삼각형이 세 개 있다.

풀이 2.3.3 참조

문제 2.3.4 다음 그림을 이용하여, 피타고라스 정리를 설명해보시오.

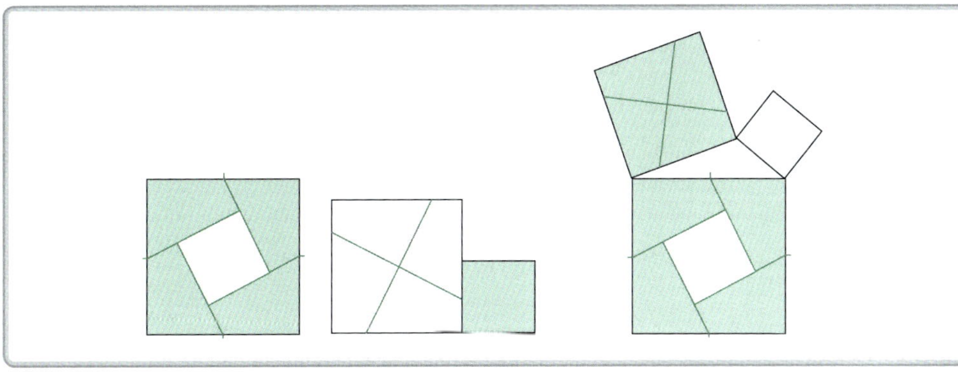

풀이 2.3.4 참조

■ **피타고라스정리의 일반화**

피타고라스의 정리는 직각삼각형의 세 변에, 각 변을 한 변으로 하는 정사각형을 그리면 빗변에 그린 정사각형의 넓이가 다른 변에 그린 두 개의 정사각형의 넓이의 합이 된다는 것이었다. 이제 피타고라스의 정리를 일반화해보기로 한다.

문제 2.3.5 직각 삼각형의 세 변에 세 개의 닮은 도형을 만들면, 빗변 위에 만들어진 도형의 넓이는 다른 두 도형의 넓이의 합과 같다

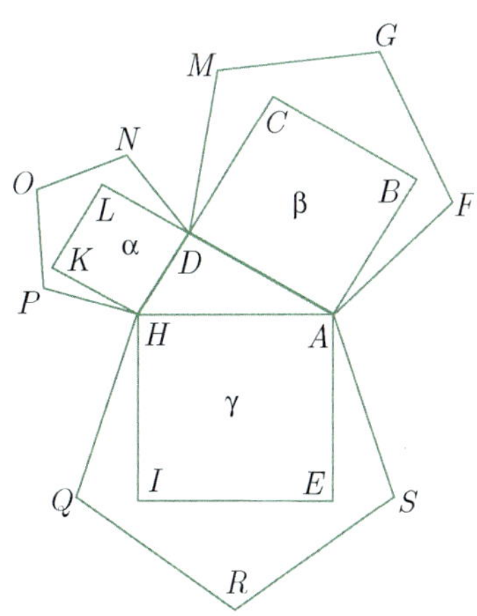

풀이 2.3.5 참조

[참고] 중국인의 증명(Chou Pei Suan Ching, B.C. 300 경, 구장산술)

당시의 중국인들은 피타고라스의 정리나 증명방법을 전해 듣지 못했을 것으로 추정하고 있다. 이 증명은 A.D. 3세기에 활약했던 중국의 수학자 유희가 지은 구장산술 제9장의 구고(句股)계산법에 실려 있는 것으로 토지, 건물, 논밭 등의 높이, 길이, 넓이와 거리 등을 측정하려는 고대 중국의 실용수학이었다.

- 직각삼각형의 짧은 변과 긴 변 각각을 제곱하고, 그것을 더해 제곱근을 더하면 빗변의 길이가 된다.
- 긴(짧은) 변의 제곱을 빗변의 제곱에서 뺀 나머지의 제곱근을 구하면 짧은(긴) 변의 길이를 구할 수 있다.

고대중국의 수학이 유럽에서는 도외시되고 있는 것으로 알려져 있지만 이 증명방법은 정수론의 중국인의 나머지 정리와 더불어 고대 중국수학자들의 수작이라고 하겠다.

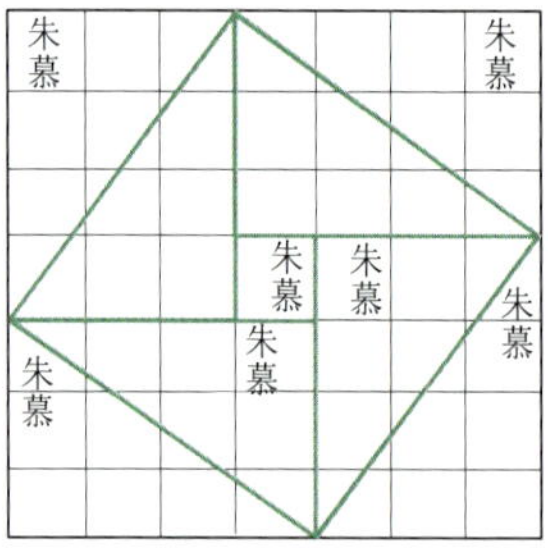

문제 2.3.6 오른쪽 그림에서 $\angle C = 90°$, $\overline{AB} = 6\text{cm}$인 직각삼각형 ABC의 직각을 낀 두 변을 각각 지름으로 하는 반원을 그렸을 때, 직각을 낀 두 반원의 넓이의 합을 구하시오.

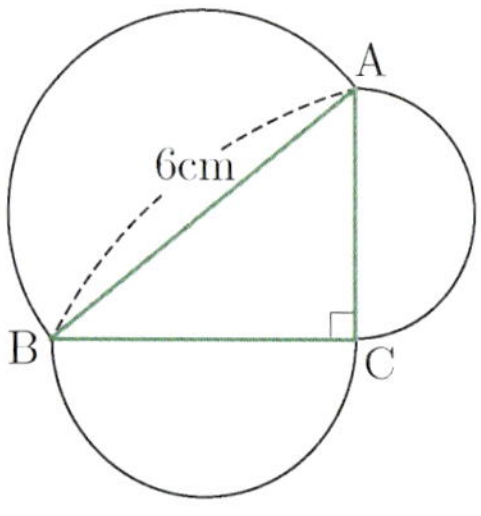

풀이 2.3.6 참조

주제 4 비밀 이야기

모르는 사람이 당신의 비밀을 알아차렸는가? 신용카드나 통장의 비밀번호가 다른 사람에게 알려 질까 걱정되는가? 이메일이 해킹당할까 걱정되는가?

인간이 이용하는 정보가 많아지고 온라인으로 정보가 흐르게 된 지금에는 알리고 싶지 않은 나의 정보가 다른 사람에게 알려지는 것을 예방하려는 연구가 암호학이라는 분야를 만들게 하였다. 이 주제에서는 고대로부터 전해 내려오는 유명한 암호기법과 현대에 사용되고 있는 알기 쉬운 암호기법에 관하여 알아보기로 한다.

1. 암호학이란?

암호문의 안정성을 높이기 위하여 나의 정보를 다른 사람이 알 수 없도록 암호문을 만드는 암호기법과 암호문을 우리가 알 수 있는 문장으로 고치는 암호 해독기법을 연구하는 학문이다. 암호학에서 사용되는 기본적인 용어는 다음과 같다.

- 평문 : 비밀유지가 필요한 통신문(메시지)
- 암호문 : 평문을 일정한 기호나 수 등으로 바꿔놓은 문장
- 암호기법 : 암호문의 비밀을 유지하기 위하여 다른 사람(도청자)이 암호문을 평문으로 복원하는 일이 대단히 어렵거나 불가능하도록 평문을 암호화하는 방법.

• 암호해독(해킹) : 도청자가 암호를 푸는 열쇠나 그 열쇠에 대한 지식을 알지 못한 상태에서, 도청한 암호문으로부터 평문과 암호 열쇠를 모두 알아내는 것.

2. 고전적 암호기법

인간이 세상에 살면서부터 친구끼리만 의사소통하고 싶은 내용을 다른 사람은 알 수 없도록 만드는 방법을 사용해 왔다.

■ **고전 암호 기법의 예**

양파 즙으로 종이에 글씨를 적은 후에 잘 말리면 글씨 흔적이 없어지고, 그 종이를 받은 친구는 그 종이를 약한 불에 쪼여서 보내온 글씨를 읽을 수 있다.

현대적인 암호학의 시조를 로마황제 '시저'라고 전해온다. 시저의 암호기법부터 알아보기로 한다.

2.1 시저 암호

이 암호 기법은 로마황제 시저(Julius Caesar, B.C. 100~44)가 친구인 시세로에게 보낸 편지에서 발견한 내용으로서 현대 암호학의 시초로 불리운다. 시저암호(Caesar cipher)는 암호학에서 다루는 간단한 문자끼리 바꾸는 치환암호의 일종이다. 암호화하고자 하는 내용을 알파벳별로 일정하게 건너뛰어 다른 알파벳으로 치환하는 방식이다. 예를 들어 3글자씩 밀어내는 시저 암호로 'COME TO ROME'을 암호화하면 'FRPH WR URPH'가 되며, 그 내용을 알 수 없도록 한 것이다.

■ **시저 암호의 열쇠**

A B C D E F G H I J K L M N O P Q R S T U V W X Y Z
D E F G H I J K L M N O P Q R S T U V W X Y Z A B C

시저 암호의 열쇠를 우리가 배운 내용으로 고치면 다음과 같다.

• 암호문의 알파벳=(평문의 알파벳의 위치+3)÷26의 나머지 위치의 알파벳

[참고] 시저 암호가 만들어진 당시에는, 시저의 적들이 문맹이었거나 암호화된 문서가 로마자가 아닌 외래어로 쓰였다고 생각했기 때문에 매우 안전한 암호문이었다고 한다. 따라서 그 당시에는 시저 암호를 해독할 수 있는 기법이 없었다고 한다. 그 후 현재에 이르기까지 시저 암호를 응용하거나 일반화 한 기법이 자주 쓰이고 있다.

문제 2.1.1 시져 암호문 'L ORYH BRX'는 무슨 뜻인가?

풀이 2.1.1 참조

2.2 후방 알파벳 암호

아래와 같이 알파벳을 거꾸로 적고, 평문에 대응하는 알파벳으로 바꾸어 보내는 기법.

Z	Y	X	W	V	U	T	S	R	Q	P	O	N	M	L	K	J	I	H	G	F	E	D	C	B	A
A	B	C	D	E	F	G	H	I	J	K	L	M	N	O	P	Q	R	S	T	U	V	W	X	Y	Z

문제 2.2.1 후방 알파벳 암호 기법을 이용한 암호문이 'XZNVIZ'을 해독하시오.

풀이 2.2.1 참조

3. 수 대입 암호

시져 암호는 단순히 문자를 바꾸는 기법이었다. 그 후로 알파벳을 수로 바꾸는 암호기법이 만들어졌으며 그 암호를 수 대입 암호라고 부른다. 현대의 모든 암호 기법은 수 대입 암호를 이용하고 있다.

A	B	C	D	E	F	G	H	I	J	K	L	M	N	O	P	Q	R	S	T	U	V	W	X	Y	Z
1	2	3	4	5	6	7	8	9	10	11	12	13	14	15	16	17	18	19	20	21	22	23	24	25	26

문제 3.1.1 평문 'I LOVE YOU'를 위와 같은 수 대입 암호를 이용하여 암호문을 만드시오.

9 12 15 22 5 25 15 21

풀이 3.1.1 참조

3.1 게마트리아 방식

고대 로마시대에 글자를 숫자로 바꾸고, 글자에 대응하는 수를 더해서 단어 또는 문장을 수로 해석하는 방법으로서, 게마트리아(Gematria) 방식에 의하면 히브리어(중동지방의 언어)인 ג , ב , א, ⋯ 또는 헬라어(그리스어)인 $\alpha, \beta, \gamma, \delta, \cdots$ 또는 라틴어(영어)의 알파벳 문자 A, B, C, D⋯ 에 각각 아래의 표와 같이 자연수 1, 2, 3, 4, ⋯ 을 부여해 문자와 단어를 수치화하여 어떤 의미를 찾아보는 것을 말한다. 즉, 한 낱말을 구성하는 문자들의 수를 모두 더하여 다른 낱말의 수와 같게 된다면 그 두 낱말은 상호 관련이 있으며, 이를 통해 그 낱말들의 숨겨진 의미를 알 수 있다는 방법론이다. 당시 로마 시민권이 있는 사람들은 우리나라의 주민등록번호와 같은 게마트리아 방식에 따른 고유번호를 가지고 있었다고 한다.

수	발음	히브리문자	그리스문자	영문자
1	Aleph	א	α	A
2	Bet	ב	β	B
3	Gimel	ג	γ	C
4	Daled	ד	δ	D
5	Heh	ה	ϵ	E
6	Vav	ו	ζ	F
7	Zayin	ז	η	G
8	Het	ח	θ	H
9	Tet	ט	ι	I
10	Yud	י	κ	J
20	Kaf	כ	λ	K
30	Lamed	ל	μ	L
40	Mem	מ	ν	M

수	발음	히브리문자	그리스문자	영문자
50	Nun	נ	ξ	N
60	Samech	ס	o	O
70	Ayin	ע	π	P
80	Peh	פ	ρ	Q
90	Tzady	צ	σ	R
100	Koof	ק	τ	S
200	Reish	ר	υ	T
300	Shin	ש	ϕ	U
400	Taf	ת	χ	V
500	Kaf	ך	ψ	W
600	Mem	ם	ω	X
700	Nun	ן		Y
800	Peh	ף		Z
900	Tzady	ץ		

대표적인 예) 666 : 짐승의 수(number of beast) 또는 로마황제 네로(Nero) 또는 교황 레오 10세(Leo X) 등.

문제 3.1.2 다음의 이름을 게마트리아 방식을 이용하여 수로 나타내시오.

1) KIM CHUL SOO

2) PARK YOUNG HEE

풀이 3.1.2 참조

문제 3.1.3 짝꿍과 서로 보내고 싶은 메시지를 시저암호와 게마트리아 방식을 이용하여 암호화하여 보내고 해독해 보시오.

풀이 3.1.3 참조

3.2 좌표 암호

나는 아파트의 1003호에 살고 있다. 1003은 10층 3호라는 뜻이다. 즉, 높이는 10층, 가로는 3호라는 뜻이다. 이와 같이 둘 또는 여러 개의 숫자로 위치를 알려주는 것을 좌표라고 한다.

이번에는 그러한 좌표를 이용한 암호기법을 알아보기로 한다.

■ **좌표암호 만들기**

① 6×7 모눈을 그리고 아래와 같이 순서에 따라 각 칸에 알파벳 A~Z를 한자씩 적는다.

② 그러면 각 알파벳에 대하여 한 쌍으로 된 좌표가 만들어진다.

③ 좌표는 가로줄 다음에 세로줄의 번호를 적는다.

④ 메시지를 주고받을 친구와 아래의 표를 나누어 갖는다.

	1	2	3	4	5	6
1	A	B	C	D	E	
2	F	G	H	I	J	
3	K	L	M	N	O	
4	P	Q	R	S	T	
5	U	V	W	X	Y	Z

예) CAT = 13 11 45

문제 3.2.1 다음 단어를 좌표를 이용하여 암호화하시오.

1) RABBIT 2) SCHOOL 3) MATHEMATICS 4) 자신의 이름

풀이 3.2.1 참조

문제 3.2.2 위의 표 대신 다른 표를 만들어서 암호문을 주고받으시오.

풀이 3.2.2 참조

문제 3.2.3 알파벳 대신 한글 자음과 모음을 좌표암호로 만들어, 편지를 써 보시오.

풀이 3.2.3 참조

4. 모스 부호

모스 부호(Morse code)는 짧은 발신 전류(•)와 긴 발신 전류(▬)을 적절히 조합하여 알파벳과 숫자를 표기한 것으로 기본적인 형태는 국제적으로 비슷하다. 모스 부호는 1836년에 미국의 발명가 모스(Samuel F. B. Morse, 1791~1872)가 고안하였으며, 1844년 최초로 아래와 같은 전신기를 이용하여 미국의 볼티모어와 워싱턴 D.C. 사이의 전신 연락에 사용되었다.

■ 로마자 모스 부호

문자	부호	문자	부호
A	· –	N	– ·
B	– · · ·	O	– – –
C	– · – ·	P	· – – ·
D	– · ·	Q	– – · –
E	·	R	· – ·
F	· · – ·	S	· · ·
G	– – ·	T	–
H	· · · ·	U	· · –
I	· ·	V	· · · –
J	· – – –	W	· – –
K	– · –	X	– · · –
L	· – · ·	Y	– · – –
M	– –	Z	– – · ·

■ 한글 모스 부호

문자	부호	문자	부호
ㄱ	· – · ·	ㅎ	· – – –
ㄴ	· · – ·	ㅏ	·
ㄷ	– · · ·	ㅑ	· ·
ㄹ	· · · –	ㅓ	–
ㅁ	– –	ㅕ	· · ·
ㅂ	· – –	ㅗ	· –
ㅅ	– – ·	ㅛ	– ·
ㅇ	– · –	ㅜ	· · · ·
ㅈ	· – – ·	ㅠ	· – ·
ㅊ	– · – ·	ㅡ	– · ·
ㅋ	– · · –	ㅣ	· · –
ㅌ	– – · ·	ㅐ	– – · –
ㅍ	– – –	ㅔ	– · – –

■ **숫자 모스 부호**

숫자	부호	숫자	부호
1	· − − − −,　· −	6	− · · · ·, − · · · ·
2	· · − − −,　· · −	7	− − · · ·, − · · ·
3	· · · − −,　· · · −	8	− − − · ·, − · ·
4	· · · · −,　· · · · −	9	− − − − ·, − ·
5	· · · · ·,　· · · · ·	0	− − − − −, −

문제 4.1.1 'SOS'는 무슨 뜻인가?

풀이 4.1.1 참조

문제 4.1.2 모스 부호를 이용하여 암호문을 만들어 보자.

각자 해 본다.

풀이 4.1.2 참조

5. 암호 주고받기

이제, 현재 국가기관, 정보기관, 군대에서 사용되는 암호기법과 우리의 일상생활에서 쓰이는 신용카드, 비행기 표, 기차표, 고속버스표를 구입하거나 서점이나 백화점등에서 물건을 사고파는 전자상거래 등에서 사용하고 있는 암호기법을 학생들이 이해할 수 있는 내용으로 바꿔서 소개하기로 한다.

5.1 비밀열쇠, 공개열쇠 암호기법

나와 친구가 전화나 컴퓨터 또는 휴대전화를 이용하여 주고받는 메시지는 언제든지 도청을 당하고 있다는 전제하에서, 주고받는 내용을 알아도 그 내용이 무엇인지를 알아 볼 수 없도록 평문을 암호화하는 기법이다. 현재 사용하고 있는 암호기법은 크게 두 가지이다.

■ **비밀열쇠 암호**

우리 집 아파트 문을 열려면 우리 집 아파트 열쇠로만 열 수 있으며, 다른 집 열쇠로는 열 수가 없다. 이와 같이, 친구끼리 똑같은 열쇠(암호 또는 복호 열쇠)를 나누어 가지고 있으면서, 꼭 그 열쇠(private or secret key)만 사용하여 암호화된 메시지를 주고받을 수 있도록 하는 암호기법이다. 이 기법의 단점은 열쇠를 도둑맞거나 또는 열쇠 통(system)이 망가졌을 때에는 사용할 수가 없다는 것이다.

■ **공개키(열쇠) 암호**

공개 키 암호 방식은 출제자만이 알고 있는 특정한 종류의 정보(비밀 키) 없이는 매우 풀기 어려운 수학문제(공개 키)와 그 수학문제를 풀어야 공개 키를 알 수 있는 덫(trap)을 설치해 놓는 방식을 바탕으로 만들어진다. 키를 만드는 사람은 이 문제(공개 키)를 일반에 공개하고 특정한 정보(비밀 키)는 자신만이 알 수 있도록 숨긴다. 그러면 어떤 사람이건 이 문제를 이용해 메시지를 암호화하면 키를 만든 사람만이 이 문제를 풀어 원래 메시지를 해독할 수 있다.

나 〈---------- ↓ -------------〉 친구

나쁜 친구(도청자)

[참고] 2부 I장 3절에서 소수의 성질을 배웠다. 그런데 어떤 큰 수가 소수인지 아닌지를 밝히는 일과 그러한 아주 큰 두 개의 소수를 곱한 수를 두 수의 곱으로 소인수분해하는 일은 슈퍼컴퓨터(super-computer)를 이용해도 시간이 매우 오래 걸리거나(300~400년) 불가능한 경우가 많다고 한다.

그러한 소수의 성질을 이용하여 가장 간단하면서 풀기 힘든 암호기법의 아이디어를 소개한다. 즉, 보내고 싶은 메시지를 비밀로 하고 싶을 때, 그 메시지를 위에서 만든 수 대입암호를 이용하여 수로 만든 다음, 그 수에 어떤 소수를 곱한 수를 보내는 방법이다.

문제 5.1.1 여러분이 암호메시지를 '651422803990422100'로 받았다면, 무슨 뜻일까요?

힌트 받은 메시지를 어떤 수로 나누어 얻은 몫에, 게마트리아 방식을 적용하시오.

풀이 5.1.1 참조

문제 5.1.2 다음의 두 수는 어떤 수로 나누면 게마트리아 방식에 의해서 'I LOVE YOU'가 될까요?

1) 1209785207410783900

2) 2601317377134895565900

3) 나누었던 두 수는 소수인가요?

풀이 5.1.2 참조

문제 5.1.3 다음의 메시지를 해독해 보시오.(해독은 영문으로 답하고 그 과정을 쓰시오)

1) 2532006328583900

2) 1408504473035014577694381700

힌트 받은 메시지를 어떤 소수로 나누어 얻은 몫에, 게마트리아 방식을 적용하시오.

풀이 5.1.3 참조

5.2 지수 찾기를 이용한 암호법

$2^3 = 2\times2\times2 = 8$을 계산하는 것은 쉽다. 그런데 $2^{(\quad)} = 2\times2\times\cdots\times2 = 128$ 에서 괄호에 들어갈 지수를 찾는 일은 수학적으로 매우 어렵다고 알려져 있다. 이러한 어려움을 이용하여 디피와 헬만(Diffie-Hellman)이 만든 암호기법이 지수 찾기 문제(이산대수문제, DLP)이다. 우리는 디피와 헬만 암호기법의 아이디어를 배우고 실제로 친구들과 이 기법을 이용하여 암호문을 주고받아보기로 한다.

■ 수의 합동을 이용한 지수 찾기

우리는 2부 I장 주제 2의 2.3절에서 가우스가 만든 '수의 합동'을 배웠다. 즉, 어떤 두 수를 7로 나누어 나머지가 같을 때에, 그 두 수를 7을 법으로 합동이라고 배웠다. 아래 표는 2와 3를 각각 계속 곱(거듭제곱)했을 때, 그 수를 7로 나눈 나머지를 적은 것이다.

곱한 횟수(지수)	1	2	3	4	5	6
$2^{(\,)}$	2	2×2	2×2×2	2×2×2× 2	2×2×2×2×2	2×2×2×2×2×2
7로 나눈 나머지	2	4	1	2	4	1

곱한 횟수(지수)	1	2	3	4	5	6
$3^{(\,)}$	3	3×3	3×3×3	3×3×3×3	3×3×3×3×3	3×3×3×3×3×3
7로 나눈 나머지	3	2	6	4	5	1

■ 이산대수문제(DLP) 기법

나와 친구는 우리끼리의 비밀을 이메일을 이용하여 주고받기로 하였다. 그런데 우리가 주고받는 이메일을 누군가가 끊임없이 해킹을 하고 있다. 어느 날, 우리는 오후 1시에 6시 사이에 우리만의 아지트에서 만나기로 하였다. 그래서 그 전날 우리는 조용히 만나서 만날 시간을 정하는 방법을 다음과 같이 약속하였다.

① 3을 거듭제곱하여 7로 나눈 나머지를 적은 표를 나누어 가진다.

곱한 횟수(지수)	1	2	3	4	5	6
$3^{(\,)}$	3	3×3	3×3×3	3×3×3×3	3×3×3×3×3	3×3×3×3×3×3
7로 나눈 나머지	3	2	6	4	5	1

② 만나고 싶은 시간만큼 3을 거듭제곱한다.

③ 그 수를 7로 나눈 나머지를 이 메일로 보낸다.

④ 받은 수를 표에서 찾아 3의 지수를 확인한다.

철수 〈--------- ↓ ------------〉영이

나쁜 친구(도청자)

■ **이산대수문제(DLP) 해독의 어려움**

만일 1을 보낸 사실을 해커가 알았을 때에도,

① 어떤 수의 거듭제곱인지 알기 어렵다.

② 만일 그 수를 알았을 때에도, 어떤 수로 나누었는지 알기 어렵다.

■ **이산대수문제(DLP) 실행의 예**

위의 문제에서 철수가 오후 6시에 만나고 싶다면,

① 철수는 3을 6번 곱한(3^6)= 729를 7로 나눈 나머지 1을 영이에게 이메일로 보낸다.

② 영이는 표를 보면서 수 1이 있는 칸에서 3을 곱한 횟수(지수) 6을 알게 된다.

③ 영이와 철수는 오후 6시에 아지트에서 만난다.

문제 5.2.1 우리 집 현관에 있는 번호 키의 비밀번호 '1234'를, 이산대수문제 기법을 이용하여, 친구에게 이메일로 보내시오.

힌트 숫자를 암호화해서 한 개씩 보낸다.

풀이 5.2.1 참조

■ **약속**

2를 M 번 곱한 수(2^M)를 7로 나눈 나머지를

$$2^M\ (7)$$

로 표기하도록 하자.

문제 5.2.2 이산대수문제 기법을 이용하여, 철수와 영이가 주고받고 싶은 메시지 M을 2^M (7)로 보내기로 약속했다.

1) 철수가 3을 보내면 영이는 어떤 수를 받게 되는가?

2) 영이가 4를 받았다면 철수가 보낸 메시지는 무엇인가?

힌트 숫자를 암호화해서 한 개씩 보낸다.

풀이 5.2.2 참조

문제 5.2.3 이산대수문제 기법을 이용하여, 철수와 영이가 주고받고 싶은 메시지 M을

$$2^M\ (13)$$

로 보내기로 약속했다.

1) 철수가 보내고 싶은 메시지가 7이라면 영이는 어떤 수를 받게 되겠는가?

2) 영이가 5를 받았을 때, 철수가 보낸 메시지는 무엇인가?

힌트 2를 계속 곱해가면서 13으로 나눈 나머지를 표로 만드시오.

풀이 5.2.3 참조

선생님께

학생들이 지수의 밑과 나누는 수(법)를 여러 가지로 바꿔서 표를 만들고 그 표를 이용하여 암호문을 주고받도록 해주세요.

■ 특히, 나누는 수(법)을 합성수로 할 때, 법이 소수인 경우와 다른 점을 알도록 해주세요.

주제 5 우주는 대칭

앞에서, 원에 대해서 공부할 때에도 말했듯이, 신은 기하학자이며 그의 손에는 항상 컴퍼스가 들려있었다고 고대 그리스 철학자와 수학자들이 말하였다고 한다. 따라서 신이 만든 우주는 원운동을 하며, 특히 대칭적이라는 것이다. 크게 보면, 태양을 중심으로 돌고 있는 지구의 봄, 가을의 위치와 여름, 겨울의 위치가 대칭이며, 작게 보면, 모든 분자의 구조가 대칭이라는 것이다. 수학은 우주의 모든 현상을 식으로 표현하여 우주의 상태와 변화를 그 식을 이용하여 알아보려고 만든 학문이라고 한다. 따라서 우주의 상태인 대칭성이 수학의 핵심이기도 하다.

1. 생활 속의 대칭

우주는 대칭적으로 구성되어 있다. 무지개의 둥근 호와 얼음 결정의 6각형 모양의 대칭과 같이 우주의 많은 자연법칙 과정에서 대칭성은 관찰된다. 또한 생물학적 대칭의 아주 멋진 예는 조개껍데기와 공작의 부채모양의 꼬리이다. 인류의 역사에서, 선사시대를 포함한 세계의 모든 문명은 대칭의 기초적인 개념을 직관적이며 매우 유용하게 이해하고 발전시켰다. 도자기, 벽, 기구, 무기, 악기, 옷 등에 있는 장식은 대체로 대칭성을 이룬다. 건물과 사원, 무덤 등 여러 건축물들은 보통 대칭과 균형의 관점에서 설계된 것이다. 음악, 시, 춤 역시 근본적인 짜임새가 대칭성을 이루고 있다. 사람들이 대칭에 대한 비형식적 이해를 오랫동안 가지고 있는 반면, 대칭에 대한 보다 깊은 이해의 수단을 현대수학이 제공하고 있다. 대칭의 정확한 종류를 어떻게 설명하고 분류할 수 있을까?

1.1 대칭이란?

대칭은 균형 또는 '반복적 자기 닮음'이며, 도형에서는 도형의 모든 점들이 대칭축을 가로질러서 서로 반사되는 성질을 말한다.

■ **평면도형의 대칭**

① 종교 문양, 탑, 단지

② 카펫트

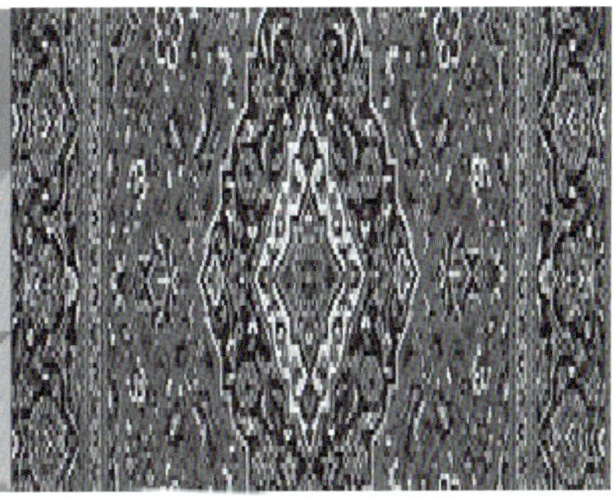

③ 건반, 자수품

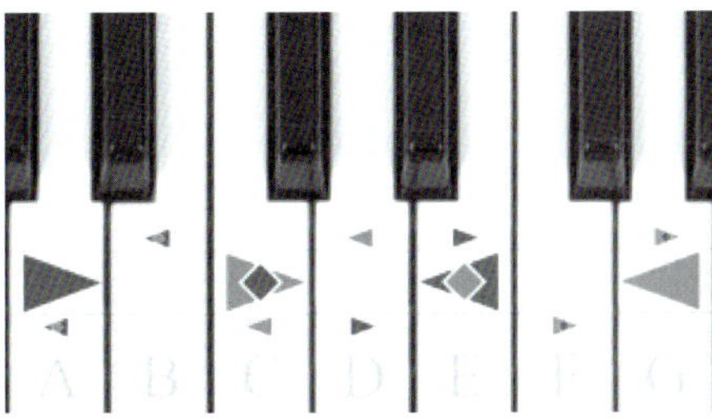

문제 1.1.1 우리 주변에 있는 사물 중에서 대칭인 것을 찾아보시오.

2. 수학에서의 대칭

우리는 2부 II장 주제 4 포장지 만들기에서, 독일 수학자 클라인이 만든 강체운동에 대해서 알아보았다. 그 중에서, 도형의 뒤집기(반사)를 배울 때에 모든 도형을 뒤집으면 대칭인 도형이 생긴다는 것을 알았다.

2.1 대칭의 종류

대칭은 크게 선(반사)대칭, 미끄럼반사 대칭, 회전대칭과 점대칭으로 나누어진다.

■ **반사(거울) 대칭**

한 도형에서 어떤 선이 반사축이 되는 경우, 그 도형은 반사 대칭이라고 한다. 반사축은 도형의 대칭축이라고 불린다. 대칭축의 한쪽에 있는 도형의 각 점 P는 대칭축의 반대쪽에 있는 도형의 점P'와 대응된다. 반사 대칭은 선대칭 또는 좌우대칭으로 불린다.

문제 2.1.1 다음 문자 중에서 반사 대칭인 문자를 찾고 대칭축을 그어보시오.

1) ㄱ ㄴ ㄷ ㄹ ㅁ ㅂ ㅅ ㅇ ㅈ ㅊ ㅋ ㅍ ㅌ ㅎ

2) A B C D E F G H I J K L M N O P Q R S T U V X Y Z

풀이 2.1.1 참조

■ **회전 대칭**

도형이 0°～360°로 돌려서 본래 도형과 완전히 겹쳐질 때, 그 도형은 '회전 대칭'이라고 하며, 돌리기의 중심을 '회전점'이라고 한다.

• 90° 회전 대칭을 이루는 도형은 자동적으로 180°와 270°회전 대칭을 이룬다.

• 회전 대칭을 이루는 회전각

가장 작은 양의 각도를 말한다. 따라서 그 각도의 배수를 이루는 각도로 회전을 시켜도 역시 대칭을 이룬다.

문제 2.1.2 정육각형, 정구각형의 회전각을 구하시오.

풀이 2.1.2 참조

문제 2.1.3 다음의 각 다각형에 대한 모든 대칭선을 그리고, 회전 대칭인 도형을 찾으시오.

1) 삼각형 : 정삼각형, 이등변삼각형, 부등변삼각형

2) 사각형 : 정사각형, 마름모, 직사각형, 평행사변형, 사다리꼴, 이등변사다리 꼴, 연

풀이 2.1.3 참조

■ **점대칭**

어떤 점 O에 대하여 180°회전 대칭을 이루고 있다면 그 도형은 점대칭을 이룬다고 한다.

문제 2.1.4 다음 알파벳 중에서 점대칭인 문자를 찾으시오.

A B C D E F G H I J K L M N O P Q R S T U V X Y Z

풀이 2.1.4 참조

■ **미끄럼 반사**

미끄럼 반사는 미끄러짐과 뒤집기가 결합된 변환형태이다. 가장 쉽게 상기되는 예는 왼발자국에서 오른발자국으로 옮겨가는 동작이다. 미끄러짐 반사라 불리는 반사의 축은 미끄러짐의 방향과 평행해야 한다. 미끄러짐은 뒤집기의 앞에 실시된다. 하지만 뒤집기가 미끄러짐보다 먼저 시행되어도 결과는 같다. 미끄러짐 뒤집기에서 왼발자국의 상은 오른발자국이다.

• 미끄러짐 반사

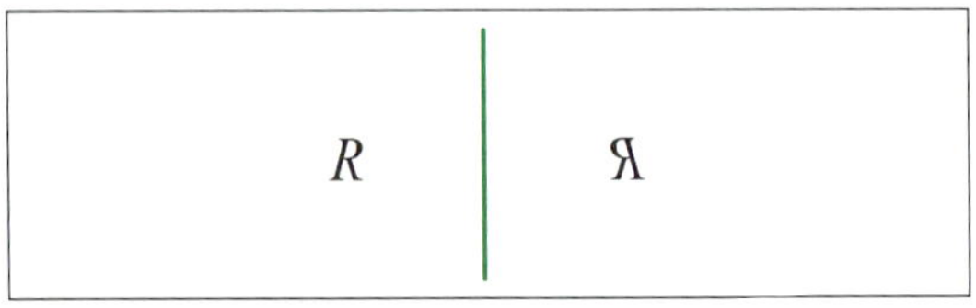

[참고] **Я**는 러시아알파벳 야(ya)이다.

문제 2.1.5 거울 반사를 계속 두 번시키면 어떤 위치로 옮겨질까요?

힌트 거울 두 개를 평행하게, 비스듬히 놓고 그림자를 생각해보시오.

풀이 2.1.5 참조

2.2 정사각형의 대칭

정사각형의 대칭을 알아보기 전에 클라인(Klein)이 처음 강체운동의 예로 제시했던 직사각형의 대칭에 관하여 알아보기로 한다.

■ **클라인의 4원군**

아래의 직사각형의 중심을 지나는 수평축 m, 수직축 l을 축으로 하는 대칭 운동과 180°회전 운동을 각각 α, β, γ라고 하자. 또한 움직임 없는 원래의 상태를 1이라고 하고 다음과 같이 약속한다.

L : l축 180° 회전
M : m축 180° 회전
O : O을 중심으로 180° 회전
1 : 제자리

이들 네 가지 운동을 계속하면, 그 결과는 다시 L, M, O, 1 중의 하나가 된다. 이를 클라인의 사원군(V_4)이라 한다.

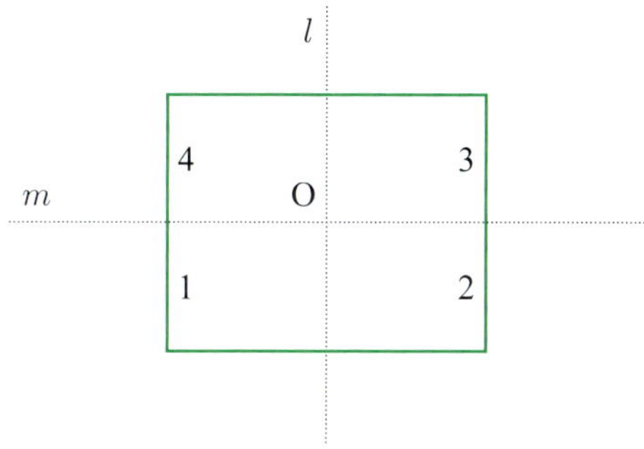

문제 2.2.1 이들 네 가지 운동을 계속하면, 그 결과는 다시 L, M, O, 1 중의 하나가 된다는 사실을 다음의 표를 이용하여 설명하시오.

(단, $L \circ M$ 이란 L 다음에 계속해서 M 을 행한다는 기호이다.)

힌트 직사각형의 네 꼭짓점 1, 2, 3, 4의 움직임을 살펴보시오.

$\circ$	1	L	M	O
1				
L				
M				
O				

풀이 2.2.1 참조

■ **정사각형의 대칭**

아래에 있는 정사각형 1234의 대칭을 알아보기로 한다.

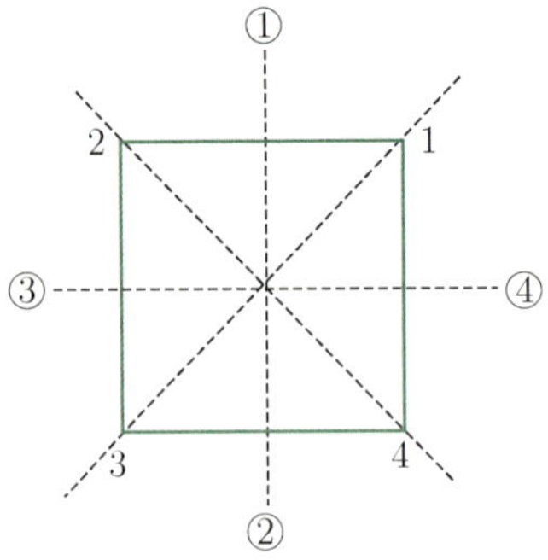

정사각형 1234를 잘 살펴보면 돌리기(회전)과 뒤집기(반사)대칭이 있음을 알 수 있다. 이제, 그러한 대칭의 성질을 알아보기로 한다.

- 약속

  왼쪽으로(시계반대방향) 90° 돌리기(회전)을 간단하게 기호 ◎로 표기하고, ①, ②, ③, ④는 대칭축을 중심으로 뒤집기이다.

문제 2.2.2 몇 가지의 대칭이 있는가?

돌리기 : ______가지

뒤집기 : ______가지

풀이 2.2.2 참조

문제 2.2.3 1) 90°씩 13번 돌리기를 하면 몇 번의 ◎과 같은가?

2) ◎을 몇 번하면 제자리로 돌아오는가?

힌트 정사각형의 네 꼭짓점 1, 2, 3, 4의 움직임을 살펴보시오.

1) 1번

2) 4번

풀이 2.2.3 참조

문제 2.2.4 ①, ②, ③, ④네 가지의 뒤집기를 두 번 계속해 보고 표를 만들어 보시오.

∘	①	②	③	④
①				
②				
③				
④				

풀이 2.2.4 참조

문제 2.2.5 돌리기와 뒤집기를 연속해서 해보고, 그 결과를 표로 만들어보시오.
(단, $L \circ M$ 이란 L 다음에 계속해서 M 을 행한다는 기호이고, 1은 제자리)

힌트 정사각형의 네 꼭짓점 1, 2, 3, 4의 움직임을 살펴보시오.

∘	1	◎	◎◎	◎◎◎	①
1	1	◎	◎◎	◎◎◎	①
◎	◎				
◎◎	◎◎				
◎◎◎	◎◎◎				
①	①				

풀이 2.2.5 참조

■ **정삼각형의 대칭**

아래의 정삼각형 123의 대칭을 알아보기로 한다.

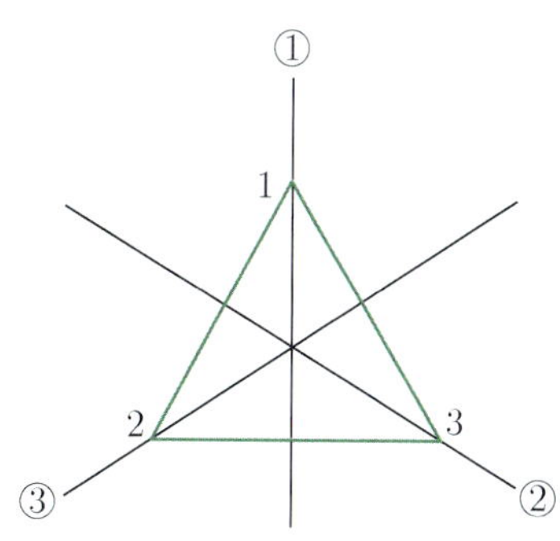

• 약속

왼쪽으로(시계반대방향) 120° 돌리기(회전)을 간단하게 기호 ⊙로 표기하고, ①, ②, ③은 대칭축을 중심으로 뒤집기이다.

문제 2.2.6 몇 가지의 대칭이 있는가?

돌리기 : ______가지

뒤집기 : ______가지

풀이 2.2.6 참조

문제 2.2.7 1) 120°씩 11번 돌리기를 하면 몇 번의 ⊙과 같은가?

2) ⊙을 몇 번하면 제자리로 돌아오는가?

힌트 정삼각형의 네 꼭짓점 1, 2, 3의 움직임을 살펴보시오.

풀이 2.2.7 참조

문제 2.2.8 ①, ②, ③ 세 가지의 뒤집기를 두 번 계속해 보고 표를 만들어 보시오.

힌트 정삼각형의 네 꼭짓점 1, 2, 3의 움직임을 살펴보시오.

∘	①	②	③
①	1		
②		1	
③			1

풀이 2.2.8 참조

문제 2.2.9 돌리기와 뒤집기를 연속해서 해보고, 그 결과를 표로 만들어보시오. (단, $L \circ M$ 이란 L 다음에 계속해서 M 을 행한다는 기호이고, 1은 제자리)

힌트 정삼각형의 세 꼭짓점 1, 2, 3의 움직임을 살펴보시오.

∘	1	⊙	⊙⊙	①
1				
⊙				
⊙⊙				
①				

풀이 2.2.9 참조

선생님께

지금까지 배운 정사각형, 정삼각형의 대칭에 관하여 알아낸 점을 학생들과 토론해 주세요.

토론

돌리고 또 돌리면?

뒤집고 또 뒤집으면?

돌리고 뒤집거나, 뒤집고 돌리면?

주제 6 초등수학 문제 해결

2부 I장에서부터 IV장 주제 5까지, 초등학교와 중학교의 수학과 교육과정과 관련된 수학자들의 아이디어를 알아보았다. 그런데, 아는 것과 행하는 것은 다를 수 있다. 즉, 수학자들의 아이디어를 잘 이해하고 있지만 실제로 어떤 수학문제 상황에 부딪쳤을 때 그 아이디어를 제대로 활용하지 못할 수도 있다. 이제, 지금까지 배운 아이디어를 이용하여 초등학교수학과 중등학교 수학의 일부와 관련된 일상생활이나 문장제 문제에서 주어지는 다양한 문제를 해결하기 위한 전략을 세우고 실행할 수 있는 방법을 알아보기로 한다.

1. 문제해결

문제해결이란 수학의 이론을 바탕으로 주어진 문제를 풀어가는 것을 말한다. 그를 위해서는 문제가 무엇인가를 알아본 다음, 그 문제를 풀어갈 방법을 찾아보기로 한다.

1.1. 문제란?

문제란 주어진 현재의 상태와 원하는 상태, 표준상태와의 간극의 인식상태를 말하고, 대부분의 문제는 그 간극을 채워 주는여러 가지 해법이 존재하지만, 그 해법을 즉각적으로 동원할 수 없는 상태를 말한다. 그리스어인 'problēma'는 '앞에 내던져진 것'을 의미한다. 제기된 문제는 해결하게 되고 그 해결은 다시 새로운 문제를 계속 던지게 되므로 사람들은 스스로가 해결할 수 있는 것만을 문제로 제기한다고 한다.

1.2. 문제해결이란?

2000년에 발간된 NCTM(미국수학교사협의회)의 "학교수학의 원리와 규준"에서 모든 아동은 주어지는 양적인 문제를 상상력, 통찰력을 동원하여 사고하고 해결하는 방법을 배우도록 권장하고 있다. 1992년 우리나라의 6차 수학과 교육과정에서도 문제해결력의 육성을 강조하고 있다. 최근에 문제해결지도가 강화되고 있는 것은 고도정보화사회에 대응하려는 수학교육의 요구에 따른다. 문제해결이란 목표 상태와 현재상태간의 차이를 줄이는 일련의 사고와 행동을 말하고, 그러한 일련의 사고와 행동을 발견하는 것이 문제를 해결한 것이므로 문제해결이란 목표지향적인 행동 또는 조절의 한 요소이다. 문제의 대상, 속성, 상태 공간, 연산, 선택준거 등으로 문제를 다양한 성분으로 분해하는 것이 효율적인 문제해결 방안이 된다.

2. 폴리아의 문제해결 원리

문제해결에 관한 이론은 다양하지만 그 중에서 현재 가장 많이 이용되고 있는 방법은 폴리아(G. Polya, 1887~1985)의 방법이다. 폴리아는 헝가리 출신의 저명한 수학자로서, 1924년에 무늬를 무시하면 테셀레이션의 방법이 17가지뿐임을 증명한 것으로도 유명하다.

폴리아는 그의 저서 '어떻게 문제를 풀 것인가?'에서 문제를 해결하기 위한 기본적인 전략과 네 가지 원리를 제시 했다. 또한 학생들이 문제를 해결하는데 도움이 되는 질문 내용과 학생이 자기 자신에게 질문할 내용을 광범위하게 설명하였다. 우선 폴리아의 문제해결의 네 가지 원리를 나열하기로 한다.

① 문제의 이해

교사는 학생들에게 또는 학생 스스로 다음과 같은 질문을 해야 한다.

- 문제에서 진술되고 사용되어진 모든 단어들을 이해할 수 있는가? 그렇지 않다면, 목차나 사전 혹은 그것들을 발견할 수 있는 소재를 찾아보아라.
- 구하고자 하는 것이 무엇인가?
- 자신의 언어로 문제를 재 진술 할 수 있는가?
- 문제를 진술하는 다른 방법이 있는가?
- 핵심어의 진정한 의미는 무엇인가? 그것의 정의는 무엇인가?
- 문제를 명확하게 설명할 수 있는 예제를 제시할 수 있는가?
- 문제를 이해하는데 도움을 주는 그림이나 표를 생각할 수 있는가?
- 답을 찾을 수 있을 만큼 충분한 정보가 있는가?
- 관계없는 정보가 있는가? 그것이 문제가 되는가?
- 문제해결을 위해서 알아야하는 지식이 무엇인가?

② 계획 수립

문제해결을 위한 계획을 수립한 후에는 계획을 실천하기 위한 실질적인 노력이 수반되어야 한다. 구체적인 실천목록은 다음과 같다.

- 대수적 사실을 이용
- 비둘기집 원리 이용
- 예상과 확인
- 규칙성 찾기
- 표 만들기
- 그림 그리기
- 부분적으로 해결된 문제 회상하기
- 이미 해결된 비슷한 문제 생각하기

- 유사 문제를 해결하기
- 교구활용
- 대칭 이용
- 거꾸로 풀기
- 특수한 경우를 해결하기
- 공식 이용
- 직접적인 증명
- 자신만의 방법으로 해결하기
- 방정식을 이용하여 풀기

③ 계획 실행

수립한 계획을 자신의 모든 지식을 활용하여 식을 세우고 정확하게 계산한다. 수학에서의 문제해결 과정은 그 문제해결을 위한 하위개념들을 회상하여 조직하는 것이 가장 중요하다. 그러한 방법을 분석법이라 부른다.

④ 반성

실행에서 얻은 답이 옳은지를 확인하고, 해결과정에서의 자신의 생각을 분석해보고 문제를 해결하는 핵심을 확인하는 반성과정은 자신의 이해 정도와 해결능력의 수준을 점검하는 데에 중요하다. 반성과정은 학생이 접해본 적이 없는 문제를 해결하는 데에 영감을 떠올리는 능력(수학적 힘)을 얻는 방법이다.

3. 문제해결전략

폴리아의 문제해결 4단계 중에서 우리가 꼭 배워야 할 내용은 계획수립단계이다. 즉, 어떤 문제를 만났을 때, 그 문제를 해결하기 위한 가장 적절한 계획을 찾아내는 일이 무엇보다 중요할 것이다. 우리는 폴리아가 제시한 여러 가지 계획을 잘 살펴서 주어지는 문제를 빠르고 정확하게 해결할 수 있는 능력을 길러보기로 한다.

3.1 예상과 확인

문제에서 주어진 조건을 만족하는 어떤 사실을 예상하고 확인하는 방법이다. 만일 그 사실이 문제를 만족하지 못하면 다른 사실을 예상하고 확인한다.

제 3.3.1 아래 그림에서, 직사각형 ABCD와 넓이가 같은 직사각형 BFEG를 작도하려고 한다. 작도과정을 설명하시오.

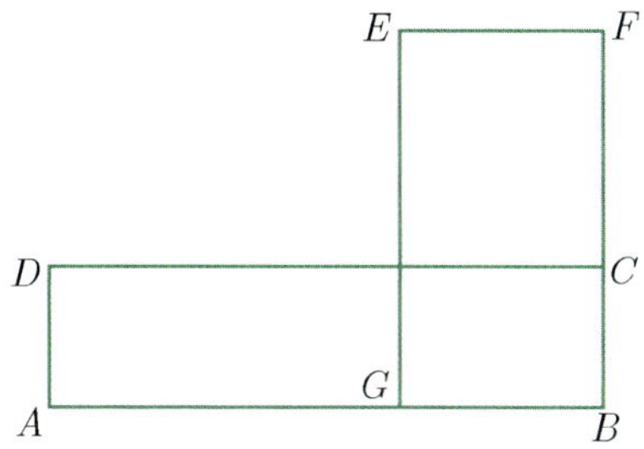

① 문제의 이해

직사각형 ABCD과 직사각형 BFEG의 넓이가 같으려면, 두 직사각형의 가로와 세로의 곱이 같아야 한다.

② 계획 수립

보조선을 그려 놓고 생각해야겠다.

③ 계획의 실행

위의 그림에 보조선을 그려서 직사각형 ABCD와 넓이가 같은 직사각형 BFEG를 작도하시오.

힌트 닮은 삼각형의 대응하는 변의 길이의 비는 같다.

풀이 3.3.1 참조

3.4 그래프 그리기

문제 3.4.1 왼쪽에 있는 길 위를 자동차가 최대 시속 200km 로 달릴 때 속도의 변화를 그래프로 나타내시오.

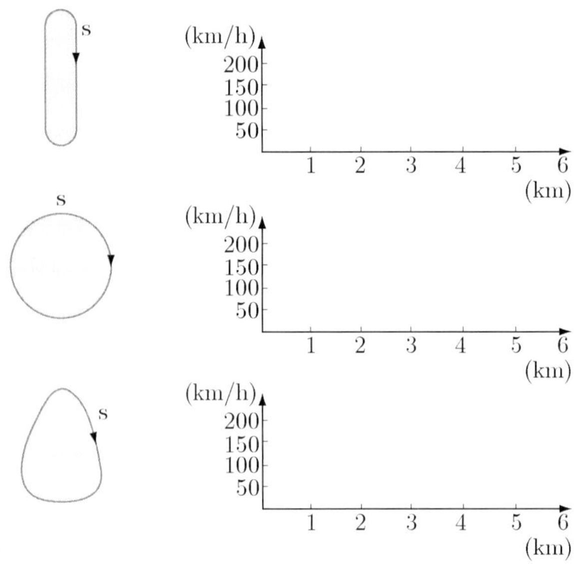

① 문제의 이해

그래프를 그릴 표는 가로가 거리, 세로가 속도이다. 따라서 시간이 흐름에 따른 속도의 변화를 곡선으로 나타내면 된다.

② 계획 수립

직선도로에서는 시속 200km로 달리고 곡선도로에서는 속도가 줄어들어야 한다.

③ 계획의 실행

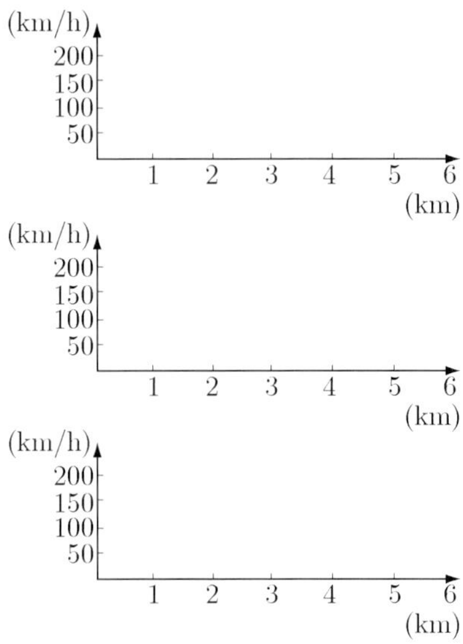

④ 반성하기

풀이 3.4.1 참조

문제 3.4.2 아래의 길 위로 시속 200km로 자동차가 달릴 때 속도의 변화를 그래프로 그려 보시오.

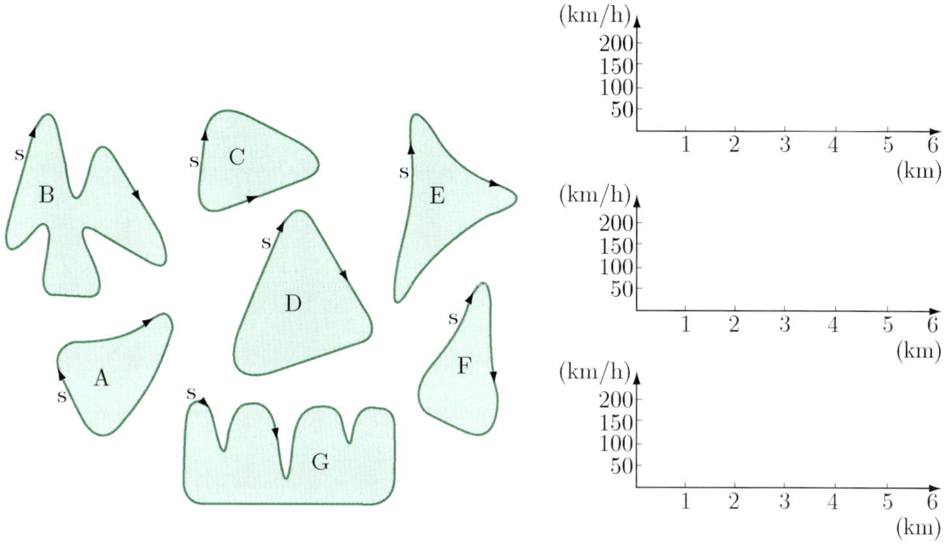

3.5 규칙성 찾기

문제에 나다닌 몇 가지 예를 일반화하여, 문제의 열쇠가 되는 일반적인 규칙성을 찾는 방법이다.

문제 3.5.1 다음 수들의 규칙성을 찾고, 그림으로 나타내어보시오.

2, 6, 12, 20, 30, 42, 56, 72, 90, 110, 132, ⋯

① 문제의 이해

4, 6, 8, 10, ⋯ 씩 커진다.

② 계획 수립

규칙을 찾기 어려울 때는 그 다음에 나올 수를 몇 개 더 적어본다.

③ 계획의 실행

2, 6, 12, 20, 30, 42, 56, 72, 90, 110, 132, ⋯ 의 규칙성을 찾아 일반화하고, 그림으로 나타내시오.

힌트 4, 6, 8, 10, ⋯ 은 2×2, 3×2, 4×2, 5×2, ⋯ 이다.

④ 반성하기

- 100번째 항은 무엇인가?
- 다른 규칙을 갖는 수열의 규칙성을 찾아본다.

풀이 3.5.1 참조

[참고] 프랙탈

프랙탈(fractal)이란 자연현상에서 나타나는, 자기닮음성을 가지고 유클리드 도형이 아닌, 반복적인 규칙성을 가진 기하학적인 도형을 말한다. 프랙탈의 관념은 17세기부터 시작하여, 18세기에는 집합론을 창시한 칸토르 등에 의하여 프랙탈은 함수 연구의 목적으로 하는 엄밀한 수학적 대상이 되었다. 그 예로는 아래와 같은 만델브로 집합, 코흐 눈송이, 쥴리아 집합 등이 유명하다.

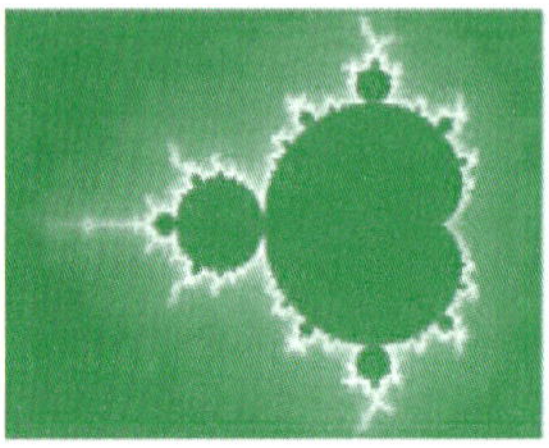
만델브로

집합쥬리아

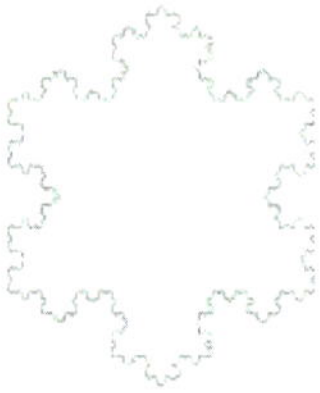
집합코흐 눈송이

3.6 거꾸로 풀기

논리적인 탐구방법 중, 분석법이란 하나의 것(전체)을 부분으로 작게 쪼개어 각각을 고찰하거나, 구하고자 하는 결과에서 시작하여 문제의 처음 조건에 도달할 때까지 한 단계씩 거꾸로 해결해가는 방법을 말한다. 분석법은 고대 그리스 철학자 아리스토텔레스가 창시하였다.

문제 3.6.1 영이와 철수가 다음과 같은 게임을 한다.

(a) 책상 위에 15개의 동전을 놓는다.

(b) 영이와 철수가 번갈아 가며, 자기 차례에 책상 위로부터 1 또는 2 또는 3개를 가져올 수 있다.

(c) 마지막 동전을 가져오는 사람이 이긴다.

• 이 게임을 이기는 방법을 알아보자.

① 문제의 이해

동전 15개로 시작한다는 점, 각 차례에서 1, 2, 3개를 옮길 수 있다는 점, 미지막 남은 것을 가져오는 사람이 이긴다는 점들 중에서 무엇이 중요할까?

② 계획 수립

처음 사람이 몇 개를 가져가고, 몇 회까지 계속될 지가 명백하지 않기 때문에 맨 마지막 동전을 가져오려면 동전이 몇 개가 남아야하는가? 하는 상황을 한 단계씩 거꾸로 만들어본다.

③ 계획의 실행

위의 게임을 이기는 방법을 찾아 설명하시오.

힌트 15번째 동전을 가져오려면 몇 번째 동전을 가져오면 되는가?

④ 반성하기

• 다른 문제를 해결해보자.

풀이 3.6.1 참조

문제 3.6.2 4리터짜리 물통과 9리터짜리 물통 두 개만으로 6리터의 물을 강으로 부터 길어 올릴 수 있는 방법은 무엇인가?

힌트 6리터를 만들려면 몇 리터를 만들면 되는가?

풀이 3.6.2 참조

3.7 비둘기 집 원리

비둘기가 잘 때에는 한집에 꼭 한 마리씩 잔다고 한다. 이러한 비둘기의 습성을 이용한 과학적 방법을 '비둘기 집(pigeon hole) 원리'라고 부른다.

문제 3.7.1 어느 도시의 인구가 70만 명이다. 그 도시에는 머리카락의개수가 같은 사람이 있을까?

힌트 사람의 머리카락의 개수는 10만~15만 이라고 한다.

풀이 3.7.1참조

문제 3.7.2 12개의 동요 CD와 12개의 클래식 CD가 담긴 상자가 깜깜한 방에 놓여있기 때문에 어떤 CD인지를 구별할 수 없다. 그 상자에서 최소한 같은 종류의 CD를 확실히 고르기 위해서는 몇 개의 CD를 집어내야 할까?

풀이 3.7.2 참조

3.8 귀납적 추론

귀납적 추론이란 특별한 몇 가지 예로부터 얻는 규칙에 근거하여 결론을 이끌어내는 것이다. 이렇게 도출한 결론을 일반화라고 한다. 귀납적 사고는 정보를 만들어내고 조직화하는데 강력한 방법으로서 다음과 같은 과정을 거친다.

- 여러 가지 예에서 성립하는 공통성질을 알아낸다.
- 그 성질이 다른 예에도 적용되는가를 확인한다. 특히, 그 성질이 성립되지 않는 예 또는 반례를 찾아본다.
- 모든 예들에서 그 성질이 성립한다면 일반적으로 참일 것으로 추정되는 그 성질을 일반화하고 검증해본다.

문제 3.8.1 다음 식들의 공통성질을 알아내고, 그 사실을 점 도형을 그려서 확인해 보시오.

$$1 = 1$$

$$1+2+1=4$$

$$1+2+3+2+1=9$$

$$1+2+3+4+3+2+1=16$$

$$\cdots$$

풀이 3.8.1 참조

[참고] 참인 것처럼 보이지만 아직 증명되지 않는 결론을 추론 또는 가설(conjecture)이라고 하고, 그 추론이 증명이 되면 이론 또는 정리(theorem)라고 부른다.

3.9 연역적 추론

하나의 일반적인 사실이나 원리를 전제로 하여 개별적인 사실이나 특수한 다른 원리를 이끌어 내는 것을 '연역'이라고 하고, 연역적으로 논리를 펼쳐 추론을 하는 것을 '연역적 추리'라고 한다. 개별적이고 특수한 사례들로부터 일반적인 원리를 이끌어 내는 귀납적 추리의 방법과 이와 반대인 추론 방식이다. 예를 들어, '다각형의 외각의 합은 360°이다.'라는 사실을 근거로 삼아 '따라서, 정177각형의 외각의 합도 360°이다.'라고 결론을 내리는 것은 연역이다. 연역의 전제가 되는 사실은 이미 결론의 구체적이고 특수한 경우를 포함하고 있다. 따라서 전제가 참이고 논리를 전개하는 과정에 오류가 없었다면 결론은 반드시 참이 된다. 즉,

'다각형' 중에는 '정177각형'도 포함되어 있기 때문에, 다각형의 외각의 합이 360°인 이상 다각형인 정177각형의 외각의 합은 360°일 수밖에 없다. 따라서 연역적 추론은 결론이 진리임을 보증해 주는 강력한 논리적 추론 방법이다.

문제 3.9.1 다음은 '다각형의 외각의 합은 360°임'을 알려주는 그림이다. 그 과정을 설명해 보시오.

1)

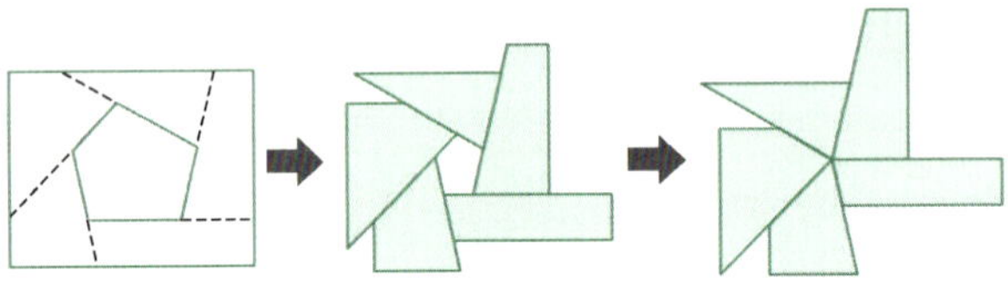

2)

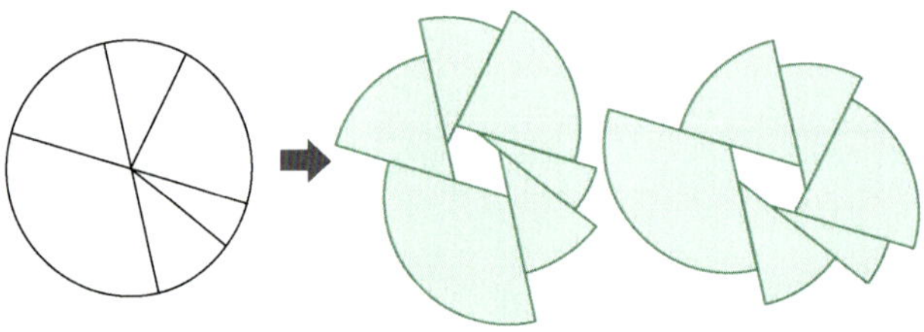

풀이 3.9.1 참조

■ **연역적 증명을 통한 일반화의 단계**

- n각형의 한 꼭짓점에서 내각과 외각을 합하면 평각이 되므로 그 값은 $180°$이다. … [사실]
- 이러한 꼭짓점이 n개이므로 n각형의 내각과 외각의 합은 $180° \times n$이다. … [추론]
- n각형의 내각의 합은 $(n-2) \times 180°$이다. … [사실]
- 따라서 다음의 관계가 성립한다. … [추론]
- (n각형의 내각과 외각의 합)=(n각형의 내각의 합)+(n각형의 외각의 합)

  이것을 수식으로 표현하면 $180° \times n = (n-2) \times 180° +$ (n각형의 외각의 합)이다.

  따라서 (n각형의 외각의 합)$= 360°$ … [결론]

■ 귀납법과 연역법

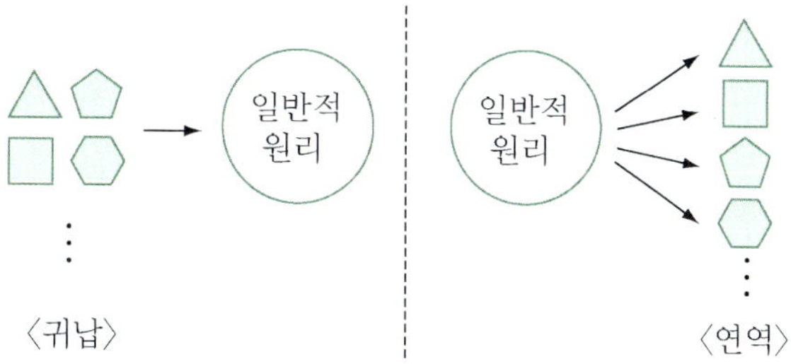

3.10 귀류법

'$p \rightarrow q$가 참'인 경우에 q가 거짓이라면 p는 반드시 거짓이라고 증명하는 방법을 간접추론 또는 귀류법이라 하고 다음과 같은 과정을 거친다.

- 만일 명제 q(결론)가 거짓이라고 한다면, 명제 p(가정)가 거짓이거나 또는 우리가 잘 알고 있는 사실에 모순이 되는 일이 일어난다.

  따라서 '$p \rightarrow q$는 옳다.' 라고 결론짓는 증명방법이다.

  ※ 간적 추론(귀류법)은 가장 강력한 증명 방법으로서, 직접 추론이 어려운 경우와 자명해 보이는 명제를 증명할 때에 가장 많이 쓰인다.

문제 3.10.1 '이등변삼각형의 두 밑각의 크기는 같다.'는 사실을 귀류법으로 설명해보시오.

풀이 3.10.1 참조

선생님께

초등과 중등 단계의 학생들은 연역적 추론, 귀류법을 사용해서 완벽한 증명을 해내는 것이 매우 힘들 수도 있습니다. 우선은 학생들로 하여금 문제를 푸는 각 단계마다 연역적 추론 또는 귀류법을 사용하여 자신의 결론을 정당화해보는 연습을 하도록 해보세요.

3.11 제논의 역설 반박하기

B.C. 5세기쯤에 고대 그리스 철학자인 파르메니데스(Parmenides)의 제자이고 엘레아(Elea)학파의 일원이었던 그리스의 철학자 제논(1부 II장 1.2.3절 참조)이 그의 스승인 파르메니데스의 신념인 '모든 것은 하나'이다. 따라서 복수(plurality)나 변화란 있을 수 없다는 일원론적 철학에 반대하는 어떠한 주장도 모순과 불합리에 이를 수밖에 없음을 보여주기 위해서, 최초로 귀류법(reduction ad absurdum)을 사용하여 만든 40여개의 역설(paradox)이다. 그중에서 현재까지 알려진 4개의 역설은 아리스토텔레스의 설명에서 따온 이름으로, 소크라테스의 변증술의 모태가 된 이분법(Dichotomy), 아킬레스(Achiles), 화살(Arrow), 주로 또는 경기장(Stadium)만이 남아있다.

■ **제논의 역설**

① 아킬레스의 역설

달리기 경주에서 보다 빨리 달리는 사람이 보다 느리게 달리는 사람을 결코 앞지를 수 없다는 것을 증명하기 위해 고안된 것이다.

② 이분법의 역설

어떤 물체가 결코 종착점에 도달하지 못한다는 것을 증명하기 위해 고안된 것이다. 이분법의 역설에 따르면 어떤 움직이는 물체는 종착점에 도달하기 전에 반드시 경주로의 중간 지점을 통과해야 한다. 그런데 무한한 수의 중간지점이 있기 때문에 움직이는 물체는 유한한 시간 안에는 종착점에 결코 도달하지 못한다.

③ 화살의 역설

어떤 움직이는 물체가 실제로는 정지하고 있다는 점을 증명하려는 시도이다.

④ 경기장의 역설

똑같은 속도로 달리는 물체들의 집합 2개 가운데 하나가 다른 하나보다 똑같은 시간에 2배 멀리 간다는 것을 증명하려 한다. 즉, 사람들이 두 줄로 서 있다. 각 줄은 같은 크기의 사람들이 같은 수로 구성되어 있다. 그들은 경기장 주로에서 서로 반대방향으로 같은 속도로 지나갈 때, 서로 한 사람씩 지나간다. 한 줄은 주로의 종점에서 중점까지 나열해 있고, 다른 줄은 주로의 중점에서 출발점까지 나열해 있다. 그러면 주어진 시간의 반절은 그 반절의 두 배와 같다(주어진 시간과 같다). 가 문제를 아리스토텔레스는 다음과 같은 바퀴의 역설로 바꿔놓았다. 즉, '반지름이 다른 두 동심원은 한 바퀴 돌리면 같은 거리를 간다.'

위의 네 가지 역설 중에서 이분법과 아킬레스의 역설을 우리가 반박해보기로 한다.

문제 3.11.1 '이분법의 역설'을 반박해보시오.

이분법 : 어떤 물체가 결코 종착점에 도달하지 못한다는 것을 증명하기 위해 고안된 것이다. 이분법의 역설에 따르면 어떤 움직이는 물체는 종착점에 도달하기 전에 반드시 경주로의 중간 지점을 통과해야 한다. 그런데 무한한 수의 중간지점이 있기 때문에 움직이는 물체는 유한한 시간 안에는 종착점에 결코 도달하지 못한다.

힌트 어떤 물체가 A지점에서 B지점으로 이동하기 위해서는 그 중간 지점인 C를 통과해야 한다. 그리고 마찬가지로 A에서 C로 가려면 그 중간 지점인 D를 통과해야 한다. 또 A에서 D로 가려면 그 중간 지점인 E를 통과해야 하고… 이런 식의 사고를 계속하다 보면 A와 B사이의 거리가 아무리 짧다 해도, A에서 B까지 가려면 무한히 많은 점을 통과해야 하기 때문에 물체는 이동할 수 없다는 이야기이다.

풀이 3.11.1 참조

문제 3.11.2 '아킬레스'를 반박해보시오.

아킬레스 : 아킬레스와 거북이가 경주를 한다. 거북이가 아킬레스 보다 100m 앞에서 출발한다. 동시에 출발하여 아킬레스가 거북이가 출발한 곳에 도착하면 그 시간동안에 거북이는 조금 앞으로 간다. 또 아킬레스가 거북이가 있었던 곳에 가면 그 시간동안에 거북이는 조금 더 앞으로 간다. 따라서 아킬레스는 거북이를 앞지를 수 없다.

힌트 아킬레스는 그 당시에 가장 빠른 단거리 육상선수였다.

풀이 3.11.2 참조

4. 논리적 증명방법

논리란 인간의 철학, 수학, 컴퓨터에서의 추론과정을 연구하는 분야로서 진리표, 명제의 상호 관계, 개폐 회로의 상호 접속 등에 관한 기초적 원칙과 응용을 수량이나 관계를 기호로 표현하여 논리적 추리 또는 판단을 형식화하는 것이다.

4.1 명제와 진리표

■ 명제

일상생활 또는 수학에서 사용하는 문장 또는 어떤 사실의 참, 거짓을 알아내거나, 어떠한 사실을 수학적으로 나타낼 때 그 사실이 참인지 거짓인지 분명하게 나타내는 문장을 말하며, '또는(or)', '이고(and)', '아니다(not)', '이면 ~이다.(If ~then)'와 같은 논리적 언어로 결합된 새로운 명제를 만드는데 이를 합성명제라 한다. 이때 원래의 명제들을 단순명제라고 한다. 복잡한 합성명제는 몇 개의 단순명제로 분해할 수 있다.

■ 진리표

한 명제의 참과 거짓을 진리 값이라고 하고, 참은 T(또는 1), 거짓은 F(또는 0)로 나타낸다. 즉, 한 명제의 진리 값은 T 또는 F로 표현하며, 의문문, 명령문, 감탄문 등과 같이 주관적인 판단을 나타내는 문장은 명제가 아니다.

4.2 명제의 형태

명제는 문장의 형태에 따라 논리곱, 논리합, 부정명제, 조건문, 삼단논법 등으로 분류한다.

■ 논리곱

임의의 두 명제 p, q를 '그리고'로 결합된 합성명제로, 'p이고 q'를 기호로 '$p \wedge q$'로 나타낸다. 예를 들면 p를 "걷는다.", q를 "손뼉을 친다."라 하자. 그러면 $p \wedge q$는 "걷고 손뼉을 친다." 라는 명제로 나타낸다.

〈$p \wedge q$의 진리표〉

p	q	$p \wedge q$(p and q)
1	1	1
1	0	0
0	1	0
0	0	0

■ 논리합

임의의 두 명제 p, q를 '또는'으로 결합된 합성명제 'p 또는 q'를 p와 q의 논리합이라고 하고 기호로는 '$p \vee q$'로 나타낸다.

예를 들면 p를 "걷는다.", q를 "손뼉을 친다."라 하자. 그러면 $p \vee q$는 "걷거나 손뼉을 친다."라는 명제로 나타낸다.

〈$p \vee q$의 진리표〉

p	q	$p \vee q$(p or q)
1	1	1
1	0	1
0	1	1
0	0	0

■ 부정명제

한 명제 p를 부정하여 새로운 명제 'p가 아니다'를 p의 부정 또는 부정명제라 하고, 이것을 기호로는 $\sim p$로 나타낸다.

〈$\sim p$의 진리표〉

p	$\sim p$(not p)
1	0
0	1

■ 조건문

두 명제 p, q를 '이면'으로 결합된 합성명제 'p이면 q'를 p와 q의 조건문이라고 하고 기호로는 '$p \rightarrow q$'로 나타낸다. p는 가정, q를 결론이라고 하고 $p \rightarrow q$가 참일 때 $p \Rightarrow q$로 나타낸다. ($p \Rightarrow q$는 $p \subset q$임을 나타낸다.)

• 충분조건과 필요조건

책상(p)이 방(q) 안에 쏙 들어간다. 이 때 책상은 방 안에 충분히 들어가므로 책상은 충분조건이고, 방은 책상이 들어가기 위해 필요한 공간이므로 방은 필요조건이다. 이렇게 부분 집합은 전체집합에 충분조건이고 전체집합은 부분집합에 대해 필요조건이다. $p \rightarrow q$의 진리 값은 일상생활에서 사용하는 의미와 다른 부분이 있다.

〈$p \rightarrow q$의 진리표〉

p	q	$p \rightarrow q$ (p이면 q이다)
1	1	1
1	0	0
0	1	1
0	0	1

• 필요충분조건

서로 크기가 같을 때 서로에게 필요충분조건이라고 한다. 예를 들면,

p : x는 2 보다 작은 자연수, q : $x = 1$

p의 조건에 맞는 x값은 1 뿐이다.

따라서, p와 q는 서로 크기가 같으므로 p는 q이기 위한 필요충분조건이다.

$p \leftrightarrow q$의 진리표

p	q	$p \leftrightarrow q$
1	1	1
1	0	0
0	1	0
0	0	1

■ **삼단논법**

그리스 철학자 아리스토텔레스가 고안한 삼단논법은 미리 알려진 두 판단에서 그것들과는 다른 하나의 새로운 판단으로 이끄는 추리 방법이다. 대표적인 예는 다음과 같다.

'모든 동물은 죽어야만 한다. 그리고 모든 인간은 동물이다. 그러므로 모든 인간은 죽어야만 한다.'

삼단논법의 결론에서 주어인 '인간'을 소개념, 술어인 '죽어야만 하는 것'을 대개념이라 하고, 소개념을 포함한 전제를 소전제, 대개념을 포함한 전제를 대전제라고 한다. 두 전제에는 대소개념과는 다른 제3의 개념인 '동물'이 포함되어 있다. 이는 두 전제를 결부시켜 결론으로 이끌기 위한 매개적 작용을 나타내는 것으로서 매체개념라고 한다.

〈삼단논법의 진리표〉

$[(p \rightarrow q) \wedge (q \rightarrow r)] \Rightarrow (p \rightarrow r)$								
p	q	r	$p \rightarrow q$	$\wedge$	$q \rightarrow r$		$p \rightarrow r$	$[(p \rightarrow q) \wedge (q \rightarrow r)] \Rightarrow (p \rightarrow r)$
1	1	1	1	1	1		1	1
1	1	0	0	0	0		0	1
1	0	1	0	0	1		1	1
1	0	0	0	0	1	$\Rightarrow$	1	1
0	1	1	1	1	1		1	1
0	1	0	0	0	0		0	1
0	0	1	1	1	1		1	1
0	0	0	1	1	1		1	1

4.2 논리 회로

컴퓨터 공학에서 논리를 구성하는 가장 기본적인 논리합과 논리곱은 다음과 같은 그림으로 표현한다.

■ 논리곱과 논리합

논리곱($p \wedge q$) 논리합($p \vee q$)

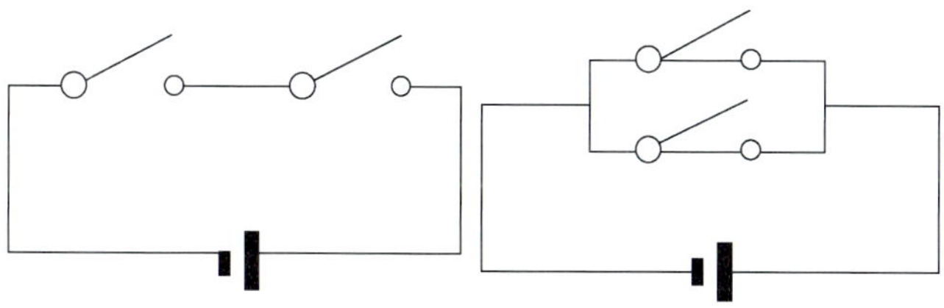

문제 4.2.1 다음 논리를 위의 논리곱과 논리합의 회로를 이용하여 그림으로 표현하시오.

1) $(p \wedge q) \wedge (\sim p \vee q)$ 2) $(p \wedge q) \vee (r \wedge t)$

풀이 4.2.1 참조

5. 모르는 수 찾기

수학에서 주어지는 모든 문제는 결국 '모르는 무엇인가를 찾아야 하는' 내용이며, 문제해결이란 그 문제를 식으로 표현해서 수학적인 방법으로 모르는 무엇을 구하는 것이다. 그것이 수학이 우주의 현상을 기호로 표현하여 식을 통해서 우주현상을 다루기 위해서 만들어졌다는 이유이기도 하다.

5.1 모르는 수 'X'

대수학의 아버지라 불리는 아랍 수학자 알콰리즈미(1부 II장 2절 참조)는 그의 저서에서 모르는 것을 '알 샤란(al-shalan)'으로 표기하였으며, 그 책이 10세기에 유럽(스페인)으로 건너가 번역되는 과정에서 그리스의 카이(χ)와 비슷한 영어 X를 사용하였다. 그 후 600년이 지나, 프랑스 수학자 데까르트(1부 II장 2절 참조)에 의해서 모르는 수(미지수)를 현재와 같이 x로 사용하게 되었으며, 수학뿐만 아니라 병원에서 사용하는 엑스선($X-ray$, 모르는 선) 또는 모르는 지점을 X로 표현하는 등 일상생활에서도 사용하게 되었다.

■ **방정식**

모르는 수를 x로 놓고 모르는 수를 찾는 문제를 x를 이용하여 식으로 표현한 것을 방정식이라고 부르며, 여러 개의 방정식을 모아 놓고 각각의 방정식에서 모르는 수를 찾은 다음, 그 중에서 같은 수를 찾는 식들의 묶음을 연립방정식이라고 부른다. 방정식의 기원은 다음과 같은 문제에서 시작되었다.

문제 5.1.1 다음 문제를 풀어보시오.

어떤 사람의 나이의 $\frac{1}{6}$이 소년기이고, 그 후 나이의 $\frac{1}{12}$이 지나서 수염이 났고, 그 후 나이의 $\frac{1}{7}$이 지나서 결혼을 하였고, 5년 후에 아들을 낳았고, 아들이 불행히도 아빠 나이의 절반을 살다가 죽었고, 4년 후에 그 사람이 죽었다. 그 사람은 몇 살에 죽었는가?

힌트 그 사람이 죽은 나이를 x로 하여 식을 만들어보시오.

풀이 5.1.1 참조

■ **양수, 음수**

고대 수학자들은 수를 막대의 길이로 표현했기 때문에 음수나 허수를 수로 인정하지 못하였다. 그런데 고대 중국에서는 상인들이 금전출납부에 그날 번 이익금을 검정색 숫자로, 손해 본 금액을 붉은색 숫자로 적었다고 한다.

- 그 후로 동양에서는 이익금을 흑자, 손해 본 금액을 적자로 사용하게 되었다.
- 1530년쯤에 이탈리아 수학자들이 3차, 4차방정식의 근의 공식을 발견했을 때부터 음수가 공식적으로 수로 인정받게 되었다.

■ **방정식의 풀이 방법**

초등학교학생들은, 방정식과 방정식을 여러 개 묶어 놓은 연립방정식을 '미지수를 막대의 길이 또는 실제의 물건'으로 표현하여 문제에 맞는 그림을 그려 가면서 문제를 해결하는 것이 좋다. 즉, 모르는 수 대신에 x자가 적힌카드, 더하는 수(양수)는 검정색, 빼는 수(음수)는 빨간색 숫자가 적힌 카드로 표기하여 $+$, $-$ 기호는 생략하고 등호($=$) 만을 적어, 문제의 뜻에 맞도록 카드를 방정식은 한 줄로, 연립방정식은 두 줄로 늘어놓고 생각한다.

예) 방정식 $2\times x+7=x-5$을 다음과 같이 표현한다.

x	x	7	=	x	5

문제 5.1.2 티셔츠 두장과 주스 두잔 값은 4400원이고, 티셔츠 한 장과 주스 세잔 값은 3000원이다. 티셔츠 한 장 값과 주스 한잔 값을 각각 구하시오.

힌트 티셔츠 대신에 어떤 종류의 막대 3개(티셔츠 대용)와 주스 대신에 다른 종류의 막대 5개를 준비하여 위 문제에 맞게 배열한다. 또는 티셔츠와 주스의 실물을 그려보면 답을 구할 수 있다.

풀이 5.1.2 참조

문제 5.1.3 7년 전에 A의 나이는 B의 나이의 3배이었고, 7년 후에는 A의 나이는 B의 나이의 2배가 된다고 한다. 두 사람의 현재의 나이는 얼마인가?

힌트 문제를 막대 그림 또는 카드를 이용하여 나타내어 보자.

풀이 5.1.3 참조

문제 5.1.4 영화를 관람하는데 어른의 티켓 값은 8,000원이고 어린이의 티켓 값은 6,000원이다. 오전에 티켓이 39장 팔렸고 티켓 값은 282,000원이었다. 어른이 몇 명 입장하였는가?

힌트 문제를 숫자 카드를 이용하여 나타내어 보자.

풀이 5.1.4 참조

문제 5.1.5 어제 바람이 심하게 불 때, 철수는 집에서 자전거를 타고 공원에 갔다 왔다. 갈 때는 바람을 안고 갔기 때문에 평균 시속 12km로 갔고, 올 때는 바람이 등 뒤에서 불었기 때문에 평균 시속 18km로 왔는데 왕복 4시간이 걸렸다. 집에서 공원까지 거리는 몇 km인가?

힌트 문제를 숫자 카드를 이용하여 나타내어 보자. 갈 때 시간 : A, 올 때 시간 : B.

풀이 5.1.5 참조

문제 5.1.6 '부들'이라는 식물은 첫날 90cm 자라고 '등심초'라는 식물은 첫날에 30cm 자란다. 부들은 그 전날 자란 길이의 절반씩 자란다고 한다. 또 등심초는 매일 그 전날 길이의 두 배씩 자란다고 한다. 그렇다면 며칠이 지나면 이들 두 식물의 키가 같아지겠는가?

힌트 문제를 숫자 카드를 이용하여 나타내어 보자. 부들 : A, 등심초 : B.

풀이 5.1.6 참조

문제 5.1.7 강당의 긴 의자에 학생들이 앉는데, 한 의자에 6명씩 앉으면 의자에 모두 앉고도 5명의 자리가 남고, 한 의자에 7명씩 앉으면 마지막 의자에는 4명이 앉고 완전히 빈 의자가 1개 남는다. 이때, 학생의 수와 의자의 수를 구하시오.

힌트 문제를 숫자 카드를 이용하여 나타내어 보자. 의자 수 : A.

풀이 5.1.7 참조

문제 5.1.8 어떤 일을 하는데 A는 6시간, B는 4시간이 걸린다. 두 사람이 함께 일하면 서로 이야기를 하면서 일을 하기 때문에 혼자 일할 때의 $\frac{4}{5}$밖에 하지 못한다. A, B 두 사람이 2시간 동안 일을 같이 하다가 남은 일을 A 혼자 일하게 되었다면 A는 혼자서 몇 시간을 일해야 하는지 구하시오.

풀이 5.1.8 참조

[퀴즈] 곰 한 마리가 '가' 지점으로부터 출발하여 정 남쪽으로 2km 걸어갔다. 그런 다음, 방향을 바꾸어 정 동쪽으로 2km 걸어갔다. 그리고 다시 왼쪽으로 돌아 정 북쪽으로 2km 걸어서 그 곰이 출발한 '가' 지점에 정확히 도착하였다. 그 곰의 색깔은 무엇일까요?

힌트 지구는 둥글다.

제 3 부

모범답안 예

3부에서는, 2부에서 알아본 수학자들의 아이디어를 경험하도록 제시한 문제에 대한 답안을 예시하였다. 학생들은 여기에 있는 답을 참고하여 선배수학자들의 아이디어를 잘 배우고, 선생님께서는 문제에 대한 또 다른 아이디어를 학생들에게 지도할 수 있으며, 학생의 인지발달 수준과 수학에 관한 지적성장수준을 판단하여 학생들이 이해할 수 있는 부분만 지도하기를 권한다.

제 I 장 수와 연산 영역

주제 1. 인간은 곱셈을 어떻게 할까?

풀이 1.1.1

8×7은 8을 7번 더하는 것이다.

그런데 $7=1+2+4$이므로 8을 7번 더하는 것은 8과 8의 두 배인 16과 4배인 32를 더하면 됩니다. 따라서 아메스는 8을 두 번 더하여 16을 얻고 16을 두 번 더하여 32를 얻은 다음 그들을 더한 것이다. 즉, $87=8+16+32=56$이다.

풀이 1.1.2

1) $9=1+8$이므로 $9\times9=9\times(1+8)$

$9+9=18,\ 18+18=36,\ 36+36=72$

따라서

1	/9
2	18
4	36
8	72
	$9+72=81$

2) $12=4+8$이므로 $11\times12=11\times(4+8)$

따라서

1	11
2	22
4	44
8	88
	$44+88=132$

풀이 1.1.3

$a\times b=(10-a)\times(10-b)+(a-5)\times10+(b-5)\times10$

풀이 1.2.1

$8+16+32+128=184$이므로,

1	8/
2	16/
4	32/
8	64/
16	128/
	$1+2+4+16=23$

답 : 23

풀이 1.2.2

1)

1	7/
2	14/
4	28/
8	56/
16	112/
32	224/
64	448/
128	896/

$1617 = 7 + 14 + 28 + 224 + 448 + 896$이므로

답 : $1 + 2 + 4 \mid 32 + 64 + 128 = 231$

2)

1	9/
2	18/
4	36/
8	72/
16	144/
32	288/
64	576/
128	11152/
256	2304/

$2988 = 2304 + 576 + 72 + 36$이므로

답 : $4 + 8 + 64 + 256 - 332$

풀이 1.2.3

$\frac{2}{45}$라는 분수를 사용하려면 $\frac{2}{45}$를 단위분수의 합으로 고쳐서 $\frac{1}{30}+\frac{1}{90}$로 표현하였다.

따라서 $2 \div 45 = \frac{2}{45} = \frac{1}{30} + \frac{1}{90}$

풀이 1.2.4

1) $2 \div 15 = \frac{2}{15} = \frac{1}{10} + \frac{1}{30}$

2) $2 \div 9 = \frac{2}{9} = \frac{1}{6} + \frac{1}{18}$

3) $2 \div 51 = \frac{2}{51} = \frac{1}{34} + \frac{1}{102}$

풀이 1.3.1

$\frac{1}{x} + \frac{1}{2 \times x} = \frac{2}{2 \times x} + \frac{1}{2 \times x} = \frac{3}{2 \times x}$이기 때문이다.

풀이 1.3.2

1) $48 \div 3 = 16$이므로 $\frac{1}{24}+\frac{1}{48}=\frac{1}{16}$.

2) $72 \div 3 = 24$이므로 $\frac{1}{36}+\frac{1}{72}=\frac{1}{24}$.

풀이 1.3.3

$\frac{1}{n}+\frac{1}{k\times n}=\frac{k+1}{k\times n}=\frac{1}{k\times n\div(k+1)}$이기 때문이다.

풀이 1.3.4

1) 40은 10의 4배이다. 따라서 $40\div(4+1)=8$이므로 $\frac{1}{10}+\frac{1}{40}=\frac{1}{8}$이다.

2) 20은 5의 4배이다. 따라서 $20\div(4+1)=4$이므로 $\frac{1}{5}+\frac{1}{20}=\frac{1}{4}$이다.

풀이 1.3.5

$\frac{1}{n}-\frac{1}{k\times n}=\frac{k-1}{k\times n}=\frac{1}{k\times n\div(k-1)}$이기 때문이다.

풀이 1.3.6

1) $\frac{1}{4}-\frac{1}{20}=\frac{1}{5}$ 2) $\frac{1}{8}-\frac{1}{40}=\frac{1}{10}$ 3) $\frac{1}{12}-\frac{1}{60}=\frac{1}{15}$.

풀이 1.4.1

1) 6개

사과의 개수	가격	선택	
1개	225	×	2개 + 4개 = 6개 => 450+ 900 = 1350원
2개	450	○	
4개	900	○	

2) 11개

사과의 개수	가격	선택	
1개	225	○	1개 + 2개 + 8개 = 11개 => 225 + 450+ 1800 = 2475원
2개	450	○	
4개	900	×	
8개	1800	○	

3) 13개

사과의 개수	가격	선택	
1개	225	○	1개 + 4개 + 8개 = 13개 => 225 + 900+ 1800 = 2925원
2개	450	×	
4개	900	○	
8개	1800	○	

풀이 1.4.2

브라질 아동의 곱셈법	우리들의 곱셈법
• 덧셈을 이용한다. • 2진법을 이용한다.	• 구구단을 이용한다. • 계산 속도가 빠르다.

풀이 2.1.1

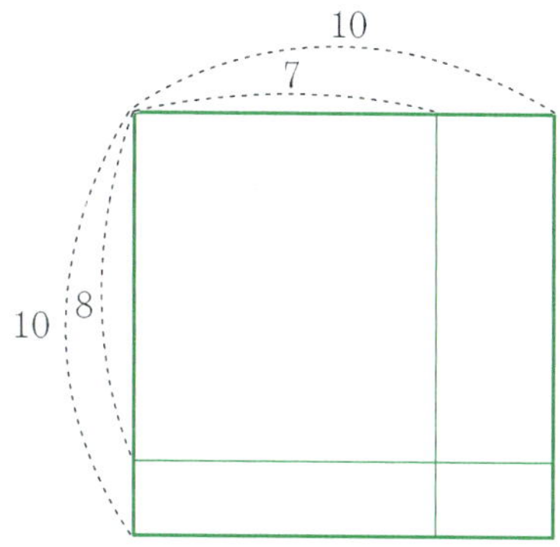

두 변이 각각 8과 7인 직사각형의 넓이는 그림의 정사각형의 넓이에서 두 변이 각각 8과 7인 직사각형 주변의 넓이를 빼내는 것이다.

즉, 정사각형의 넓이 = 10×10에서 주변의 아래의 직사각형의 넓이 2×10와 오른쪽의 직사각형의 넓이 3×10을 빼냅니다. 그런데 두 직사각형이 겹친 부분인 맨 오른쪽 아래의 직사각형을 두 번 빼었기 때문에 2×3을 더해주어야 한다.

따라서

$$\begin{aligned}8\times7 = 10\times10 \\ -2\times10 \\ -3\times10 \\ +2\times3\end{aligned}$$

그러므로 일자리 수는 $2\times3=6$, 십 자리 수는 $10-2-3=5$가 됩니다.

풀이 2.2.1

한 손으로 7을 세고, 다른 손으로 8을 세면 오른쪽 그림과 같이 세워진 손가락 개수의 합은 $2+3=5$, 접힌 손가락 개수의 곱은 $2\times3=6$이다.

따라서 $8\times7=56$이다.

풀이 2.2.2

1) $10-8=2$이고 $10-9=1$이다.

   일의 자리는 $2\times1=2$이고 십의 자리는 $100-20-10=70$이므로 72이다.

2) $10-6=4$이고 $10-9=1$이다.

   일의 자리는 $4\times1=4$이고 십의 자리는 $100-40-10=50$이므로 54이다.

주제 2. 효자 가우스

풀이 1.1.1

가우스가 이와 같은 계산방법을 생각하게 된 것은 계단과 관계가 있다고 한다.

즉, 계단이 아래의 그림과 같이 놓여있다면 가우스의 아빠는 벽의 계단 옆 부분에 타일을 붙였습니다. 그런데 꼬마 가우스는 계단과 타일을 붙인 부분은 대칭이며, 따라서 두 부분의 넓이는 똑같이 벽의 넓이의 $\frac{1}{2}$ 인 것을 알았던 것이다. 따라서 가우스의 아빠가 붙여야 하는 타일의 개수는, 계단을 없앤 벽 전체에 붙일 때 필요한 타일의 개수의 반이라는 사실을 어린 가우스가 알았던 것이다.

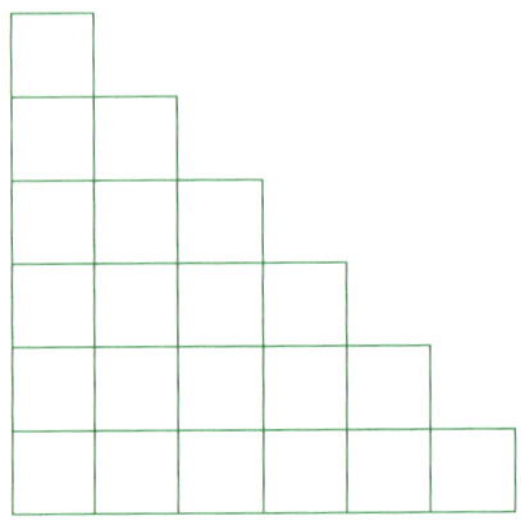

이 사실은 좀 더 쉽게 다음과 같이 지도할 수 있습니다.

예를 들어, 계단이 5층이라면 계단 옆의 벽에 붙이게 되는 타일의 개수는 아래의 그림과 같이 $1+2+3+4+5$이 됩니다.

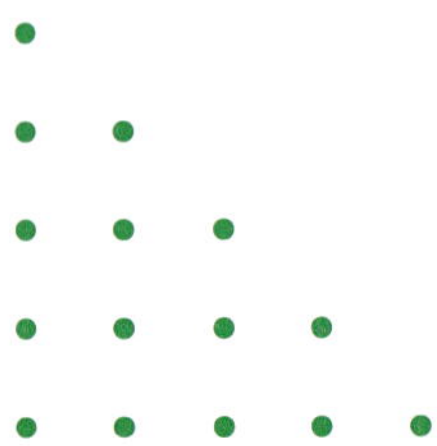

그런데 이 모양을 뒤집어서 붙이면 언제나 다음과 같이 직사각형 모양이 됩니다.

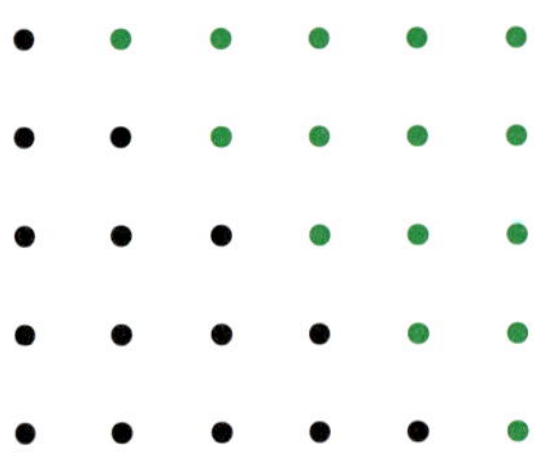

따라서 붙여야 하는 타일의 개수는 $1+2+3+4+5$이며, 그것은 위의 직사각형에 있는 점의 개수의 반이므로 $\frac{(5+1)\times 5}{2}=15$ 이 되는 것이다.

이 사실을 알아낸 꼬마 가우스는 다음날부터 아빠가 타일을 붙이러 갈 때에는 다음과 같이 묻곤 했답니다. '아빠 그 집 계단이 몇 층이래?'

만일 아빠가 '20층이란다.' 라고 말씀하시면 어린 가우스는 다음과 같이 말했답니다. '그럼 아빠, 타일을 $\frac{(20+1)\times 20}{2}=210$개 가져가세요.'

이런 사연이 있은 후에, 가우스의 선생님께서 $1+2+3+\cdots+100$의 계산 문제를 풀어보라 하신 겁니다. 꼬마 가우스에게 이 문제는 단지 100층짜리 계단이 있는 벽에 아빠가 붙여야 할 타일의 개수였습니다.

풀이 1.1.2

1) $5+6++24=?$

더할 수의 개수는 $24-4=20$개. 따라서 $\frac{(5+24)\times 20}{2}=290$.

2) $100+101++1004=?$

더할 수의 개수는 $1004-99=905$개. 따라서 $\frac{(100+1004)\times 905}{2}=499560$.

풀이 1.2.1

$1+3+5+7+9$를 바둑돌로 표현하면 다음과 같다.

그런데 이 모양을 뒤집어서 붙이면 역시 다음과 같이 직사각형 모양이 됩니다.

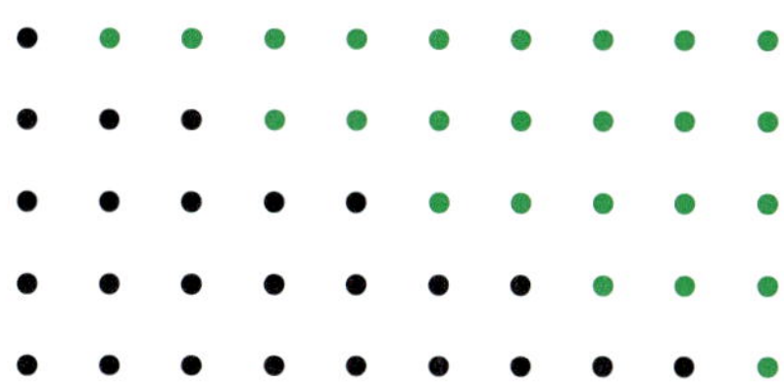

따라서

$$1+3+5+7+9=\frac{(1+9)\times 5}{2}=25.$$

풀이 1.2.2

$1+3+5+7+9=(1+9)+(3+7)+5=20+5=25$ 등등, 아동들이 다양한 방법으로 대답할 수 있습니다.

풀이 1.2.3

풀이 1.2.1과 똑같이 생각하면

$x+(x+d)+(x+2\times d)+(x+3\times d)+\cdots+(x+m\times d)$ 에 있는 수의 개수는 $m+1$ 개이므로,

$$x+(x+d)+(x+2\times d)+(x+3\times d)+\cdots+(x+m\times d)$$
$$=\frac{(x+x+m\times d)\times(m+1)}{2}.$$

즉, 첫 수와 마지막 수를 더한 값에 더할 수의 개수를 곱하여 2로 나누면 됩니다.

즉, $\frac{(\text{초항}+\text{끝항})\times\text{항의 수}}{2}$ 이다.

[참고] 이것을 등차수열의 합에 대한 가우스 공식이라고 한다.

풀이 1.2.4

1) $1+3+5+\cdots+101=?$

$101=1+2\times 50$ 이므로 수의 개수는 51개이다. 따라서

$$1+3+5+\cdots+101=\frac{(1+101)\times 51}{2}=2601.$$

2) $2+6+10+\cdots+1002=?$

$1002=2+4\times 250$ 이므로 수의 개수는 251개이다. 따라서

$$2+6+10+\cdots+1002=\frac{(2+1002)\times 251}{2}=126002.$$

풀이 2.1.1

어떤 자연수를 5로 나눌 때의 나머지는 0, 1, 2, 3, 4 이다.

나머지가 0 : 5, 10, 15, 20, 25, 30. 즉, 5의 배수들.

나머지가 1 : 1, 6, 11, 16, 21, 26.

나머지가 2 : 2, 7, 12, 17, 22, 27.

나머지가 3 : 3, 8, 13, 18, 23, 28.

나머지가 4 : 4, 9, 14, 19, 24, 29.

풀이 2.1.2

어떤 자연수를 6으로 나눌 때의 나머지는 0, 1, 2, 3, 4, 5 이다.

나머지가 0 : 6, 12, 18, 24, 30. 즉, 6의 배수들.

나머지가 1 : 1, 7, 13, 19, 25.

나머지가 2 : 2, 8, 14, 20, 26.

나머지가 3 : 3, 9, 15, 21, 27.

나머지가 4 : 4, 10, 16, 22, 28.

나머지가 5 : 5, 11, 17, 23, 29.

풀이 2.1.3

1) 각 요일의 날짜들을 모아보시오.

일 : 4, 11, 18, 25.

월 : 5, 12, 19, 26.

화 : 6, 13, 20, 27.

수 : 7, 14, 21, 28.즉, 7의 배수들.

목 : 1, 8, 15, 22, 29.

금 : 2, 9, 16, 23, 30.

토 : 3, 10, 17, 24, 31.

2) 각각의 요일의 날짜들의 공통점을 이야기 해 보시오.

7로 나눈 나머지가 같다.

3) 달력에 있는 날짜들은 어떤 시계위에서의 수 세기와 같을까요?

눈금이 0, 1, 2, 3, 4, 5, 6 만 있는 시계위에서의 수세기와 같다.

풀이 2.2.1

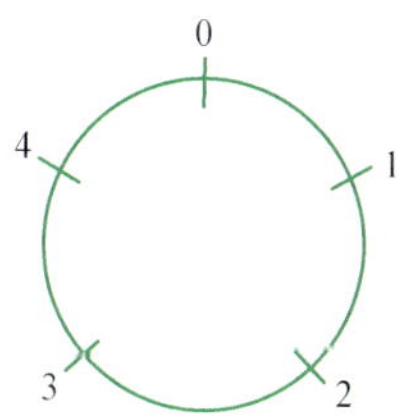

• 덧셈, 뺄셈

1) $0+4=4$ 2) $3+4=2$ 3) $0-3=2$ 4) $3-4=4$

• 곱셈

1) $1\times0=0$ $1\times1=1$ $1\times2=2$ $1\times3=3$ $1\times4=4$

2) $2\times0=0$ $2\times1=2$ $2\times2=4$ $2\times3=1$ $2\times4=3$

3) $3\times0=0$ $3\times1=3$ $3\times2=1$ $3\times3=4$ $3\times4=2$

4) $4\times0=0$ $4\times1=4$ $4\times2=3$ $4\times3=2$ $4\times4=1$

풀이 2.2.2

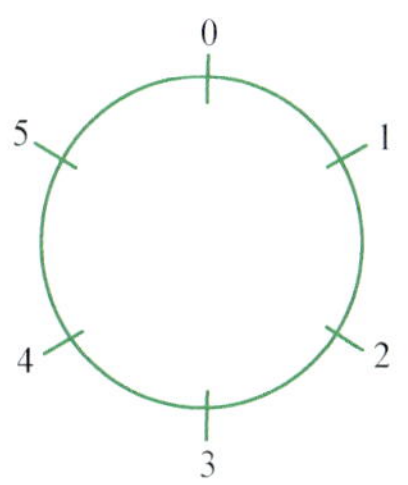

• 덧셈, 뺄셈

1) $0+4=4$ 2) $3+5=2$ 3) $0-3=3$ 4) $3-5=4$

• 곱셈

1) $1\times0=0$ $1\times1=1$ $1\times2=2$ $1\times3=3$ $1\times4=4$ $15\times=5$

2) $2\times0=0$ $2\times1=2$ $2\times2=4$ $2\times3=0$ $2\times4=2$ $2\times5=4$

3) $3\times0=0$ $3\times1=3$ $3\times2=0$ $3\times3=3$ $3\times4=0$ $3\times5=3$

4) $4\times0=0$ $4\times1=4$ $4\times2=2$ $4\times3=0$ $4\times4=4$ $4\times5=2$

5) $5\times0=0$ $5\times1=5$ $5\times2=4$ $5\times3=3$ $5\times4=2$ $5\times5=1$

풀이 2.2.3

• 시계의 눈금에 따라서 계산한 답이 0, 1, 2, 3, 4 또는 0, 1, 2, 3, 4, 5 만 나타난다.

• 눈금이 0, 1, 2, 3, 4 만 있는 시계에서는 $2\times3=1$, $4\times4=1$ 이므로 2와 3이 서로 역수이며, 4의 역수는 자기 자신인 4이다.

- 눈금이 0, 1, 2, 3, 4, 5 만 있는 시계에서는 $2 \times 3 = 0$, $3 \times 4 = 0$과 같이 두 수가 모두 0이 아닌 경우에도 곱하면 0이 된다.

  ※ 기타 아동들의 다양한 반응을 경청하면서 이야기 해본다.

풀이 2.2.4

- 예상되는 아동들의 반응은 다음과 같다.
  - $4 \div 2 = 2$이다. 십진법의 경우와 똑같은가?
  - $3 \div 2$는 1.5인데 눈금에 없다. 따라서 $3 \div 2$는 할 수 없다.

  ※ 기타 아동들의 다양한 반응을 경청하면서 이야기 해본다.
- 아동들과 다음과 같이 질문해 보고 답을 경청한다.

  Q $6 \div 2$ 의 답을 구하는 방법은 무엇 무엇인가?

  A 6을 반으로 나눈 것 중의 하나인 3이다.

  6에서 2를 3번 빼면 0이 되므로 3이다.

  Q 또 다른 방법은 없는가?

  A $6 \div 2 = (\ )$에서 2와 ( )의 곱이 6이 되는 수를 찾습니다.

  Q 그러면 그 방법을 어떻게 적용해볼까요?

  A 음 …

풀이 2.2.5

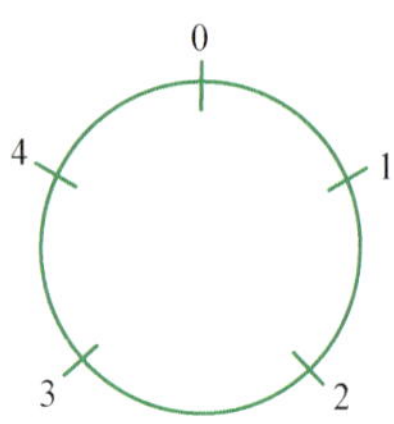

- $1 \div 2 = ?$ 에서는 $2 \times ? = 1$ 이 되는 수를 0, 1, 2, 3, 4 중에서 모두 찾으면 됩니다. 그 수는 3이므로 $1 \div 2 = 3$ 이다. 같은 방법으로 다음의 나눗셈을 하면 됩니다.

1) $1 \div 1 = 1$, $1 \div 2 = 3$, $1 \div 3 = 2$, $1 \div 4 = 4$.
2) $2 \div 1 = 2$, $2 \div 2 = 1$, $2 \div 3 = 4$, $2 \div 4 = 3$.
3) $3 \div 1 = 3$, $3 \div 2 = 4$, $3 \div 3 = 1$, $3 \div 4 = 2$.
4) $4 \div 1 = 4$, $4 \div 2 = 2$, $4 \div 3 = 3$, $4 \div 4 = 1$.

풀이 2.2.6

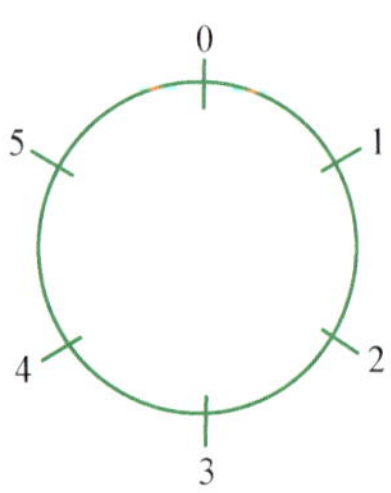

- $2 \div 2 = ?$ 에서는 $2 \times ? = 2$ 이 되는 수를 0, 1, 2, 3, 4, 5 중에서 모두 찾으면 됩니다. 그 수는 1과 4이므로 $2 \div 2 = 1$ 또는 4 이다. 같은 방법으로 다음의 나눗셈을 하면 됩니다.

1) $1 \div 1 = 1$, $1 \div 2 =$ 없음, $1 \div 3 =$ 없음, $1 \div 4 =$ 없음, $1 \div 5 = 5$.
2) $2 \div 1 = 2$, $2 \div 2 = 1$ 또는 4,$2 \div 3 =$ 없음, $2 \div 4 = 2$ $2 \div 5 = 4$.
3) $3 \div 1 = 3$, $3 \div 2 =$ 없음, $3 \div 3 = 1$ 또는 3또는 5, $3 \div 4 =$ 없음, $3 \div 5 = 3$.
4) $4 \div 1 = 4$, $4 \div 2 = 2$ 또는 5, $4 \div 3 =$ 없음, $4 \div 4 = 1$ $4 \div 5 = 2$.
5) $5 \div 1 = 5$, $5 \div 2 =$ 없음, $5 \div 3 =$ 없음, $5 \div 4 =$ 없음, $5 \div 5 = 1$.

■ 아동들과 다음과 같이 질문해 보고 답을 경청한다.

Q 나눗셈의 답이 없는 경우도 있으며, 답이 한 개 또는 두 개 또는 세 개가 있는 경우도 있다. 왜 그럴까?

A 떠드는 소리 등등 ⋯.

[참고] 선생님께서는 '정수론(Number Theory)'에서 일차합동식을 참고하세요.

눈금이 0, 1, 2, 3, 4, 5 뿐인 시계위에서의 나눗셈은 다음과 같다. 즉, $a \div b = x$는 $b \times x = a$ 를 참으로 만드는 x를 찾는 문제이고, 정수론의 이론에 의하면 $b \times x \equiv a \mod 6$ 의 해를 구하는 문제와 같다.

풀이 2.2.7

1) 눈금이 0, 1, 2, 3, 4 인 시계위에서는, 사칙연산의 답이 모두 5로 나눈 나머지이고, 눈금이 0, 1, 2, 3, 4, 5 인 시계위에서는, 사칙연산의 답이 모두 6으로 나눈 나머지이다.
2) 5는 소수(prime number)이고 6은 합성수(composite number)이다.
3) 5가 소수이기 때문에 나눗셈의 답이 각각 1개씩 있지만, $6 = 3 \times 2$이기 때문에 2 또는 3이 포함되어 있는 나눗셈에서 답이 없는 경우와 여러 개의 답이 있는 경우가 나타납니다.
4) 일반적으로, 눈금의 개수가 소수 개인 시계위에서는 나눗셈의 답이 꼭 한 개씩 있게 되지만, 눈금의 개수가 합성수인 시계위에서는 나눗셈의 답이 없는 경우도 있으며 답이 여러 개인 경우도 있게 됩니다.

풀이 2.3.1

■ 아동들과 다음과 같이 질문해 보고 답을 경청한다.

Q4의 배수를 빠르게 찾는 방법은?

A그 수를 4로 빨리빨리 나눕니다.

짝수 중에서 찾습니다.

등등.

Q3의 배수를 빠르게 찾는 방법은?

A그 수를 3으로 빨리빨리 나눕니다.

홀수 중에서 찾습니다.

등등.

풀이 2.4.1

• 2의 배수

10이 2의 배수이므로 모든 수의 10자리 이상은 2의 배수이다. 따라서 1의 자릿수가 2, 4, 6, 8, 0인 수는 모두 2의 배수이다.

예) 234=230+4 이다. 그런데 230이 2의 배수이고 끝(일)자리 수인 4 역시 2의 배수이므로 234는 2의 배수이다.

그러나 235=230+5이다. 그런데 230은 2의 배수이지만, 끝(일)자리 수인 5가 2의 배수가 아니므로 235는 2의 배수가 아니다.

- 5의 배수

10이 5의 배수이므로 모든 수의 10자리 이상은 5의 배수이다. 따라서 1의 자릿수가 5 또는 0인 수는 5의 배수이다.

- 4의 배수

100이 4의 배수이므로 모든 수의 100자리 이상은 4의 배수이다. 따라서 끝 두자릿수가 4의 배수인 수는 모두 4의 배수이다.

- 8의 배수

1000이 8의 배수이므로 모든 수의 1000자리 이상은 8의 배수이다. 따라서 끝 세자릿수가 8의 배수인 수는 모두 8의 배수이다.

풀이 2.4.2

자연수의 각 자릿값 1, 10, 100, 1000, 10000,⋯ 은 3 또는 9로 나누면 나머지가 모두 1이다. 이 성질을 이용하여 3 또는 9의 배수를 찾는 방법을 예를 들어서 설명하기로 한다.

- $23457=2\times10000+3\times1000+4\times100+5\times10+7$

  $=2\times(9999+1)+3\times(999+1)+4\times(99+1)+5\times(9+1)+7$

  $=\{2\times9999+3\times999+4\times99+5\times9\}+(2+3+4+5+7)$

  =(3 또는 9의 배수)+(2+3+4+5+7).

⇒ 즉, 23457은 (3 또는 9의 배수)+(각 자릿수의 합)이 된다. 따라서 각 자릿수의 합 $2+3+4+5+7$이 3 또는 9의 배수이면 23457이 3 또는 9의 배수가 되고, $2+3+4+5+7$이 3 또는 9의 배수가 아니면 23457이 3 또는 9의 배수가 아니다.

⇒ $2+3+4+5+7=21$이다. 그런데 21은 3의 배수이지만 9의 배수는 아니다.

⇒ 따라서 23457은 3의 배수이지만 9의 배수는 아니다.

- 3의 배수

각 자릿수의 합이 3의 배수인 수

- 9의 배수

각 자릿수 의 합이 9의 배수인 수

예) 234,567은 3의 배수인가?

$2+3+4+5+6+7=27$이므로 3의 배수이다.(또한 9의 배수이다.)

풀이 2.4.3

- 7의 배수

네자리 수 abcd 로 예를 들어, 7의 배수를 찾는 방법을 설명하기로 한다.

$abcd=1000\times a+100\times b+10\times c+d$이다.

이 때 만일 $100\times a+10\times b+c-2\times d$가 7의 배수이면 원래의 수 abcd는 7의 배수이다.

(설명) 만일 $100\times a+10\times b+c-2\times d$가 7의 배수라고 하자. 그러면,

$100\times a+10\times b+c-2\times d=7\times k$ 로 표현된다. 즉,

$100\times a+10\times b+c=2\times d+7\times k$이므로, 이 값을 $1000\times a+100\times b+10\times c+d$에 대입하면,

$1000\times a+100\times b+10\times c+d=(2\times d+7\times k)\times 10+d$

$=70\times k+21\times d=7\times(10\times k+3\times d)=7$의 배수이다.

[참고] 이 방법은 위와 같이 4자리수를 3자리수로 고쳐서 7의 배수가 되는지를 확인하는 방법이다. 지도하시는 선생님께서는 구체적인 수로 예를 들어서 설명해 주시기 바랍니다.

• 11의 배수

자연수의 각 자릿값 1, 10, 100, 1000, 10000,⋯ 과 11은 다음과 같은 관계가 있다.

⇒ 홀수 번째 수들인 1, 100, 10000 등은 1, 1+99, 1+9999 으로 표현되고,

⇒ 짝수 번째 수들인 10, 1000, 100000 등은 $11-1$, $1001-1$, $1001-1$, $100001-1$과 같이 표현된다.

⇒ 그런데 99, 999, 9999 등과 11, 1001, 100001 등은 모두 11의 배수이다.

이 성질을 이용하여 11의 배수를 찾는 방법을 예를 들어서 설명하기로 한다.

예) $23457=2\times 10000+3\times 1000+4\times 100+5\times 10+7$

$=2\times(9999+1)+3\times(1001-1)+4\times(99+1)+5\times(11-1)+7$

$=(2\times 9999+3\times 1001+4\times 99+5\times 11)+(2-3+4-5+7)$

=(11의 배수)+(2−3+4−5+7).

즉, 23457은 (11의 배수)+$(2-3+4-5+7)$ 이 된다. 따라서 $2-3+4-5+7$이 11의 배수이면 23457이 11의 배수가 되고, $2-3+4-5+7$이 11의 배수가 아니면 23457이 11의 배수가 아니다.

그런데 $2-3+4-5+7=5$이므로 5는 11의 배수가 아니다. 따라서 23457도 11의 배수가 아니다.

⇒ 일반적으로, 어떤 수의 (짝수 자릿수의 합)−(홀수 자릿수의 합) 이 11의 배수일 때만, 그 수는 11의 배수이다.

즉, 짝수자릿수와 홀수자릿수의 차가 0, 11, −11, 22, −22, 33, −33, 44, −44 등이 되면 그 수는 11의 배수이다.

예) 18656 은 11의 배수이다.

왜냐하면, 1번째, 3번째, 5번째 자릿수의 합은 $6+6+1=13$이고 2번째, 4번째 자릿수의 합은 $5+8=13$이다. 따라서 $(1+6+6)-(8+5)=0$이므로 18656 은 11의 배수이다.

풀이 2.4.4

72는 8과 9의 배수이다.

⇒ 그러므로 □679◇도 8과 9의 배수이다.

⇒ 먼저, □679◇가 8의 배수이려면 끝 세자리 수인 79◇이 8의 배수가 되어야 하므로 ◇는 2이다.

⇒ 또한, □6792 가 9의 배수여야 하므로 각 자리수의 합 □+6+7+9+2 =□+24는 9 의 배수여야 한다. 그러므로 □=3이다.

⇒ 따라서 병아리 전체의 값은 36792 원이고,

⇒ 병아리 한 마리의 값은 36792÷72=511 원이다.

주제 3. 쪼개지지 않는 수

풀이 1.1.1

2의 약수는 1과 2, 3의 약수는 1과 3 이므로 2,3은 소수이다.

$4 = 1 \times 4 = 2 \times 2$ 이므로 4의 약수는 1,2,4 이므로 4는 소수가 아니다.

……… .

풀이 2.1.1

소수를 찾는 방법을 최초로 알아낸 사람은 그리스의 수학자 에라토스테네스(B.C. 76~B.C. 195)이다. 그의 방법은 아래와 같이 소수가 아닌 수를 차례로 걸러내는 것이었기 때문에 에라토스테네스의 체(sieve) 라고 부른다.

1	2	3	4	5	6	7	8	9	10
11	12	13	14	15	16	17	18	19	20
21	22	23	24	25	26	27	28	29	30
31	32	33	34	35	36	37	38	39	40
41	42	43	44	45	46	47	48	49	50
51	52	53	54	55	56	57	58	59	60
61	62	63	64	65	66	67	68	69	70
71	72	73	74	75	76	77	78	79	80
81	82	83	84	85	86	87	88	89	90
91	92	93	94	95	96	97	98	99	100
101	102	103	104	105	106	107	108	109	110
111	112	113	114	115	116	117	118	119	120

Prime numbers			
2	3	5	7
11	13	17	19
23	29	31	37
41	43	47	53
59	61	67	71
73	79	83	89
97	101	103	107
109	113		

[참고] 위와 같이 에라토스테네스의 방법으로 이용하여, 200자리의 수를 2부터 시작하여 소수로 나누어 가면서 소인수분해를 할 경우에 현재 사용하는 수퍼컴퓨터(super-computer)로도 300~400년이 걸린다고 한다.

풀이 2.1.2

소수는 끝이 없이 많다. 즉, 무한개이다.

1	2	3	4	5	6	7	8	9	10
11	12	13	14	15	16	17	18	19	20
21	22	23	24	25	26	27	28	29	30
31	32	33	34	35	36	37	38	39	40
41	42	43	44	45	46	47	48	49	50
51	52	53	54	55	56	57	58	59	60
61	62	63	64	65	66	67	68	69	70
71	72	73	74	75	76	77	78	79	80
81	82	83	84	85	86	87	88	89	90
91	92	93	94	95	96	97	98	99	100

⋮

풀이 3.1.1

2의 배수 : 2, 4, 6, 8, ⋯.

2의 배수가 아닌 수 : 1, 3, 5, 7, ⋯.

풀이 3.1.2

3으로 나눌 때,

나머지가 0인 수 : 3, 6, 9, 12, ⋯. 즉 3의 배수.

나머지가 1인 수 : 1, 4, 7, 10, 13, ⋯.

나머지가 2인 수 : 2, 5, 8, 11, 14, ⋯.

풀이 3.1.3

4로 나눌 때,

나머지가 0인 수 : 4, 8, 12, 16, 20, ⋯. 즉, 4의 배수

나머지가 1인 수 : 1, 5, 9, 13, 17, 21, ⋯.

나머지가 2인 수 : 2, 6, 10, 14, 18, 22, ⋯.

나머지가 3인 수 : 3, 7, 11, 15, 19, 23, ⋯.

풀이 3.1.4

5로 나눌 때,

나머지가 0인 수 : 5, 10, 15, 20, 25, ⋯. 즉, 5의 배수.

나머지가 1인 수 : 1, 6, 11, 16, 21, 26, ⋯.

나머지가 2인 수 : 2, 7, 12, 17, 22, 27, ⋯.

나머지가 3인 수 : 3, 8, 13, 18, 23, 28, ⋯.

나머지가 4인 수 : 4, 9, 14, 19, 24, 29, ⋯.

• 교사

아동들과 함께 6과 7로 나눌 때 나머지가 같은 수를 적은 다음, 알아낸 점을 적게 한다.

- 알아 낸 점

  모든 자연수는 2의 배수와 (2의 배수)+1 인 수로 나누어진다.

  모든 자연수는 3의 배수, (3의 배수)+1, (3의 배수)+2인 수로 나누어진다.

  모든 자연수는 4의 배수와 (4의 배수)+1, (4의 배수)+2, (4의 배수)+3인 수로 나누어진다.

  모든 자연수는 5의 배수와 (5의 배수)+1,(5의 배수)+2, (5의 배수)+3, (5의 배수)+4인 수로 나누어진다.

- 기호 표현

  2의 배수란 $2\times\square$인 수이고, 3의 배수는 $3\times\square$인 수이고, ⋯ .

  따라서 이 사실을 기호로 표현하면 다음과 같다.

  모든 자연수는 $2\times\square$와 $2\times\square+1$인 수로 나누어진다.

  모든 자연수는 $3\times\square$, $3\times\square+1$, $3\times\square+2$인 수로 나누어진다.

  모든 자연수는 $4\times\square$와 $4\times\square+1$, $4\times\square+2$, $4\times\square+3$인 수로 나누어진다.

  모든 자연수는 $5\times\square$와 $5\times\square+1$,$5\times\square+2$, $5\times\square+3$, $5\times\square+4$인 수로 나누어진다.

풀이 4.1.1

2, 3, 5, 7, 11, ⋯

풀이 4.1.2

$2+1=3,\ 2\times3+1=7,\ 2\times3\times5+1=31,\ \cdots$ 이므로

모두 소수 같다.

풀이 4.2.1

p를 어떤 소수라고 한다면,

$p^{\star}=2\times3\times5\times7\times\cdots\times p+1.$

풀이 4.3.1

$A=2,$

$B=A+1,$

$C=A\times B+1,$

$D=A\times B\times C+1,$

$E=A\times B\times C\times D+1,$

$F=A\times B\times C\times D\times E+1,$

$\vdots$

에서 만일 E의 약수들과 F의 약수들 중에 같은 약수 d 가 있다고 하면, d 는 F의 약수이고 동시에 $A\times B\times C\times D\times E$ 의 약수이므로, d 는 1의 약수이다.

즉, E의 약수들과 F의 약수들 중에 같은 약수는 오직 1뿐이다.

따라서 E와 F를 소수의 곱으로 나타내면, E와 F에는 같은 소수가 나타나지 않는다.

풀이 4.3.2

3, 7, 11, 19, ⋯ 등 무한히 많다.

※ $4 \times n + 3$ 형태의 소수가 무한히 많다는 사실을 설명하기 위해서는 여러 가지의 수학적 사실(귀류법, 홀수의 성질 등)을 미리 알고 있어야하기 때문에 자세한 설명은 하지 않겠습니다. 선생님들은 '초등정수론' 책에 나와 있는 증명을 참고하시기 바랍니다.

풀이 4.4.1

3과 5, 5와 7, 11과 13, ⋯, 101과 103,⋯

풀이 4.4.2

p 와 $p+4$: 3과 7, 7과 11, ⋯

p 와 $p+6$: 5와 11, 11과 17, ⋯

p 와 $p+8$: 3과 11, 11과 19, ⋯

⋮

풀이 4.4.3

12=5+7

14=3+11=7+7

16=3+13=5+11

18=5+13=7+11

20=3+17=7+13

22–3+19=5+17=11+11

24=5+19=7+17=11+13

26=3+23=7+19=13+13

28=5+23=11+17

30=7+23=11+19+13+17

⋮

풀이 4.4.4

100 = 3 + 97 = 11 + 89 = 17 + 83 = 29 + 71 = 41 + 59 = 47 + 53 등등.

풀이 4.4.5

9=3+3+3

11=3+3+5

13=3+3+7

15=3+5+7

⋮

주제 4. 쪼개지는 수

풀이 1.1.1

소수	합성수
약수는 2개이다. 소수를 곱으로 나타내는 방법은 1 ×(자기 자신) 또는 (자기 자신)× 1 두 가지이다.	1. 약수는 3개 이상이다. 2. 합성수는 두 수의 곱, 3수의 곱, ··· 등 많은 방법으로 표현할 수도 있다.

풀이 2.1.1

1, 2, 3, 4, 6, 9, 12, 18, 36 : 9개

풀이 2.1.2

각자의 방법을 이야기 한다.

풀이 2.1.3

1) $576=3\times3\times4\times4\times4$.

2) $3500=2\times2\times5\times5\times5\times7$.

3) $25725=3\times5\times5\times7\times7\times7$.

풀이 2.2.1

힌트 가로, 세로, 높이가 각각 3, 4, 2인 직육면체를 그리면 된다.

풀이 2.2.2

1) $576=3\times3\times4\times4\times4$ 이므로, 약수의 개수는 $3\times4=12$.

2) $25725=3\times5\times5\times7\times7\times7$ 이므로, 약수의 개수는 $2\times3\times4=24$.

3) $373527=3\times3\times7\times7\times7\times11\times11$ 이므로 약수의 개수는 $3\times4\times3=36$.

또한 576의 약수는 직사각형의 각 칸의 수를 모두 구하면 되며, 25725와 373527의 약수는 직육면체의 각각 24, 36개 방에 있는 수를 구하면 된다.

풀이 3.1.1

1) $81=3\times3\times3\times3$이므로 약수는 1,3,9,27,81 이고, 약수의 합은 $1+3+9+27+81=121$.

2) $64=2\times2\times2\times2\times2\times2$이므로 약수는 1, 2, 4, 8, 16, 32, 64이고 약수의 합은 $1+2+4+8+16+32+64=127$.

3) $125=5\times5\times5$이므로 약수는 1, 5, 25, 125이고, 약수의 합은 $1+5+25+125=156$.

풀이 3.2.1

예를 들어 $36=2\times2\times3\times3$의 약수의 합을 구해보기로 한다.

$2\times2=4$의 약수는 1, 2, 4이고 $3\times3=9$의 약수는 1, 3, 9이다. 그런데 두 종류의 약수의 합을 곱하면

$$\begin{aligned}(1+2+4)\times(1+3+9)&=1\times(1+3+9)+2\times(1+3+9)+4\times(1+3+9)\\&=1+3+9+2+6+18+4+12+36\end{aligned}$$

이므로 36의 약수를 모두 더한 것과 같다.

풀이 3.2.2

1) $175 = 5 \times 5 \times 7$. 따라서 약수의 합은 $1 + 7 = 8$ 이고 $1 + 5 + 25 = 31$ 이므로 $8 \times 31 = 248$.

2) $225 = 3 \times 3 \times 5 \times 5$. 따라서 약수의 합은 $1 + 3 + 9 = 13$ 이고 $1 + 5 + 25 = 31$ 이므로 $13 \times 31 = 403$.

풀이 3.2.3

700의 약수를 모두 구하여 일일이 더한 값이 1736이 되는 사실을 확인하게 함으로서, 수학자의 아이디어가 힘든 일을 쉽게 만들어 준다는 사실을 알도록 한다.

또한 어떤 자연수의 약수의 합을 구하는 방법은 각 종류의 소수의 곱의 약수를 구하여 곱하면 된다는 사실을 알도록 한다.

[참고] 선생님들은 '정수론'의 약수의 합을 참고하세요.

주제 5. 공약수와 공배수

풀이 1.1.1

1) 35와 42: 공약수는 1,7 ; 최대공약수는 7

2) 24와 56: 공약수는 1, 2, 4, 8 ; 최대공약수는 8

3) 24와 36 : 공약수는 1, 2, 3, 4, 6, 12 ; 최대공약수는 12

풀이 1.1.2

두 수의 공약수는 두 수의 최대공약수의 약수이다.

풀이 1.2.1

각자 구해보도록 한다.

풀이 1.2.2

4

풀이 1.2.4

두 수 A와 B의 최대공약수는 $A \times \square - B \times \triangle$ 또는 $B \times \square - A \times \triangle$ 꼴인 자연수 중에서 가장 작은 수이다.

풀이 2.1.1

1) $72 \div 16$: $72 - 16 - 16 - 16 - 16 = 8$

2) $123 \div 15$: $123 - 15 - 15 - 15 - 15 - 15 - 15 - 15 = 8$

3) $130 \div 16$: $130 - 16 - 16 - 16 - 16 - 16 - 16 - 16 - 16 = 2$

풀이 2.2.1

두 수 A와 B의 최대공약수 구하기($A > B$라고 하자)

① 두 수 A와 B를 퀴즈네어 막대로 나타낸다.

② 두 막대를 붙여 놓는다.

③ A막대 위에 A막대보다 크지 않도록 최대한 B막대를 여러 번 이어 붙인다.

④B막대와 나머지 막대를 붙여놓는다.

⑤ B막대 위에 B막대보다 크지 않도록 최대한 나머지 막대를 여러 번 이어 붙인다.

⑥ 똑같은 방법으로 두 막대가 배수(또는 약수)가 될 때까지 반복한다.

⑦ 두 수 A와 B의 최대공약수 = 마지막 두 막대(배수 또는 약수가 되는 막대)의 최대공약수

풀이 2.2.2

1) $72-34-34=4,\ 34-4-4-4-4-4-4-4-4=2,\ 4-2-2=0.$
따라서 최대공약수는 2.

2) $35-12-12=11,\ 12-11=1,\ 11-1-1-1-1-1-1-1-1-1-1-1=0.$
따라서 최대공약수는 1.

3) $12378-3054-3054-3054-3054=162,\ 3054-162-162-\cdots-162$
[18번]=138,
$162-138=24,\ 138-24-24-24-24-24=18,\ 24-18=6,\ 18-6-6-6=0.$
따라서 최대공약수는 6.

풀이 2.2.3

두 수 A와 B의 최대공약수 구하기($A>B$ 라고 하자)

① A를 B로 나누어 몫과 나머지를 구한다.

② B를 로 ①번의 나머지로 나누어 몫과 나머지를 구한다.

③ ①번의 나머지를 ②번의 나머지로 나누어 몫과 나머지를 구한다.

④ 위 과정을 계속 반복한다.

⑤ 앞 단계의 나머지와 새로운 나머지가 배수 또는 약수가 되면 그만한다.

⑥ A와 B의 최대공약수 = 0이 아닌 마지막 나머지.

풀이 2.2.4

1) 72÷34=2 ⋯ 4, 34÷4=8 ⋯ 2. 8÷2=4. 따라서 최대공약수는 2.

2) 35÷12=2 ⋯ 11, 12÷11=1 ⋯ 1, 11÷1=11. 따라서 최대공약수는 1.

3) 12378÷3054=4 ⋯ 162, 3054÷162=18 ⋯ 138,
162÷138=1 ⋯24, 138÷24=5 ⋯18, 24÷18=1⋯ 6, 18÷6=3. 따라서 최대공약수는6.

풀이 2.2.5

① $32\div20=1\cdots\ 12$은 다음과 같이 나타낼 수 있다.
$32=20\times1+12.$

② 이 식의 양변에 20을 곱하면
$32\times20=20\times20\times1+12\times20$이므로

③ 가로가 30, 세로가 20인 직사각형은 한 변이 20인 정사각형 한 개와 가로가 20, 세로가 12인 직사각형으로 나누어진다. 또한,

④ $20=12\times1+8$ 의 양변에 12를 곱하면 $20\times12=12\times12\times1+12\times8$ 이므로

⑤ 가로가 20, 세로가 12인 직사각형은 한 변이 12인 정사각형 한 개와 가로가 12, 세로가 8인 직사각형으로 나누어진다. 또한,

⑥ $12 = 8 \times 1 + 4$ 의 양변에 8를 곱하면 $12 \times 8 = 8 \times 8 \times 1 + 4 \times 8$이므로

⑦ 가로가 12, 세로가 8인 직사각형은 한 변이 8인 정사각형 한 개와 가로가 8, 세로가 4인 직사각형으로 나누어진다. 마지막으로,

⑧ $8 = 4 \times 2$ 의 양변에 4를 곱하면 $8 \times 4 = 4 \times 4 \times 2$ 이므로

⑦ 가로가 8, 세로가 4인 직사각형은 한 변이 4인 정사각형 두 개로 나누어진다.

⑧ 마지막 정사각형의 한 변의 길이인 4가 최대공약수이다.

풀이 2.2.6

도형을 그려서 학생 스스로 해보도록 한다.

1) 22 와 72: 최대공약수2.

2) 35 와 65: 최대공약수5.

3) 35와 27: 최대공약수1.

풀이 3.1.1

1) 6과 16 의 공배수 : 48,96,144, ⋯, 최소공배수 : 48.

2) 4와 12 의 공배수 : 12,24,36, ⋯, 최소공배수 : 12.

3) 234와 345 의 공배수 : 26910,53820,80730, ⋯, 최소공배수 : 26910.

풀이 3.1.2

공배수는 최소공배수의 배수이다.

풀이 3.2.1

1) 24와 42: 최대공약수 ; 6, 최소공배수; 168.

2) 27과 15: 최대공약수 ; 3, 최소공배수; 135.

3) 84와 60: 최대공약수 ; 12, 최소공배수; 420.

풀이 3.2.2

6과 16의 최대공약수는 2, 최소공배수는 48이다. 따라서 $6 = 2 \times 3$, $16 = 2 \times 8$이고 3과 8의 최대공약수는 1이다.

또한 $6 \times 16 = 2 \times 3 \times 2 \times 8$ 이므로 $6 \times 16 = 2 \times (3 \times 2 \times 8) = 2 \times 48$ 이다.

일반적으로 두 수 A와 B가 있을 때, $A \times B =$(A와 B의 최대공약수)$\times$(A와 B의 최소공배수).

풀이 3.2.3

두 수 A와 B의 최대공약수를 D라고 할 때, A와 B의 최소공배수는

$\frac{A \times B}{D}$ 이다.

풀이 4.1.1

$\square \div 3 = \triangle \cdots 2,$

$\square \div 5 = \triangledown \cdots 3,$

$\square \div 7 = ⌂ \cdots 2$

인 □를 찾는 문제이다.

잘 살펴보면 □=23 인 것을 알 수 있다.

그런데, 다른 수는 없을까?

풀이 4.1.2

3, 5, 7의 공배수인 105, 210, 315, ⋯ 등을 23에 더한 수 128, 233, 338, ⋯ 등도 역시 정답이다. 그 이유는 다음과 같다.

$23 \div 3 = \dfrac{23}{3} = 7 \cdots 2,$

$23 \div 5 = \dfrac{23}{5} = 4 \cdots 3,$

$23 \div 7 = \dfrac{23}{7} = 3 \cdots 2$ 이다. 따라서

$(105+23) \div 3 = \dfrac{105+23}{3} = \dfrac{105}{3} + \dfrac{23}{3} = 35 + 7 \cdots 2,$

$(105+23) \div 5 = \dfrac{105+23}{5} = \dfrac{105}{5} + \dfrac{23}{5} = 21 + 4 \cdots 3,$

$(105+23) \div 7 = \dfrac{105+23}{7} = \dfrac{105}{7} + \dfrac{23}{3} = 15 + 3 \cdots 2$ 이기 때문이다.

풀이 4.1.3

$\square \div 5 = \triangle \cdots 2,$

$\square \div 7 = \triangledown \cdots 3$

인 □를 찾는 문제이다.

힌트에서 말한바와 같이 □는 5으로 나누면 2가 남고, 7로 나누면 3이 남는 수이다.

그러므로 나머지인 2와 3을 다음과 같은 단계로 활용한다.

① 2 + 3

그런데 5로 나누면 2가 남아야하므로 2이외의 수는 5의 배수가 되어야 한다. 즉,

② 2+ 3×5.

또한 7로 나누면 3이 남아야 하므로 3×5×( ) 이 7로 나누면 3이 남는 수가 되어야 하며 나머지는 7의 배수가 되어야 한다. 즉,

③ 2×7 + 3×5×3.

마찬가지로 5로 나누면 2가 남아야하므로2×7×( ) 이 5로 나누면 2가 남는 수가 되어야 한다. 따라서

④ $2\times7\times3+3\times5\times3=87$.

즉, 87이 답 중의 하나이다. 그러므로 87에서 5와 7의 최소공배수인 35를 계속 더하거나 계속 빼 가면 모두 답이 된다.

따라서 □=17, 52, 87, 122 ⋯ .

풀이 4.1.4

□ ÷ 3 = △ ⋯ 2,

□ ÷ 5 = ▽ ⋯ 3,

□ ÷ 7 = ⌂ ⋯ 2

인 □를 찾는 문제이다.

나머지인 2, 3, 2 를 다음과 같은 단계로 활용한다.

① $2+3+2$

그런데 3으로 나누면 2가 남아야하므로 앞의 2 이외의 수는 모두 3의 배수가 되어야 한다. 즉,

② $2+3\times3+2\times3$.

또한 5로 나누면 3이 남아야 하므로 3×3 이외의수는 모두 5의 배수이어야 한다. 즉,

③ $2\times5+3\times3+2\times3\times5$.

또한 7로 나누면 2가 남아야 하므로 $2\times3\times5$ 이외의수는 모두 7의 배수이어야 한다. 즉,

④ $2\times5\times7+3\times3\times7+2\times3\times5$.

⑤ 그런데 $2\times5\times7\times()$ 는 3으로 나누면 2가 남는 수가 되어야 하므로

$5\times7\times(\ \ )$ 이 3으로 나누면 1이 되어야 한다. 따라서 ( )=2.

⑥ 마찬가지로, $3\times3\times7\times(\ \ )$ 는 5로 나누면 3이 수가 되어야 하므로

$5\times7\times(\ \ )$ 이 3으로 나누면 1이 남아야 한다. 따라서 ( )=1.

⑦ 마찬가지로, $2\times3\times5\times(\ \ )$ 는 7로 나누면 2가 수가 되어야 하므로

$3\times5\times(\ \ )$ 이 7으로 나누면 1이 남아야 한다. 따라서 ( )=1.

⑧ 그러므로

□$=2\times5\times7\times2+3\times3\times7\times1+2\times3\times5\times1$.

따라서 □ = 140+63+30=233.

즉, 233이 답 중의 하나이다. 그러므로 233에서 3과 5와 7의 최소공배수인 105를 계속 더하거나 계속 빼 가면 모두 답이 된다.

즉, □=23, 128, 233, 338, ⋯ .

풀이 4.1.5

1) 52, 157, 262, ⋯.

2) 785, 1907, 3029, ⋯.

3) 4944, 14833, 24722, ⋯.

주제 6. 물물교환

풀이 1.1.1

※ 선생님께 : 아래의 답은 예시이며, 여러 가지 답이 있습니다.

① $\frac{2}{5}$와 크기가 같은 분수를 생각한다. 즉,

$$\frac{2}{5}=\frac{4}{10}=\frac{6}{15}=\frac{8}{20}=\cdots.$$

② $\frac{2}{5}$와 크기가 같은 분수를 다음과 같이 바꾼다.

$$\frac{2}{5}=\frac{1+3}{10}=\frac{1+5}{15}=\frac{1+7}{20}=\cdots.$$

③ $\frac{2}{5}$와 크기가 같은 분수를 다음과 같이 두 개의 분수로 쪼갠다. 즉,

$$\frac{2}{5}=\frac{1}{10}+\frac{3}{10}=\frac{1}{15}+\frac{5}{15}=\frac{1}{20}+\frac{7}{20}=\cdots.$$

④ 각각의 분수를 기약분수로 고쳐서 단위분수의 합으로 되는 것을 택한다.

$$\frac{2}{5}=\frac{1}{15}+\frac{1}{3}.$$

따라서 돼지 두 마리는 소 한 마리와 닭 한 마리와 바꾸면 된다.

풀이 1.1.2

※ 선생님께 : 아래의 답은 예시이며, 여러 가지 답이 있습니다.

1) $\frac{2}{15}=\frac{1}{10}+\frac{1}{30}$

2) $\frac{2}{7}=\frac{1}{4}+\frac{1}{28}$

2) $\frac{2}{9}=\frac{1}{6}+\frac{1}{18}$

4) $\frac{2}{51}=\frac{1}{34}+\frac{1}{102}$

풀이 1.2.1

※ 선생님께 : 아래의 답은 예시이며, 여러 가지 답이 있습니다.

1) $\frac{1}{4}=\frac{1}{7}+\frac{1}{14}+\frac{1}{28}$

2) $\frac{2}{17}=\frac{1}{9}+\frac{1}{204}+\frac{1}{612}$

3) $\frac{6}{51}=\frac{1}{12}+\frac{1}{34}+\frac{1}{204}$

※ 선생님께 : 아래의 답은 예시이며, 여러 가지 답이 있습니다.

$\frac{7}{29}=\frac{1}{6}+\frac{1}{24}+\frac{1}{58}+\frac{1}{87}+\frac{1}{232}$

풀이 2.1.1

지도교사는, 분단별로 또는 모둠별로 물물교환 할 물건의 품목을 정한 다음, 아동들이 직접 각각의 물건 값을 정하고 그에 따라서 물물교환에 필요한 분수 표를 먼저 작성한 다음 물물교환을 가장 먼저 마친 학생이 이기는 게임을 하도록 하면 됩니다.

주제 7. 근대수학의 아이디어

풀이 1.1.1

이 문제는 다음과 같이 생각해도 된다.

'선분 AC의 두 배가 되는 끈으로 직사각형을 만들 때, 넓이가 가장 큰 직사각형은 무엇인가?'

위의 그림에서 직사각형의 넓이 $AE\times EC$이다. 구체적으로 예를 들어서 직사각형 $AE\times EC$ 의 넓이를 가장 크게 만드는 선분 AE와 EC의 관계를 알아보기로 하자.

선분 AC 의 길이를 10cm 라고 하자. 그러면 위의 문제는 다음과 같다.

'어떤 두 수를 더하면 10일 때, 두 수를 곱한 값이 가장 큰 경우를 찾으시오.'

이 문제를 다음과 같이 표를 만들어서 해결하도록 한다.

더해서 10이 되는 수	두 수의 곱
1, 9	9
2, 8	16
3, 7	21
4, 6	24
4.5, 5.5	24.75
5, 5	25
5.1, 4.9	24.99
6, 4	24

5와 5일 때 곱한 값이 가장 큽니다.

따라서 선분 AC 의 길이를 $10cm$ 일 때, $AE\times EC$가 가장 크게 되는 경우는 $AE=EC$.

즉, E가 선분 AC의 중점일 때, $AE\times EC$가 가장 큽니다.

[참고] 이 문제를 교사들은 다음과 같이 이해하면 됩니다.

$AC = b$라 하자. ; a를 선분 중의 하나라고 하면 다른 하나는 $b-a$가 되고 곱의 최대값을 찾으면 $ba-a^2$이 된다. $a+e$를 b의 첫 번째 선분이라고 하고 다른 하나를 $b-a-e$라고 하면 곱은 $ba-a^2+be-2ae-e^2$이 값은 앞에서 제시한 $ba-a^2$과 값이 같아야 한다. 공통항을 없애면 $be-2ae-e^2$. [모든 항을 e로 나누면 $b \sim 2a+e$] e를 없애면 $b=2e$ 따라서 문제의 답은 b의 중간 값을 잡으면 된다.

※ 선생님께 : 이 문제가 수학의 역사에서 최초로 도함수를 정의하는 방법이 되었습니다.

풀이 1.2.1

1) 3^4=81이므로 5로 나눈 나머지는 1.

2) 3^6=729이므로 7로 나눈 나머지는 1.

3) 2^{10}=1024이므로 11로 나눈 나머지는 1.

풀이 1.2.2

① 5, 7, 11은 솟수

② $4=5-1,\ 6=7-1,\ 10=11-1$

③ 나머지가 모두 1.

풀이 1.2.3

1) $3^{17}=3^4\times3^4\times3^4\times3^4\times3$이고, 3^4을 5로 나눈 나머지가 1이므로 3^{17}을 5로 나눈 나머지는 3.

2) $3^{20}=3^6\times3^6\times3^6\times3^2$이고, 3^6을 7로 나눈 나머지가 1이고 $3^2=9$를 7로 나눈 나머지는 2 이므로 3^{20}을 7로 나눈 나머지는 2.

3) $2^{343}=2^{10}\times2^{10}\times\cdots\times2^{10}\times2^3$이고, 2^{10}을 11로 나눈 나머지가 1이고 $2^3=8$를 11로 나눈 나머지는 8 이므로 2^{343}을 11로 나눈 나머지는 8.

풀이 2.1.1

4개

풀이 2.1.2

1 : 1개, 2 : 1개, 3 : 2개, 4 : 2개, 5 : 4개,

6 : 2개, 7 : 6개, 8 : 4개, 9 : 6개, 10 : 4개

풀이 2.1.3

풀이 2.1.2에서 보는 것과 같이, 솟수 2, 3, 5, 7의 오일러 분수의 개수는 각각 1, 2, 4, 6 이다. 일반적으로 솟수 p의 오일러 분수는 $p-1$개.

풀이 2.2.1

예를 들어 1~100 중에 3의 배수는 100÷3의 몫인 33 개다.

일반적으로 $1 \sim n$ 중에 3의 배수의 개수는 $n \div 3$의 몫이다.

풀이 2.2.2

1) $27 = 3^3$이다. 그런데 27의 오일러 분수의 개수는 $18 = 27 - 9$.

2) $16 = 2^4$이다. 그런데 16의 오일러 분수의 개수는 $8 = 16 - 8$.

3) $125 = 5^3$이다. 그런데 125의 오일러 분수의 개수는 $100 = 125 - 25$.

4) $2401 = 7^4$이다. 그런데 2401의 오일러 분수의 개수는 $2058 = 2401 - 343$.

풀이 2.2.3

예를 들어, 27의 오일러 분수는 분자가 27과의 최대공약수가 1인 분수이다. 그런데 1~27 중에서 27과 최대공약수가 1인 수는 3의 배수가 아닌 수들이다. 그런데 1~27 중에서 3의 배수는 $27 \div 3 = 9$개다. 따라서 27과 최대공약수가 1인 수는 $27 - 9 = 18$개 이므로, 27의 오일러 분수의 개수는 $27 - 9 = 3^3 - 3^2 = 18$.

일반적으로 p^n의 오일러 분수의 개수는 $p^n - p^{n-1}$.

풀이 2.2.4

1) 12　2) 40　3) 36　4) 600

[참고] 자연수 n보다 작은 모든 자연수 $1, 2, 3, \cdots, n-1$ 중에서, n과의 최대공약수가 1인 수의 개수를 $\phi(n)$이라고 쓰고, 이 때 ϕ를 오일러 함수라고 하였다.

예) $\phi(8)$은 $1, 2, 3, \cdots, 7$ 중에서, 8과의 최대공약수가 1인 수 $1, 3, 5, 7$의 개수를 나타내므로, $\phi(8) = 4$. 그런데 8의 오일러 분수의 개수 역시 4이다.

즉, 8의 오일러 분수의 개수$= \phi(8)$.

풀이 2.3.1

36의 오일러 분수는 $36 = 4 \times 9 = 2^2 \times 3^2$이므로 분자가 2와, 3과의 최대공약수가 모두 1인 분수이다.

풀이 2.3.2

1, 2, 4, 5, 7, 8 : 6개

풀이 2.3.3

최대공약수가 1이다.

풀이 2.3.4

최대공약수가 3 또는 9이다.

풀이 2.3.5

1~36까지의 수중에서 9와의 최대공약수가 1인 수는 1, 2, 4, 5, 7, 8 이 있는 세로줄의 모든 수뿐이다.

풀이 2.3.6

1, 2, 4, 5, 7, 8 이 있는 각각의 세로줄에 있는 수중에서 4와의 최대공약수가 1인 수는 꼭 2 개씩 있다.

풀이 2.3.7

36의 오일러 분수의 개수는 9의 오일러 분수의 개수인 6과 4의 오일러분수의 개수인 2를 곱한 12이다.

[참고] 쉽지 않습니다. 교사는 학생들이 공통점이 생긴 사실을 받아들이도록 유도하면서, 혹시 정말 그 이유를 알고 싶어 하는 학생들을 도와주세요. 정수론에서, 오일러 함수 ϕ는 곱셈적(multiplicative)이라는 사실을 참고하면 됩니다.

풀이 2.3.8

1) $28 = 4 \times 7$이다. 그런데 4의 오일러분수의 개수는 2이고, 4의 오일러 분수의 개수는 6이므로, $2 \times 6 = 12$.

나머지 문제도 같은 방법으로 풀어 보세요.

풀이 2.3.9

1) $360 = 2^3 \times 3^2 \times 5$ 이므로 360의 오일러 분수의 개수는

$$360 \times (1 - \frac{1}{2}) \times (1 - \frac{1}{3}) \times (1 - \frac{1}{5}) = 96.$$

2) $1001 = 7 \times 11 \times 13$이므로 1001의 오일러 분수의 개수는

$$1001 \times (1 - \frac{1}{7}) \times (1 - \frac{1}{11}) \times (1 - \frac{1}{13}) = 720.$$

또는

7, 11, 13이 솟수이므로 $6 \times 10 \times 12 = 720$.

3) $5040 = 2^4 \times 3^2 \times 5 \times 7$ 이므로 360의 오일러 분수의 개수는

$$5040 \times (1 - \frac{1}{2}) \times (1 - \frac{1}{3}) \times (1 - \frac{1}{5}) \times (1 - \frac{1}{7}) = 1152.$$

풀이 3.1.1

동전	주사위
앞	1, 2, 3, 4, 5, 6
뒤	1, 2, 3, 4, 5, 6

모두 12가지.

풀이 3.2.1

동전 던지기, 윷놀이 등등

풀이 3.2.2

윗줄에 이웃하는 두 수의 합이 바로 아랫줄의 수이다.

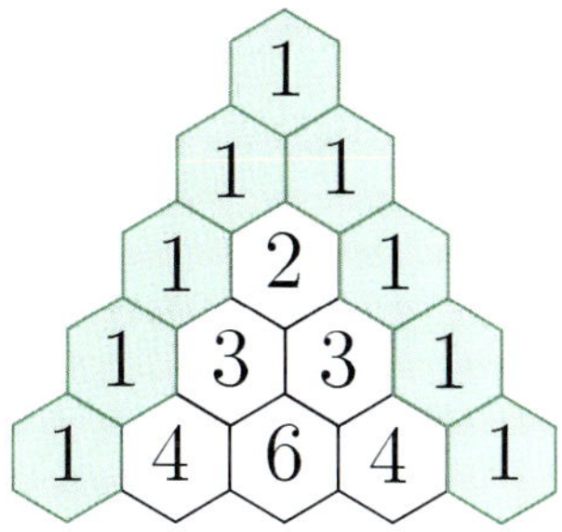

6, 15, 20, 15, 6 등등

풀이 3.2.3

1) 셋째 대각선 :1, 3, 6, 10, 15, 21, 28, ⋯ .

1부터 2, 3, 4, 5, 6, 7, ⋯ 씩 커진다.

2) 넷째 대각선 : 1, 4, 10, 20, 35, 56 ⋯ .

3, 6, 10, 15, 21, 28, ⋯ 씩(셋째 대각선의 수들만큼) 커진다.

3) 다섯째 대각선 : 1, 4, 10, 20, 35, 56 ⋯ .

4, 10, 20, 35, 56 ⋯ 씩(넷째 대각선의 수들만큼) 커진다.

풀이 3.2.4

바로 이전의 대각선에 있는 수만큼 커진다.

풀이 3.2.5

1) 셋째 대각선 : 삼각수

2) 셋째 대각선 : 정사면체 수

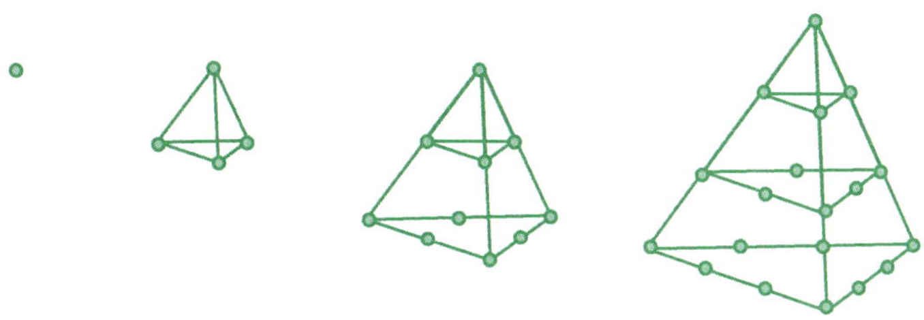

풀이3.3.1

1) 2, 6, 12, 20, 30, 42, 56, 72, 90, 110, 132, ⋯ 의 규칙은 $n(n+1)$. <직사각형 수>

2) 1, 4, 9, 16, 25, ⋯ 의 규칙은 n^2.<사각수>

3) 1, 5, 12, 22, 35, 51, 70, 92, 117, 145, ⋯ 의 규칙은

$$1+4+7++(3n-2)=\frac{n(n+1)}{2}+n(n-1)=\frac{n(3n-1)}{2}.$$ <오각수>

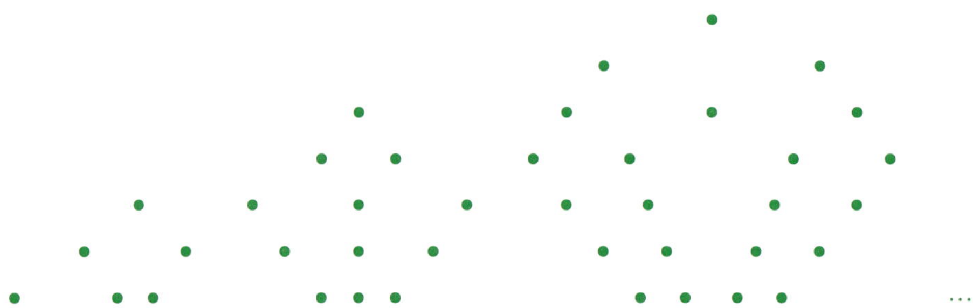

4) 1, 8, 27, ⋯ 의 $1=1^3$, $3+5=2^3$, $7+9+11=3^3$, $3+15+17+19=4^3$, ⋯ 일반적으로

$[n(n-1)+1]+[n(n-1)+3]+\cdots+[n(n-1)+(2n-1)]=n^3$이 된다.

정육면체의 꼭짓점의 개수. <정육면체수>

5) 1, 5, 14, 30, 55, 91, ⋯ 의 규칙은 다음과 같다. 즉,

1, 1+4, 1+4+9, 1+4+9+16,⋯ 따라서

$$1^2+2^2+3^2+4^2+\cdots=\frac{n(n+1)(n+2)}{6}+\frac{(n-1)n(n+1)}{6}=\frac{n(n+1)(2n+1)}{6}.$$

<피라밋수 또는 사면체수 >

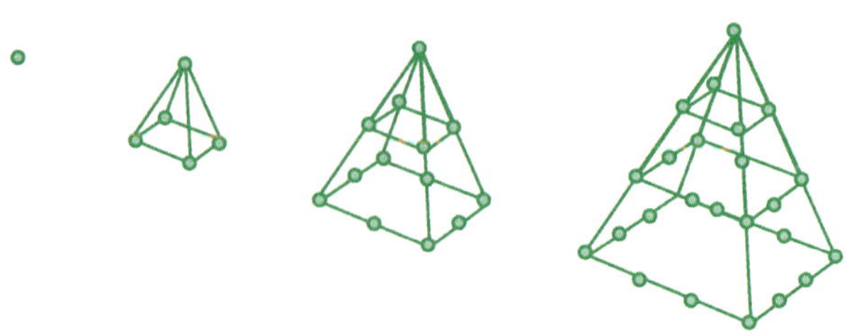

제Ⅱ장 도형과 측정 영역

주제 1. 다각형, 다면체, 다각뿔

풀이3.2.1

n각형은 아래와 같이 $n-2$ 개의 삼각형으로 쪼개어진다. 따라서 n각형의 내각의 합은 $(n-2)\times 180°$이다.

풀이3.2.2

• 정 10각형의 한 내각 구하기

다각형의 한 내각의 크기

정삼각형	3	180°		60°
정사각형	4	360°		90°
정오각형	5	540°		108°
정육각형	6	720°	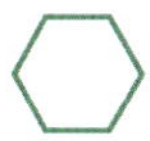	120°
정칠각형	7	900°		128.57…°
정팔각형	8	1080°	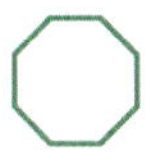	135°
…	…	…	…	…
정다각형	n	$(n-2)\times 180°$		$(n-2)\times 180°/n$

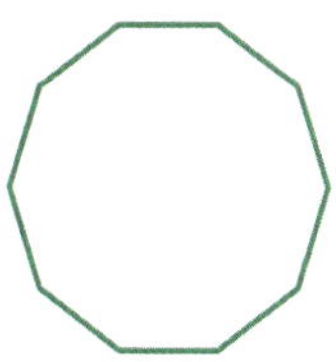

$$\text{내각의 합} = (n-2)\times 180° = (10-2)\times 180° = 8\times 180° = 1440°$$

$$\text{한 내각의 크기} = 1440°/10 = 144°$$

풀이 3.2.3

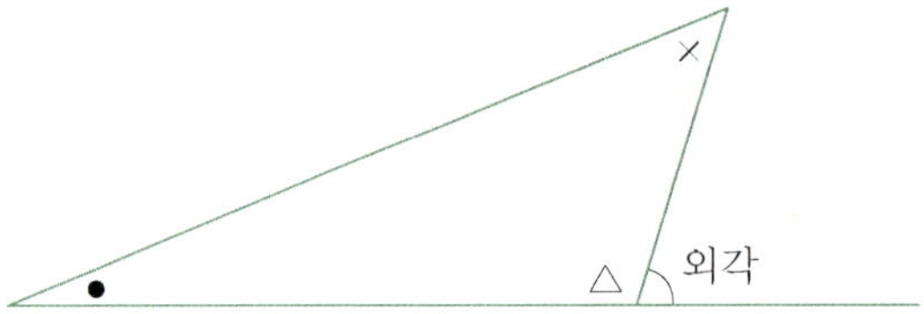

∘ + x + △ = 180°, △ + 외각 =180∘

∴ ∘ + x = 외각.

풀이 3.2.4

1~8 까지 모든 각의 합은 180°×4=720°이다. 그런데 내각 1, 3, 5, 7의 합이 360° 이므로 외각 2,4,6,8의 합은 360° 가 된다.

풀이 3.2.5

1) 오각형

내각과 외각 1, 2, 3, 4, 5의 합은 180°×5=900°이다. 그런데 내각의 합이 540° 이므로 외각 1, 2, 3, 4, 5의 합은 360° 가 된다.

2) 육각형

내각과 외각의 합은 180°×6=1080°이다. 그런데 내각의 합이 720° 이므로 외각의 합은 360° 가 된다.

풀이 3.2.6

정다각형	한 외각의 크기	외각의 개수	외각의 크기의 합
정삼각형	120°	3	360°
정사각형			
정오각형			
정육각형	…		…
정칠각형			
정팔각형			
정 n 각형	$180° - \frac{(n-2)\times 180°}{n}$	n	$n\times(180° - \frac{(n-2)\times 180°}{n}) = 360°$

(설명) (a) 직관적으로 생각할 때, 다각형을 따라서 한 바퀴 걸어보면, 다각형의 각 점에서 외각을 따라 돌아야 한다. 마지막 꼭짓점에서 처음의 방향을 따라서 가게 된다. 따라서 전체 회전은 360°이다. 만약 $\angle 1'$, $\angle 2'$, …, $\angle n'$은 외각이라고 하면, $m(\angle 1')+m(\angle 2')+\cdots+m(\angle n')=360°$이다.

(b) 한 꼭짓점에서 내각과 외각은 서로 보각(두 각의 합이 180°)이기 때문에

$m(\angle 1')=180°-m(\angle 1')$, $m(\angle 2)=180°-m(\angle 2')$, …,

$m(\angle n) = 180° - m(\angle n')$이 되므로,

$m(\angle 1) + m(\angle 2) + \cdots + m(\angle n)$

$= n \cdot 180° - [m(\angle 1) + m(\angle 2') \cdots + m(\angle n')]$

$= n \cdot 180° - 360° = (n-2) \cdot 180°$

정리의 (b)에서 $n = 3$인 경우를 살펴보았을 때 3각형의 내각의 합은 $(n-2) \cdot 180°$이므로 180°가 된다.

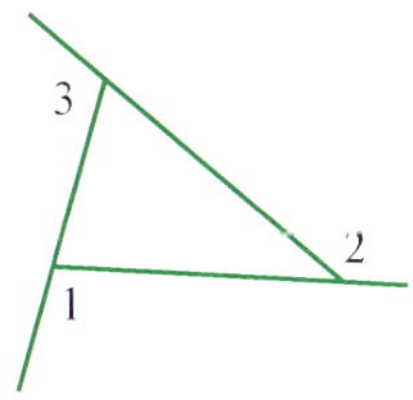

$\angle 1 + \angle 2 + \angle 3 = 360°$

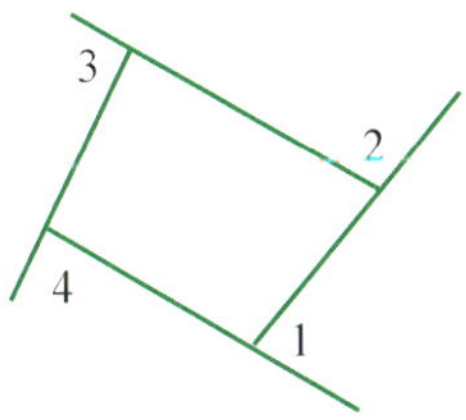

$\angle 1 + \angle 2 + \angle 3 + \angle 4 = 360°$

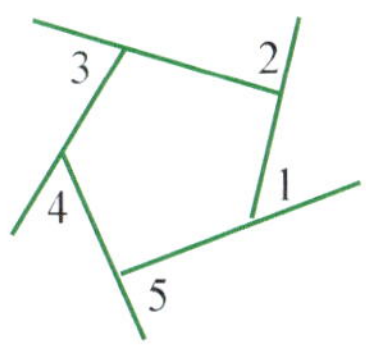

$\angle 1 + \angle 2 + \angle 3 + \angle 4 + \angle 5 = 360°$

풀이 4.1.1

$5 - 3 = 2$명.

풀이 4.1.2

5번

풀이 4.1.3

아래 그림의 7각형에서, 꼭짓점 1에서 대각선을 그을 수 있는 꼭짓점은 1, 2, 7 번 꼭짓점을 빼낸, 3, 4, 5, 6 번 꼭짓점 4개이다. 즉, 각 꼭짓점에서 그을 수 있는 대각선의 개수는 4개이다.

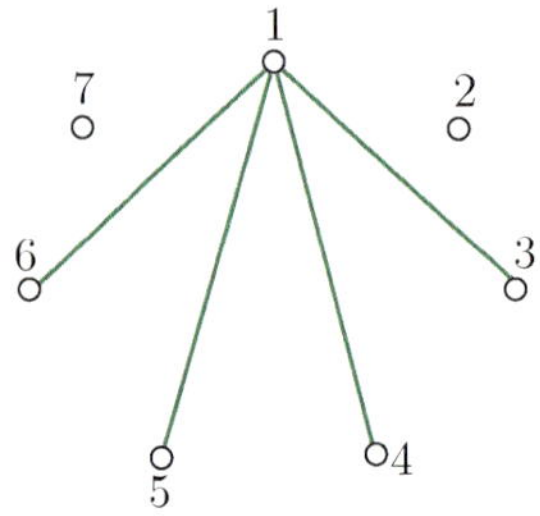

그런데 꼭짓점 1과 3을 잇는 대각선과 꼭짓점 3과 1을 잇는 대각선은 같은 선분이고, 다른 꼭짓점에서도 마찬가지이다.

따라서 대각선의 개수는 $\frac{7 \times 4}{2} = 14$ 개다.

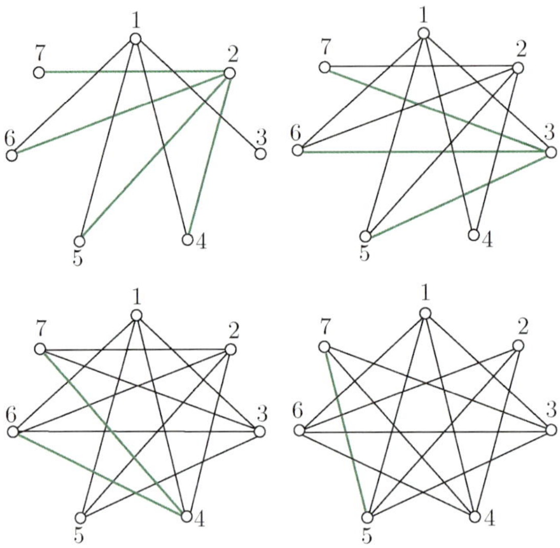

풀이 4.1.4

1) 10각형의 대각선의 개수 : $\frac{10 \times 7}{2} = 35$ 개

2) n각형의 대각선의 개수 : $\frac{n \times (n-3)}{2}$ 개

풀이 5.1.1

1) 삼각형

	이등변삼각형	정삼각형	직각삼각형
변의 길이	두 변의 길이가 같다.	세변의 길이가 같다.	
각의 크기	두 각의 크기가 같다.	세 각의 크기가모두 60°로 같다.	한 각이 직각이다.
분할	두 개의 합동인 직각삼각형으로 분할 된다.	두 개의 합동인 직각삼각형으로 분할 된다.	
대칭	대칭축이 한 개인 선대칭 도형이다.	대칭축이 3개인 선대칭도형이다.	

2) 사각형

	평행사변형	직사각형	마름모꼴	정사각형
각의 크기	맞각의 크기는 같다.	네 각이 모두 직각이다.	맞각의 크기가 같다.	네 각이 모두 직각이다.
변의 길이	맞변의 길이가 같다.	맞변의 길이가 같다.	네 변의 길이는 모두 같다.	네 변의 길이는 모두 같다.
평행인 변	평행인 변이 두 쌍이다.	평행인 변이 두 쌍이다.	평행인 변이 두 쌍이다.	평행인 변이 두 쌍이다.
한 개의 대각선에 의한 분할	두 개의 합동인 삼각형으로 분할된다.	두 개의 합동인 삼각형으로 분할된다.	두 개의 합동인 삼각형으로 분할된다.	두 개의 합동인 이등변삼각형으로 분할된다.
대각선끼리의 관계	서로 이등분한다.	• 서로 이등분한다. • 두 대각선의 길이가 같다.	• 서로 이등분한다. • 두 대각선은 수직이다.	• 서로 이등분한다. • 두 대각선의 길이가 같다. • 두 대각선은 수직이다.
점대칭	도형의 중심에 관한 대칭인 도형이다.	도형의 중심에 관한 대칭인 도형이다.	도형의 중심에 관한 대칭인 도형이다.	도형의 중심에 관한 대칭인 도형이다.
선대칭		대칭축이 2개인 선대칭도형이다.	대칭축이 2개인 선대칭도형이다.	대칭축이 4개인 선대칭도형이다.

풀이 5.1.2

'평행사변형의 대각선은 서로 이등분함을 설명하시오.'

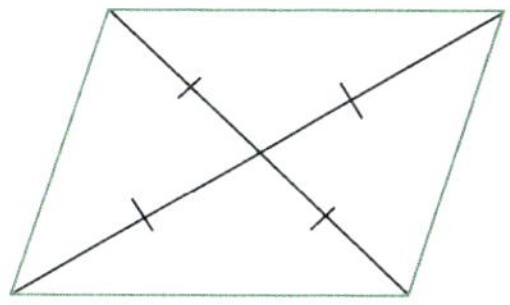

힌트 마주 보는 삼각형이 합동이다.

풀이 5.1.3

'평행사변형의 네 변의 중점을 이으면 다시 평행사변형이 됨을 설명하시오.'

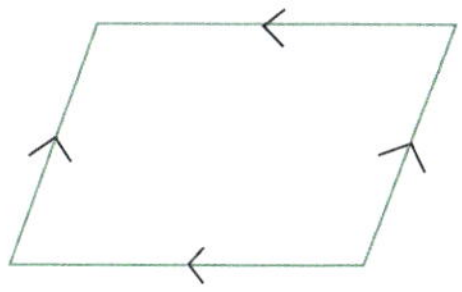

힌트 네 변의 중점을 잇는 선분 중, 마주보는 선분의 길이는 같다.

풀이 6.1.1

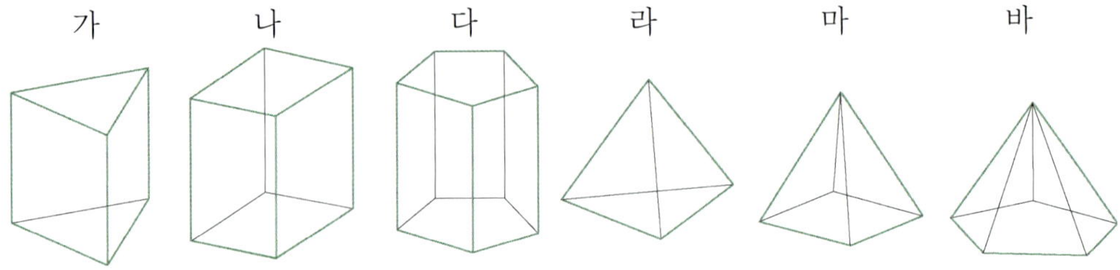

가) $f=5,\ e=9,\ v=6$ 이므로, $f+v-e=2$.

마) $f=5,\ e=8,\ v=5$ 이므로, $f+v-e=2$.

[참고] 오일러정리

'볼록다면체의 면, 변, 꼭짓점의 개수를 각각 $f,\ e,\ v$라고 할 때, $f+v-e=2$이다.'

(증명) f개의 면이 한 변을 공유하도록 차례로 번호를 붙여서 $\alpha_1, \alpha_2, \cdots, \alpha_f$라고 하자.

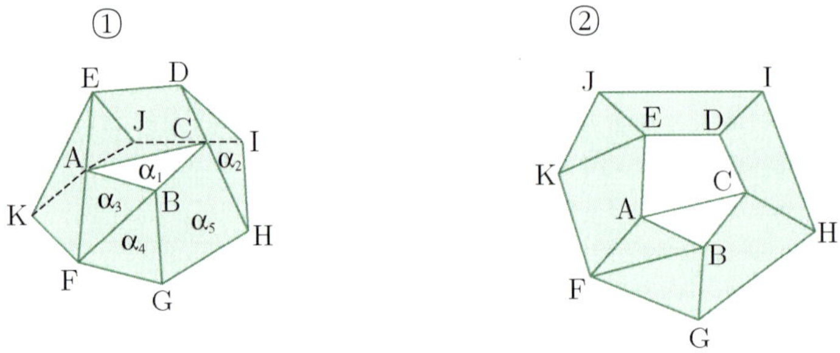

α_1면의 다각형의 꼭짓점과 변의 수를 각각 $v_1,\ e_1$이라 하고, α_2면의 다각형의 꼭짓점과 변의 수에서 α_1과 공통인 것을 제외한 수를 각각 $v_2,\ e_2$라 한다. 다음에 α_3면의 다각형의 꼭짓점과 변의 수에서 $\alpha_1,\ \alpha_2$와 공통인 것을 제외한 수를 각각 $v_2,\ e_3$라 하고, 같은 방법을 차례로 계속하면 α_f면에서 꼭짓점과 변은 모두 다른 면과 공통이므로

$v_1=e_1,\ v_2=e_2-1,\ v_1=e_1-1,\ \cdots,\ v_{f-1}=e_{f-1}-1,\ v_f=e_f=0$

인 f개의 관계식을 얻고, 이를 변끼리 더하면

$v_1+v_2+\cdots+v_{f-1}=e_1+e_2+\cdots+e_{f-1}-(f-2)$

그런데 $v_1+v_2+\cdots+v_{f-1}=v,\ e_1+e_2+\cdots+e_{f-1}=e$

$\therefore\ f+v-e=2$

풀이 6.2.1

1) 정다면체를 이루고 있는 다각형, 면의 수, 모서리의 수를 알아보시오.

	다각형	면의 수	모서리의 수
정사면체	3	4	6
정육면체	4	6	12

2) 정다면체의 각 꼭짓점에 모여 있는 면의 수, 꼭짓점의 수, 모서리의 수를 알아보시오.

	면의 수	꼭짓점의 수	모서리의 수
정사면체	3	4	6
정육면체	3	8	12

풀이 6.2.2

1) $m \times f = 2 \times e$

2) $n \times v = 2 \times e$

풀이 6.2.3

m	n	e	v	f	다면체
3	3	6	4	4	정사면체
3	4	12	6	8	정팔면체
3	5	30	12	20	정이십면체
4	3	12	8	6	정육면체
5	3	30	20	12	정십이면체

[참고 1)] 정다면체 정리

'볼록 다면체에서 정다면체는 정사면체, 정육면체, 정팔면체, 정십이면체, 정이십면체의 5종류뿐이다.'

(증명) 정다면체의 면, 꼭짓점, 모서리의 수를 각각 $f,\ v,\ e$라 하며, 각 면이 정 m각형이고, 또 각 꼭짓점에 모이는 면의 수를 n이라고 하면

$m \times f = 2 \times e, n \times v = 2 \times e$

이다. 이때 $f = \frac{2}{m} \times e,\ v = \frac{2}{n} \times e$를 오일러공식에 대입하면

$$e \times \left(\frac{2}{m} + \frac{2}{n} - 1 \right) = 2$$

$\therefore\ \frac{2}{m} + \frac{2}{n} > 1$ 이고, $e = \frac{2 \times m \times n}{2 \times (m+n) - m \times n}$ 이다.

그런데 $m \geq 3,\ n \geq 3$이므로

$$\frac{2}{m} > 1 - \frac{2}{n} \geq 1 - \frac{2}{3} = \frac{1}{3}.$$

따라서 $3 \le m < 6$이고, $3 \le n < 6$.

$m = 3$이면 $3 \le n < 6, m = 4$이면 $3 \le n < 4$,

$m = 5$이면 $3 \le n < \dfrac{3}{10}$이고, 항상 $e = \dfrac{2 \times m \times n}{2 \times (m + n) - m \times n}$.

이들로부터 가능한 모든 경우는 다음 표의 5종류뿐이다.

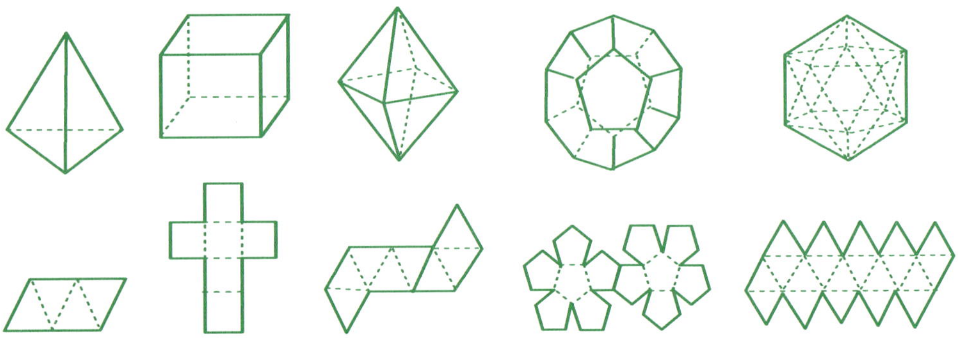

m	n	e	v	f	다면체
3	3	6	4	4	정사면체
3	4	12	6	8	정팔면체
3	5	30	12	20	정이십면체
4	3	12	8	6	정육면체
5	3	30	20	12	정십이면체

[참고 2)] 플라톤의 다면체들은 특히 그의 철학에 중요한 역할을 한다. 플라톤은 이들 다면체들에 대해 그의 저서인 티마에우스(Timaeus, B.C. 260쯤)에 기술하면서 각각을 고전적인 4원소에 대응시켰다(흙, 공기, 물, 그리고 불). 흙은 6면체와, 공기는 8면체와, 물은 20면체와, 불은 4면체와 대응시켰다. 이러한 대응을 직관적으로 해석하여, 불이 내뿜은 열기가 매우 날카롭고 찌를 것 같았기 때문에 4면체에 대응시켰고, 물은 작은 공으로 이루어진 것처럼 손으로 들어 올리려 하면 흘러내리기 때문에 20면체로 표현했으며, 반면에, 구형처럼 보이지 않는 6면체는 흙을 나타낸다고 하였다. 더욱이 흙의 단단함은 유클리드 공간을 모자이크식으로 메울 수 있는 유일한 정다면체가 6면체이기 때문이라고 믿어졌다. 5번째 플라톤의 다면체인 정 12면체에 대해 플라톤은 모호하게 '천국의 별자리들을 정렬시킨다.'라고 언급하였고, 아리스토텔레스도 5번째 원소에 대해 '에테르(ether)'라고 언급하면서 천국이 이 물질로 이루어 졌다고 했지만, 이를 플라

톤의 다면체와 연결시키지는 않았다.

유클리드 원론에는 플라톤의 다면체에 대하여 완벽하게 설명을 하였으며, 원론의 13권은 정다면체에 관한 정리들로 이루어져 있다.

풀이 6.2.4

모든 면이 육각형인 다면체는 없다.

[참고] 만일, 6각형만으로 다면체를 만들 수 있다고 가정해 보자. 면, 모서리, 꼭짓점의 수를 f, e, v라고 표기하자. 각 면은 6개의 모서리로 구성되고, 각 모서리는 두 개의 면이 만나서 이루어지기 때문에 $6\times f=2\times e$라는 공식이 성립한다.

그래서 $f=\frac{2\times e}{6}=\frac{e}{3}$이다. 그런데 각각의 모서리는 두 개의 끝 점을 갖는다. 따라서 모서리의 끝 점은 모두 $2\times e$이다. 또한 각각의 꼭짓점에 최소한 세 개의 모서리의 끝 점이 만나기 때문에 $3\times v\leq 2\times e$, 또는 $v\leq\frac{2\times e}{3}$이다. $f=\frac{e}{3}$에 $v\leq\frac{2\times e}{3}$를 더하면, 부등식 $v+f\leq\frac{2\times e}{3}+\frac{e}{3}=e$ 이 성립한다. 즉, $v+f\leq e$ 이 된다. 그러나 오일러공식에 의해서 $v+f=e+2>e$ 이므로 모순이다. 따라서 모든 면이 육각형인 다면체는 없다.

풀이 6.3.1

1) $3\times 3\times 3=3^3=27$개.

2) 0, 1, 2, 3: 4종류

3)

짬이 묻은 면의 수	0	1	2	3
작은 조각의 수	1	6	12	8
정육면체와의 관계	입체의 수	면의 수	모서리의 수	꼭짓점의 수

풀이 6.3.2

1) 각각 $4^3=64, 5^3=125, 6^3=216, \cdots$ 조각

2) 0, 1, 2, 3: 4종류

3)

짬이 묻은 면의 수	0	1	2	3
3 등분	1	6	12	8
4 등분	8	24	24	8
5 등분	27	54	36	8
6 등분	64	96	48	8
⋮				

힌트 수모형 낱개를 쌓아가면서 실제로 확인해 보시오.

4) 3등분 : $1\times1+6\times1+12\times1+8\times1$

4등분 : $1\times2^3+6\times2^2+12\times2+8\times1$

5등분 : $1\times3^3+6\times3^2+12\times3+8\times1$

6등분 : $1\times4^3+6\times4^2+12\times4+8\times1$

$\vdots$

n등분 : $1\times(n-2)^3+6\times(n-2)^2+12\times(n-2)+8\times1$

풀이 7.1.1

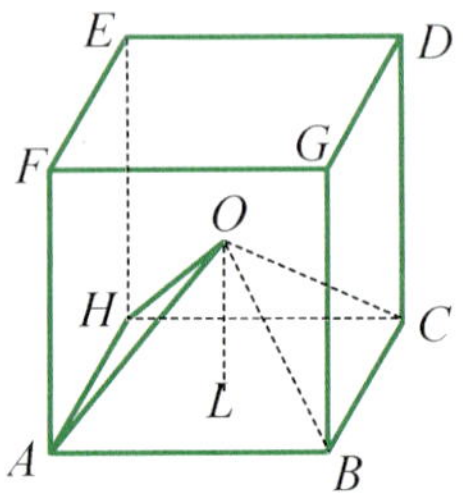

위 그림의 정육면체 ABCHGDEF 의 4개의 대각선 AD, BE, CF, HG 는 한 점 O에서 만난다는 것을 설명하시오.

(설명) ① △BHE 와 △ACD을 잘 관찰하면, △BHE의 밑변 BH 와 △ACD의 밑변 AC는 정육면체의 밑면의 중점인 L에서 만난다.

② 중점인 L에서 수선을 올리면 △BHE의 빗변 BE와 △ACD의 빗변 AD의 중점을 동시에 지나야 한다.

③ 그런데 △BHE의 빗변 BE와 △ACD의 빗변 AD은 정육면체의 대각선이기 때문에 대각선 AD와 BE는 반드시 그들의 중점인 O에서 만나게 된다.

④ 마찬가지로 생각해 보면, 4개의 대각선 AD, BE, CF, HG 는 한 점 O에서 만난다.

풀이 7.1.2

교점 O는 정육면체의 정 중앙의 점이라는 것을 설명하시오.

(설명) 바로 위에서 설명한 바와 같이 점 O는 4개의 대각선의 중점이고, 밑면의 중점 L에 수직이므로 O는 정육면체의 정 중앙의 점이다.

풀이 7.1.3

사각뿔 OABCH 는 정사각뿔이라는 것을 설명하시오.

(설명) ① △BHE 와 △ACD의 두 대각선 AD와 BE의 길이는 같다.

② 그런데 두 대각선 AD와 BE는 서로의 중점에서 만난다고 했다(풀이 7.1.1의③에서).

③ 따라서 두 대각선 AD와 BE의 반절인 선분 OA와 OB의 길이는 같고 기울기도 똑같이 45° 이다.

④ 마찬가지로 생각해 보면, 사각뿔 OABCH의 네 모서리인 OA, OB, OC, OH의 길이가 모두 같고 기울기가 모두 $45°$이므로, 사각뿔 OABCH 는 정사각뿔이다.

풀이 7.1.4

정사각뿔 OABCH 의 부피는 정육면체 ABCHGDEF 부피의 $\frac{1}{6}$이라는 것을 설명하시오.

(설명) 정육면체 ABCHGDEF 를 자세하게 보면 6개의 합동인 정사각뿔 OABCH 로 나누어지고 있음을 알 수 있다.

따라서 정사각뿔의 부피는 정육면체 부피의 $\frac{1}{6}$.

풀이 7.1.5

정사각뿔 OABCH의 부피는 직육면체의 부피의 $\frac{1}{3}$이다.

(설명) 중점 O를 지나고 밑면에 평행하도록 정육면체 ABCHGDEF를자르면 반절로 나누어진다.

그런데 정사각뿔 OABCH은 반으로 나누어진 직육면체의 밑면에서 꼭지점 O를 잇는 도형이므로, 정사각뿔 OABCH의 부피는 직육면체의 부피의 $\frac{1}{3}$이다.

풀이 7.2.1

두 개의 각기둥 V와 W가 있다고 하자.

V의 부피=V의 밑넓이 × 높이, W의 부피=W의 밑넓이 × 높이 이므로,

V의 부피 : W의 부피= V의 밑넓이 × 높이 : W의 밑넓이 × 높이

= V의 밑넓이 : W의 밑넓이.

[참고] 선생님께서는 카발리에리 원리를 적용하여 생각하면 쉽습니다.

풀이 7.2.2

주어진 각뿔과 높이가 같은 정사각뿔을 생각하자. 그런데, 두 각뿔의 높이가 같으면 부피의 비는 밑넓이의 비가 된다. 따라서 다음이 성립한다.

정사각형의 넓이 : 다각형의 넓이 = 정사각뿔의 부피 : 각뿔의 부피

구체적으로 이 비를 $a:b$로 놓으면 각뿔의 부피는 정사각뿔의 부피의 $\frac{b}{a}$배이다. 따라서 다음식이 성립한다.

$$
\begin{aligned}
\text{각뿔의 부피} &= \text{정사각뿔의 부피}\times\frac{b}{a} \\
&= \frac{1}{3}\times\text{높이}\times\text{정사각형}\times\frac{b}{a} \\
&= \frac{1}{3}\times\text{높이}\times\text{다각형}. \\
&= \frac{1}{3}\times\text{각기둥의 부피}
\end{aligned}
$$

풀이7.2.3

$$\frac{1}{3}\times 4\times 4\times 7=\frac{112}{3}\text{cm}^2.$$

주제 2. 원, 원기둥, 원뿔

풀이1.2.1

$x=100°$, x는 $50°$의 두 배.

풀이1.2.2

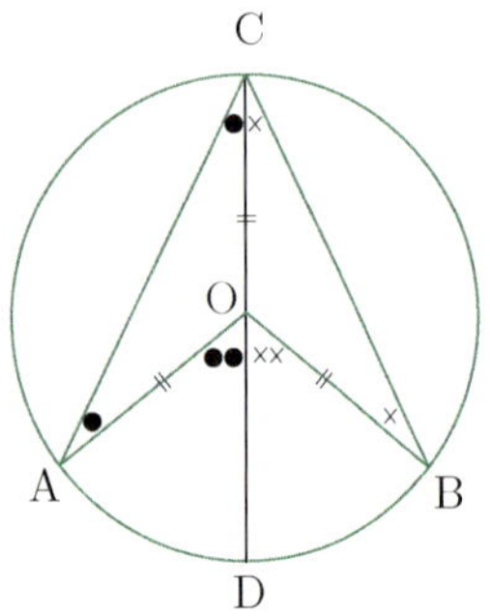

△AOC는 이등변삼각형이므로 두 밑각의 크기는 같다.

그러므로 외각∠AOD= •+•

또 △BCO는 이등변삼각형이므로 두 밑각의 크기 x는 같다.

그러므로 외각∠BOD =$x+x$

그런데, 호 AB의 중심각 ∠AOB = •+•+$x+x$이고 호 AB의 원주각 ∠ACB= •+x이므로 중심각은 원주각의 2배, 즉, 원주각은 중심각의 $\frac{1}{2}$이다.

풀이 1.2.3

한 원에서 원주각의 크기는 호의 길이에 비례하므로

$\angle x : 20° = 6 : 3$, $3\times \angle x = 120°$.

따라서 $\angle x = 40°$

풀이 1.2.4

∠CPB는 △ACP의 외각이므로

∠CAB = ∠CPB - ∠ACP = 67° - 22° = 45°.

그러므로 호 BC에 대한 중심각의 크기는

2× ∠CAB =2×45°=90°. 즉, 호 BC는 원주의 $\frac{1}{4}$이다.

따라서 원주의 길이는

$4\times$ 호 $BC=4\times 10=40(\text{cm})$.

풀이 1.2.5

같은 호에 대한 원주각의 크기는 같으므로

∠BDC = ∠BAC = 20°.

그런데 호 CD가 호 BC의 2배이므로, 원주각도 2배이다.

따라서 $\angle DBC = 2 \times \angle BAC = 40°$

풀이 1.2.6

$\angle PDA = \angle PBD$이고, $\angle PDA$, $\angle PBD$ 는 각각 호 AC와 호 AD의 원주각이므로, 호 AC와 호 AD 의 길이는 같다.

그러므로 호 $AD = 4\text{cm}$.

풀이 1.3.1

두 개.

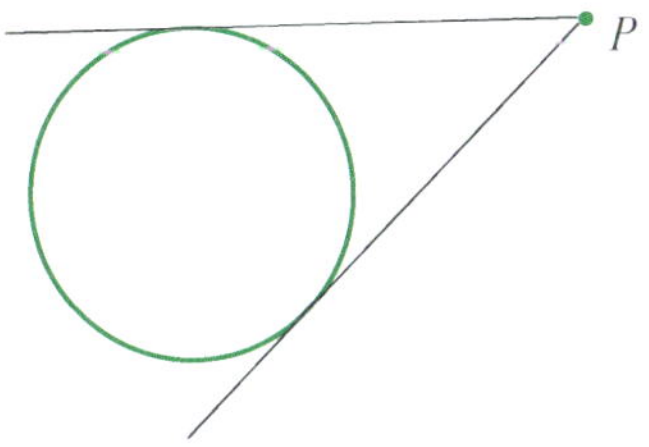

풀이 1.3.2

1) 두 원이 떨어져 있는 경우
두 개.

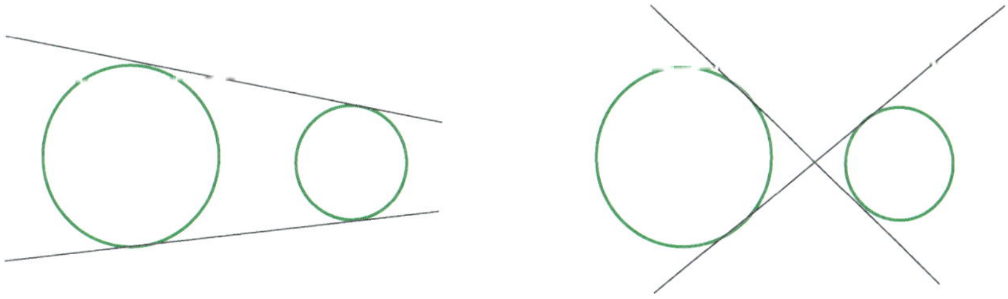

2) 두 원이 바깥으로 접해 있는 경우
한 개.

3) 두 원이 안으로 접해있는 경우
한 개.

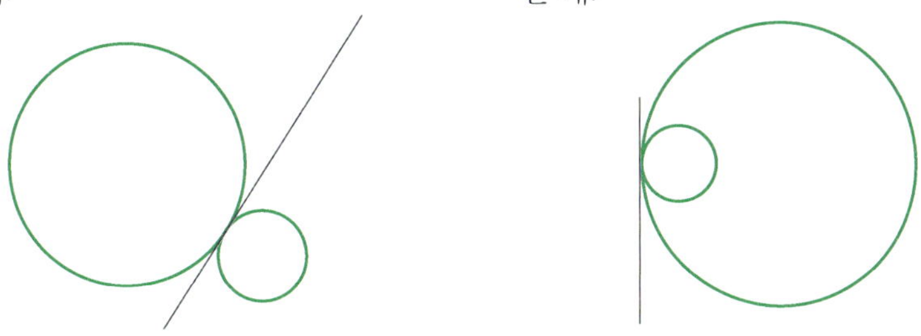

풀이1.5.1

① 원에 내접하는 정다각형은 변의 수가 많아질수록 점점 원에 가까워짐을 알 수 있다.

내접 정 n다각형의 넓이 → 원의 넓이

② 그런데 내접 정 n다각형의 넓이는 변 BC(현 BC)와 변심거리 AH(원의 중심에서 정 n다각형의 변까지의 거리)의 반을 곱한 것을 다각형의 변의 개수 n과 곱한 것과 같다.

즉, 정 n다각형의 넓이 $= \dfrac{\text{선분 } BC \times \text{ 선분 } AH \times n}{2}$.

③ 이 때 다각형의 변의 개수를 무한까지 확장하면 그 넓이, 둘레, 변심거리는 각각 원의 넓이는, 원주, 반지름과 같아진다.

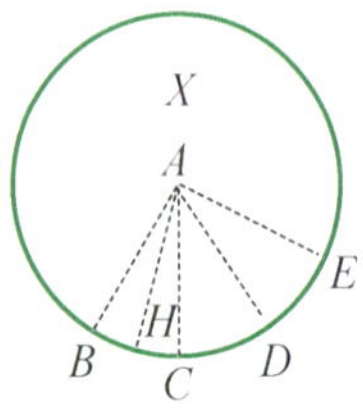

$n \to \infty$ 일 때,

정 n다각형의 넓이 → 원의 넓이,

정 n변심거리 → 반지름(r),

정 n다각형의 둘레(선분 $BC \times n$) → 원주($2 \times \pi \times r$),

④ 따라서 원의 넓이는 원주(선분 $BC \times n = 2 \times \pi \times r$)× 반지름($r$)의 $\dfrac{1}{2}$이다.

$$\text{원의 넓이}(\pi \times r^2) = \text{정 } n\text{다각형의 넓이} = \frac{(\text{선분 } BC \times n) \times \text{ 선분 } AH}{2} = \frac{(2 \times \pi \times r) \times r}{2}.$$

이 사실을 다음과 같이 요약할 수 있다.

⑤ 원의 넓이는 반지름(r)을 높이로 하고 원주($2 \times \pi \times r$)를 밑변으로 하는 직각삼각형의 넓이와 같다.

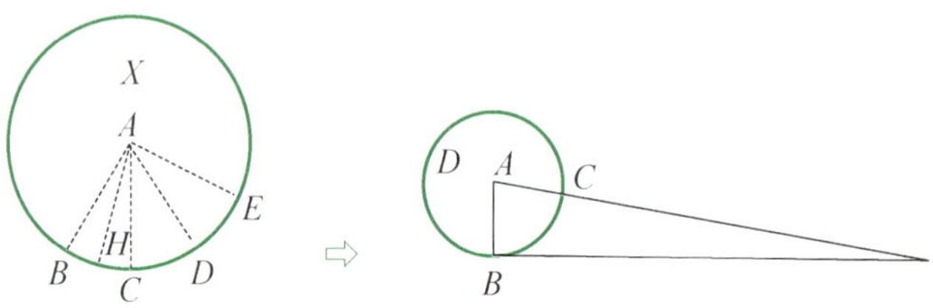

풀이 2.2.1

반지름의 길이가 r, 중심각의 크기가 a^o인 부채꼴에서, 호의 길이와 넓이는 다음과 같다.

호의 길이 $= 2 \times \pi \times r \times \dfrac{a}{360}$, 넓이 $= \pi \times r^2 \times \dfrac{a}{360}$

풀이 2.2.2

1) ① 2배, 3배 ② 2배, 3배

2) ① $\dfrac{120}{30} = \dfrac{8}{x}$ 이므로 $x = 2$. ② $\dfrac{135}{45} = \dfrac{24}{x}$ 이므로 $x = 8$.

3) $\dfrac{150}{30} = \dfrac{\text{호 } BC}{5}$ 이므로 호 $BC = 25cm$.

풀이 2.2.3

1) 스케이트장의 통로의 넓이는 바깥 원의 넓이에서 스케이트장의 넓이를 빼면 된다. 그런데, 바깥 원의 반지름은 50 m, 스케이트장의 반지름은 45 m 이므로,

   통로의 넓이$=50\times 50\times \pi - 45\times 45\times \pi = 475\times \pi(cm^2)$.

2) 부채꼴을 품고 있는 원의 넓이는 $100\times \pi\ cm^2$, 원주는$20\times \pi$ cm이므로, 부채꼴의 넓이를 x라고 하면,

   $\frac{15\times \pi}{20\times \pi}=\frac{x}{100\times \pi}$ 이므로, 부채꼴의 넓이 $x=75\times \pi(cm^2)$.

풀이 3.1.1

아래 그림은 밑면의 반지름이 10cm, 높이가 20cm인 원기둥을 직각삼각기둥으로 바꾸는 과정이다.

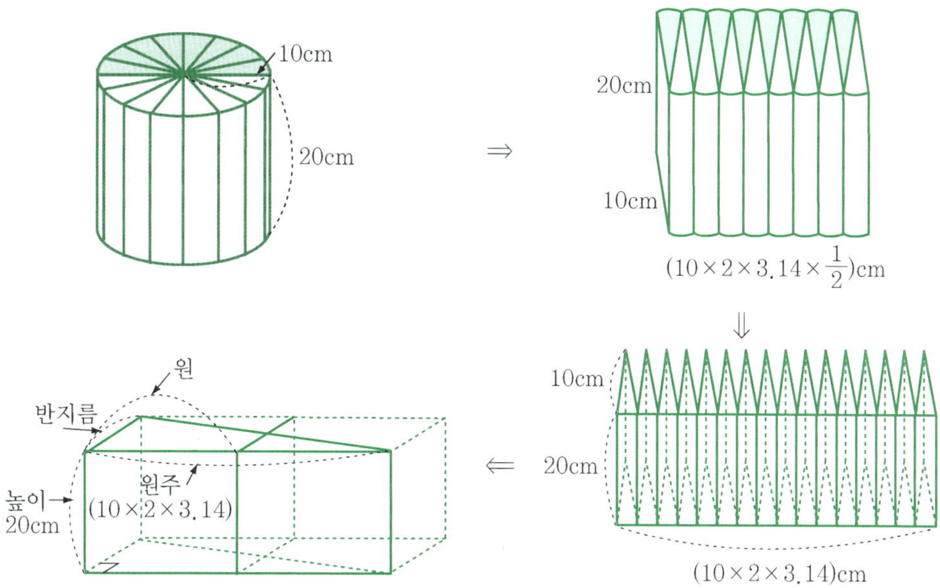

풀이 3.1.2

가로는 원주이고 세로는 (반지름+높이)인 직사각형의 넓이

또는 가로는 원주, 높이는 반지름인 직사각형과 가로는 원주, 세로는 높이인 직사각형을 합한 것의 넓이.

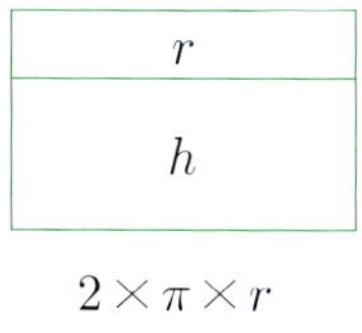

풀이 3.1.3

1) $3\times4\times5=60(\mathrm{cm}^2)$

2) $8\times10+3\times4\times10+3\times16=248(\mathrm{cm}^2)$

풀이 3.2.1

① 밑넓이와 높이가 같은 두 기둥의 부피는 같다.

② 밑넓이와 높이가 같은 두 뿔의 부피는 같다.

③ 밑넓이와 높이가 같은 각기둥과 원기둥의 부피는 같다.

④ 각뿔의 부피는 각기둥 부피의 $\frac{1}{3}$ 이므로, 원뿔의 부피도 원기둥 부피의 $\frac{1}{3}$ 이다.

풀이 3.2.2

원의 넓이 : $\pi\times r\times r$.

부채꼴의 넓이 : $\frac{A}{360}\times\pi\times l\times l$.

원뿔의 겉넓이 : $\pi\times r\times r+\frac{A}{360}\times\pi\times l\times l$.

그런데 부채꼴의 호의 길이와 밑면인 원의 둘레가 같다.

즉, $\frac{A}{360}\times2\times\pi\times l=2\times\pi\times r$ 이므로 $\frac{A}{360}\times l=r$.

따라서

원뿔의 겉넓이 : $\pi\times r\times r+\pi\times r\times l=\pi\times r\times(r+l)$.

풀이 3.2.3

$3\times5\times(5+10)=225\ (cm^2)$.

풀이 3.4.1

1)$10\times10\times3-5\times5\times3=225(cm^2)$.

2)$R\times R\times\pi-r\times r\times\pi=(R\times R-r\times r)\times\pi(cm^2)$.

풀이 3.4.2

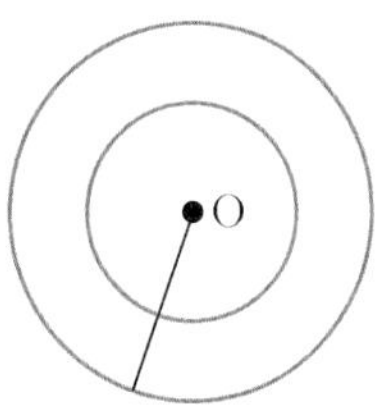

위의 그림에서 반지름을 돌려가면서 관찰해 보면, 부채모양의 호의 길이가 두 배, 세배,…
커짐에 따라 부채모양의 넓이도 두 배, 세배,… 커지는 것을 알 수 있다.

풀이 3.4.3

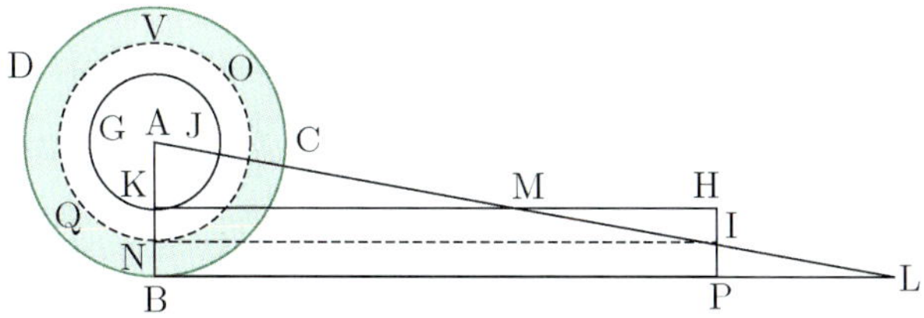

아르키메데스의 방법에 의해서, 반지모양의 넓이는 다음과 같이 구하면 된다.

① 반지모양의 넓이는 전체 원에서 가운데 원을 빼낸 넓이와 같다.

② 전체원의 넓이는 직각삼각형 ABL의 넓이와 같다.

③ 가운데 원의 넓이는 직각삼각형 AEM의 넓이와 같다.

④ 따라서, 반지모양의 넓이는 사다리꼴 EBLM의 넓이와 같다.

⑤ 그런데 $\triangle INM \equiv \triangle IPL$이므로, 사다리꼴 EBLM의 넓이는 직사각형 BPNE와같다.

⑥ 그런데 직사각형 BPNE의 가로는 반지모양의 정 가운데에 있는 점선으로 된 원(평균원주)과 같다.

⑦ 또한 직사각형 BPNE의 세로는 반지모양의 폭(두께)과 같다.

⑧ 따라서 반지모양의 넓이는 두 동심원의 평균 원주×폭 이다.

풀이 3.4.4

반지모양의 넓이는 두 동심원의 평균 원주×폭 이고, 부채모양은 호에 비례하므로,

$$\text{부채모양의 넓이} = \text{동심원의 평균 원주} \times \text{폭} \times \frac{\text{부채모양의 호}}{\text{바깥 원주}} = \text{원뿔대의 겉넓이}.$$

풀이 3.4.5

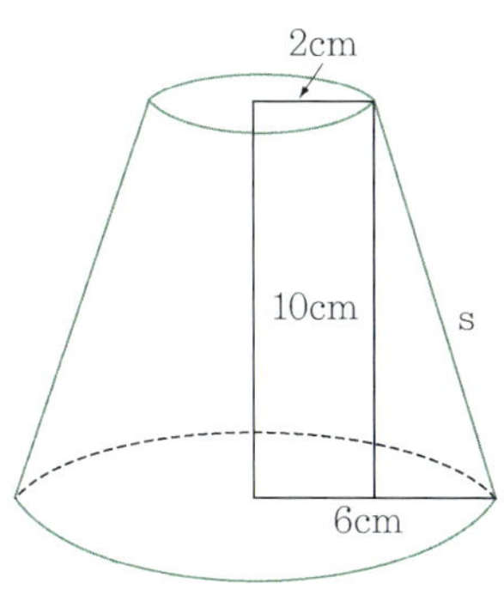

$S = 11\,\text{cm}$이므로 비례식을 이용하여, 위의 원뿔대를 만든 원래의 원뿔의 높이는 15cm, 모서리는 16.5cm 임을 계산할 수 있다. 그러므로

동심원의 평균 원주$= 2 \times 11 \times 3\text{cm} = 66\text{cm}$, 폭$= 11\text{cm}$,

바깥 원주$= 2 \times 16.5 \times 3\text{cm} = 99\text{cm}$,

부채모양의 호$= 2 \times 6 \times 3\ \text{cm} = 36\text{cm}$이다. 따라서

원뿔대의 옆넓이$= 66\text{cm} \times 11\text{cm} \times \dfrac{36}{99} = 264\text{cm}^2$ 이므로,

원뿔대의 겉넓이$= 4 \times 3\text{cm}^2 + 36 \times 3\text{cm}^2 + 264 cm^2 = 384\ \text{cm}^2$.

주제 3. 모래판위의 수학자 아르키메데스

풀이 1.1.1

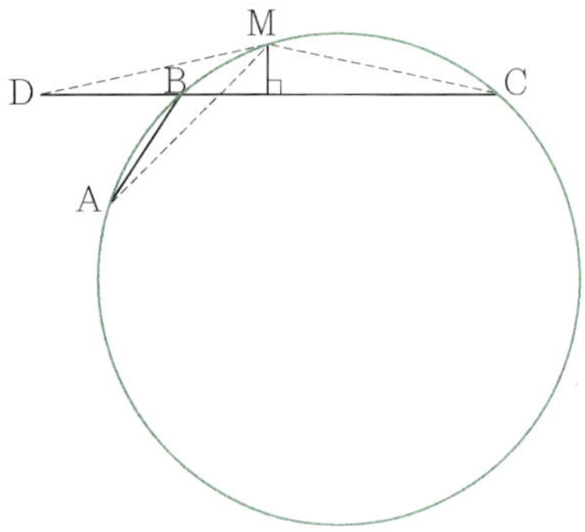

① △MFD와 △MFC는 합동이다. 왜냐하면 MF는 공통이고 ∠MFD = ∠MFC = 90°, DF=CF이다.

② 따라서 대응각∠D = ∠C이고 대응변 DM=MC.

③ 또한 △MBA와 △MBD는 합동이다. 왜냐하면 ∠A=∠C(현MB의 원주각)이므로 ∠A=∠C=∠D, 즉 ∠A=∠D이다.
또한 MA=MC(M이 호AC의 중점이기 때문이다.) 이므로 MA=MC=DM, 즉 MA=DM이다.

④ 그러므로 대응변 AB = DB이다.

⑤ 그런데 FC=DB+BF이므로 FC=AB+BF이다.

풀이 1.1.2

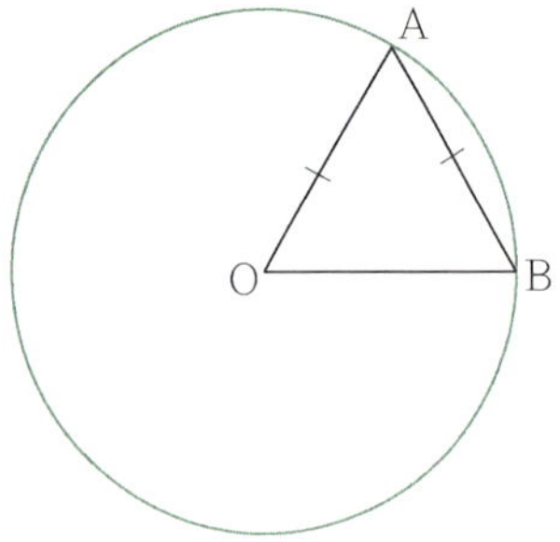

① △AQB가 이등변삼각형이므로 $\angle Q = \angle B$이다.

② 그런데 AQ=BQ(반지름)이므로 △AQB는 정삼각형이다.

③ 따라서 Q의 반지름이 12cm이다.

④ 원Q의 원주의 길이는 $2\times3.14\times12$이고

호$AB = 2\times3.14\times12\times\dfrac{60^\circ}{360^\circ} = 12.56$이다.

풀이 1.1.3

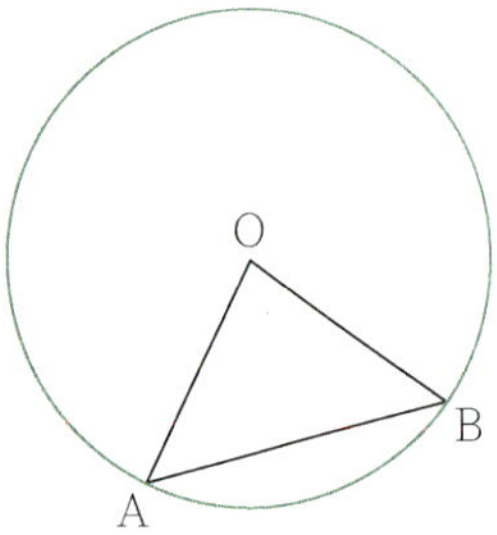

① OA=OB(반지름)이므로 △OAB는 이등변삼각형이다.

② 따라서 ∠OAB = ∠OBA이다.

③ 그런데 ∠OAB + ∠OBA = 180°-80°=100° 이므로
∠OAB = 50°이다.

풀이 1.1.4

①△OCE와 △ODF에서
∠COE=∠COD+∠DOE

∠FOD=∠FOE+∠DOE

② 따라서 ∠COE=∠FOD

③ CO=OD=OE=OF(반지름)이므로 △OCE와 △ODF는 합동이다.

따라서 대응변 CE=DF이다.

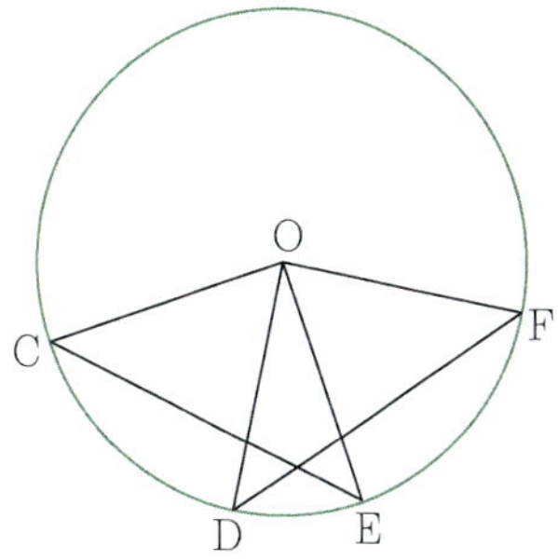

풀이 1.1.5

① 발사 후 우주선이 A지점에 도착하는 시간은 $\frac{AE}{속도}$ 이고

따라서 $\frac{384000}{40000}$ = 9.6시간 이다.

② 따라서 달은 9.6시간동안 X°만큼 돌아야 한다.

즉, $\frac{X}{360} = \frac{9.6시간}{30일} = \frac{9.6}{720}$

③ X=360× $\frac{9.6}{720}$ =4.8이다. 즉, 4.8°이다.

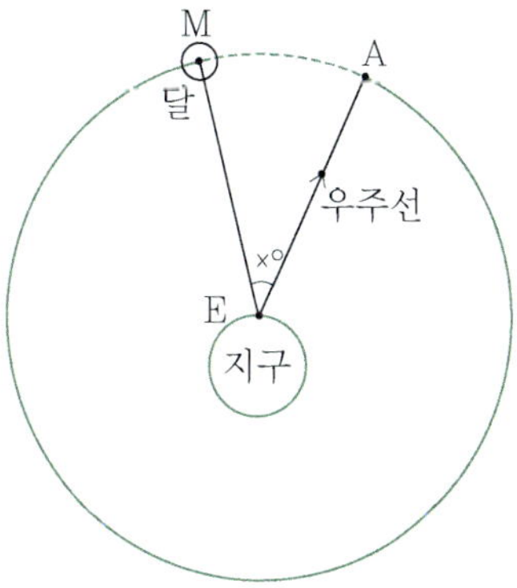

풀이 1.1.6

① PB=PE=PF(반지름)이다.

② △PEB와 △PBF는 이등변삼각형이다.

따라서 ∠EBP=∠BEP=a이고, ∠BFP=∠PBF=b이다.

③ $a+a+x=180°$, $b+b+y=180°$ 이다.

④ 따라서 $2\times a+x=180°$, $2\times b+y=180°$ 이다.

⑤ ∠EBF= $a+b$, ∠FPE= $x+y$ 이다.

⑥ ③에서 두 변을 각각 더하면 $2\times(a+b)+(x+y)=360°$ 이다.

즉, $2\times(a+b)=360°-(x+y)$ 이고 $a+b=\frac{1}{2}\times\{360°-(x+y)\}$ 이다.

⑦ ⑤에 의해서 ∠EBF= $180°-\frac{1}{2}\times$ ∠FPE이다.

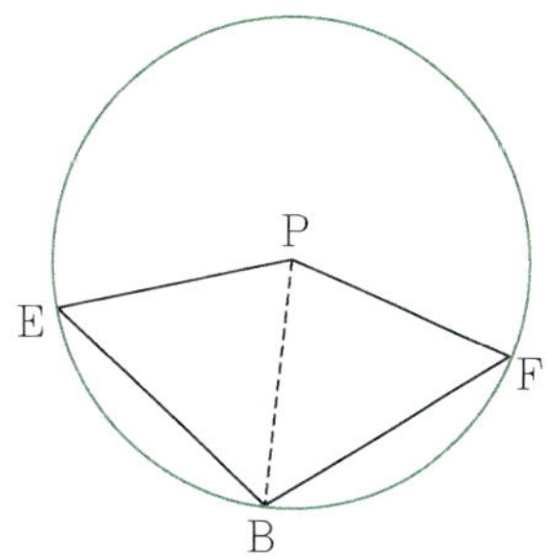

풀이 1.1.7

① 중심O에서 AD에 수선을 그어 만나는 점을 E라고 하자.

② 그러면 OE는 BC를 이등분한다.

③ 또한 OE는 AD를 이등분한다.

④ 즉 AE=DE, BE=CE이다.

그런데 AB=AE-BE

CD=DE-CE이므로 AB=CD이다.

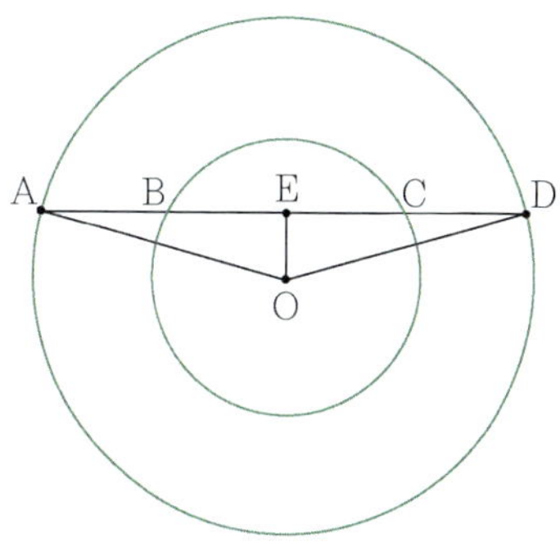

풀이 1.1.8

① 두 직각삼각형 △AMP와 △DNP에서 PM=PN,

∠AMP=∠DNP=90°이다.

② AP=DP(반지름)이고 따라서 두 직각삼각형

△AMP와 △DNP는 합동이다.

③ 그러므로 DN=AM이다.

④ 그런데 AB=2×AM이고 CD=2×DN이다.

⑤ 따라서 AB=CD이다.

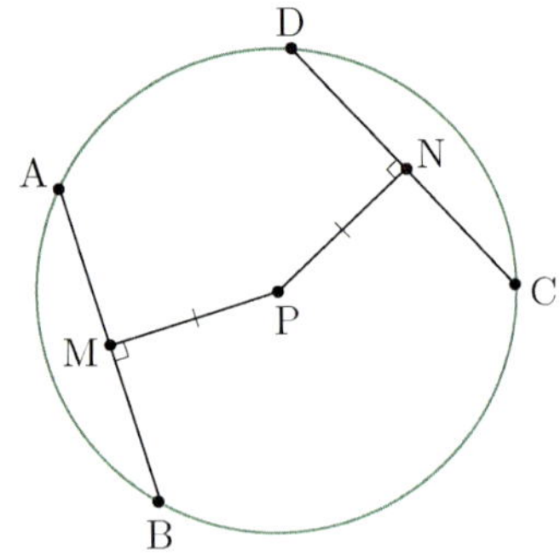

풀이 1.1.9

① EO=DO(반지름).

따라서 OD=DC이므로 △OCD는 이등변삼각형이다.

② 그러므로 ∠C=∠DOB이다.

③ ∠ODE는 △OCD의 외각이므로 ∠ODE=20°+20°=40°이다.

④ △EOD는 이등변삼각형이므로 ∠OED 역시 40°이다.

⑤ 그러므로 ∠EOD=100°이다.

⑥ 그런데 ∠EOA + 100° + 20°=180°이므로, ∠EOA=60°이다.

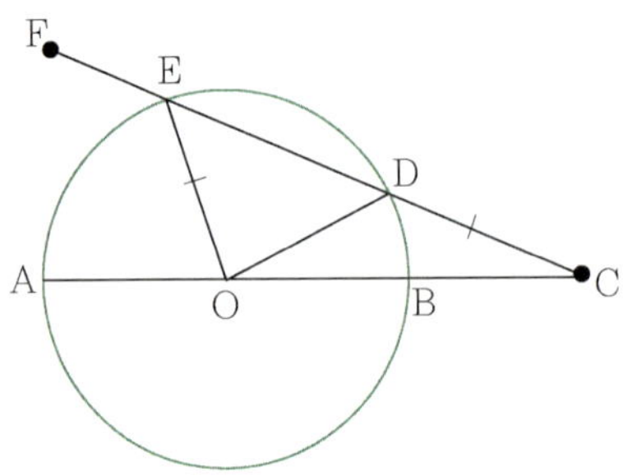

풀이 2.1.1

x 좌표	2	$\frac{3}{2}$	1	$\frac{1}{2}$	0	$-\frac{1}{2}$	-1	$-\frac{3}{2}$	-2
y 좌표	0		$\sqrt{3}$		2		$\sqrt{3}$		0

풀이 2.1.2

(답) $x^2 + y^2 = 2^2 = 4$.

풀이 2.1.3

(답) 중심이 원점이고 반지름이 3인 원의 그래프.

풀이 2.1.4

x 좌표	3	$2\frac{1}{2}$	2	$1\frac{1}{2}$	1	$\frac{1}{2}$	0	$-\frac{1}{2}$	-1
y 좌표	0		$\sqrt{3}$		2		$\sqrt{3}$		0

(답) $(x-1)^2+y^2=2^2$

풀이 2.1.5

(답) x 축 방향으로 1만큼 평행이동한 그래프이다.

풀이 2.1.6

위의 식을 $(x-1)^2+(y-2)^2-9=0$으로 고친 다음 9를 이항하여 $(x-1)^2+(y-2)^2=9$ 이 된다. 따라서 $(x-1)^2+(y-2)^2=3^2$이므로, 중심이 (1,2)이고 반지름이 3인 원의 방정식이다.

풀이 2.2.1

시소의 받침대에서 아빠가 앉아 있는 곳까지의 거리를 X, 내가 앉아 있는 곳까지의 거리를 Y라고 한다면, 식 $70\times X=45\times Y$가 성립하는 지점에 앉으면 된다.

풀이 2.2.2

원점과 점$(2\times a,0)$를 지나는 원.

$(x-a)^2+y^2=a^2$.

풀이 2.2.3

지렛대의 원리에 의하면, 이 식은 반지름이x, y인 두 원을 지렛대의 중심에서 $2\times a$만큼 떨어진 지점에 매달아놓고, 반지름이 $2\times a$인 원을 지렛대의 중심에서 반대편으로 x만큼 떨어진 지점에 매달아 놓으면 지렛대가 수평을 이루게 된다.

풀이 2.2.4

① $2\times a\times($구의 부피 $+\frac{1}{3}\times\pi\times8\times a^3)=\pi\times a\times8\times a^3$ 의 양변을 $2\times a$ 로 나누면,

구의 부피 $+\frac{1}{3}\times\pi\times8\times a^3=\pi\times4\times a^3$ 이므로,

② 구의 부피 $=\pi\times4\times a^3-\frac{1}{3}\times\pi\times8\times a^3$.

③ 따라서 구의 부피는 $\frac{4}{3}\times\pi\times a^3$.

주제 4. 포장지 만들기

풀이 2.2.1

예시) 보물 1 : $c \rightarrow a \rightarrow c$ 등.

보물 2 : $c \rightarrow c \rightarrow b$ 등.

[참고] 멀리 갔다 다시 돌아오는 방법 등, 여러 가지 방법이 있다.

풀이 2.2.2

빠짐없이 채울 수 있다.

[참고] 선생님께서는 모눈 칸을 마음대로 정해 놓고 a, b, c 세 가지의 이동만으로 그 칸에 가는 방법을 알아보도록 하세요.

풀이 2.2.3

채울 수 없다.

그 이유는 a, b, c 모두 '밀기'이기 때문에 모눈의 나머지 반쪽을 채울 수 없다.

풀이 2.2.4

뒤집기 또는 돌리기가 필요하다.

풀이 2.3.1

색종이로 보도블록을 만든 것처럼 위의 보도블록은 직사각형을 변형한 것임을 직관적으로 이해하게 하고 직사각형의 어느 부분을 잘라 어떻게 평행이동하여 만든 것인지를 분석해 보게 한다.

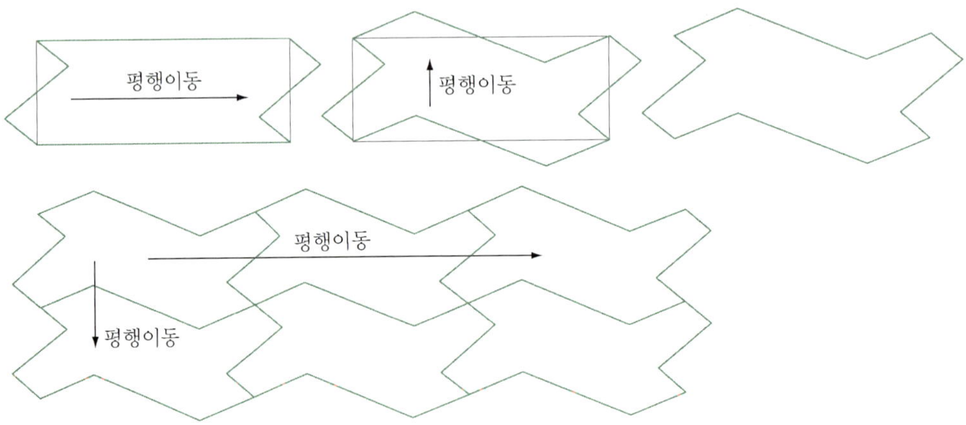

풀이 2.3.2

단계	활동 방법	활동 그림
1단계	정사각형 색종이를 1장 준비한다.	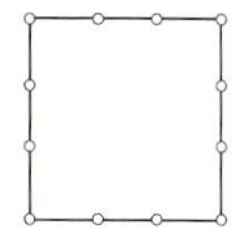
2단계	사각형의 한 부분을 잘라낸다. 잘린 부분을 도형의 어디엔가 붙여 넣어야 하는 것이 보도블록의 기본이다.	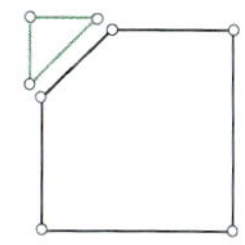
3단계	잘라 놓은 면을 다른 쪽 면에 정확하게 붙여 놓는다.	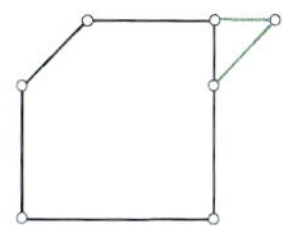
4단계	2단계에서 처럼 또 다른 모서리 부분을 같은 크기로 잘라 낸다.	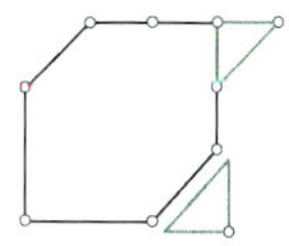
5단계	잘라 놓은 면을 3단계와 같이 다른 쪽 면에 붙여 놓는다.	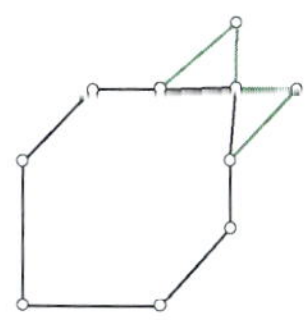
6단계	새로운 단위 모양 완성	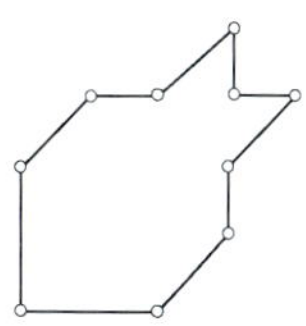
7단계	단위 모양을 여러 개 만들어 다음과 같이 이어 붙인다.	

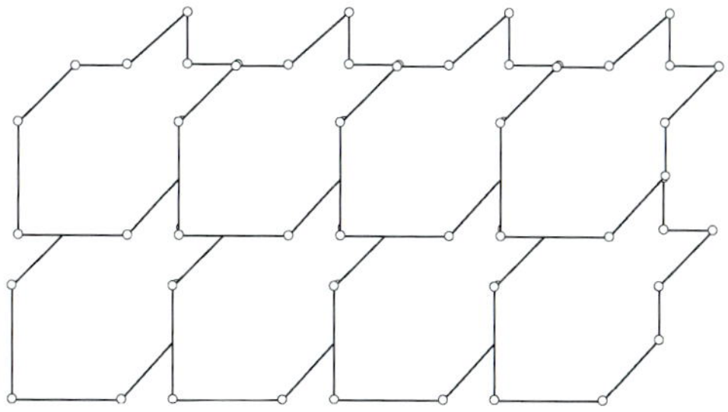

단계	활동 방법	활동 그림
8단계	각각의 단위 모양에 눈동자를 그려 넣는 등 세부 모양을 꾸민다.	
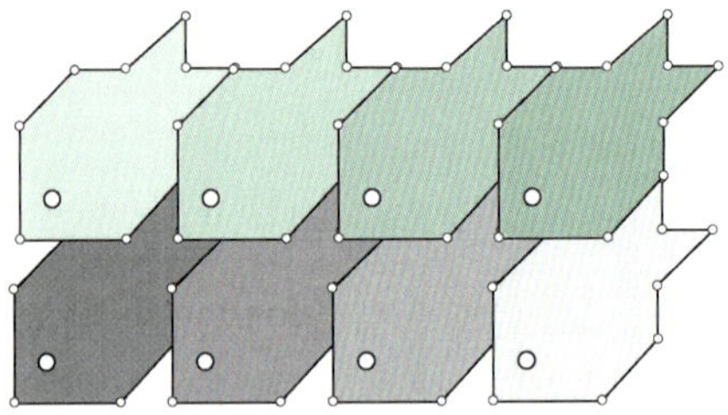		

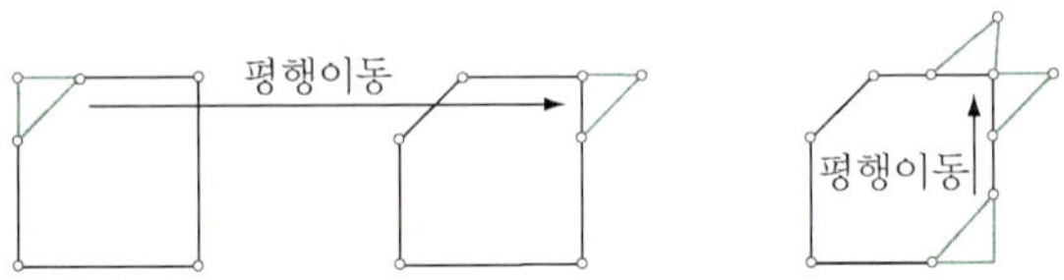

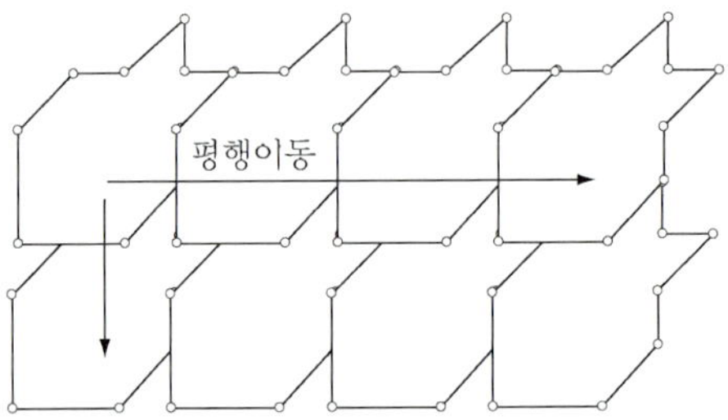

풀이 2.3.3

정삼각형 점판 위에 다음과 같은 방법으로 보도블록을 만들면 됩니다.

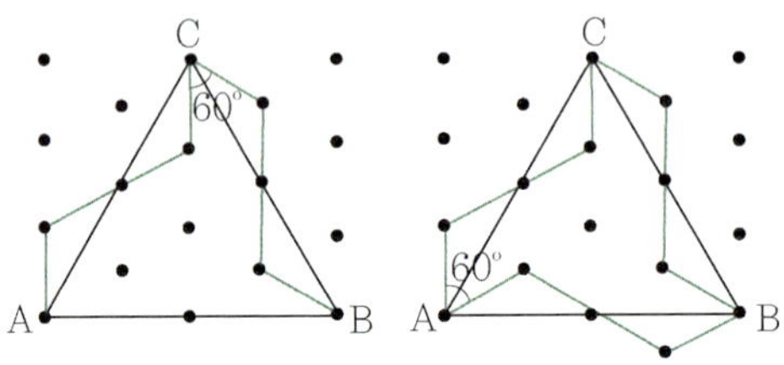

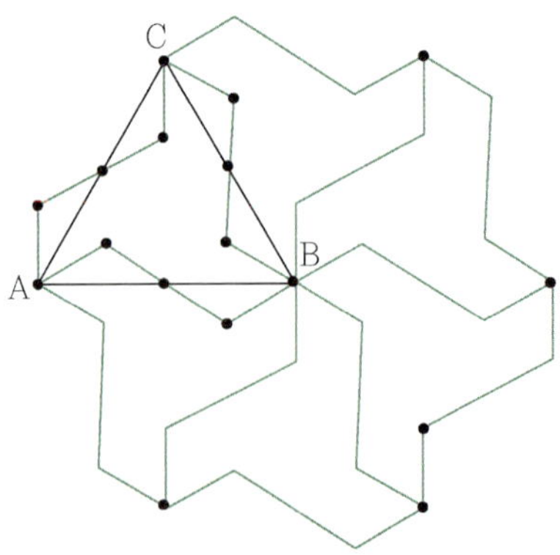

선분 AB에 어떤 선분을 그린 후 점 A를 중심으로 반시계방향으로 60° 돌리고, 점 B를 중심으로 시계방향으로 60° 돌려서 단위 모양을 그린 것이다. 이와 같이 돌리기 단위 모양을 만들었다면 단위 모양을 점 C를 중심으로 5번 60° 돌려서 위와 같은 보도블록을 만들 수 있다.

풀이 2.3.4

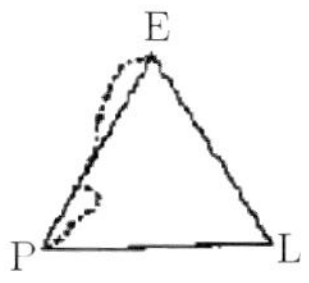

(1) 선분 PE의 끝점끼리 연결시켜 곡선 PE를 만든다.

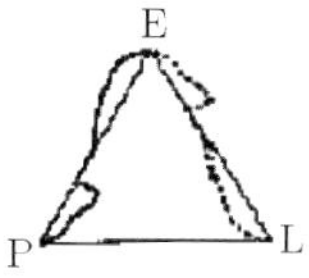

(2) 곡선 PE을 밑변 PL을 대칭축으로 하여 반사(뒤집기)시킨 후 선부 LE 위로 평해이동 시킨다(미끄러짐 반사)

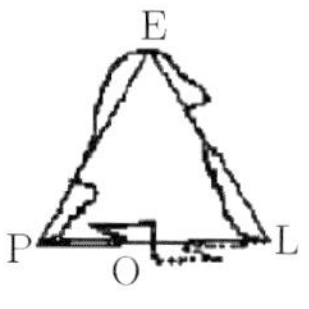

(3) 점 P에서 선분 PL의 중점 O까지의 새로운 곡선을 만들어 점 O를 중심으로 180도 회전시킨다.

(4) 전 단계의 변형된 도형을 펭귄 모양으로 꾸민다.

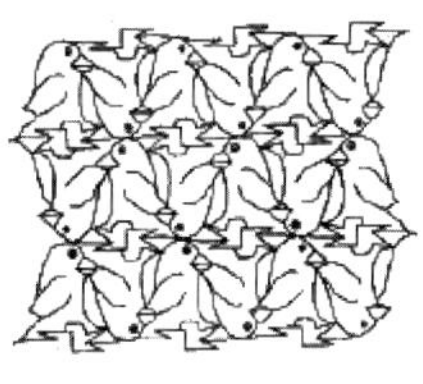

(5) 전 단계의 펭귄 모양을 미끄러짐 반사시켜 평면 전체로 확장시키고 각 펭귄을 예쁘게 꾸민다.

풀이 2.4.1

정다각형의 가장 작은 한 내각의 크기는 정삼각형의 60^o이고, 삼각형의 한 내각이 180^o일 수 없으므로, 평면의 점을 한 꼭짓점으로 할 때, 3개 이상의 정다각형이 모일 수 있으며, 6개보다 더 많은 정다각형이 모일 수 없다. 따라서 한 꼭짓점에 모일 수 있는 것은 3,4,5,6 정다각형뿐이다.

풀이 2.4.2

$(\frac{A-2}{A}+\frac{B-2}{B}+\frac{C-2}{C})\times 180^o = 360^o$이므로

$\frac{1}{A}+\frac{1}{B}+\frac{1}{C}=\frac{1}{2}$이다.

풀이 2.4.3

$$(\frac{A-2}{A}+\frac{B-2}{B}+\frac{C-2}{C}+\frac{D-2}{D})\times 180^o = 360^o \text{이므로}$$

$$\frac{1}{A}+\frac{1}{B}+\frac{1}{C}+\frac{1}{D}=1.$$

풀이 2.4.4

$$(\frac{A-2}{A}+\frac{B-2}{B}+\frac{C-2}{C}+\frac{D-2}{D}+\frac{E-2}{E})\times 180^o = 360^o \text{이므로}$$

$$\frac{1}{A}+\frac{1}{B}+\frac{1}{C}+\frac{1}{D}+\frac{1}{E}=\frac{3}{2} \text{ 이고}$$

풀이 2.4.5

$$(\frac{A-2}{A}+\frac{B-2}{B}+\frac{C-2}{C}+\frac{D-2}{D}+\frac{E-2}{E}+\frac{F-2}{F})\times 180^o = 360^o \text{이므로}$$

$$\frac{1}{A}+\frac{1}{B}+\frac{1}{C}+\frac{1}{D}+\frac{1}{E}+\frac{1}{F}=2 \text{ 이다.}$$

풀이 2.4.6

네 개의 관계식을 차례로 풀면 다음과 같이 17가지의 경우를 얻는다.

번호	A	B	C	D	E	F
1	3	7	42			
2	3	8	24			
3	3	9	18			
4	3	10	15			
5	3	12	12			
6	4	5	20			
7	4	6	12			
8	4	8	8			
9	5	5	10			
10	6	6	6			
11	3	3	4	12		
12	3	3	6	6		
13	3	4	4	6		
14	4	4	4	4		
15	3	3	3	4	4	
16	3	3	3	3	6	
17	3	3	3	3	3	3

주제 5. 정사각형으로 만들기

풀이 1.1.1

아래 그림에서, 반지름 AM : 반지름 $AD=1:\sqrt{2}$ 이므로 α, δ의 비는 두 원의 반지름의 제곱의 비 즉, $AB^2 : AD^2$과 같으며 이것은 1:2가 된다. 따라서 α, β는 δ의 반이며 $\alpha+\beta=\delta$가 되고 $\alpha+\beta+\gamma=\delta+\gamma$이 되어 초승달의 넓이는 $\triangle ABD$의 넓이 BM^2이 된다.

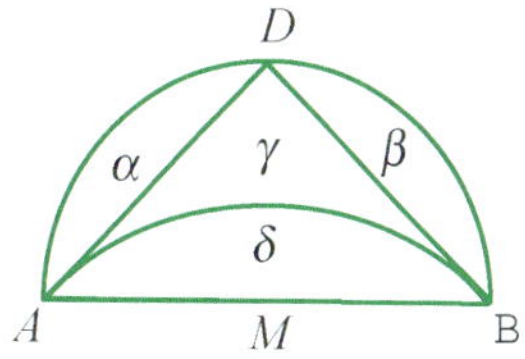

풀이 2.1.1

① △ABC을 그린다.

② △ABC의 높이 $\overline{CH}$의 중점 M을 잡는다.

③ 그러면 △ABC와 직사각형 ABFE는 넓이가 같다.

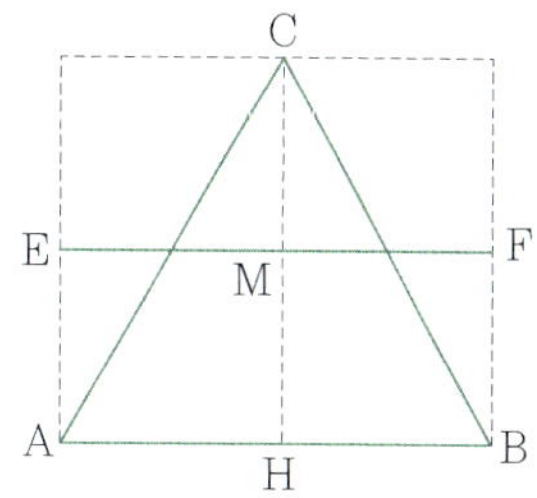

풀이 2.1.2

① 그림과 같이 오각형을 세 개의 삼각형으로 나눈다.

② (문제5)의 방법으로 △ADE, △ACD, △ABC와 넓이가 같은 정사각형 세 개(X, Y, Z)를 작도한다.

③ 두 정□X와 Y의 넓이의 합과 같은 정ㅁW를 피타고라스 정리를 이용하여 작도한다.

④ 피타고라스정리를 이용하여 정□W와 정□Z의 넓이의 합이 되는 정사각형을 작도한나.

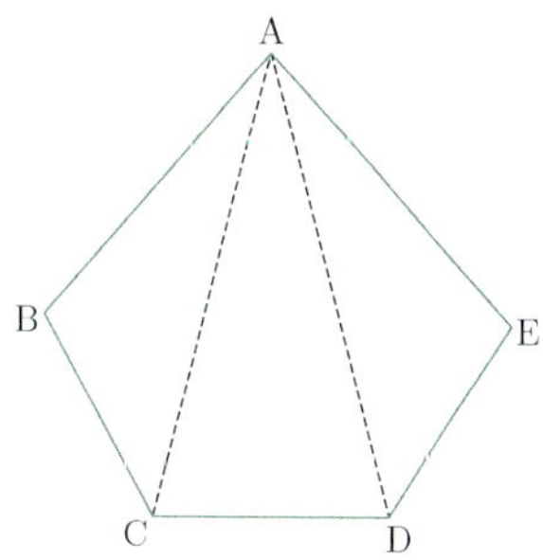

풀이 3.1.1

∠A와 ∠D는 호BC의 원주각이므로 같다.

∠B와 ∠C는 호 AD의 원주각이므로 같다.

따라서 △ABT와 △CDT는 닮은 삼각형이다.

그러므로 대응변의 길이의 비가 같다.

즉, $m:p=q:n$.

따라서$m\times n=p\times q$.

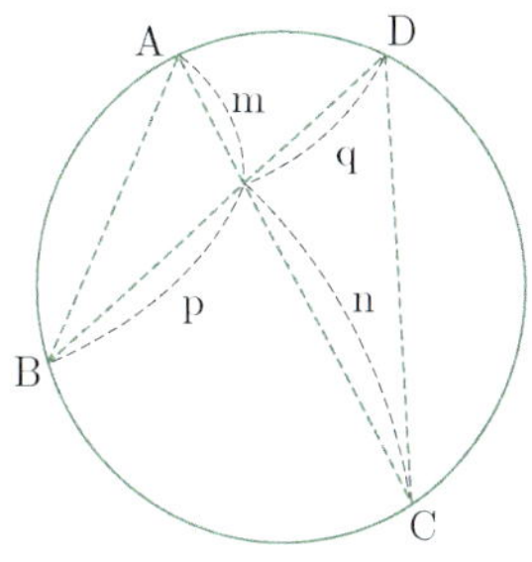

풀이 3.1.2

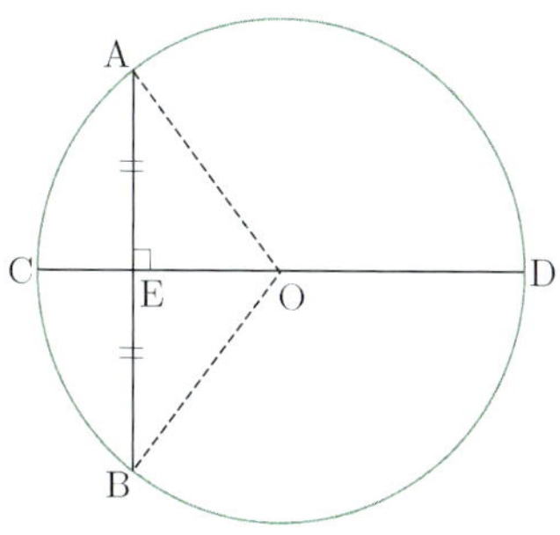

풀이 3.1.2 참조

△AEO와 △BEO는 모두 직각삼각형이다.

또한 $\overline{OA}$와 $\overline{OB}$는 반지름으로 같고 $\overline{OE}$는 공통이므로 직각삼각형△AEO와 △BEO는 합동이다. 그러므로 대응변 $\overline{AE} = \overline{BE}$ 이다.

그런데 $\overline{AE} \times \overline{BE} = \overline{CE} \times \overline{ED}$ 이므로 $\overline{AE} \times \overline{AE} = \overline{CE} \times \overline{ED}$ 이다.

풀이 3.1.3

① 직사각형 ABCD의 세로 $\overline{AB} = n$을 가로와 한 직선상에 있도록 90°회전시켜 그 끝에 점 E를 찍는다.

② $\overline{ED}$를 지름으로 하는 원을 그린다.

③ $\overline{AB}$를 위아래로 연장하여 원과 만나는 점을 F, G라고 하자. 그러면 $\overline{FG}$와 $\overline{ED}$는 수직이므로, 직사각형 ABCD와 $\overline{AF}$를 한 변으로 하는 빗금 친 정사각형의 넓이는 같게 된다.

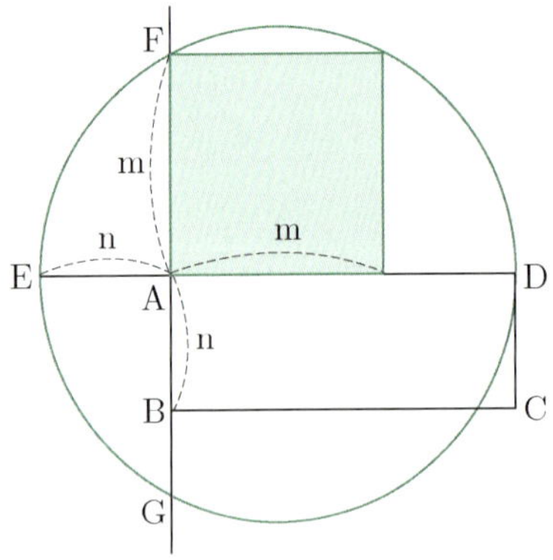

풀이 3.1.4

① 원을 그린다.

② 원을 한 바퀴 굴린다. 그러면 원주의 길이만큼 선분이 만들어진다.

③ 그 선분을 밑변, 원의 반지름이 높이인 직각삼각형을 그린다.

④ 직각삼각형의 넓이와 같은 직사각형을 그린다.

⑤ 문제 3.1.3의 방법으로 직사각형의 넓이와 같은 정사각형을 그린다.

⑥ 정사각형의 넓이와 원의 넓이는 같다.

제Ⅲ장 확률 영역

주제 1. 경우의 수

풀이 1.1.1

표본공간 : (1,1), (1,2), ⋯, (6,6) 즉, 36가지.

두 수의 합이 7인 사건을 A, 두 수의 합이 11인 사건을 B라고하자. 그러면

사건 A : (1,6), (6,1), (2,5), (5,2), (3,4), (4,3) 즉, 6가지.

사건 B : (5,6), (6,5) 즉, 2가지.

그런데 사건 A와 사건 B는 배타적이므로,

$(A$ 또는 $B)=(A)+(B)=6+2=8$.

풀이 2.1.1

1) 빨간 구슬 3개를 $r_1,\ r_2,\ r_3$이라고 하고 초록색 구슬 1개를 g라고 한다면 위의 2단계 실험을 거친 후 나올 수 있는 결과는 아래의 표와 같다.

r_1r_2	r_1r_3	r_2r_3	r_2r_1	r_3r_1	r_3r_2
r_1g	r_2g	r_3g	gr_1	gr_2	gr_3

r_1r_2는 r_2r_1과 같지 않다. 즉, 순서가 다르면 다른 결과이다. 그러면4개의 구슬 각각에 3가지의 경우가 생긴다.

2) A를 단계 1에서 왼쪽 손에 쥐고 있는 빨간 구슬의 모임이라고 하고, B를 단계 2에서 오른쪽 손에 쥐고 있는 빨간 구슬의 모임이라고 하면, (A 그리고 B)를 구하면 된다. 위의 표에서 두 가지 모두 빨간 구슬(r)인 경우는 첫 번째 줄의 6 가지 경우이다. 따라서 (A 그리고 B)=6이다. 이 사실을 다음과 같이 설명할 수도 있다. 즉,

$(r_{1r_2,}\ r_1r_3),\ (r_2r_{3,}\ r_2r_1),\ (r_3r_{1,}\ r_3r_2)$.

- 빨간 구슬을 왼쪽 손에 넣는 1단계에서 3가지 가능성이 나온다. 즉, (A)=3이다.
- 왼쪽 손에 빨간 구슬 중 1개를 쥘 때 마다, 오른쪽 손에 빨간 구슬을 쥘 방법는 2가지가 있다. 즉, (B | A)=2.

  따라서 (A 그리고 B)=(A)×(B | A)=3×2=6.

풀이 3.1.1

첫 번째 철자, 두 번째 철자, 세 번째 철자, 네 번째 철자 그리고 다섯 번째 철자를 선택해야 한다. 여기에서 '그리고'라는 단어를 사용하는 점을 고려하면, 수세기의 곱셈 원리 중 하나를 사용해야 한다는 것을 알 수 있다.

다음 다섯 칸에 넣을 철자를 선택해야 한다.

1) abaccd와 같이 같은 철자가 나타나도 되는 경우

철자의 반복이 허용된다면 어떤 철자를 고르는 것은 다음 철자를 고르는 데 영향을 미치지 않는다. 따라서 선택은 '독립적'이며 각각의 빈 칸을 채우기 위해 26가지의 방법이 있을 수 있다. 따라서

$$\begin{aligned}(\text{반복이 허용된 5가지 암호 단어}) &= 26\times26\times26\times26\times26\\ &= 26^5\\ &= 11{,}881{,}376.\end{aligned}$$

2) abcde와 같이 모두 다른 철자만 나타나는 경우

반복이 허용되지 않는다면 첫 번째 철자를 고르는 방법은 26가지, 두 번째 철자를 고르는 방법은 25가지, 세 번째에는 24가지, 4번째에는 23가지, 다섯 번째에는 22가지가 된다. 따라서 이 경우에 영어 단어의 수는

$$\begin{aligned}(\text{반복이 허용되지 않는 5가지 암호 단어}) &= 26\times25\times24\times23\times22\\ &= 7{,}893{,}600.\end{aligned}$$

풀이 3.1.2

1) 수학, 생물, 화학, 희곡 네 권의 다른 교과서가 있다고 하자. 선반 위에 두 권의 책을 왼쪽에서부터 차례로 놓을 때에는, 한 권은 왼쪽, 다른 한 권은 오른쪽에 있어야 하기 때문에 순서가 문제가 된다. 즉, 순열의 문제이다. 그러면 곱셈의 원리를 사용하여, 왼편에는 4권의 책이 놓일 기회가 있으며 오른편에는 왼편에 놓이지 않은 나머지 3권의 책이 놓일 기회가 있게 되므로, 4권 중에서 2권을 뽑아 차례로 늘어놓는 방법의 가지 수는 $4\times 3 = 12$가지이다.

2) 선반에 두 권의 책을 배열하는 것 대신에, 책상 위에 네 권 중 2권을 놓고자 한다고 하자. 두 권의 책을 열을 지어 정렬시킬 필요가 없기 때문에, 어떤 두 권을 선택할 것만 문제가 된다. 순서를 생각하지 않고, 책 중에서 두 권을 선택하는 것은 조합이다. 이 경우에는, 두 권의 책이 책꽂이의 어느 쪽에 놓이는가는 상관이 없으므로 순열의 경우의 수의 절반이 된다. 따라서 $\frac{4\times3}{2}=6$가지.

풀이 3.1.3

1) 흰 구슬 4개 중에 한 개가 나올 경우의 수는 4이며, 검정 구슬 6개 중에 2개가 나올 경우 두 구슬이 나오는 순서와 관계가 없으므로 $\frac{6\times5}{2}=15$이다. 또한 이경우는 곱셈법칙이므로 $4\times15=60$가지이다.

2) 흰 구슬 4개 중에 두 개가 나올 경우의 수는 $\frac{4\times 3}{2}=6$ 이며, 검정 구슬 6개 중에 한 개가 나올 경우의 수는 6이다. 따라서 $6\times 6=36$ 가지이다.

3) 흰 구슬 4개 중에 3개가 나올 경우의 수는 $\frac{4\times 3\times 2}{3\times 2}=4$ 가지이다.

풀이 3.1.4

1) $6\times 5\times 4\times 3\times 2\times 1=720$ 가지.

2) $5\times 4\times 3\times 2\times 1=120$ 가지.

3) $(2\times 1)\times(4\times 3\times 2\times 1)=48$ 가지.

풀이 3.1.5

$6\times 5\times 4\times 3\times 2\times 1=720$ 가지.

주제 2. 확률

풀이 메레의 문제

	8번째 경기	9번째 경기	최종승자
다음 경기에서 이긴 사람	철수	철수	철수
	철수	영이	철수
	영이	철수	철수
	영이	영이	영이

따라서 철수와 영이는 상금을 3:1로 나눠가져가야 한다.

즉, 철수는 20,000원의 $\frac{3}{4}$ 인 15,000원을 가져가야 하며, 영이는 20,000원의 $\frac{1}{4}$ 인 5000원을 가져가야 한다.

풀이 1.1.1

28명의 학생 중에서 6명의 학생이 70점대를 받았으므로, 무작위로 선별된 학생 중 70점대의 학생들의 실험적 확률은 $\frac{6}{28}=0.21$ 이다.

풀이 1.1.2

자료를 보면, 앞면이 2번 나온 경우가 13회, 1번 나온 경우가 7회이고 앞면이 하나도 나오지 않는 경우(즉, 전부 뒷면)가 1회 있음을 보여주고 있다. 이것은 앞면이 최대 2번 나오는 경우가 50번 중에 1+7 +13= 21 회이며, 따라서 실험적 확률은 $\frac{21}{50}=0.42$ 이다.

풀이 2.1.1

$\frac{1}{4}$

풀이 2.1.2

표본공간은 {2, 3, 4, 5, 6, 7, 8, 9, 10, 11, 12}이고, 사건 '7이 나온 경우', '11이 나온 경우', '7 또는 11'를 벤도로 표현하면 다음과 같다.

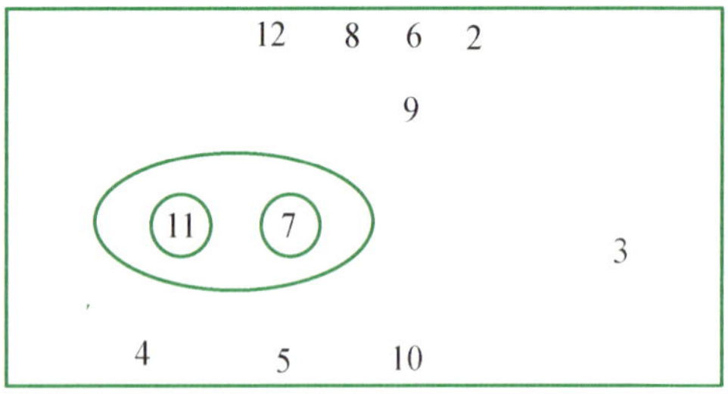

따라서 두 눈의 합이 7또는 11일 확률은 $\frac{2}{11}$ 이다.

풀이 2.1.3

빨간 주사위에서 짝수가 나올 확률은 $\frac{1}{2}$, 녹색 주사위에서 3의 배수가 나올 확률은 $\frac{1}{3}$ 이다. 그런데 두 사건은 곱셈법칙을 따르며 또한 독립적이다. 따라서 구하는 확률은 $\frac{1}{2} \times \frac{1}{3} = \frac{1}{6}$ 이다.

풀이 2.2.1

1) 남자 아동은 24명중, 14명이므로 $\frac{14}{24} = \frac{7}{12}$.

2) 남자 아동이 골라졌다는 것을 알기 때문에 표본공간은 전체학생이 아니라 교실에 있는 남자아이들 11명이 된다. 그리고 문제의 사건은, 남자 아동이면서 3살인 경우이므로 8명이 된다. 따라서 구하려는 조건부 확률은 $\frac{8}{11}$ 이다.

풀이 2.2.2

첫 번째 뽑은 구슬이 흰 구슬일 확률은 $\frac{6}{10}$ 이다. 흰 구슬이 나온 뒤는 흰 구슬 5개, 검정 구슬이 4개이므로 다음에 검정구슬이 나올 확률은 $\frac{4}{9}$ 이다. 따라서 구하는 확률은 $\frac{6}{10} \times \frac{4}{9} = \frac{4}{15}$ 이다.

풀이 2.2.3

첫 번째에 갑이 당첨제비를 뽑을 확률은 $\frac{3}{10}$ 이다.

두 번째에 뽑는 을이 당첨제비를 뽑는 것은 다음의 두 경우이다.

① 갑이 당첨제비를 뽑고, 을이 당첨제비를 뽑을 확률은 $\frac{3}{10} \times \frac{2}{9} = \frac{1}{15}$,

② 갑이 당첨제비를 뽑지 못하고, 을이 당첨제비를 뽑을 확률은 $\frac{7}{10} \times \frac{3}{9} = \frac{7}{30}$..

그런데 두 경우는 서로 배반사건이므로, 을이 당첨제비를 뽑는 확률은 ①, ②의 합이 된다.

즉, $\frac{1}{15}+\frac{7}{30}=\frac{9}{30}=\frac{3}{10}$. 따라서 갑과 을이 당첨제비를 뽑을 확률은 서로 같다.

풀이 2.2.4

1) 다이아몬드를 훔친 도둑은, 첫 번째 방의 도둑이거나 또는 두 번째 방의 도둑이거나 또는 세 번째 방의 도둑이거나 또는 네 번째 방의 도둑이고, 첫 번째 방의 도둑이 훔칠 확률은 $\frac{1}{4}\times\frac{2}{5}$ 이며, 두 번째 방의 도둑이 훔칠 확률은 $\frac{1}{4}\times\frac{3}{5}$ 이며, 세 번째 방의 도둑이 훔칠 확률은 $\frac{1}{4}\times\frac{1}{4}$ 이고, 네 번째 방의 도둑이 훔칠 확률은 $\frac{1}{4}\times\frac{2}{6}$ 이다. 따라서 다이아몬드를 도둑맞을 확률은 네 가지 경우를 더한,

$\frac{1}{4}\times\frac{2}{5}+\frac{1}{4}\times\frac{3}{5}+\frac{1}{4}\times\frac{1}{4}+\frac{1}{4}\times\frac{2}{6}=\frac{19}{48}$ 이다.

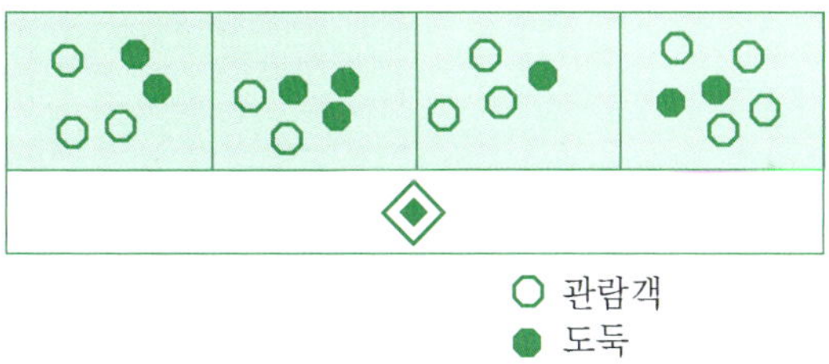

2) 다이아몬드를 도둑맞았을 때, 즉, 도둑맞았다는 조건에서, 첫 번째 방의 도둑이 훔쳤을 확률은 조건부 확률 $\frac{A\text{와 }B\text{가 동시에 일어날 확률}}{A\text{가 일어날 확률}}$ 이므로,

따라서 구하는 조건부 확률은, 첫 번째 방의 도둑이 훔쳤을 확률인 $\frac{1}{4}\times\frac{2}{5}=\frac{1}{10}$ 을 도둑맞을 확률 $\frac{19}{48}$ 로 나누면 된다. 즉, $\frac{1}{10}\div\frac{19}{48}=\frac{1}{10}\times\frac{48}{19}=\frac{24}{95}$.

풀이 2.3.1

먼저 반지름이 1인 원주는 $2\times\pi$ 이고, 중심각과 원주각의 관계에 의하여 지름의 원주각은 90° 임을 기억하자.

점 C를 고정시켜 놓고 생각해보자. 점 C와 나머지 두 점 A 와 B을 잇는 호 m 과 n 을 그으면, 세 점 A, B, C는 모두 다른 점이어야 하므로 $0<m+n<2\times\pi$ 이고 $m>0$, $n>0$ 이어야 한다. 그런데 $\triangle$ABC 가 예각삼각형이 되려면 C와 A, B는 원의 지름이 되는 위치에 있지 말아야 한다. 즉, C에서 A, B까지의 거리가 원주의 $\frac{1}{2}$ 인 π 보다 작아야 한다. 따라서 $0<m<\pi$ 고 $0<n<\pi$. 그리고 두 호의 길이를 더하면 원주의 반절보다 커야 한다. 즉, $m+n>\pi$.

이러한 조건을 직교좌표에서 그림으로 그리면 다음과 같다.

① 먼저, 세 점 A, B, C가 △ABC를 만들 조건은

$0 < m + n < 2 \times \pi$ 이고 $m>0$, $n>0$ 이고 아래 그림에서 전체 삼각형이다.

② △ABC 이 예각삼각형일 조건은

$0 < m < \pi$,$0 < n < \pi$, $m + n > \pi$ 이고 아래 그림에서 검은 삼각형이다.

따라서 원주 위의 세 점을 이은 삼각형이 예각삼각형이 될 확률은

$\frac{\text{검은 삼각형}}{\text{전체 삼각형}} = \frac{1}{4}$ 이다.

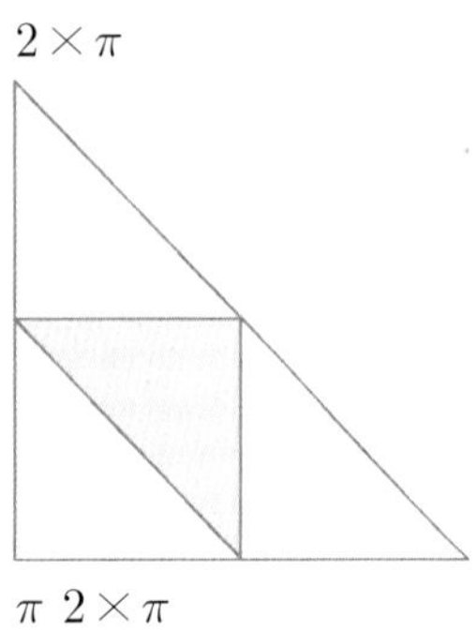

풀이 2.4.1

동전의 지름이 2.5cm 이고 각 정사각형의 변이 6cm 인 모눈종이.

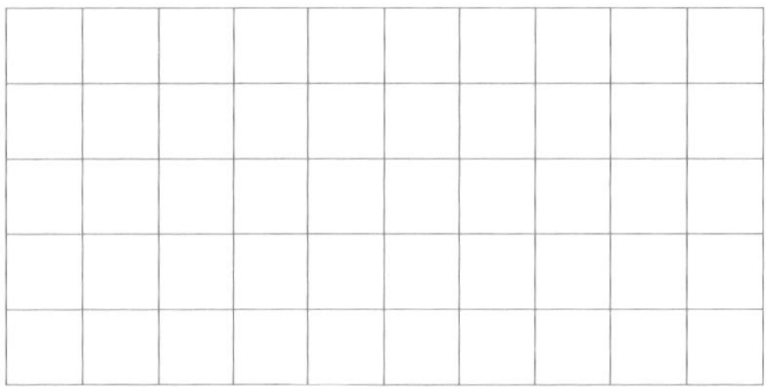

표본공간은 한 개의 정사각형이므로 $6 \times 6\text{cm}^2$ 이다. 이기기 위해서는 동전의 중심이 사각형의 한 변에서 적어도 1.25cm 떨어진 곳에 놓여야 한다. 즉, 이길 수 있는 구역은 그림에 나타난 큰 사각형 안쪽의, 넓이가 $3.5 \times 3.5\text{cm}^2$ 인 작은 정사각형의 내부이다. 따라서 이 게임을 이길 확률은

작은 사각형 넓이 ÷ 큰 사각형 넓이 $= \frac{3.5 \times 3.5}{6 \times 6}$ = 약 0.34

따라서 이 게임의 기댓값은 $E = 0.34 \times 500 + 0.66 \times (-500) = -160$ 이다. 그러므로 한 게임당 160원 씩 참가자는 잃고 주최자는 얻는다는 것을 예상할 수 있다.

제Ⅳ장 융합 · 응용 영역

주제 1. 각뿔대의 부피

풀이 2.1.1

$$\frac{1}{3}\times A^2\times(k+h)-\frac{1}{3}\times B^2\times k$$

풀이 3.1.1

$$\begin{aligned}\frac{1}{3}\times A^2\times(k+h)-\frac{1}{3}\times B^2\times k &= \frac{1}{3}\times\left[A^2\times(k+h)-B^2\times k\right]\\ &= \frac{1}{3}\times\left[A^2\times k+A^2\times h-B^2\times k\right]\\ &= \frac{1}{3}\times h\times\left[A^2+(A^2-B^2)\right]\end{aligned}$$

풀이 3.1.2

아래 그림은 $A=2\times B$인 경우이므로,

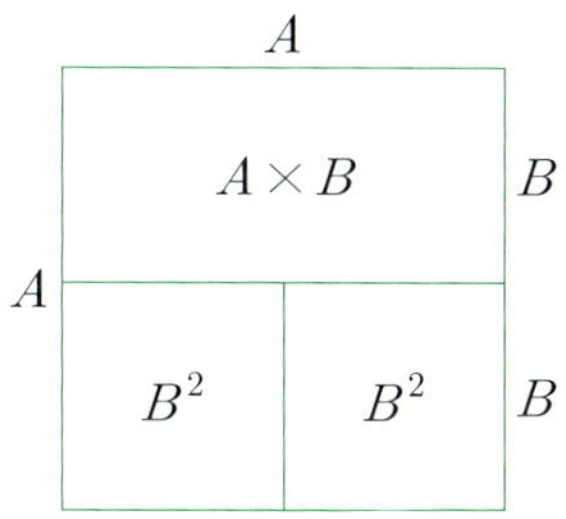

$A^2-B^2=A\times B+B^2$이다.

따라서 정사각뿔대의 부피는

$\frac{1}{3}\times h\times(A^2+A\times B+B^2)$이다.

풀이 3.1.3

$$\begin{aligned}\frac{1}{3}\times A^2\times(h+k)-\frac{1}{3}\times B^2\times k &= \frac{1}{3}\times(A^2\times(h+k)-B^2\times k)\\ &= \frac{1}{3}\times(A^2\times h+A^2\times k-B^2\times k)\\ &= \frac{1}{3}\times h\times\left(A^2+\frac{1}{2}\times A^2-\frac{1}{2}\times B^2\right)\\ &= \frac{1}{3}\times h\times\left(A^2+\frac{1}{2}\times(A^2-B^2)\right)\\ &= \frac{1}{3}\times h\times\left((3\times B)^2+\frac{1}{2}\times((3\times B)^2-B^2)\right)\end{aligned}$$

풀이 3.1.4

그림에서 $A^2 - B^2 = 2 \times (A \times B + B^2)$이다.

그러므로 $\frac{1}{2} \times (A^2 - B^2) = \frac{1}{2} \times 2 \times (A \times B + B^2)$ 이므로

정사각뿔대의 부피는 역시 $\frac{1}{3} \times h \times (A^2 + A \times B + B^2)$이다.

풀이 3.1.5

$h = 2 \times k$ 이고 $A = 3 \times B$이므로 위의 부피 공식을 이용하면,

$\frac{1}{3} \times 8 \times (15^2 + 15 \times 5 + 5^2) = \frac{2600}{3}$.

주제 2. 방정식을 도형으로 풀기

풀이 1.1.1

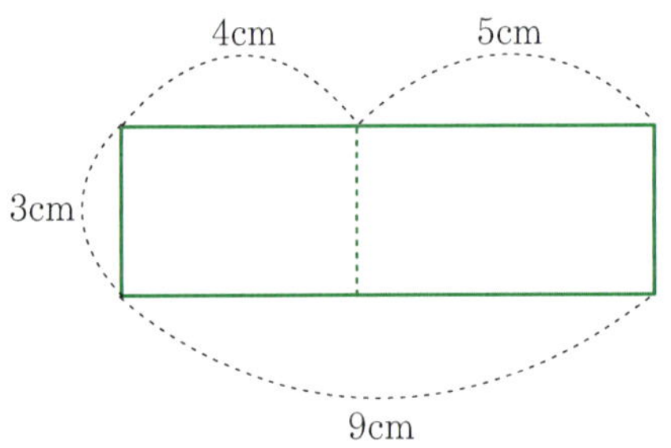

풀이 1.1.2

$A \times (B + C) = A \times B + A \times C$

풀이 1.1.3

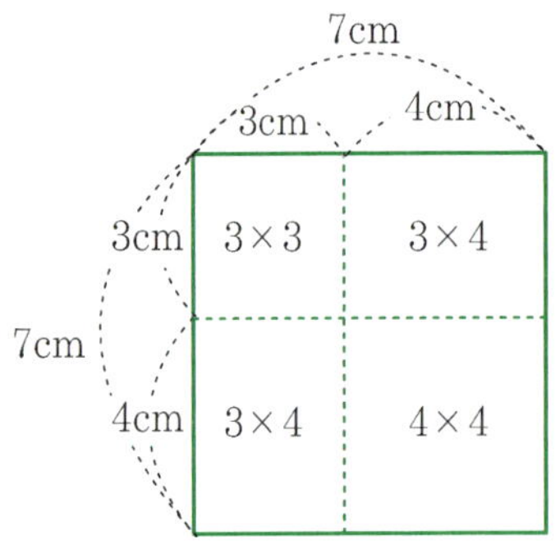

풀이 1.1.4

$(A + B) \times (A + B) = A \times A + 2 \times A \times B + B \times B$

풀이 1.1.5

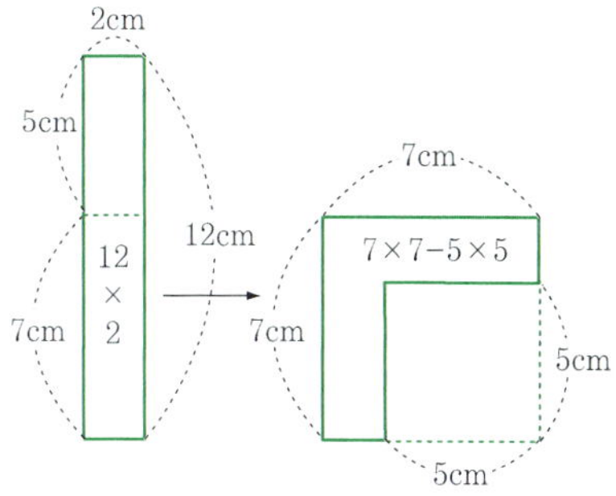

풀이 1.1.6

$(A+B)\times(A-B)=A\times A-B\times B$

풀이 1.1.7

$1001\times 999=(1000+1)\times(1000-1)=1000\times 1000-1\times 1=999999$

풀이 1.2.1

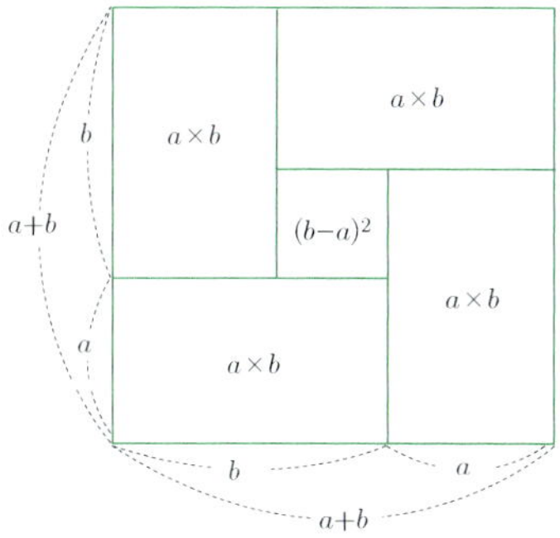

풀이 1.2.2

$(a+b)^2=(b-a)^2+4\times a\times b$

풀이 1.2.3

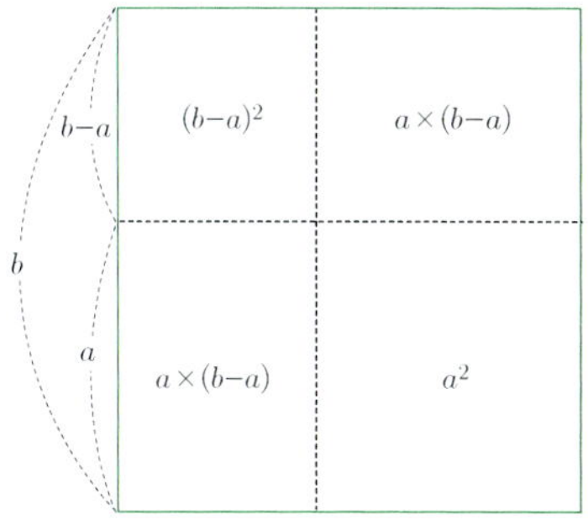

풀이 2.1.1

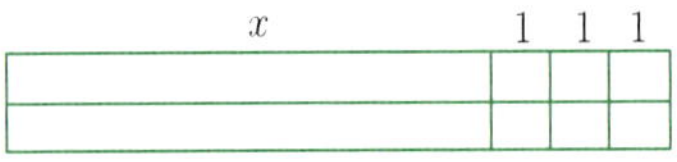

풀이 2.1.2

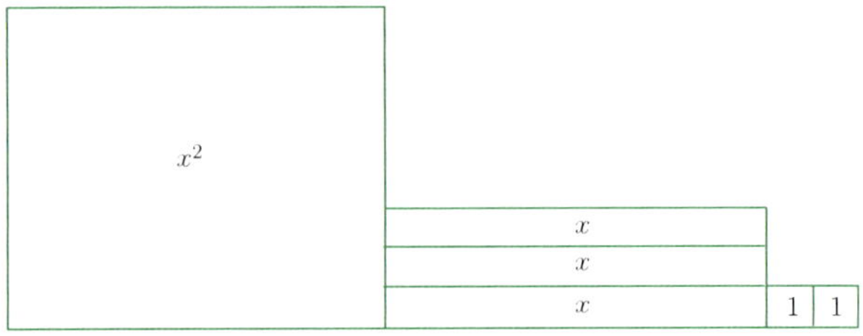

풀이 2.1.3

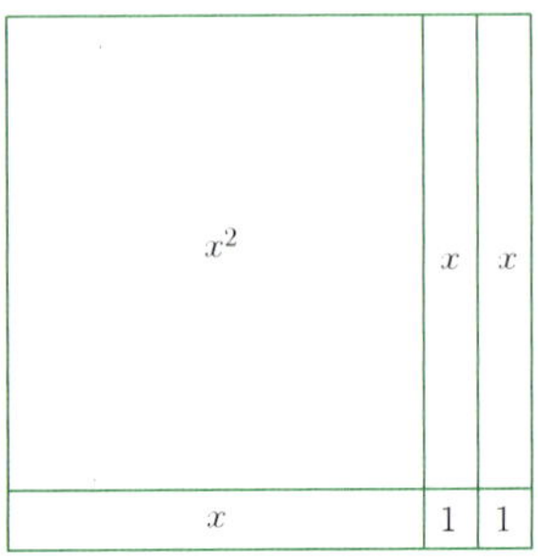

풀이 2.2.1

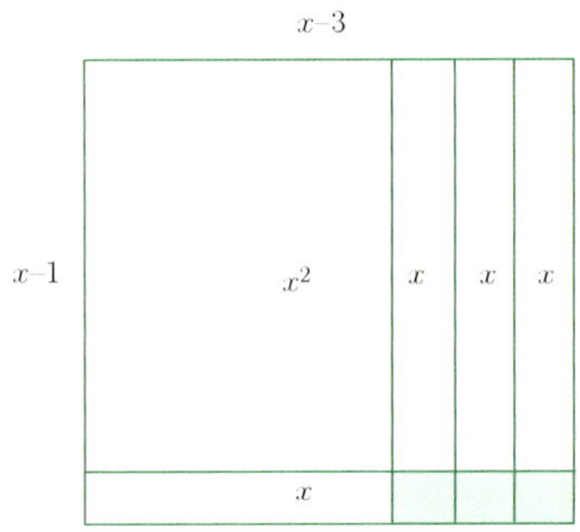

풀이 2.2.2

$x^2 - 4 \times x + 3$은 가로가 $x - 3$, 세로가 $x - 1$인 직사각형의 넓이이다.

그러므로 $x^2 - 4 \times x + 3 = (x - 3) \times (x - 1)$이다.

풀이 2.2.3

1) $x^2 + 5 \times x + 4$

가로 : $x + 1$, 세로 : $x + 4$ 인 직사각형이므로

$x^2 + 5 \times x + 4 = (x + 1) \times (x + 4)$.

2) $x^2 - 6x + 8$

가로 : $x - 2$, 세로 : $x - 4$ 인 직사각형이므로

$x^2 - 6 \times x + 8 = (x - 2) \times (x - 4)$.

3) $x^2 + 4 \times x + 4$

가로 : $x + 2$, 세로 : $x + 2$ 인 정사각형이므로

$x^2 + 4 \times x + 4 = (x + 2)^2$.

풀이 2.4.1

$x^2 + 3 \times x + 2$를 도형으로 표현하면 아래와 같은 직사각형이 된다.

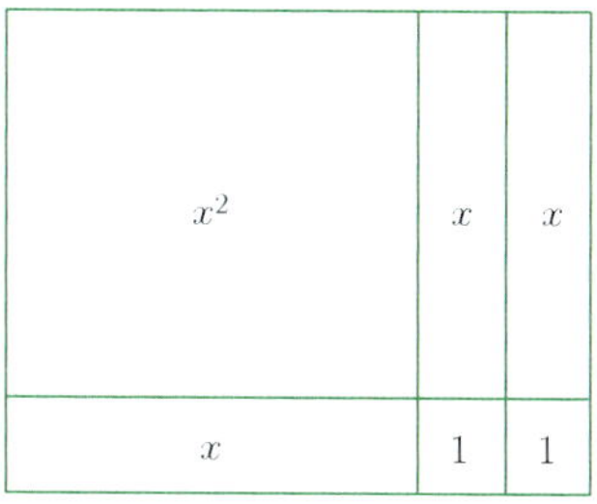

이 직사각형은 가로가 $x+2$ 이고 세로가 $x+1$ 이다.

따라서 $x^2+3\times x+2=(x+2)\times(x+1)$이 된다.

그러면 이차방정식 $x^2+3\times x+2=0$은 결국 $(x+2)\times(x+1)=0$이 되므로

$x+2=0$ 또는 $x+1=0$ 이다.

따라서 $x=-2$또는 $x=-1$이 이차방정식의 해이다.

풀이 2.4.2

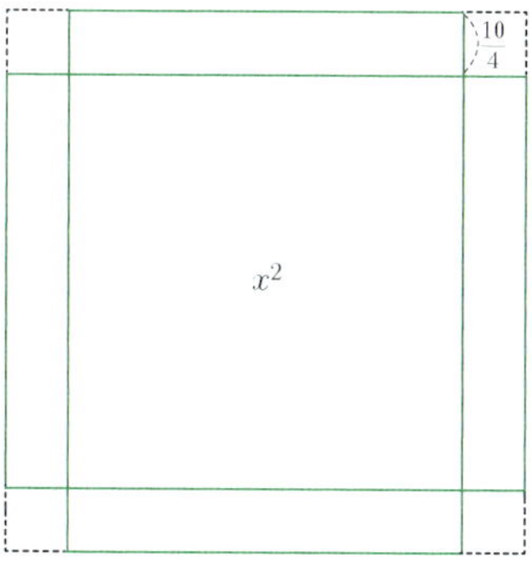

① 한 변이 X인 정사각형의 각 변에 두께가 $\frac{10}{4}$ 인 직사각형을 붙여보자.

② 그러면 전체 도형의 넓이는 $X^2+X\times\frac{10}{4}\times 4=X^2+10\times X$이다.

③ 이 넓이가 39가 된다. 즉 $X^2+10\times X=39$

④ 점선이 있는 네 모퉁이의 넓이는 각각 $\frac{10}{4}\times\frac{10}{4}$ 이다.

⑤ 네 모퉁이의 넓이의 합은 $\frac{10}{4}\times\frac{10}{4}\times 4=\frac{100}{4}=25$
(한 모퉁이의 넓이)$\times$(4개)$=25$

⑥ 전체 사각형은 정사각형이고 그 넓이는 39+25=64이다.

⑦ 그런데 큰 정사각형의 한 변이 $X+5$이므로 $(X+5)^2=64$이다.

⑧ 따라서 $X+5=8$이고 $X=3$이 된다.

풀이 2.4.3

① $X^2+10\times X=X^2+4\times\frac{10}{4}\times X$

② $X^2+10\times X+4\times(\frac{10}{4})^2 = X^2+4\times\frac{10}{4}\times X+4\times(\frac{10}{4})^2$

③ 그런데 ②의 식은 $\left(X+\frac{10}{2}\right)^2$과 같다. 또한 $4\times(\frac{10}{4})^2=(\frac{10}{2})^2$ 이다.

따라서 $(X+\frac{10}{2})^2 = X^2+10\times X+(\frac{10}{2})^2$이다.

풀이 2.5.1

이차방정식 $X^2+P\times X=Q$을 정사각형 모양으로 변형할 때, 비어있는 한 개의 귀퉁이의 넓이는 $(\frac{P}{4})^2=\frac{P^2}{16}$이므로,

네 개의 귀퉁이의 넓이의 합은 $4\times(\frac{P}{4})^2=4\times\frac{P^2}{16}=\frac{P^2}{4}=(\frac{P}{2})^2$ 이다.

이것은 일차항 $P\times X$ 의 P의 $\frac{1}{2}$ 인 $\frac{P}{2}$의 제곱인 $(\frac{P}{2})^2=\frac{P^2}{4}$와 같다.

풀이 2.5.2

$$\begin{aligned}(X+\frac{P}{2})^2 &= X^2+P\times X+4\times(\frac{P}{4})^2\\ &= Q+(\frac{P}{2})^2\end{aligned}$$

풀이 2.5.3

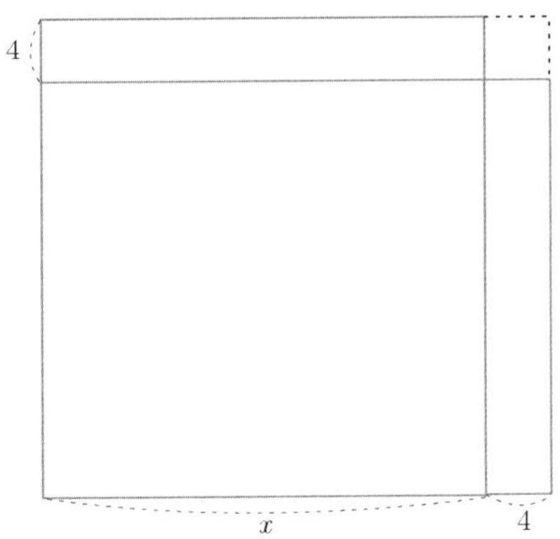

1) ① 도형 $P=8$ 이므로 $\frac{P}{2}=4$

② 점선부분의 넓이는 $4\times4=16$

③ $X^2+8\times X=9$이므로 양변에 16을 더하면

$X^2+8\times X+16=9+16$

④ 그런데 $X^2+8\times X+16=(X+\frac{8}{2})^2$

$=(X+4)^2$

⑤ 따라서 $(X+4)^2=9+16=25=5^2$

⑥ $X+4=5$

$\therefore X=1$

2) $X^2+10\times X=144$

① $X^2+10\times X=X^2+2\times(5\times X)$이므로

② 따라서 $(X+5)^2=X^2+10\times X+25$

$=144+25$

$=169$

③ $(X+5)^2=13^2$

$X+5=13$

즉, $X=8$

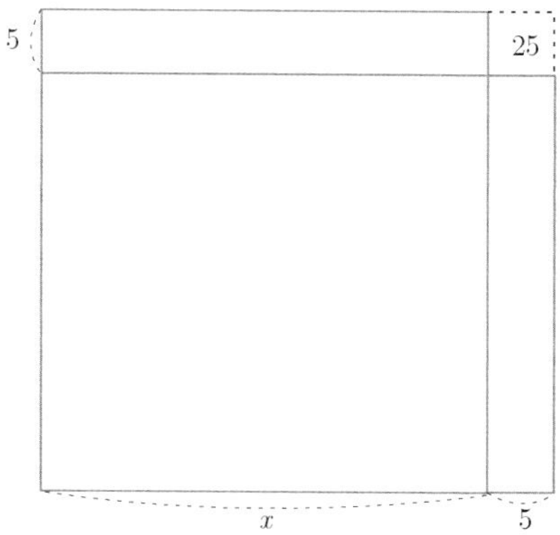

3)$X^2+12\times X=64$

① $X^2+12\times X=X^2+2\times(6\times X)$이므로

②$(X+6)^2=X^2+2\times(6\times X)+36$

$=64+36$

$=100$

③ $(X+6)^2=10^2 \qquad (\because 10^2=100)$

$X+6=10$

즉, $X=4$

4) $3X^2+10\times X=32$

(힌트 : 양변에 3을 곱하시오)

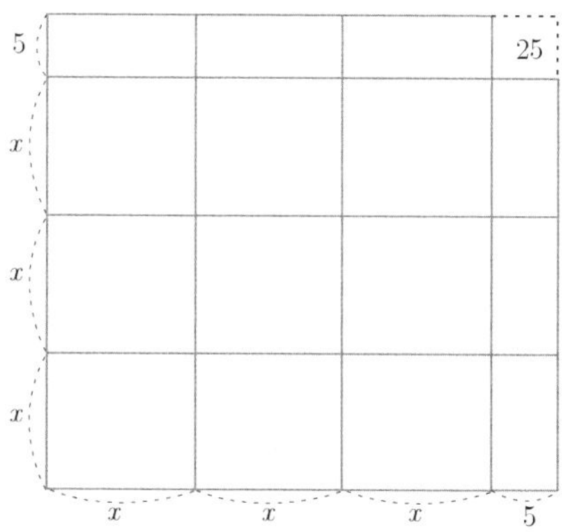

① $9\times X^2+30\times X=96$

즉 $(3\times X)^2+30\times X=96$

② $(3\times X)^2+30\times X=(3\times X)^2+6\times(5\times X)$ 이므로

③ $(3\times X+5)^2=(3\times X)^2+6\times(5\times X)+25$

$=96+25=121=11^2$

즉, $X=2$

주제 3. 비밀집단, 피타고라스학파

풀이 1.1.1

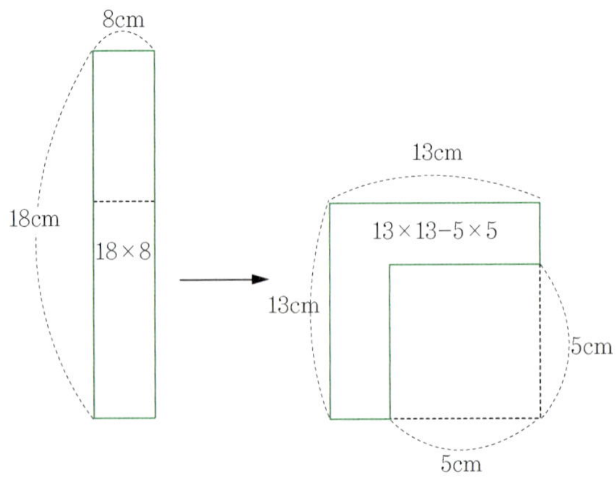

풀이 1.1.2

L자 모양의 넓이는 $144cm^2$이고, 한 변이 $13cm$인 정사각형에서 L자 모양을 빼내면, 나머지 부분은 정사각형이 되고 그 넓이가 $13^2-144=25\,cm^2$이므로, 나머지 부분은 한 변의 길이가 5cm인 정사각형이 된다.

즉, $18\times8=13^2-5^2$ 이다.

그런데 $18\times8=(13+5)\times(13-5)$ 이므로

$(13+5)\times(13-5)=13^2-5^2$이다.

풀이 1.2.1

1) $18=c+a$, $8=c-a$.

2) $(c+a)\times(c-a)=c^2-a^2$.

풀이 1.2.2

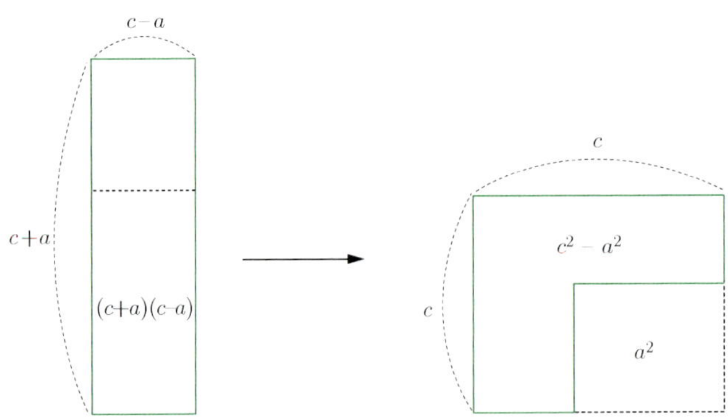

풀이 1.2.3

1) $(\frac{c}{b}+\frac{a}{b})\times(\frac{c}{b}-\frac{a}{b})=1$

2) 그렇다.

3) $\frac{q}{p}$

4) $(\frac{p}{q}+\frac{q}{p})\div 2=\frac{p^2+q^2}{2\times p\times q}$

5) $(\frac{p}{q}-\frac{q}{p})\div 2=\frac{p^2-q^2}{2\times p\times q}$

풀이 1.2.4

$[(\frac{c}{b}+\frac{a}{b})+(\frac{c}{b}-\frac{a}{b})]\div 2=\frac{c}{b}$ 이고 $[(\frac{c}{b}+\frac{a}{b})-(\frac{c}{b}-\frac{a}{b})]\div 2=\frac{a}{b}$ 이다. 또한

$(\frac{c}{b})^2-(\frac{a}{b})^2=\frac{c^2-a^2}{b^2}=1$ 이다.

그런데 $\frac{c}{b}=\frac{p^2+q^2}{2\times p\times q}$, $\frac{a}{b}=\frac{p^2-q^2}{2\times p\times q}$ 이므로,

$\frac{c^2}{b^2}=(\frac{c}{b})^2=\frac{(p^2+q^2)^2}{(2\times p\times q)^2}$ 이고 $\frac{a^2}{b^2}=(\frac{a}{b})^2=\frac{(p^2-q^2)^2}{(2\times p\times q)^2}$ 이다. 따라서

$1=(\frac{c}{b})^2-(\frac{a}{b})^2=\frac{(p^2+q^2)^2}{(2\times p\times q)^2}-\frac{(p^2-q^2)^2}{(2\times p\times q)^2}$ 이다. 양변에 $(2\times p\times q)^2$을 곱하고 정리하면 $(p^2-q^2)^2+(2\times p\times q)^2=(p^2+q^2)^2$을 얻는다.

풀이 1.2.5

(3, 4, 5) (5, 12, 13) (7, 24, 25) (8, 15, 17) (9, 40, 41) (11, 60, 61) (12, 35, 37) (13, 84, 85) (16, 84, 85) (20, 21, 29) (20, 99, 101) (28, 45, 53) (33, 56, 65) (36, 77, 85) (39, 80, 89) (48, 55, 73) (60, 91, 109) (65, 72, 97) 등이 있고 이들의 배수는 모두 삼중수이다.

예를 들면 (3, 4, 5)의 모든 배수는 모두 삼중수이다. 즉, (6, 8, 10) (9, 12, 15) ⋯

풀이 1.2.6

식 : 13은 85보다 작으므로 a나 b 가운데 하나이다. 그러나 b는 짝수여야 하므로 b일 수는 없다. 즉 $a=13=(p^2-q^2)$이고 $c=85=(p^2+q^2)$이다.

따라서 $p^2=(13+85)\div 2=49=7^2$, $q^2=(85-13)\div 2=36=6^2$이고,

$b=2\times p\times q=2\times 7\times 6=84$이다.

답 : 84

풀이 2.1.1

▶ 화음의 예

(레, 솔) (도, 파) (미, 솔) (도, 미)

▶ 화음이 아닌 예

(도, 레) (레, 미) (솔, 라)

풀이 2.1.1

직각삼각형 BDC의 직각인 꼭지점 B에서 밑변 DC에 내린 수선의 발을 A라고 하면, 아래 그림과 같이 세 개의 닮은 직각삼각형이 만들어진다. 즉, $\triangle$BDC $\backsim$ $\triangle$ADB $\backsim$ $\triangle$ABC이다. 지금, 변AD, AC, AB, BD, BC의 길이를 각각 p, q, h, b, c이고 $p+q=r$이라고 하면, 먼저 $\triangle$BDC $\backsim$ $\triangle$ADB이므로 $b:r=p:b$이다.

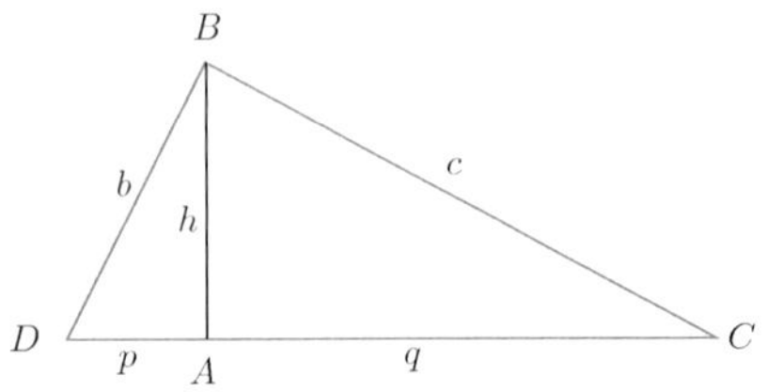

또 $\triangle$BDC $\backsim$ $\triangle$ABC 이므로 $c:r=q:c$이다. 따라서 $b^2=r\times p$, $c^2=r\times q$이므로 $b^2+c^2=r\times p+r\times q=r\times(p+q)=r^2$이다.

[참고] 두 삼각형이 닮은꼴일 때, 기호 '$\backsim$' 로 표기한다.

풀이 2.3.1

정사각형 ABCD면적의 두 배가 되는 정사각형을 작도하기 위해서 정사각형 ABCD와 면적이 같은 정사각형 BFEC를 그림 108과 같이 붙여서 그린다. 두 대각선 AC와 CF를 긋고, 두 삼각형 DCA와 CEF를 선분 AF의 아래로 이어서 붙이면 사각형 AGFC는 정사각형이 되고 면적은 정사각형 ABCD의 두 배가 됨을 알 수 있다.

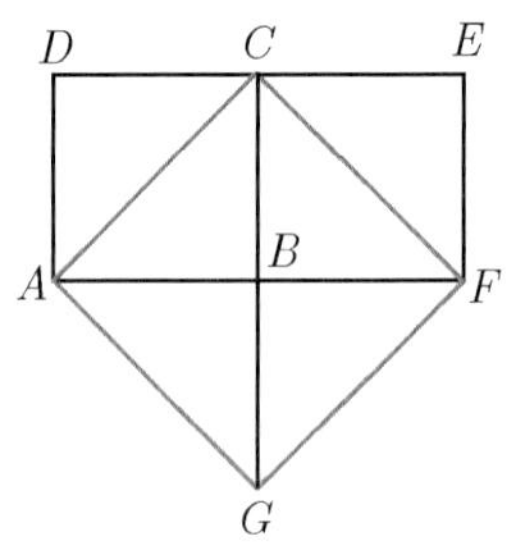

풀이 2.3.2

(작도법) ① 선분 DC위에 $DH=b$가 되도록 점 H를 찍는다.

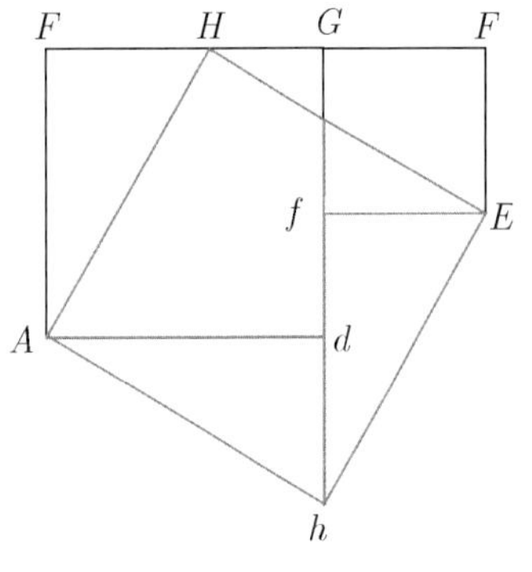

② 선분 AH와 HE를 긋는다.

③ 직각삼각형 AHD와 HEF를 잘라서, 직각삼각형 Ahd와 Ehf에 붙인다.

④ 그러면 사각형 $AhEH$는 두 정사각형을 붙인 다각형 $AdfEFD$와 넓이가 같은 정사각형이다.

(설명) ① $DH = b$이므로 선분 $HF = a$이다.

② 네 개의 직각삼각형 AHD, Ahd, HEF, Ehf는 합동이다.

③ 따라서 사각형 $AhEH$의 네 변의 길이는 같다.

④ 또한 사각형 $AhEH$를 잘 관찰해보면, 네 각이 모두 직각이므로 정사각형이다.

⑤ 따라서 $AhEH$는 두 정사각형을 붙인 다각형 $AdfEFD$와 넓이가 같은 정사각형이다.

풀이 2.3.3

직각삼각형 BDC의 직각인 꼭지점 B에서 밑변 DC에 내린 수선의 발을 A라고 하면, 오른쪽 그림과 같이 세 개의 닮은 직각삼각형이 만들어진다. 즉, △BDC ∽ △ADB ∽ △ABC이다. 지금, 변AD, AC, AB, BD, BC의 길이를 각각 p, q, h, b, c 이고 $p+q=r$이라고 하면, 먼저 △BDC ∽ △ADB이므로 $b:r=p:b$이다.

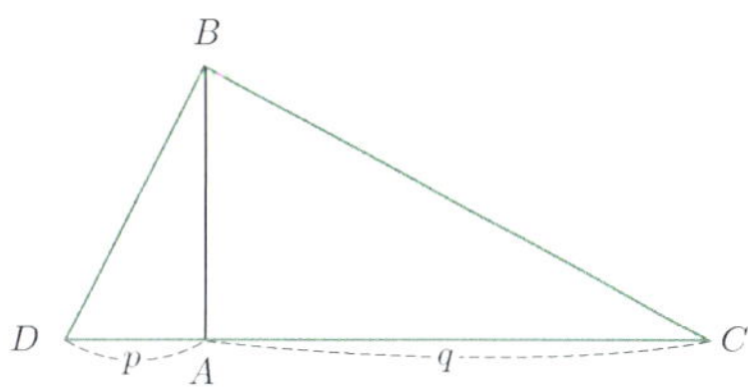

또한 △BDC ∽ △ABC이므로 $c:r=q:c$이다. 따라서 $b^2 = r\times p$, $c^2 = r\times q$이므로 $b^2+c^2 = r\times p + r\times q = r\times(p+q) = r^2$이다.

[참고] 두 삼각형이 닮은꼴일 때, 기호 '∽' 로 표기한다.

풀이 2.3.4

실제로 종이를 오려서 확인해보시오.

풀이 2.3.5

(작도) 닮은 두 다각형 M, M'의 면적의 합의 면적을 갖는 이 들과 닮은 도형 M''을 구해보자. M과 M'의 대응변을 직교하도록 이어서 직각삼각형을 만들면 빗변위의 닮은 도형이 M''이 된다.

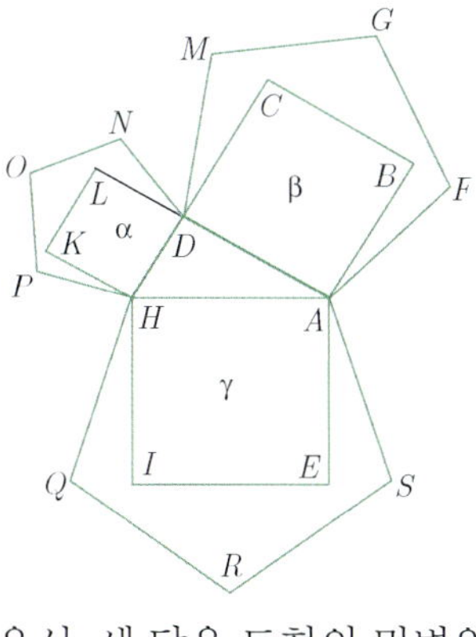

(설명) 우선, 세 닮은 도형의 밑변위에 만들어진 세 정사각형의 넓이를 각각 α, β, γ라고 하자. 그러면 피타고라스 정리에 의해서 $\alpha+\beta=\gamma$ 이다. 닮은 도형의 넓이의 비는

정사각형의 넓이의 비와 같으므로 M, M', M''의 넓이의 비는역시 α: β: γ이다. 즉, M'의 넓이를 $K\alpha$라고하면 M', M''의 넓이는 $K\beta$, $K\gamma$가 되므로 M과 M'의 넓이의 합은 $K\alpha+K\gamma$이고 $K\gamma$과 같아지므로 M''의 면적과 같게 된다.

풀이 2.3.6

두 반원의 넓이의 합은 빗변을 지름으로 하는 반원의 넓이와 같으므로,

$\frac{9\times\pi}{2}\text{cm}^2$.

주제 4. 비밀 이야기

풀이 2.1.1

I LOVE YOU

풀이 2.2.1

CAMERA

풀이 3.1.1

9 12 15 22 5 25 15 21

풀이 3.1.2

1) 20940 3830030 10055

2) 7019020 70060300507 855

풀이 3.2.1

1) 43 11 12 12 24 45

등등.

풀이 4.1.1

모스 부호로 '· · · --- · · · --- · · · ---'는 'SOSOSO'이다.

이것은 조난구조 신호이다. 즉, 배가 침몰되는 상황 또는 비행기가 추락하는 상황과 같이 아주 위급한 상황에서는 모스 부호를 잘 알고 있어도 제대로 메시지를 보낼 수가 없다. 이러할 경우에 가장 쉬운 부호인 · · · 과---, 즉 S와 O를 번갈아가며 보내는 방법이 사용되고 있다.

풀이 4.1.2

예) - · - · · -- ⇨ CAT

풀이 5.1.1

93060400570060300×7=651422803990422100를 보낸 것이다.

따라서 이 수를 3으로 나누면 93060400570060300이고, 이 수를 게마트리아 방식을 거꾸로 적용하면, I LOVE YOU 이다.

풀이 5.1.2

1) 13

2) 27953

3) 예.

풀이 5.1.3

1) 9140817070700 에 소수 277을 곱하였다. I am happy.

2) 405909070038909100200 1100 에 소수 347을 곱하였다. Merry Christmas.

풀이 5.2.1

6214를 차례로 보낸다.

풀이 5.2.2

1) 1

2) 5

풀이 5.2.3

1) 11

2) 9

2를 계속 곱한 수(2^M)를 13으로 나눈 나머지는 아래 표와 같다.

M	1	2	3	4	5	6	7	8	9	10	11	12
2^M	2	4	8	16	32	64	128	256	512	1024	2048	4096
나머지	2	4	8	3	6	12	11	9	5	10	7	1

주제 5. 우주는 대칭

풀이 2.1.1

1) ㄷ ㅁ ㅂ ㅅ ㅇ ㅈ ㅊ ㅍ ㅌ ㅎ

2) A B C D E H I K M N O S T U V X Y Z

※ 대칭축을 찾아보시오.

풀이 2.1.2

1) 정육각형의 가장 작은 회전각은 60°이다. 따라서 60°, 120°, 180°, 240°, 300°도 회전시켜도 회전 대칭이 된다.

2) 정9각형의 회전대칭을 이루는 회전각은 $\frac{360^\circ}{9} = 40^\circ$ 이다. 따라서 40°의 배수를 이루는 각은 모두 회전 대칭이 된다.

풀이 2.1.3

각자 대칭축을 그려 보시오.

회전대칭 : 정삼각형, 이등변삼각형, 정사각형, 마름모, 직사각형, 이등변 사다리 꼴, 연.

풀이 2.1.4

H I N O S X Z.

특히, H I O X 직교하는 두개의 대칭축을 2개 가지고 있다.

풀이 2.1.5

1) 거울이 평행인 경우: 평행이동

2) 거울이 만나는 경우 : 회전

풀이 2.2.1

$L \circ M = O,\ O \circ L = M,\ L \circ L = M \circ M = O \circ O = 1$ 이고,

교환법칙이 성립한다. 즉, $M \circ L = O,\ L \circ O = M$ 이다.

풀이 2.2.2

**왼쪽으로 90°돌리기를 ◎ 으로 표시하자.

** 정사각형의 중심을 누른 다음,

90°돌리기 = ◎, 180°돌리기 =◎◎,270°돌리기 =◎◎◎, 360°돌리기, 0°돌리기 또는 제자리. =◎◎◎◎

풀이 2.2.3

1) 1번

2) 4번, 8번, ⋯

풀이 2.2.4

◦	①	②	③	④
①	1	◎	◎◎	◎◎◎
②	◎◎◎	1	◎	◎◎
③	◎◎	◎◎◎	1	◎
④	◎	◎◎	◎◎◎	1

풀이 2.2.5

∘	1	◎	◎◎	◎◎◎	①
1	1	◎	◎◎	◎◎◎	①
◎	◎	◎◎	◎◎◎	1	④
◎◎	◎◎	◎◎◎	1	◎	③
◎◎◎	◎◎◎	1	◎	◎◎	②
①	①	②	③	④	1

풀이 2.2.6

- 돌리기 3가지

  **왼쪽으로 120°돌리기를 ⊙ 으로 표시하자.

  ** 정삼각형의 중심을 누른 다음,

  120°돌리기 = ⊙, 240°돌리기 =⊙⊙, 360°돌리기, 0°돌리기 또는 제자리 = 1

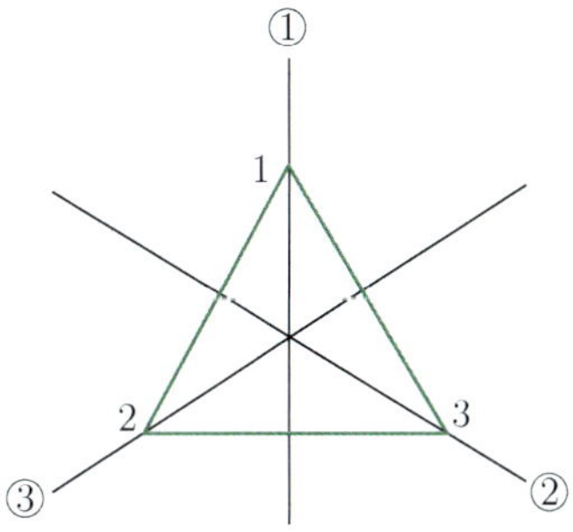

- 뒤집기 3가지

  ①, ②, ③.

풀이 2.2.7

1) 2번

2) 3번, 6번, 9번, ⋯

풀이 2.2.8

∘	①	②	③
①	1	⊙	⊙⊙
②	⊙⊙	1	⊙
③	⊙	⊙⊙	1

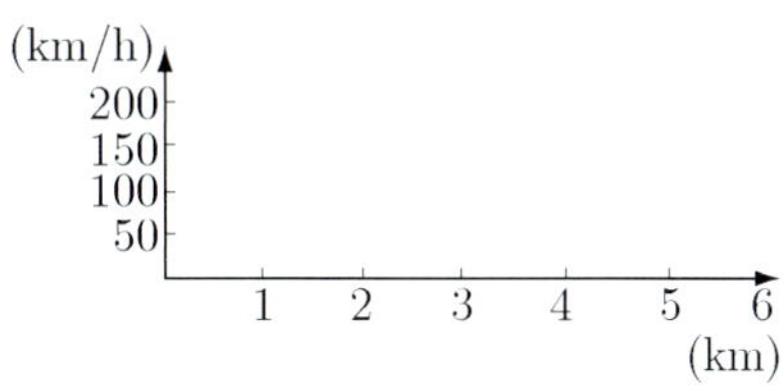

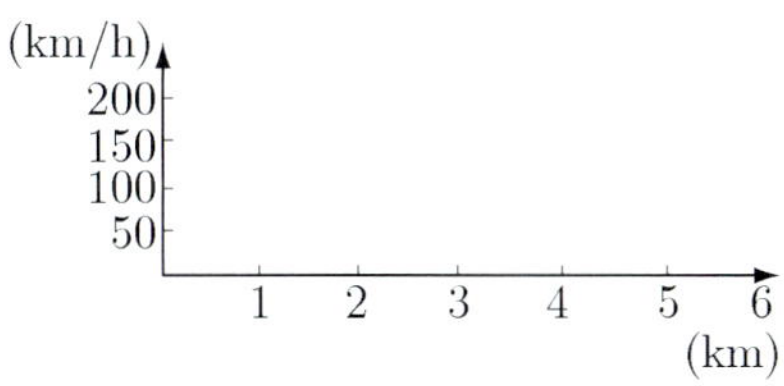

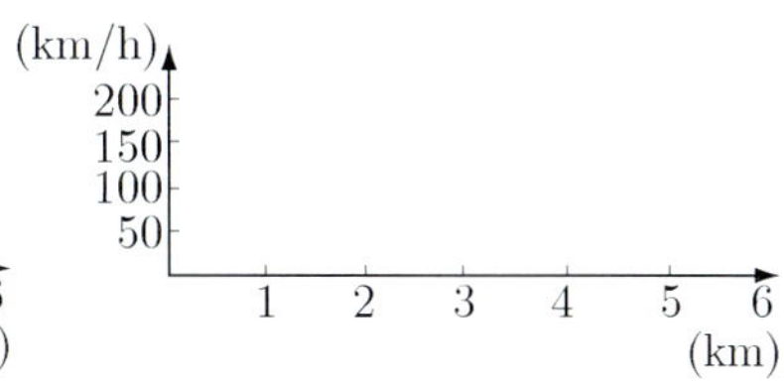

풀이 2.2.9

◦	1	⊙	⊙⊙	①
1	1	⊙	⊙⊙	①
⊙	⊙	⊙⊙	1	③
⊙⊙	⊙⊙	1	⊙	②
①	①	②	③	1

주제 6. 문제 해결

풀이 3.1.1

왼편 수들의 규칙을 알아본다. 8+14+18=40, 2+6+12=20이다.

오른편 수들의 규칙을 알아본다. 16+11+15=42, 6+10+5=21이다. 즉 40÷2=20, 42÷2=21이다. 즉 $a+b+c=21$이고 $a+b=16$이므로 $c=5$이다. 같은 방법으로 나머지 두 수를 구한다.

일반적으로 □안의 세 수의 합은 원안의 세 수의 합의 절반이다.

왜냐하면, $(a+b)+(b+c)+(c+a)$가 원 안의 세 수의 합과 같아야 하므로, □안의 세 수의 합 $a+b+c$은 원안의 세 수의 합의 절반이다.

풀이 3.2.1

1g 의 개수	5g 의 개수	10g 의 개수	합
11	0	0	11g
6	1	0	11g
1	2	0	11g
1	0	1	11g

풀이 3.3.1

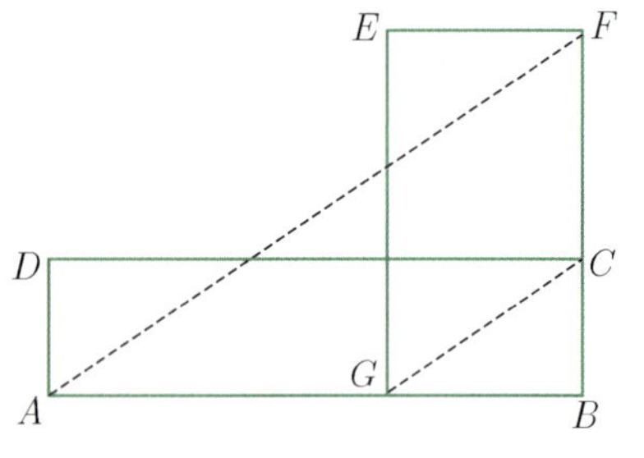

직사각형의 넓이는 가로와 세로의 곱이기 때문에 구하는 직사각형BFEG의 세로가 BC보다 크므로 밑변은 AB보다 작아야한다. 예를 들면 BF가 BC의 2배이면 BG는 AB의 반이어야 하고, BF가 BC의 3배이면 BG는 AB의 $\frac{1}{3}$ 이어야 한다. 또한 BF가 BC의 $2\frac{1}{3}$ 배이면 BG는 AB의 $2\frac{1}{3}$ 이어야 한다.

이제 직사각형 ABCD와 넓이가 같으면서 높이가 BF인 다른 직사각형을 작도해 보자.

① 보조선 그리기

먼저 그림에서 점선으로 보이는 선분 FA를 긋고, C에서 FA에 평행선을 그어 선분AB와의 교점을 G로 정한다.

② 그러면 삼각형 AFB와 삼각형 GCB는 닮은꼴이다.

③ 따라서 AB, BC, BF, GB의 길이를 각각 a, b, h, x 라고하면, 대응하는 선분끼리의 비가 같아야 한다. 즉, $a : h = x : b$ 이다.

④ 그러면 $a \times b = h \times x$ 즉, 직사각형 ABCD와 직사각형BFEG의 넓이가 같다.

풀이 3.4.1

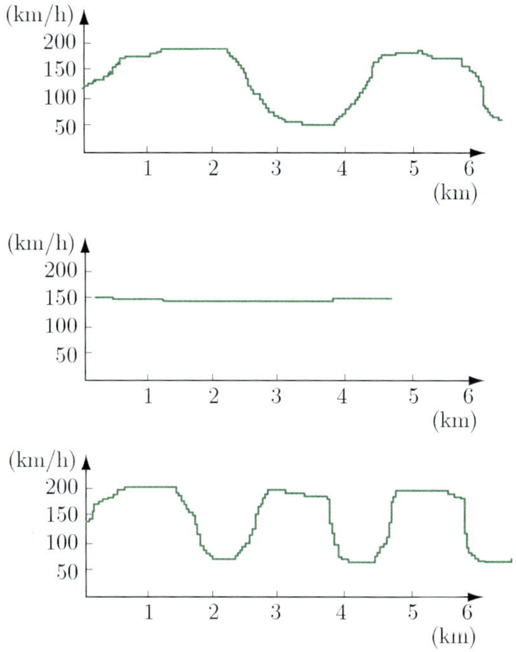

풀이 3.5.1

n 번째 수는 $n \times (n+1)$ 이다.

직사각형수 :

풀이 3.6.1

최종적으로 문제의 해답을 구하기 위해 자신과의 가상 대화를 한 다음, 세운 계획을 실행해 보자.

문) 마지막 사람이 이기는 바로 전의 상황은 무엇이어야 되는가?

답) 책상 위에 1, 2, 3개가 있어야 한다.

문) 이 같은 배열을 상대방에게 남기지 않으려면 어떻게 해야 하나?

답) 최종 활동 바로 전에 책상 위에는 4개가 남아야 한다. 정확히 4개를 남긴다면 상대방은 1,2,3개를 취할 것이고, 3,2,1개가 남을 것이므로 이길 수 있다.

문) 최종 활동 바로 전에 정확히 4개를 남기는 가장 확실한 방법은?

답) 그 전 활동에서 5,6,7개를 남긴다면 상대는 4개를 나에게 남길 것이고 그(그녀)가 이길 수 있다. 그러므로 그 전 활동에서 8개를 상대에게 남겨야 한다.

문) 그 전 활동에서 8개를 상대방에게 남길 수 있는 방법은?

답) 9, 10, 11개를 그 전 활동에서 남긴다면 상대는 필연적으로 1, 2, 3개를 가져가 8개를 나에게 남긴다. 그렇게 되면 상대가 확실히 이기게 된다. 그러므로 여기서 12개를 책상에 남겨야 한다.

문) 이렇게 하는 것(12를 남기는 것)을 확신할 수 있나?

답) 그럴 수 있는 유일한 방법은 내가 먼저 해서 3개를 가져와야만 한다. 그렇지 않다면, 상대가 실수를 해서 내 차례에 12, 8, 4개를 남길 수 있도록 운을 바랄 수밖에 없다. 다음은 처음 시작할 때의 진행 과정이다.

→ 3개를 취하고 12개를 남긴다.

→ 상대는 1, 2, 3개를 취하고 11, 10, 9개를 남긴다.

→ 8개를 확실하게 남기기 위해 3, 2, 1개를 취한다.

→ 상대는 1, 2, 3개를 취하고 7, 6, 5개를 남긴다.

→ 4개를 확실하게 남기기 위해 3, 2, 1개를 취한다.

→ 상대는 1, 2, 3개를 취하고 3, 2, 1개를 남긴다.

→ 남은 것을 모두 취해 이긴다.

풀이 3.6.2

6리터 ⇦ ? 리터 ⇦ ? 리터 ⇦…

회수	1	2	3	4	5	6	7	8
9리터	9	5	5	1	1	0	9	6
4리터	0	4	0(버린다)	4	0(버린다)	1	1	4

풀이 3.7.1

만약 100개의 방을 가진 호텔에 101명의 손님이 머문다면 최소한 한 개의 방에는 최소 2명의 손님이 머문다. 이런 추론이 기본적이고 명백하지만 놀라울 만큼 강력하다. 이 사실을 일반화하면 다음과 같다.

$m > n$, n개의 비둘기 집에 m마리의 비둘기가 들어있다면, 비둘기 집 하나에 최소한 2마리의 비둘기가 있어야 한다.

풀이 3.7.1

① 문제의 이해

박스 안에는 동요 CD 12개와 클래식 CD 12개가 들어 있다. 그 상자 안에 들어 있는 CD를 구별할 수는 없지만 처음 시도에서 같은 종류의 CD를 최소 2개를 확실히 고르기를 원한다.

② 계획 수립

같은 종류의 CD를 최소 2개를 확실히 골라야 하기 때문에 처음 시도에서 몇 개의 CD를 선택할 지를 결정해야 한다. 가능성을 생각해보고 표로 만들어 보자.

③ 계획 실행

학생이 두 개의 CD를 고른다면 다음 중에 하나의 경우일 것이다.

두 개의 동요 CD와 클래식 CD 0개

한 개의 동요 CD와 클래식 CD 1개

0 개의 동요 CD와 클래식 CD 2개

따라서 두 개의 CD를 꺼낼 때는 각 종류의 CD를 하나를 꺼낼 수도 있다. 한 개의 CD를 더 꺼내면, 세 개의 동요 CD, 두 개의 동요 CD와 1개의 클래식 CD, 3개의 클래식 CD중의 하나가 될 것이다. 어떤 경우라도, 같은 종류의 2개의 CD를 가지게 된다. 그러므로 상자에서 3개의 CD를 꺼내면 된다.

④ 반성하기

더 쉬운 방법이 있을까? 두 종류의 CD를 고르는 것은 두 개의 비둘기 집에 비둘기를 넣는 것과 같다. 그러므로 세 개의 CD를 고른다면, 비둘기 집 원리에 의해 최소한 두 개는 같은 종류여야 한다.

풀이 3.8.1

- 귀납적 추론에 의하여 n번째 피라미드 합은 제곱 수 n^2과 같다는 추론을 도출 하게 된다.
- 모든 자연수에 대하여 위의 성질이 성립하는지를 확인 해보자.

  $1+2+3+4+5+4+3+2+1=25$, 등등.
- $1+2+3++(n-1)+n+(n-1)++3+2+1$

  $=(1+2+3++(n-1)+n)+((n-1)++3+2+1)$

  $=\dfrac{n\times(n+1)}{2}+\dfrac{(n-1)\times n}{2}=\dfrac{n^2+n+n^2-n}{2}=n^2$이다.
- 점 도형으로 확인하기

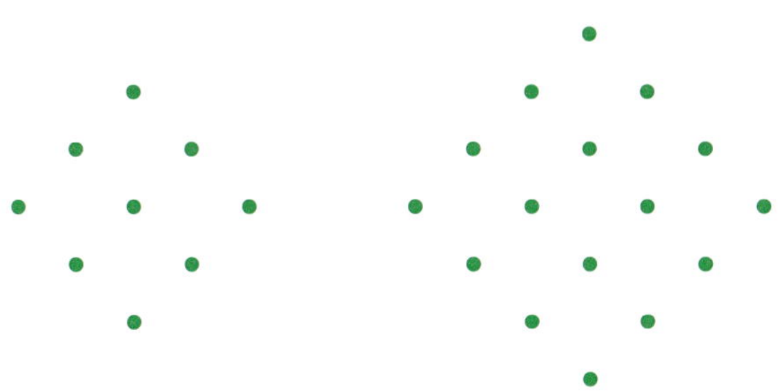

모든 점 도형이 정사각형모양이 된다.

풀이 3.9.1

1) 종이에 다각형을 임의로 그려놓고 외각을 표시하여 잘라낸 후 그것을 모아보았더니 한 점에 모였다. 한 점의 둘레는 360° 이므로 외각의 합은 360° 이다.

2) 원을 여러 개의 부채꼴로 자른 후, 부채꼴을 펼쳐서 내부에 다각형이 생기게 한다. 이때 부채꼴의 중심각들이 내부에 생긴 다각형의 외각이 되므로 외각의 합은 360° 라고 할 수 있다.

풀이 3.10.1

결론을 부정하여 '삼각형의 세 각의 모두 다르다.'라고 하면 삼각형의 내각과 그의 대변의 성질에 의해서 세 변의 길이가 모두 다르게 된다. 따라서 이등변 삼각형이 아니 결과가 된다. 따라서 원래의 명제인 '이등변 삼각형의 두 밑각의 크기는 같다.' 는 참이다.

풀이 3.11.1

제논의 이분법은 공간과 시간이 무한히 나누어 질 수 없다는 관념을 반대하기 위한 문제이다. 그것을 식으로 표현하면 $\frac{1}{2}+\frac{1}{4}+\frac{1}{8}+\frac{1}{16}+\frac{1}{32}+\cdots$ 은 절대로 1이 될 수 없다는 주장이다.

(반박) ① 제논은 물체의 운동을 설명하면서 물체가 이동한 거리만을 고려하여 물체가 이동하는 데 걸린 시간은 고려하지 않았다.

② $\frac{1}{2}+\frac{1}{4}+\frac{1}{8}+\frac{1}{16}+\frac{1}{32}+\cdots=1$ 이다. 즉, 당시에는 무한개의 수의 합은 무조건 무한대이었다.

풀이 3.11.2

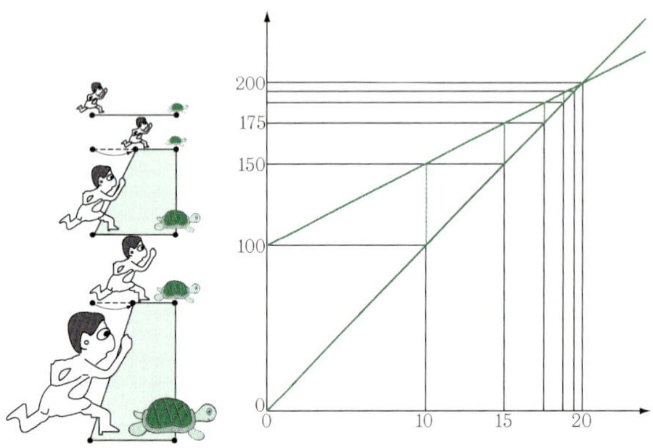

(반박) ① 물체의 평균속도 관념을 무시하였다.

② 식과 그래프(위의 그래프 참조)

만일 아킬레스의 평균속도가 초속 10m이고, 거북이의 평균속도를 초속 1m라고 한다면 아킬레스가 거북이를 추월하는 지점을 P라고 하면, 출발지점에서 P까지의 거리를 x m 로 두고 식을 세우면 아킬레스가 P까지 가는데 걸리는 시간은

$\frac{x}{10}$ 초이며, 거북이가 P까지 가는 시간은 $\frac{x-100}{1}$ 초이다. 따라서 $x-100=\frac{x}{10}$ 이다. 따라서 $x=111.1$ 정도이다.

그러므로 111.1m 쯤부터는 아킬레스가 거북이를 앞질러가게 된다.

풀이 4.2.1

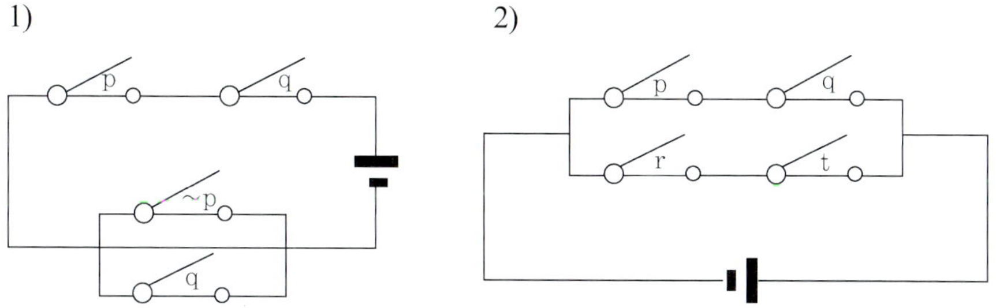

풀이 5.1.1

$\frac{1}{6}\times x+\frac{1}{12}\times x+\frac{1}{7}\times x+5+\frac{1}{2}\times x+4=x.$

따라서 $x=84.$

풀이 5.1.2

티셔츠 한 장과 주스 한잔 값이 2,200원이므로 주스 두 병 값은 800원이다.

따라서 주스 한잔 값은 400원이고, 티셔츠 한 장 값은 1,800원임을 알 수 있다.

풀이 5.1.3

A가 적힌 카드, B가 적힌 카드, 붉은 숫자 와 검은 숫자 7이 적힌 카드를 이용하여 아래의 식을 표현한다.

$A-7=(B-7)+(B-7)+(B-7)=B+B+B-7-7-7$

따라서 $A=B+B+B-14$

$A+7=(B+7)+(B+7)=B+B+7+7$

따라서 $A=B+B+7$

그러므로 $B+B+B-14=B+B+7$

양변에서 B를 두 개씩 없애면 $B-14=B+7$ 즉, $B=21$ 이고 A는 $21\times 2+7=49$

풀이 5.1.4

A가 적힌 카드, B가 적힌 카드, 붉은 숫자 와 검은 숫자 카드를 이용하여 아래의 식을 표현한다.

어른 인원수 : A,어린이 인원수 : B

$A+B=39$ 이고 $8000\times A+6000\times B=282,000$ 원이다.

양변에 2,000을 나누어 주면 $4\times A+3\times B=141$ 이다.

$B=39-A$ 이므로 $4\times A+3(39-A)=141$ 이다.

$4 \times A - 3 \times A + 117 = 282$이고 $A = 141 - 117$이므로 $A = 24$이고 $B = 15$이다.

어른은 24명이다.

풀이 5.1.5

$A + B = 4$이고 $12 \times A = 18 \times B$이므로 양변을 6으로 나누어주면 $2 \times A = 3 \times B$이다. $A = 4 - B$이므로 $2 \times (4 - B) = 3 \times B$이다. 풀어보면 $8 - 2 \times B = 3 \times B$이므로 양변에 2B를 더해주면 $5 \times B = 8$이다. 따라서 $B=\frac{8}{5}$이고 $A=\frac{12}{5}$이다. 집에서 공원까지 거리는 $12 \times \frac{12}{5} = \frac{144}{5} = 28\frac{4}{5}$km이다.

풀이 5.1.6

부들은 1일 = 90cm, 2일 = 45cm, 3일 = 22.5cm자라며

등심초는 1일 = 30cm, 2일 = 60cm, 3일 = 120cm자란다.

2일까지 자란 총 길이가 부들은 135cm이고 등심초는 90cm이다.

3일까지 자란 총 길이는 부들은 157.5cm이고 등심초는 210cm이다.

따라서 부들과 등심초는 3일째에 길이가 같아지는데 시간을 구해야 한다.

같아지는 시간을 A로 하면

$135 + 22.5\times\frac{A}{24} = 90 + 120\times\frac{A}{24}$ 이므로

$120\times\frac{A}{24} - 22.5\times\frac{A}{24} = 45$이고 계산하면 $A=4\frac{1}{16}$ 이다.

따라서 2일 4시간 3.75분 후에 길이가 같아진다.

풀이 5.1.7

의자의 수를 A로 하면

$6 \times A - 5 = 7 \times (A - 1) - 3$이고

$6 \times A - 5 = 7 \times A - 10$

$A = 5$이므로 5개의 의자가 있고 학생은 25명이다.

풀이 5.1.8

A는 시간당 $\frac{1}{6}$ 만큼의 일을 하고 B는 시간당 $\frac{1}{4}$ 만큼의 일을 한다.

2시간 동안 두 사람이 한 일은 $(\frac{1}{6} + \frac{1}{4}) \times \frac{4}{5} \times 2 = \frac{5}{12} \times \frac{4}{5} \times 2 = \frac{2}{3}$이다.

따라서 A는 남은 $\frac{1}{3}$ 의 일을 더 해야 한다.

A는 시간당 $\frac{1}{6}$ 만큼의 일을 하기 때문에 $\frac{1}{6} + \frac{1}{6} = \frac{1}{3}$ 이므로 2시간을 더 일해야 한다.

퀴즈

그 곰은 북극점에 출발하였다. 따라서 북극곰이므로 흰색이다.

참고문헌

김용태, 서광석, 김창한, 임종인(1998), 수론과 암호학, 서울 경문사.

김홍원, 김명숙, 송상헌(1996). 수학 영재 판변 도구 개발 연구(I)-기초연구편 -. 한국교육개발원 연구보고 CR97-50. 서울: 한국교육개발원.

박선화(1998), 수학적 극한 개념의 이해에 관한 연구, 서울대학교 박사학위 논문.

임재훈(1998), 플라톤의 수학교육철학 연구, 서울대학교 박사학위 논문.

임정대(2005), 수리철학의 기초, 부록 : 수리철학에 대하여, 경문사.

장혜원 역(2006), 끌레로기하학, 경문사.

Bachelard, G.(2002), *The Formation of the Scientific Mind. Manchester*: Clinamen Press.

Bottazzini B.(1992), Freguglia, P., Toti Rigatelli L., *Fonti per la storia della matematica*, Firenze: santoni.

Bourbaki, N.(1949), *Foundations of Mathematics for the working Mathematicians*, J. Symb. Logic, 14, pp.1-8.

____________(1950), *The Architecture of Mathematics*, Am. Math. Monthly, 57, pp221-232.

____________(1974), *Algebra I Section 3.1*, Addison-Wesley Publishing Co., Massachusetts.

Boyer, Carl B.(1968). *A History of Mathematics*, John Wiley & Sons, Inc.

____________(1959) *The History of the Calculus and its Conceptual Development*, Dover Publications, Inc., N.Y.

Bruner, J.S.(1960), *The process of education*, Harvard University Press, 이홍우 역(1973), 브루너 교육의 과정, 서울 배영사, p.68.

__________, *The process of education* Reconsidered, Harvard University Press, 1971, 이홍우 역, 브루너 교육의 과정, 서울 배영사.

Burton David M.(2007), *The History of Mathematics, An Introduction*, MacGraw-Hill Co., NY.

Cajori F., *A history of mathematical notations*, vol.1,vol.2, The Open Court Publishing Co., Chicago, 1952.

Cohn, Donald L.(1980), *Measure Theory*, Birkhäuser Boston.

Cucker F., Smale S., *On the Mathematical Foundations of Learning*, Bull. of AMS, vol.39, no.1, pp.1-49, 2001.

Dieudonne J.(1973), *Should We Teach 'Modern Mathematics*?, American Scientist, vol.61, pp.16-19.

Ewald William B.(1950), *From Kant to Hilbert*, A source book in the foundation of mathematics, Clarendon Press · Oxford, 1996 . Bourbaki, The architecture of mathematics, translated by Arnold Dresden.

Fischbein, E.(1987), *Intuition in Science and mathematics*, D. Reidel Publishing Co.

Freudenthal, H.(1973), *Mathematics as an educational task*, D. Reidel Publishing Co., Dordrecht.

______________(1983), *Didactical phenomenology of mathematical structures*, D. Reidel Publishing Co., Dordrecht.

Gillings, R. J.(1972). *Mathematics in the times of the Pharaohs*: Dover Publications, Inc., NY.

Gȯdel, Kurt(1965), *On Formally Undecidable Propositions of Principia Mathematica and Related System*, Basic Books.

Grabiner, J.V.(1981), *The Origin of Cauchy's Rigorous Calculus*, Cambridge, MA: MIT Press.

Gulberg J.(1997), *Mathematics ; From the birth of numbers*, W.W. Norton&Company, New York, NY.

Gutting, G.(2002), *Thomas Kuhn and French philosophy*. IN: Nickles, t. (Ed.): Kuhn Thomas, West Nyack, NY, USA: Cambridge University Press. pp.45-64.

Gwinn R. P.(1990), *The Works of Archimedes including The Method, Measurement of a circle*, Encyclopaedia Britanica Inc.

__________(1990), *The Works of Archimedes including The Method, On conoid and spheroids*, Encyclopaedia Britanica Inc.

__________(1990), *The Works of Archimedes including The Method, Quadrature of the Parabola*, Encyclopaedia Britanica Inc.

Hamilton W.R.(1952), *Lectures on Quaternions*, Dublin, p.88, 1853, Cajori.

Hanna, G.(1983), *Rigorous Proof in Mathematics Education*, The Ontario Institute for Studies in Education, 1983.

Heath, T. L.(1990), *The thirteen books of Euclid's Elements*, Encyclopaedia Britannica, Inc., Chicago Univ. Press.

___________(1990), *The works of Archimedes including the Method*, Encyclopaedia Britannica, Inc., Chicago Univ. Press.

Hilbert, D.(1904), *Uber die Grundlagen der Logik und der Arithmetik*, Pro. Third International Congress of Mathematics, Heidelberg, pp.174-185, Translated by Beverly Woodward in van Heijenoort(1967), pp.129-138.

Hilbert, D.(1904), *Uber die Grundlagen der Logik und der Arithmetik*, Pro. Third International Congress of Mathematics, Heidelberg, pp.174-185, Translated by Beverly Woodward in van Heijenoort(1967), pp.129-138.

___________(1925), *Uber das Unenliche*, Mathematische Annalen, 95, pp.161-190, Reprinted, in abridged form, in Hilbert 1930a, but with minor corrections and additions. Translated by Stefan Bauer-Mengelberg in van Heijenoort(1967), pp.367-392.

___________(1939), Bernays Paul, *Grundlagen der Mathematik*, II, Springer Verlag, Berlin.

Hogg, R.V., Tanis, E.A.(1993), *Probability and Statistical Inference*, 4th Ed., Macmillan Publishing Co., 심정욱 외 역(1996), 수리통계학, 자유아카데미.

House P.A., Bruni J., Heidema C., Lamb C.E., Schlesinger B.,(1987), *Providing Opportunities for the Mathematically Gifted, K-12*, NCTM.

Johnson-Wilder Sue, Mason John(2005), *Developing Thinking in Geometry*, SAGE Publications Inc.

Katz J.(1993), *A History of Mathematics*. Harper Collins College Publishers.

Kant I.(1933), *From the discipline of pure reason*, translated by N. K. Smith.

Kline M.(1980), *Mathematics and loss of certainty*, Oxford, Oxford University Press.

________(1990), *Mathematical Thought from Ancient to Modern Times, vol. 3*, Oxford University Press, N.Y., Oxford.

Krishnan, V. Snakrithi(1981), *An introduction to category theory*, Elsevier North-Holland Press, Amsterdam Netherland, p.35.

Krutetskii V.A.,(1976), *The Psychology of Mathematical Abilities In Schoolchildren*, Ed. by J. Kilpatrick and I. Wirszup: Chicago: Univ. of Chicago Press.

Lakatos I.(1976), *Proofs and Reputations*, Cambridge, Cambridge University Press.

Lorenzen, P.(1970), *Scientismus versus Dialektik*, in Hermeneutik und Dialektik, Bad, I.R., Burner, R., Wiehl, R.(Eds) Tuebingen, (Cited in Robers(1992).

Manin, Y. I.(1977), *A course in mathematical logic*, New York, Springer.

NCTM(2000), *Principles and Standards for School Mathematics*, Reston, VA : NCTM, Inc.

Peterson Thurman S.(1968), *Calculus with analytic geometry*, Harper&Row Publishers Inc., p. 71.

Piaget, J.(1971), *Genetic Epistemology*, Translated by E. Duckworth, The Norton Library, W·W·Norton&Company·Inc., N.Y.

Pinter, Charles C.(1971), *Set Theory*, Addison-Wesley Publications Co.

Poincare, Henri(1946), *Foundations of Science*, Science Press, 448-485.

Polya, G.(1957), *How to solve it*, 우정호 역(1995), 어떻게 문제를 풀것인가?, 천재교육.

Polya, G.(1962), *Mathematical Discovery*, John Willy & Sons Inc.

Polya, G.(1973), *Induction and Analogy in Mathematics*, Princeton University Press, NJ.

Rucker, R.(1982), *Infinity and the mind*, Bantam Books, pp.289-317.

Rudin W.(1976), *Principles of Mathematical Analysis*, MacGraw-Hill.

Ruiz-Tolosa, Juan Ramon, Castillo, Enrique(2005), *From Vectors to tensors*, Springer-Verlag Berlin Heidelberg.

Russell B.(1950), *Introduction to Mathematical Philosophy*, George Allen&Unwin, Ltd.

Schneider M.(2002), *A Beginner's Guide to Constructing the Universe; The Mathrmatical Archetypes of Nature, Art, Science*, Brockman, Inc., 1994, 이충호 역, 자연, 예술, 과학의 수학적 원형, 경문사.

Sierpinska, A.(1996), *The diachronic dimension in research on understanding in mathematics - usefulness and limitations of the concept of epistemological obstacle*, in H.N. Jahnke, N. Knoche, M. Otte (Eds), History of Mathematics and Education:Ideas and Experiences, Göttingen: Vandenhoek& Ruprecht, pp. 289-318.

Seymour, D., Britton, J.((1989), *Introduction to Tessellations*, Dale Seymour Publications.

Skemp, R. R. (1987), *The psychology of Learning mathematics*, Lawrence Erlbaum Associates Publishers.

Steiner, H.G.(1988), *Two kinds of Elements and the Dialectic between Synthetic-deductive and Analytic-genetic Approaches in Mathematics*, For theLearning of Mathematics, 8, 3, pp.7-15.

Stein, S. K.(1996), *Strength in Numbers*, John Willyand Sons Inc., NY.

Steiner, H.G.(1988), *Two kinds of Elements and the Dialectic between Synthetic-deductive and Analytic-genetic Approaches in Mathematics*, For theLearning of Mathematics, 8, 3, pp.7-15.

Struik, D. J.(1987), *A Concise History of Mathematics*. New York: Dover Publication, Inc.

Sue Johnson-Wilder, John Mason(2005), *Developing Thinking in Geometry*, SAGE Publications Inc.

Szabo, A.(1978), *The beginnings of Greek Mathematics*, Dordrecht, Reidel.

Taber, K. S.(2003), *The atom in the chemistry curriculum: fundamental concept, teaching model or epistemological obstacle*?, Foundations of Chemistry, 5(1), pp.43-84.

Tall, D.(1977), *The foundationof mathematics*, Oxford University Press.

Thom, R.(1971), *Modern Mathematics, An Educational and Philosophic Errors*?, American Scientist, 59, pp. 695-699.

__________(1973), *Modern mathematics : Does it exists*?, in Howson, A.G. (Ed) Developments in mathematical Education, Cambridge, Cambridge University Press, pp. 194-209.

Toeplitz, O.(1963), *The Calculus-A Genetic Approach*, The University of Chicago Press.

Trigg, C. W.(1985), *Mathematical Quickies*, Dover Publication Inc., NY.

Whitehead, A.N.(1948), *An Introduction to Mathematics*, Oxford University Press.

찾아보기

ㅈ

ㅊ

김 용 태

- 고려대학교 이학박사
- 서울대학교 교육학석사
- 서울대학교 교육학박사 수료
- 현재 광주교육대학교 수학교육과 교수

[초등 · 중등용]
수학자의 아이디어에 따른
수학 영재교육 신서

2015년 7월 10일 초판 인쇄
2015년 7월 15일 초판 발행

저 자 • 김용태
발행자 • 오판근
발행처 • 교우사

주 소 • 서울특별시 동대문구 약령시로 8 교우빌딩 2층
전 화 • 925-2861(대표), 925-2825(편집부), 969-5762(홈쇼핑)
팩 스 • 925-2860

이메일 / kyowoo@kyowoo.co.kr
홈페이지 / http://www.kyowoo.co.kr
북스토어(쇼핑몰) / http://www.kyowoo.co.kr

등록번호 • 1994년 3월 24일 제6-0256호

ISBN 979-11-251-0117-8 (54410)

값 30,000원